KB184509

국어 1등급을 정말 원한다면

국정원

노베이스 독서편

지금까지 너에게

수능 국어는

재미도 없고, 어렵고, 짜증나고

무슨 말인지도 모르겠는 과목이었을 것이다.

나도 그랬다.

이 책에 적혀 있는 내용을 알기 전까진.

독해편

chapter 1

초보자를 위한 독서 공부법

기출편

chapter 2

기출 적용편

프롤로그

✒ 이 책의 가치

네가 최근 수능 시험 5등급 이하거나, 수능 국어를 처음 공부하는 고등학교 1, 2학년 학생이라면 잘 찾아왔다. 여태껏 유명하다는 인강을 듣고, 다양한 공부법 책들을 찾아서 공부했는데도 효과를 못 본 학생이라면 더더욱 잘 찾아왔다. 지금까지 네가 겪었던 방황은, 이 책을 통해 끝날 거라 확신하기 때문이다. '어떻게 이렇게 자신 있게 말할 수 있는 거지?' 내가 이렇게까지 자신 있게 말할 수 있는 데에는 이유가 있다.

나는 5등급에서 1등급으로 오르는 방법을 알고 있다

이 글을 쓰고 있는 나는, 고등학교 1학년 때 처음 쳤던 3월 모의고사에서 국어 5등급을 받았지만, 재수 때 수능에서는 국어 1등급을 받아낸 사람이다. 선천적인 재능으로 고등학교 입학할 때부터 계속 1등급을 받았던 학생이 아니기에, 재능이 없는 학생들이 어떻게 5등급 이하 성적에서 1등급을 받을 수 있는지 나는 알고 있다. 그들이 글을 어떻게 읽고 있는지, 왜 시간이 부족한 건지, 왜 독서에서 5, 6문제씩 틀리는지 나는 전부 알고 있다.

'국일만' 책으로 수만 명이 증명했다

그리고 이미 나는 이 책에서 말할 방법들을 '너를 국어1등급으로 만들어주마(국일만)'라는 책으로 만들어서, 수만 명이 넘는 학생들의 성적을 바꿔왔다. '국일만'은 2023년에 판매된 국어 공부법 책 중 가장 많이 팔린 책이며, 이 책을 통해서 성적이 오른 학생들이 남겨준 후기만 1,000개가 넘고 있다. 이뿐만 아니라, 나는 현재 유튜브에서 '범작가'라는 채널을 통해 '국정원 독서편', '국정원 문학편'에 적혀 있는 공부법들을 공유하고 있는

데, 수만 명이 넘는 학생들이 내가 말하는 메시지에 공감을 하고, 성적이 올랐다는 댓글을 남겨주고 있다.

너도 알겠지만, 이 세상에 수능에서 국어 1등급을 받은 사람들은 많다. 하지만, 5등급 이하 성적에서 1등급까지 성적을 올린 사람은 매우 드물다. 보통 타고난 재능으로 매번 1등급을 받던 학생들이 수능 날에도 1등급을 받기 때문이다. 또한 5등급 이하에서 1등급까지 성적을 올린 사람들 중에서, 자신이 어떻게 1등급을 받을 수 있었던 건지 명확하게 설명할 수 있는 사람은 더더욱 드물 것이다. 심지어 자기가 공부한 방법으로 책을 쓰고, 영상으로 만들어서 수만 명이 넘는 사람들의 성적을 올릴 수 있는 사람은 **'거의 없을'** 것이다. 실제로 남을 가르쳐보면 알겠지만, 내가 공부를 잘하는 것과 남을 가르치는 것은 꽤나 다른 영역이기 때문이다.

앞서도 말했지만, 나는 고등학교 1학년 때 국어 모의고사에서 5등급을 받을 정도로 국어에 재능이 없는 학생이었고, 고3 수능에서도 3등급을 받았었다. 그러다 재수 때 명확한 공부법을 깨닫고 2달 만에 1등급을 받았으며, 그 방법을 이렇게 책과 영상으로 만들어서 수천, 수만 명이 넘는 학생들의 성적을 올려주고 있다. 내가 바로, 그 **'거의 없는'** 사람들 중 한 명인 것이다.

✏️ 나의 이야기

중학교 공부법과 고등학교 공부법은 다르다

나는 사실 중학생 때까지는 전교 50등 이내에 들 정도로 공부를 꽤나 잘하던 학생이었다. 재능이 있었다라기보단, 중학생 때까지는 '죽어라 암기하던' 공부법이 통했기 때문이었다. 그런데, 그 공부법은 고등학교에 입학하고 나서는 더 이상 통하지 않았다. 나는 무작정 암기하는 공부법으로, 고등학교 1학년 때 처음 모의고사에서 국어 5등급을 받았다. 충격이었다.

나는 고등학교에 가서도 중학생 때와 똑같이 시어에 밑줄을 긋고 그 뜻을 외웠고, '개념어'라고 쓰여 있는 것들을 무작정 하나씩 외워나갔다. 그러나, 그런 공부법은 모의고사에서 전혀 통하지 않았다. 난생 처음 보는 긴 글과, 45문제를 전부 풀기에는 한참 빠듯한

80분이라는 시간, 아직 손도 못 댄 문제가 10개나 남았는데 빨리 마킹하라고 하시던 선생님의 목소리는 아직도 내 기억 속에 생생히 남아 있다.

그렇게 5등급이라는 충격적인 점수를 받았던 나는, 다음날부터 유명하다는 인강과 책을 닥치는 대로 봤다. 인터넷에 검색도 해보고, 유튜브도 보고, EBS 강의도 보면서 좋다는 강의와 책으로 죽어라 공부했지만, 고등학교 1학년이 끝날 때까지 4등급을 넘지 못하고 말았다. 그래도 모르는 단어를 찾아서 외우고, 하루 3시간 이상 독서실에 앉아 공부하면서 읽는 활자의 양 자체를 늘리니, 국어 성적이 조금은 올랐다. 그러나, 그래봤자 4등급이었다.

도대체 뭐가 잘못된 걸까?

옆자리에 앉아 있는 친구보다 내가 공부를 덜 하는 것도 아닌데, 왜 쟤는 1등급이고, 나는 4등급이라는 말인가. 나는 고등학교를 졸업할 때까지도, 이 질문에 대한 답을 찾지 못했다. 그래서 결국, 고등학교 3학년 때 쳤던 6월, 9월 모의고사, 수능에서 각각 3등급, 4등급, 3등급을 받고 고등학교 생활을 마무리할 수밖에 없었다. 매일 아침 7시까지 정독실로 가서 실전 모의고사를 하루에 하나씩 풀고, 국어만 하루 4시간 이상 공부했는데도 3등급이 나온 것이다. 그래서, 나는 결국 '국어는 재능'이라는 결론을 내렸다. 정말 내 입장에서는 이해가 안 됐다. 하루에 4시간을 국어 공부에 쏟았는데, 모르는 어휘도 전부 찾아서 외웠는데, 연계율이 50%라는 수능 특강, 수능 완성 교재도 죽어라 풀었는데, 왜 나는 3~4등급을 벗어날 수 없는 걸까. 재수를 결심하고 나서도 이 국어라는 과목 때문에 재수를 성공할 수 있을지, 매일매일이 불안하고, 절망의 연속이었다.

내가 재수를 하며 얻은 깨달음

재수를 결심하고 내가 가장 먼저 했던 것은, 고등학교 내내 했던 국어 공부법의 문제점을 파악하는 것이었다. 그렇게 고등학교 때 공부법을 돌이켜보던 도중, 나는 큰 깨달음을 한 가지 얻었다. 그건 바로 내가 지금까지 했던 공부에는 '이해'라는 것이 빠져 있었다는 것이다.

나는 수능을 마치 고등학교 내신 준비하듯 공부하고 있었다. 이해하지 않고, 달달 외우는 것에 미쳐있었으며, 눈으로 '찾아서 풀기' 같은 방법들을 연습하고 있었던 것이다. 그런데 수능은 암기력이 좋은 학생에게 점수를 주는 시험이 아니었다. 수능은 이해를 잘하는 학생에게 높은 점수를 주는 시험이었다.

나는 모든 국어 문제가 결국에는 시험지에 적혀 있는 글을 '이해'했냐고 묻는 문제라는 걸 깨닫고 나서, 다시 시험지를 봤다. 그렇게 다시 시험지를 보니, 독서뿐만 아니라, 문학의 경우에도 전부 그냥 '이해'하면 풀리는 문제들이었다는 걸 깨닫게 되었다. 시의 화자가 하려는 말, 화자가 보고 있는 것, 소설 속에 나타난 인물들의 마음을 '이해'하기만 하면 전부 풀리는 문제들이었다. 그러나 나는 고등학교 내내 '빨리' 풀어야겠다는 생각에, 더 효율적인 문제 풀이 방법이 있다는 생각에, 이해하기를 게을리했고, 결국 내 이해력, 사고력은 고등학교 3년동안 하나도 오를 수 없었다. 그렇게 결국 수능에서도 3등급을 받았던 것이다.

재수 때 나는 이해가 전부임을 깨닫고, 다른 1등급들은 도대체 어떤 식으로 '이해'라는 것을 하고 있는지 알고 싶었다. 재수 학원에 다니며 인강도 보고, 주변에 SKY와 의대를 준비하는 친구들도 보면서 도대체 그들은 글이라는 것을 어떻게 이해하고 넘어가는지 끈질기게 관찰했다. 그렇게 나는, 내가 보고 들은 것들을 내 공부에 적용해 보았고, 재수 때 친 6월 모의고사부터 수능 때까지, 모든 모의고사에서 1등급을 받았다. 그리고 결국, 수능 날에도 1등급을 받아냈다. 불과 6월 모의고사 치기 2달 전에 친 모의고사에서도 4등급을 받았던 내가, '이해하는 방법'을 깨닫고 단 2개월 만에 '고정 1등급'으로 올라선 것이다.

✎ 올바른 수능 국어 공부란

국어는 공부 방향만 제대로 잡아주면 '누구나' 성적이 오르는 과목이다.

지금 네가 9등급이든, 7등급이든, 5등급이든 반드시 글을 '이해'하는 것을 목표로 공부를 해야 한다. 그래야 사고력, 독해력, 감상력이 올라간다. 단순히 지식을 쌓는 것이 아니라, 근본적인 뇌의 능력 자체를 올려야 하는 것이다. 다른 것이 있다면, 각 등급대 별로 풀어야 하는 문제집, 풀어야 하는 지문의 난이도이다.

지금까지 이해하는 공부를 하지 않았다고 해서 스스로를 자책할 필요는 없다. 이 책이 나오기 전까지는 어떻게 공부하는 것이 '이해'하면서 공부하는 것인지, 구체적으로 설명해주는 책이 없었기 때문이다. 이 책에서 말하고 있는 '이해하는 방법'으로, 국어 8등급이던 고3 학생을 과외 했을 때, 그 친구는 4개월 만에 2등급을 받아왔다. 만년 6등급이던 재수생은 2달 만에 3등급을 받아왔고, 만년 5등급을 받던 나의 친동생은 2개월 만에 2등급을 받아왔다. 학생들의 성적이 오르는 걸 보면서, 내가 이 책에서 말할 '이해하는 방법'이 수능 국어 학습에 정말 올바른 방법이라는 것을 확신할 수 있었다.

물론 개인에 따라서 1등급에 도달하는 시간은 조금씩 다르겠지만, 이 책에서 말하는 대로 공부하면 누구나 1등급이 가능하다. 나는 누구보다, 국어는 재능이라고 생각했던 사람이었으며, 국어가 노력으로 된다고 하는 사람들의 말은 전부 거짓말이라고 생각했다. 그러나 이 책에 쓰여있는 내용을 깨닫고 그 생각이 180도 바뀌었기에, 이 책이 네게도 분명 큰 깨달음을 줄 거라 생각한다.

나는 이 책을 통해서 네게 국어라는 과목이 매우 재밌는 과목이라는 사실을 알려주고 싶다.

지금은 '무슨 말도 안 되는 소리야'라고 생각하겠지만, 이 책을 끝까지 읽을 때쯤이면 너도 동의할 것이다. 정말 '이해'를 하면 국어가 재미있게 된다. 여태껏 네가 국어를 재미없어 했던 이유는 네가 지금까지 '외우는' 공부를 했기 때문이다. 수능 국어는 '문학 개념어'를 외우고, 'EBS'를 외우는 과목이 아니다. 이해하면 끝나는 과목이다. 어려운 문장을 몇 시간 동안 골똘히 생각해보다가, 어느 한순간에 문장의 의미가 이해되는 경험을 단 한 번만이라도 해본다면, 국어가 재밌어질 것이다. 글을 이해하게 될 때의 쾌감은, 네가 생각하는 것 이상으로 정말 짜릿하기 때문이다.

이 책을 차근차근 따라가다 보면 분명, '글 읽는 게 재밌다', '문제 푸는 게 재밌다'라는 생각이 드는 순간이 올 것이다. 바로 그 순간, 성적은 기하급수적으로 오르게 된다. 재밌는 것은 더 많이 하게 되고, 더 많이 하면 자연스레 잘하게 되기 때문이다. 그러니, 이 책을 읽는 동안은, 의식적으로라도 국어 공부에 마음을 열고, 재미를 느끼려고 해보길 바란다.

✎ 이 책보다 쉬운 국어 공부법 책은 없다

이 책은 내가 2개월 만에 1등급으로 올라설 수 있었던, 바로 그 방법을 담은 책이다. 수능이 끝나고 나서부터 과외 지도 준비를 시작하면서, 머릿속에 있는 지식들이 휘발되지 않게 정리했고, 그걸 책으로 만든 것이 바로 이 '국정원'이다. 이 책은 시중에 있는 그 어떤 책보다, '이해'라는 것을 어떻게 해야 하는지, 가장 구체적으로 말해주고 있는 책이라 자신한다. 나는 이 책을 쓰기 전, 고등학교 1, 2학년 국어 교과서를 비롯해서 100권이 넘는 문제집을 다 찾아보았다. 놀랍게도 대다수 책의 퀄리티가 내가 고등학생이었을 때 봤던 책들과 크게 달라지지 않았다는 생각이 들었다. 그래서 나는 더욱더 이 책을 써야겠다고 결심했다. 기존 책들로 5등급 이하의 학생들이 깨달음을 얻고, 이해하는 방법을 터득하기란 매우 어렵다고 판단했기 때문이다.

더욱이 이번 '국정원-노베이스편'은 노베이스 학생들을 위해 기존의 '국일만'보다 더 쉬운 해설을 개발한 책이다. 네가 이 책을 한 장씩 넘기면서, 국어가 재밌는 과목이라는 걸 느낄 수 있도록, 설명을 아주 쉽게 하기 위해 부단히 애썼다. 정말 이 책보다 국어 공부법을 쉽게 설명한 책은 찾기 힘들 거라 장담한다. 어려운 단어들은 모두 쉬운 단어로 바꿨고, 원고 검토만 10번 이상 했다. 그리고 모든 문장을 '중학생도 이해할 수 있는가?'라는 기준에 맞춰서 다시 다듬었다.

또 이 책 한 권만 제대로 봐도 2등급까진 충분하도록 책의 구성을 짰다. 내가 수많은 학생들을 가르치며 얻은 노하우를 바탕으로, 5등급 이하인 학생이 성적을 올리는데 필요한 모든 것을 담아 놓았다. 그러니, 네가 2등급이 되기 전까지는 다른 인강이나 공부법 책을 보기보다, 이 책에서 하는 말들을 전부 이해하고, 기출 문제를 풀면서 체화하려고 노력해 보길 바란다. 장담하건대, 다른 인강을 듣거나 다른 공부법 책 10권을 푸는 것보다 훨씬 큰 효과를 볼 것이다. 내가 고등학생 시절로 돌아간다면 이 책만 10번 이상 반복해서 볼 거라는 마음가짐으로 나는 이 책을 썼다.

자, 여기까지 이 책이 어떤 가치를 담고 있는 책인지 말했다. 나는 이 책을 어떻게 쓰게 되었으며, 얼마나 많은 학생들이 이 책에 적힌 내용을 통해 국어 성적을 바꿨는지, 왜 이 책으로 성적을 바꾸는 게 가능한지 전부 설명했다. 이 정도 말했으면 이 책의 가치를 충분히 이해했을 것이라 생각한다.

"자, 그럼 이제
성적 역전 만들어보자"

국정원 독자들의 생생한 후기
※ 단 한 글자도 조작하지 않은 실제 후기입니다.

저도 ebs 한번도 본적없고 기출로만 열심히 했는데 문학 만점 맞았네요....,ㄷㄷㄷㄷㄷㄷ개미첫

👍 1   👎

5모 6모 때 4등급 받고 충격 받아서 국일만 독서 문학 사서 (시간이 부족하다 느껴서)다는 안 읽고 어느정도 체화하는 데 이해할 수 있을 만큼만 읽고 공부했는데요, 이번 9모 85점 백분위 89 2등급 받았습니다. 너무 갑작스럽게 등급이 올라서 진짜 내 실력이 오른건가 좀 긴가민가 하기도 한데.. 그냥 작가님과 저 자신을 믿고 그대로 해보려구요
수능 때는 꼭 1등급 받아오겠습니다. 파이팅!

👍 1   👎   🗨

오늘은 과학지문 보기문제 정답률 50% 마더텅 기준 1등급 문제도 맞췄네요
국일만에서 배운대로 읽으니깐
정답률 50% 보기문제도 선지 보자마자 아 이거네 하고 바로 풀었습니다
이제 정말 비문학 감을 잡은거 같습니다
이렇게 좋은 책 써주셔서 정말 감사합니다 😊😊

👍 14   👎   🗨   🖤

범작가형님 9월 5등급이던 내가 1달을 응급실에 거주할 정도로 지독하게 공부해서 89점 받아왔어요 썩은 동아줄 잡는 심정으로 책을 구매했는데 비브라늄보다 튼튼할 줄을 생각도 못했네요 감사합니다 :)

👍 2   👎   🗨   🖤

내가 잘못 생각하고 있던 것들을
책에서 꿰뚫어 보고 고쳐주어서
공부할 때 항상 뜨끔하는 느낌ㅋㅋ

👍 15   👎   🗨

6모 9모에서 4등급 받았었는데 수능 2등급이라니..지문이 이해될 때 까지 시간들여 읽는게 맞는지 의심이 될 때쯤 쌤 영상을 보고 확신을 가지고 기존 공부법 그대로 밀고 나아갔고 그 결과가 수능에서 나온 것 같아요 그동안 감사했습니다!!🙇🙇

👍   👎   🗨   🙂

형덕분에 9모 국어 4따리가 이젠 넉넉하게 1등급 맞고 서울대 안정 뜹니다 사랑해요 형

👍 1   👎   🗨   🙂

비문학을 풀때마다 거의 다틀렸었는데 비록 많은 시간이 걸렸지만 작가님이 말하신 국일만 방법 적용 해봤는데 드디어 정확한 답이 보이기 시작했습니다 감사합니다 !!

👍 78   👎   🗨   🖤

저 국일만으로 공부하고 처음으로 평가원에서 안정적 97점 맞았어요 감사합니다ㅠㅠ 수능때까지 달릴게요

👍 19   👎   🗨   🖤

15

안녕하세요 범작가님 국일만 문학, 독서 저서로 공부했던 n수생입니다.

올해 4월에 다시 n수를 결심했고 한달 정도 국어 공부에 대한 확신을 갖지 못했었고 시간할애는 많았지만 실력이 느는 느낌이 들지않았었습니다.

그런데 우연히 작가님의 영상을 보게 되었고, 제가 생각하고 있는 수능 국어의 본질을 정확히 말씀해주시는 거 같아 인강을 당분간 끊고 국일만으로만 진득하게 한 번 국어 공부해보자는 마음으로 구매해서 꾸준히 한달 동안 반복하고 따로 필기도 해가면서 이미지화,내면세계 공감, 추상어감지 등 지문을 읽어나가면서 가져야 할 마음가짐들을 체화해나가려고 노력했고 문제를 풀때도 생각의 그릇이 치우쳐지지 않게끔 국일만식으로 국어공부를 계속행했습니다.

시간이 지나서 6월 평가원 모의고사를 보고 채점하는 당일에 아 내가 올바른 국어 공부 방향을 찾았구나라는 마음이 들었습니다. 아직 이미지화, 내면세계에 공감하는 속도가 느렸던지라 고전소설 세트를 찍어야 했지만 풀었던 모든 문항이 맞아서 이게 올바른 공부방향이구나 앞으로 이 방식이 더 익숙해지도록 더 열심히 공부해야겠다라는 마음가짐으로 매일 꾸준

댓글을 안남길수가 없네요 24수능 보고온 현역입니다 9모때는 문학6개틀렸고 범작가님 유튜브만 보다가10월중순쯤에 국일만 문학편만 봤습니다. 끝까지 다 읽지는 못했지만 범작가님이 말씀하신 내면세계를 잡으려고 노력하면서 읽었고 오늘 채점해보니까 문학은2개빼고 다 맞았네요 감사합니다 건강하세요. 선생님이 말씀하신 국어방법 따라가면 무조건 등급 나옵니다.

이게 맞나? 하는게 이게 맞아 라고 하는 확신으로 바뀌고 일단 문학이 재밌습니다 하하

👍 14　👎　　💬　　👥

6모때까지 국어 6등급 나오다가 국일만 비문학편 읽고 9모때 3등급 나왔습니다 그동안 비문학은 정말 갈피를 못 잡았는데 정말 감사드려요 아직 기출 분석은 다 못하고 국일만에 수록되어있는거만 했는데 앞으론 기출 분석도 하고 국일만 문학도 하고 영일만도 하고 수능때 1등급 받아오겠습니다! 제게 희망을 주셔서 고맙습니다

👍 9　　👎　　💬

히 3시간씩 한 결과 중간에 힘들기도 했지만 9월, 수능에 모두 1등급이 나올 수 있었습니다 ㅎㅎ

범작가님이 제시해주신 국어 공부의 길 덕분에 매년 수능 날 1교시에 겪었던 저에게는 박준의 전짓불 같았던 트라우마를 극복할 수 있게 해주셔서 너무 감사드립니다. 정말 수능 채점 당일 날 저도 모르게 눈물이 나더라구요 저에게는 공포였던 수능국어를 극복했다는 마음에 그동안의 노력을 보상 받는 느낌? ㅎㅎ

만약 작가님이 책 쓰실 때나 혹은 살아가다 힘든 시기가 오신다면 저 같이 흐릿한 세계를 단지 흐릿한 세계로만 보았던 사람들에게 그 흐릿한 세계를 닦아서 볼 수 있게 내가 길을 제시해주었고 많은 사람들에게 희망을 주었구나 라면서 자부심을 가지면서 살아가셨으면 좋겠네요 힘이 많이 나실겁니다 ㅎㅎ

1년동안 진심으로 너무 감사드렸고 항상 행복하시길 바라겠습니다 ☺️☺️

🤍

6모 때 생전 처음 국어 62점 5등급 받고 너무 충격받아서 시험지도 다 찢어버리고 망연자실하다가 국일만이라는 책을 알게 돼서 9평 한 일주일 전에 딱 기출편 직전습관 적용하는 부분까지 읽고 그냥 속는셈 치고 지문에 표시도 처음으로 안 해보고 시간도 제한 없이 풀어봤는데 정답률이 확실히 더 오르더라구요?? 처음엔 이게 시간 제한이 없으니까 잘 풀리는거겠지~ 라며 제 실력에 대한 확신이 없었는데 정말 신기하게 실전에서 시간만 좀 줄이고 문제 푸는 방식은 그대로 유지했더니 결국 9평때 84점까지 올리고 평가원 모의고사 첫 2등급 받아봤습니다..ㅠㅠ 물론 턱걸이이긴 하지만 정말 일주일이라는 짧은 시간 내에 이정도로 효과를 본 공부법은 처음이었어요 이대로 유지해서 수능날까지 열심히 달려보겠습니다 정말 감사합니다

👍 8　　👎　　💬

선생님께 감사한 마음을 전하고 싶어 이렇게 글을 씁니다. 결론부터 말하면 24 수능 화작 백분위 97 1등급 받았습니다.

9모 때까지도 3등급을 받으며 만년 3등급의 늪에서 헤어나오지 못할 때 지인의 추천으로 국일만 시리즈를 접하게 되었습니다.

그렇게 신세계를 맛보게 되었습니다. 책을 읽으면서 처음으로 국어를 공부한다는 느낌이 들었습니다. 국어 공부가 너무 재밌었습니다.

만년 3이던 국어가 1이 나와 기쁜 것도 있지만 글을 읽는다는 것 자체에 너무 재미를 느끼게 해준 것에 진심으로 감사합니다.

(진성 이과였던 제가 인문학이 너무 좋아져서 진지하게 문과 진학을 고민할 정도입니다 ㅋㅋㅋㅋ)

정말 선생님이 아니었다면 미련을 버리지 못한 채 잘못된 방법에 매달리며 수능판을 떠나지 못했을 것 같습니다.

다시 한번 진심으로 너무 감사드립니다.

여러분 국일만 독서, 문학 최소 3번씩만 정독해보세요. 국어의 깨달음을 얻게 되실겁니다.

진짜 값을 매길 수 없는 말도 안되는 교재입니다. 단언컨대 수능 역사상 최고의 국어 교재입니다.

2-3등급 간당간당하게 운빨로 유지하다가 9모 국어 제대로 털리고 4떠서 뒤늦게 국일만 사서 봤다가 진짜 충격받았어요 그동안 내가 했던 국어 공부는 다 헛공부였던 느낌... ㅋㅋ 그래도 이제라도 뭐가 잘못됐는지 알아서 다행인듯 국일만 열심히 조져서 수능 대박내오겠습니다.,,

👍 2　　👎　　📧

이분 ㄹㅇ 말이안됨 ㅋㅋ 고2인데 9모전까진 다 국어 3, 4뜨다가 눈물을 머금고 방학때 문학 독서에서 이해하는 방식 자체를 이미지화, 쉬운말로 바꾸기 이 두가지만 지키고 공부하니깐 9모때 4 -> 1로 올라가버림

👍 14　　👎　　📧

작가님 그동안 감사했습니다!! 국어 '때문에' 최저를 못 맞출뻔한 과거를 뒤로하고 국어 '덕분에' 최저를 맞추어 원하는 목표에 한 걸음 더 나아가게 된 것 같아서 기쁩니다! 비록 2등급의 점수대 이지만 국일만에서 얻은 깨달음들은 평생 못 잊을 것 같습니다ㅠㅠ 정말 감사합니다

공감을 남기려면 길게 누르세요

국일만 완독했는데 진짜.. 너무 통쾌하고 이젠 공부할 때 행복해요ㅠㅠ 너무 감사합니다ㅠㅠㅠ 저도 재수생 신분으로서.. 이번 수능은 꼭 국어 1등급 꼭 받겠습니다!!!

👍 35　　👎　　📧

솔직히 국일만 읽고, 아.. 이걸로 성적이 오를까? 3등급만 고정으로 해두자란 생각으로 임했는데, 진짜 효과가 좋더라구요. 국일만을 물론 열심히 공부해야겠지만 다른 교재처럼 막 회독하고, 문제를 많이 풀고 인강을 볼 필요없이 해설이 너무 자세하고, 제 읽는 습관을 잘 파악하여 교정해주어서 국일만 효과 체감도 긴 시간이 안걸렸어요.

👍 3　　👎　　📧

국일만 사서 읽고 적용해보고 있는데 진짜 시간에 구애받으면 안된다는게 뼈저리게 느껴짐. 그리고 책에 적혀있는 내용을 읽으면서 범작가님이 내 옆에서 명치를 패는 듯한 팩트를 맞게됨. 확실히 처음에 적용해보면 평상시 보다 시간은 오래 걸리지만 책에서 말하는 것처럼 이해가 확 됨 진짜 이거 읽고 잘못 공부했다 생각되고 후회됨. 근데 오히려 다행인게 차피 나는 최저만 맞추면 되는데 이렇게 안정적이게 공부하게 해줄수 있다는게 진짜 감사했음. 고민하지말고 꼭 지금이라도 사세요 안늦었음 ㅇㅇ

👍 41　　👎　　📧

국일만 진짜 최고였습니다 작가님
올한해 국일만으로 다져서
오늘 수능 95점 받아낼수있었습니다!!
완전히 습득하진 못한거같지만
국일만의 마인드를 되새기는것만으로도
국어 문제풀이에서 이점을 챙겨갈수있었습니다
감사합니다 작가님!!!

👍 2   👎   🗨

고1,2동안 국어는 제겐 최악의 과목이었습니다. 턱걸이
3이 커리어 하이 였었고 평소엔 4를 벗어나지 못했죠.
고3 3월에도 어김없이 4를 찍었는데 그 직후 범작가님
유튜브를 처음접하고 국일만책을 사서 공부하게 되었습
니다 다 배우고난 후 첫시험인 4모는 85점으로 2에 근
접하게 되었고 배운대로 연습을 하니 6모 90에 9모
86을 맞으며 이젠 안정적인 높2라인에 도달했네요. 국
어에 있어서 범작가님은 은인이십니다. 항상 감사드립
니다

👍 3   👎   🗨

6모 이후로 국일만 구매해서 비문학 문학하고있는데 성
적이 무조건 오르겠다 라고 확정은 못하지만 글을 읽는
자세
자체가 달라져서 너무 기분이 좋습니다
사랑해요

👍 39   👎   🗨   👤❤

ㄹㅇ 국일만 읽고 5에서 2찍은 사람으로서 레전드 책이
긴함

👍 313   👎   🗨   👤❤

6모 9모에서 4등급 받았었는데 수능 2등급이라니..지
문이 이해될 때 까지 시간들여 읽는게 맞는지 의심이 될
때쯤 쌤 영상을 보고 확신을 가지고 기존 공부법 그대로
밀고 나아갔고 그 결과가 수능에서 나온 것 같아요 그
동안 감사했습니다!!

👍   👎   🗨   👤❤

6모 이후부터 국일만 보기 시작해서 수능 전주까지 기출,
국일만 이렇게 두 개만 봐서 3-->1로 마무리 했네요.정말
감사합니다 범선생님🤭

👍 1   👎   🗨   👤

9모 이후로 뒤늦게 사서 남은기간동안 국일만이랑 기출만
이라도 열심히 돌렸는데 수능때는 6.9모보다 한 등급 올랐
어요!!! 비록 1등급은 아니지만 글 읽는 방법 자체를 배운
것 같아 국일만 읽을 때만큼은 국어공부가 재밌어지더라고
요🥹 다른 국어문제집은 다 버려도 국일만만큼은 너무 귀
한 책이라는 생각이 들어 고이고이 간직하고 있습니다.. 범
작가님 감사합니다!!

👍 1   👎   🗨   👤

비록 멘탈이 나가서 수능국어를 잘 보진 못했지만 제 수험
생활동안 국어공부할때 제일 도움이 많이 되었던 분을 꼽
자면 범작가님이라고 생각합니다!! 작수4등급에서 국어 1
등급을 찍어볼수있게 도와주신 분이십니다 정말 감사해요
다시 수험생활을 하게 된다 해도 범작가님 교재를 또 사서
보게 될것같아요 앞으로 더욱더 많은 사람들이 범작가님
교재를 거쳐 갔으면 좋겠네요!!🤍🤍

👍 3   👎   🗨   👤

22수능 백분위39
23 대학1년(반수x)
24수능 백분위89
이거
읽고 올랐어요. 감사합니다

👍   👎   🗨   👤

구체적인 책 활용법

본격적으로 국어 공부법을 배우기에 앞서, 이 책의 구성을 설명하면서 이 책을 어떻게 활용하는 것이 가장 좋은지 말해주겠다. 책 활용법이라고 해서 대충 읽고 넘기지 않았으면 한다. 이 부분을 제대로 이해해야, 이 책을 더 잘 활용할테고, 책을 잘 활용해야 네가 공부한 만큼 성적도 빠르게 오를 것이다.

☝️ Chapter 1 : 초보자를 위한 독서 공부법
수능 '독서'를 어떻게 공부해야 하는지 설명한다.

가장 먼저, '**수능 국어에 독서를 내는 이유**'를 알아보면서, 출제자가 독서 지문을 통해서 학생들에게 어떤 능력을 측정하려고 하는지 알려줄 것이다. 다음으로는 5등급 이하 학생들이 **독서 지문을 읽을 때 반드시 명심해야 하는 '8가지 원칙'**을 배울 것이다. 이 '8가지 원칙'은, 내가 1등급이 되는 과정에서 깨달은 것들로, 5등급 이하 학생들이 2등급 이상으로 성적을 올리고 싶다면, 필수적으로 지켜야 하는 것들이다. 정말 이 8가지 원칙만 제대로 익혀도 성적이 2등급 이하로 떨어지는 일은 없을 거라 장담한다. 원칙 하나하나를 외우려 할 필요는 없다. 우선 납득하는 것이 먼저이고, 이후 기출 적용편에 있는 독서 지문을 읽으면서 하나씩 적용해보면 된다. 이 책의 〈Chapter 2 기출 적용편〉를 다 읽었을 때쯤이면, 8가지 원칙이 습관으로 자리 잡을 수 있게 책의 구성을 만들어놓았다.

✌️ Chapter 2 : 기출 적용편
Chapter 1에서 배웠던 '8가지 원칙'을 가지고 실제 독서 기출 문제를 같이 풀어본다.

이 책에 실린 독서 지문들은 5등급 이하 학생들이 이해력, 독해력을 올리기에 가장 좋은 지문들로 선별하였고, 한 문장 한 문장마다 1등급 학생들은 어떤 식으로 생각을 하고 넘어가는지 매우 구체적으로 해설을 달아 놓았다. 기출 적용편을 풀 때는 확실하게 '아, 이렇게 글을 읽고, 국어 공부를 해야 하는 거구나' 하는 깨달음을 얻는 것이 가장 중요하다. 그렇게 얻은 깨달음을 가지고, 네 스스로 더 많은 기출 문제를 풀어볼 때 성적은 급상승하기 시작한다.

case 1.

네가 고등학생 1, 2학년 학생이라면

각 학년에 맞는 기출 문제집을 사서, 이 책에 나온 원칙들을 계속 연습해나가면 된다. 그리고, 그렇게 연습을 하다가 모의고사 성적이 1등급이 나오게 되었을 때, <국정원 독서편, 문학편>으로 넘어가길 추천한다. <국정원 독서편, 문학편>은 고3 학생들에게도 조금 어려운 지문들로 구성을 해놓았기에, 네가 모의고사 기준으로 1등급이라면, 실력을 한 단계 더 높이는 데 도움이 될 것이다.

case 2.

네가 고등학교 3학년 또는 N수생이라면

최신 수능 기출보다는 옛날 기출 문제들을 풀면서 이 책에서 배운 것들을 적용해보기 바란다. 최신 수능 기출 문제는 난이도가 높아서, 적용하기 어려울 수 있다. 그래서 내가 추천하는 건 2006학년도 기출부터 풀면서 천천히 적용하는 것이다. 그 이전 학년도 문제들은 최근 수능과 문제 형식이 조금 다른 문제들이 많아서, 2006학년도 문제부터 풀기를 권한다. 이후, 실력이 3등급 이상으로 올라왔다면, 마찬가지로 <국정원 독서편, 문학편>으로 넘어가기를 추천한다.

Chapter 1.

초보자를 위한
독서 공부법

" 나는 5~6등급 학생들을 지도할 때,
이 책에 나와 있는 8가지 원칙을 먼저 익히도록 했다.
성적대가 낮은 학생들은, 우선 이 8가지 원칙을 익혀서
5등급 이하 성적에서 2등급까지 빠르게 올리는 걸
목표로 해야 한다.

그리고 이 8가지 원칙이 익숙해져 2~3등급까지 성적이 올라왔을 때,
기존 '국정원 독서편'으로 나머지 6가지 습관을 익히고
1등급까지 나아가는 것을 추천한다. "

Chapter 1.
초보자를 위한 독서 공부법

1. 수능 국어에 독서를 내는 이유 : 대학 전공서적은 모두 '독서'이다

수능 국어에서 '독서'란 '비문학'을 말한다. 우선, 비문학이라는 것이 무엇일까? 말 그대로, 문학이 아닌 것은 모두 비문학이다. '아닐 비(非)' 자를 써서, 시와 소설 같은 문학이 아닌 것들을 모두 '비'문학이라고 하는 것이다. 하지만, 수능에서 비문학은 보통, 1,500자 이상의 긴 글을 말한다. 출제자들은 이 긴 글을 도대체 왜 출제하는 것일까?

우선 대학수학능력시험, 줄여서 '수능'이라는 것은, 말 그대로, 학생들이 대학에 가서, 수학(修學; 학문을 연구하다)을 할 수 있는 능력을 갖추고 있는지 판단하는 시험이다. 보통 대학에서 교수님들은 '전공 서적'이라는 것을 통해 학생들을 가르친다. 그리고 그 전공 서적은 대부분, '비문학'으로 이루어져 있다. 그래서, 수능에서는 비문학을 출제할 수밖에 없는 것이다. 이 학생이 대학에 가서 전공 서적에 적힌 비문학을 읽고 이해할 수 있는지 판단하기 위해서 즉, 독해력이 충분한 학생인지 판단하기 위해서, 1,500자가 넘는 긴 글을 주고, 이해해 보라고 하는 것이다.

사실 비문학을 이해할 수 있는 능력은, 대학 전공 서적을 이해하는 데 필요할 뿐만 아니라, 우리가 인생을 살아가면서 모든 정보들을 이해하고 활용하는 데 필요한 능력이다. 왜냐하면 우리가 앞으로 마주할 대부분의 정보들이 비문학 글로 쓰여 있기 때문이다. 내가 주식이나 부동산에 대해 공부하려고 할 때도, 인간관계에 대해 공부하려고 할 때도, 의학에 대해 공부하려 할 때도, 모든 정보들은 '비문학'으로 쓰여 있다. 그렇기 때문에, 글을 읽고 이해하는 능력, 즉 독해력을 가지고 있어야 '학습'이 가능한 것이다. 대학은 '수능'이라는 시험을 통해서 학습 능력을 측정하려는 것이고, 그 학습 능력은 다른 말로 '독해력'이라 부른다.

그럼 '독해력'이라는 것이 정확히 무슨 뜻인지 한번 이해해보자. 독해력이라는 단어를 뜯어보면, 읽을 독 讀, 풀 해 解, 힘 력 力 자로 구성되어 있다. 말 그대로, 읽고 풀어낼 수 있는 힘. 즉, 글을 읽고 **이해해서** 나만의 언어로 그 뜻을 풀어낼 수 있는 능력을 독해력이라고 말한다. **여기서 핵심은 '이해해서'**라는 말이다. 읽는 건 눈만 있으면 누구나 읽을 수 있고, 내 언어로 풀어내는 건 입만 있으면 누구나 할 수 있다. 결국 잘 읽고, 잘 풀어내는 것의 핵심은, '잘 이해하는 것'에 있다.

2. 그렇다면 도대체 '이해'라는 것은 어떻게 하는 것일까?

대부분의 5등급 이하 학생들은, 바로 이 '이해하는 법'을 배우지 못해서 죽어라 공부하고도 성적이 나오지 않는다. 많은 사람들이 5등급 이하 학생들은 공부를 안 해서 성적이 안 나오는 거라고 하는데, 나도 그 말에 어느 정도는 동의한다. 그런데, 대부분의 사람들이 간과하는 사실이 있다. 5등급 이하 학생들이 공부를 안 하는 가장 큰 이유는, 공부를 하기 싫어서라기 보다 '이해하는 법'을 모르기 때문이라는 것이다. 원래 공부라는 것은, 내가 모르던 것을 완벽하게 이해해 나가면서 쾌감을 느끼게 되는 것이다.

예를 들어서, 우리가 태어나서 처음 '오목'을 본다고 하자. 흰 돌과 검정 돌이 무슨 차이가 있는지도 모르고, 왜 서로 돌을 한 번씩 놓는지도 모르고, 도대체 어떻게 해야지 승리하는지, 아무것도 모른 채로 오목을 바라본다고 하자. 그럼 과연 오목이 재밌을까? 하나도 재미없을 것이다. 왜냐면, 룰을 하나도 이해하지 못했으니까. 룰을 배워야 바둑판에 놓아지는 돌 하나하나의 의미가 이해되고, 선수들의 플레이가 재밌어지는 것이다. 공부도 마찬가지다. 내가 '돌을 나란히 5개 놓아야 승리한다'는 오목 룰을 배워야 오목이 이해되고 선수들의 플레이를 보며 재미를 느낄 수 있게 되듯이, '이해하는 법'을 배워야 공부하는 것이 재밌어진다.

내가 과외 지도를 했던 대부분의 5등급 이하 학생들은, 공부를 하기 싫어하는 이유가 '이해하는 법을 몰라서'였다. 겉보기에는 그들이 그냥 공부가 하기 싫어서 공부를 안 하는 것처럼 보였지만, 사실 그들은 어떻게 해야 공부가 재밌어지고, 성적이 오르는지 몰랐기 때문에 공부를 안 했던 것이었다. 오목의 룰도 모르는 학생들에게 오목을 잘 두라고 강요했으니, 얼마나 괴로웠을지 이해가 갔다. 그래서 나는 과외할 때, 학생들에게 글을 이해한다는 것이 어떤 의미인지 알려주는 것에 초점을 뒀다. 그렇게 3, 4번 정도만 잡아주니, 5등급 이하 학생들도 국어를 공부할 때 1등급 학생들과 똑같은 수준의 흥미와 집중력을 보였다. 나는 이 방법을 알려야겠다고 생각했고, 그래서 지금 이 국정원 기초편을 통해, 5등급 이하 학생들에게 '이해하는 법'을 구체적으로 알려주려고 하는 것이다.

〈Chapter 1 글 읽을 때 반드시 명심해야 하는 원칙 8가지〉는 지금까지 강조했던 '이해하는 법'을, 8가지 원칙으로 상세하게 풀어놓은 것이다. 나는 5등급 이하 성적에서 1등급까지 올라가면서 깨달았다. 5등급 이하 학생들이 가장 빠르게 2등급 이상의 성적을 받으려면 글을 읽을 때 최소한으로 지켜야 하는 원칙들이 있다는 것을 말이다. 그리고 그걸 총 '8가지 원칙'으로 정리했다.

'국정원 독서편'에서는 이 원칙을 '14습관'이라는 이름으로 상세하게 설명하고 있다. 내가 이 책에서 14습관을 소개하지 않는 이유는, 5등급 이하 학생들에게는 14가지 습관을 모두 익히면서 글을 읽는 것이 버겁기 때문이다. '국정원 독서편'은 3~4등급대 학생들이 가장 빠르게 1등급을 받을 수 있도록 쓴 책이기 때문에 5등급 이하 학생들에게는 내용을 전부 익히는 것이 버거울 수 있다. 그래서 나는 수많은 5~6등급 학생들을 과외 지도할 때도, 이 책에 나와 있는 8가지 원칙을 먼저 익히도록 했다. 성적대가 낮은 학생들은, 우선 이 8가지 원칙을 익혀서 5등급 이하 성적에서 2등급까지 빠르게 올리는 걸 목표로 해야 한다. 그리고 이 8가지 원칙이 익숙해져 2~3등급까지 성적이 올라왔을 때, '국정원 독서편'으로 나머지 6가지 습관을 익히고 1등급까지 나아가는 것을 추천한다.

3. 어휘력은 독해력의 기본이다

'8가지 원칙'을 설명하기 전에, 먼저 기억해야 할 것이 있다. 내가 설명할 8가지 원칙은, '어휘력'이 뒷받침되지 않으면 아무리 잘 지켜도 소용이 없다. 우리가 영어를 배울 때도 가장 먼저 영어 단어를 외운다. 단어를 모르면, 1타 강사가 바로 옆에서 문장 해석 수업을 해준다고 해도 성적은 오르지 않기 때문이다. 국어도 마찬가지다. 어휘를 모르면 이해가 불가능하다. 성적이 5등급 이하인 학생들은 어휘력이 부족할 확률이 높기 때문에, 글을 읽으면서 모르는 어휘들은 반드시 찾아서 정리를 해야 한다.

5등급 이하 학생들에게, 내가 추천하는 방법은 다음과 같다. 우선 글을 읽기 전에, 모르는 단어가 있는지 한번 훑어본다. 그리고, 독서 지문 1개에 모르는 단어가 4개 이상 있다면, 사전을 켜서 뜻을 모두 찾아보고, 노트에 정리한다. 노트에 단어를 정리할 때는 아래 2가지 항목에 맞춰 정리해놓으면 된다.

> 1. 사전 뜻
> 2. 그 단어가 쓰인 예시 문장

> ### 📖예시
>
> **주재하다** : 어떤 일의 중심이 되어 맡아 처리하다.
> **예시 문장)** 이번 회의는 대표님께서 직접 **주재할** 예정입니다.
>
> **배타적** : 남을 배척하는 것
> **예시 문장)** 원시인들은 유럽인들에게 **배타적인** 태도를 취했다.

왜 모르는 단어가 '4개 이상' 나왔을 때 노트에 정리해야 할까? 보통 시험장에서 비문학 지문을 읽을 때 모르는 단어가 4개 이상 나오면 사실 그 지문을 100% 이해하기가 쉽지 않기 때문이다.

반면에, 모르는 단어가 1~3개 정도 있다면, 단어 뜻을 먼저 찾고 읽기보다도 그냥 지문을 읽으면서 문맥을 통해 단어 뜻을 추론해보는 연습을 하는 것이 좋다. 시험장에서 비문학을 풀 때 내가 모르는 단어가 나오지 말란 법도 없기 때문이다. 1등급 학생의 경우에도 1, 2개 정도는 모르는 단어가 나올 수 있다. 그때는 앞, 뒤 문장을 통해서 문맥상 뜻을 유추하고 넘어가야 한다. 모르는 단어가 1, 2개 정도인 지문을 통해서 문맥상 단어의 뜻을 유추하는 연습을 하는 것이다.

🔍 어휘력을 점검하는 방법

어휘력과 관련해서, 내가 이 단어를 제대로 외운 게 맞는 건지, 시험장에 해당 단어가 나왔을 때 아무런 어려움 없이 이해하고 넘어갈 수 있는지 점검하는 방법이 있다. 총 2가지 방법인데, 정리하자면 아래와 같다. 아래 2가지에 전부 답을 할 수 있다면 나는 그 단어를 '알고 있다'라고 할 수 있는 것이다. 반면, 아래 질문에 한 가지라도 답을 하지 못한다면, 나는 아직 그 단어를 제대로 알고 있는 것이 아니라고 할 수 있다.

노트에 정리해둔 단어들을 보면서, 아래 2가지 질문에 답을 할 수 있는지 일주일에 한 번씩 체크를 해보기 바란다. 그러면, 내가 외운 줄 알았던 단어였는데, 사실은 뜻을 제대로 몰랐던 단어들이 많이 보일 것이다.

> **[어휘력을 점검하는 2가지 질문]**
> 1. 해당 단어를 활용해서 문장을 만들 수 있는가?
> 2. 해당 단어와 유사한 단어를 말할 수 있는가?

예를 들어서 2010학년도 9월 모의평가 지문에 나왔던 '상응하다'라는 단어를 가지고 위 2가지 질문에 대답을 해보겠다. 상응하다라는 단어의 사전적 뜻은, '서로 응하거나 어울리다'라는 뜻이다. 위 2가지 질문에 답을 해보자면, 아래와 같다.

1. 해당 단어를 활용해서 문장을 만들 수 있는가?

> 어르신께는 그에 **상응하는** 대우를 해드리는 것이 예의다.

2. 해당 단어와 유사한 단어를 말할 수 있는가?

> 대응하다, 일치하다, 부합하다, 어울리다, 조화하다

실제로 모든 단어에 대해서, 이 2가지 질문을 해보려고 하면 시간이 많이 걸리고, 꽤나 어려울 수 있다. 그래도 답을 할 수 있게 된다면 그 단어는 '내 것'이 된다. 그러니, 내가 자주 헷갈리거나 뜻을 까먹는 단어가 있다면 그 단어에 대해서만이라도 반드시 이 2가지 질문을 해보고 뜻을 익혀 놓자.

4. 글 읽을 때 명심해야 할, 8가지 원칙

5등급 이하 학생들이 2~3등급까지 도달하는 데는 이 8가지 원칙만 제대로 익혀도 충분히 가능하다. 내가 과외했던 학생들 중에는 이 8가지 원칙만 제대로 익혀서 1등급을 받아오는 학생도 있었다. 그만큼 글 읽기에 매우 필수적인 원칙들이고, 이 원칙들을 체화했을 때, 분명 성적은 오른다.

이 8가지 원칙이 어떤 가치를 가지고 있는 건지, 왜 이 원칙을 익혔을 때 성적이 오르는 건지 좀 더 구체적으로 설명하자면 이렇다. 우선, 독해력이 상승하려면 '이해하는 법'을 배워야 한다고 했다. '이해하는 법'을 배운다는 것은 다른 말로, '고차원적으로 사고하는 방법'을 배운다는 뜻이다. 이해를 위해서는 머릿속에서 복잡한 개념, 문장들을 이리저리 생각해 볼 수 있는, '고차원적 사고'를 하는 능력이 필요하기 때문이다. 그렇다면 '고차원 적 사고'란 무엇일까?

💡 '고차원적 사고'란?

: 그냥 종이에 적힌 글자만 읽는 것을 넘어선 것이다.

1. 글을 읽으면서 문장 속에 담긴 이미지를 떠올리고,
2. '글쓴이가 하는 말, 주장이 정말 맞나?'라고 생각해보기도 하고,
3. 어려운 문장을 내가 이해할 수 있는 문장으로 쉽게 바꿔서 생각하는 것을 말한다.

'8가지 원칙'은 바로 이 고차원적인 사고를 하기 위한 방법을 8가지로 정리해놓은 것이다. 대부분의 학생들은, 글을 읽으면서 구체적으로 어떠한 생각을 해야 하는 건지 깨닫지 못하기 때문에, 겉핥기 식으로만 이해한다. 문장에 대한 이해도가 40~50% 수준에서 머무는 것이다. 나도 5등급 이하였을 때, 고차원적 사고를 하는 방법 같은 건 하나도 알지 못했다. 그냥 타이머로 시간을 재고, 최대한 빨리 읽으려고 했을 뿐, 문장을 어떻게 이해해야 하는 건지 하나도 감을 못 잡았다. 그래서 3년간 사고력에 변화가 없었고, 3, 4등급에서 벗어나질 못했던 것이다. 너는 방황하지 말고, 하루빨리 아래 8가지 습관을 익혀서 노력한 만큼 결과로 보상받길 바란다. 그럼 이제부터 하나씩 원칙을 소개하도록 하겠다.

 고차원적인 사고법 8가지 원칙

1. 글은 반드시 '천천히' 읽는다.

2. 글은 절대로 '기억'하려 하는 것이 아니다.

3. 글에 함부로 표시하지 않는다.

4. 글 읽을 때는 반드시 '이미지화'를 해라.

5. 글은 '대화하듯이' 읽는 것이다.

6. 출제자가 설명해주지 않을 땐 스스로 부연설명을 붙인다.

7. 추상적인 단어는 절대로 그냥 넘어가지 않는다.

8. 단어가 가지고 있는 함축적인 의미를 떠올린다.

글은 반드시 '천천히' 읽는다.

자, 지금부터 3분 타이머를 재고, 아래 글을 한 번 읽어보자. 타이머가 없다면 가지고 와서, 반드시 시간을 재며 읽어보기 바란다.

선생님의 권유나 친구의 추천, 자기 계발 등 우리가 독서를 하게 되는 동기는 다양하다. 독서 동기는 '독서를 이끌어 내고, 지속하는 힘'으로 정의되는데, 이 정의에는 독서의 시작과 지속이라는 두 측면이 포함되어 있다. 이러한 독서 동기는 슈츠가 제시한 '때문에 동기'와 '위하여 동기'라는 두 유형을 적용하여 설명할 수 있다.

독서의 '때문에 동기'는 독서 행위를 하게 만든 이유를 의미한다. 이는 독서 행위를 유발한 계기가 되므로 독서 이전 시점에 이미 발생한 사건이나 경험에 해당한다. 독서의 '위하여 동기'는 독서 행위를 통해 달성하고자 하는 목적을 의미한다. 그 목적은 독서 행위의 결과로 달성되므로 독서 이후 시점의 상태에 대한 기대나 예측이라는 성격을 가지며, 달성하지 못할 가능성을 내포한다. 예를 들어, 친구에게 책을 선물로 받아서 읽게 되었다고 할 때, 선물로 책을 받은 것은 이 독서 행위의 '때문에 동기'이다. 그리고 책을 읽고 친구와 책에 대해 대화를 나누는 것을 목적으로 설정했다면 이는 '위하여 동기'가 된다. 또한 독서 행위를 통해 성취감이나 감동을 느끼는 것, 선물로 받은 책을 읽어서 친구를 실망시키지 않는 것 등도 이 독서 행위의 결과로 기대할 수 있는 것이므로 역시 '위하여 동기'가 된다고 할 수 있다.

이러한 동기 개념은 독서 습관의 형성 과정을 설명하는 데 도움이 된다. 성공적인 독서 경험의 핵심은 독서 행위를 통해 즐거움과 유익함을 경험하는 것인데, 이러한 경험을 하게 되면 다른 책을 더 읽고 싶다는 마음이 들고 그러한 마음은 새로운 독서 행위로 연결된다. 독서의 즐거움과 유익함은 새로운 독서 행위의 이유가 된다는 점에서 '때문에 동기'가 된다. 동시에, 새로운 독서 행위를 통해 다시 경험하고 싶어지는 '위하여 동기'가 되기도 한다. 이러한 선순환을 통해 독서 경험이 반복되고 심화되면서 독서 습관이 자연스럽게 형성된다. 따라서 독서습관을 형성하려면 '때문에 동기'와 '위하여 동기'를 바탕으로 우선 독서 행위를 시작하는 것과, 성공적인 독서 경험을 통해 독서 행위를 지속하는 것이 중요하다.

- 2024학년도 6월 독서론 -

3분 내에 읽었는가? 대부분의 학생들이 3분 내에 읽긴 했을 것이다. 그러나, 대부분의 5등급 이하 학생들이 이 글을 '어떻게' 읽었는지 보면, 10명 중 9명은 글 읽는 방법이 아주 잘못되어 있다.

나는 방금 글을 읽을 때, 1분 동안 아래 첫 번째 문단을 완벽히 이해하는데 모든 시간을 썼다. 그러나, 너는 아마 이 첫 문단을 20~30초만에 읽고 넘어갔을 것이다. **이게 바로, 네가 글을 읽을 때 가지고 있는 가장 큰 문제점이다.**

선생님의 권유나 친구의 추천, 자기 계발 등 우리가 독서를 하게 되는 동기는 다양하다. 독서 동기는 '독서를 이끌어 내고, 지속하는 힘'으로 정의되는데, 이 정의에는 독서의 시작과 지속이라는 두 측면이 포함되어 있다. 이러한 독서 동기는 슈츠가 제시한 '때문에 동기'와 '위하여 동기'라는 두 유형을 적용하여 설명할 수 있다.

나는 첫 번째 문단을 1분 동안 읽었기 때문에, 뒷 문단을 너보다 훨씬 빠르게 읽고 넘어간다. 너는 첫 번째 문단을 나보다 빠르게 읽었겠지만, 이후 문단에서 더 많은 시간을 쓰게 된다. **왜 첫 문장, 첫 문단을 제대로 이해하지 않으면 이후 문단에서 더 많은 시간을 쓰게 되는 걸까?**

사실 이건, 글이 어떻게 쓰이는지를 이해하면 당연한 것이다. 글이라는 것은 첫 문장의 의미를 이어받아서 다음 문장이 쓰이는 것이다. 그래서 당연히 첫 문단을 제대로 이해했다면, 두 번째 문단을 이해하기가 훨씬 쉽다. 글을 쓰는 사람은 읽는 사람이 첫 번째 문단을 제대로 이해했다는 걸 전제로, 두 번째 문단을 쓰기 때문이다. 지금 글을 쓰고 있는 나도, 네가 앞 부분에 쓴 내용들을 모두 이해했다는 전제하에 글을 쓰고 있다. 그렇기 때문에, 네가 만약 첫 문단 독해에 실패했다면, 두 번째 문단을 제대로 이해하는 것 또한 쉽지 않은 것이다. 그래서 글을 잘 읽는 학생일수록 글의 첫 문장, 첫 문단을 집중해서 읽는다.

그리고 그렇게 읽어야지만, 오히려 글 전체에 대한 이해가 빨라지고, 시간도 부족하지 않게 된다.

앞서 예시로 보여줬던 글의 첫 문단을 다시 보자. '독서 동기는 '독서를 이끌어 내고, 지속하는 힘'으로 정의되는데, 이 정의에는 독서의 시작과 지속이라는 두 측면이 포함되어 있다.' 이 문장을 5등급 이하 학생이 제대로 이해하려면, 최소 20초 이상의 시간이 필요했다. 글을 읽다가 이 문장에서 멈추고, 생각을 했어야 했다.

'독서 동기는 '독서를 이끌어 내고, 지속하는 힘'으로 정의되는데, 이 정의에는 독서의 시작과 지속이라는 두 측면이 포함되어 있다.'라는 문장에서, '독서 동기'라는 것의 정의가 '독서를 이끌어 내고, 지속하는 힘'이라고 말한다. 그리고 뒷부분에서, 이 정의 안에 '독서의 시작과 지속'이라는 두 측면이 포함되어 있다고 말을 하는데, 왜 그런 건지 정말 납득했는가?

이 문장을 제대로 이해하기 위해서는 '독서를 이끌어 낸다'라는 것이 무슨 의미인지 생각을 해봤어야 했고, 또 '독서를 지속하는 힘'이라는 것이 무슨 의미인지 생각을 해봤어야 했다. '독서를 이끌어 낸다'라는 것은, 말 그대로, **독서를 안 하던 사람**이 독서를 하도록 만든다는 뜻이다. 그리고 '독서를 지속하는 힘'이라는 것은, 말 그대로 **원래 독서를 하던 사람**이 독서를 꾸준히 계속할 수 있도록 만든다는 걸 의미한다. 즉, '독서 동기'라는 단어는 **독서를 안 하던 사람이 독서를 하게 만드는 것**을 뜻하는 말로도 쓰이고, **독서를 원래 하던 사람이 독서를 계속하게 만드는 것**을 뜻하는 말로도 쓰인다는 것이다. 그렇기 때문에 당연히, '독서 동기'라는 단어에는 독서의 '시작'과 독서의 '지속'이라는 두 측면이 포함되어 있는 것이다. 위 문장에서 '독서를 이끌어 낸다'라는 것은 '독서의 시작'에 대응되는 것이고, '독서를 지속하는 힘'은 '독서의 지속'에 대응되는 것이다.

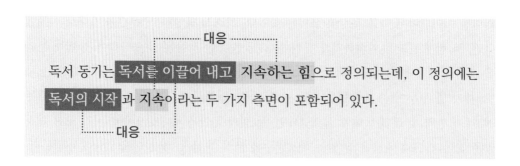

이 문장은 '이해'를 한다면 너무 당연한 문장이다. 또, 이 문장을 제대로 이해했다면 바로 뒤 문장에 나오는 **'때문에 동기'**와 **'위하여 동기'**에 대한 이해도 훨씬 빠르고 쉬웠을 것이다. 어떤 사람이 독서를 '시작'하게 될 때는, 독서의 목적이 정보의 습득이든 자기계발이든 간에, 어떠한 이유 **'때문에'** 시작하는 것이니, **'때문에 동기'**로 말할 수 있을 것이다. 반면 독서를 '지속'하는 것은 내가 달성하고자 하는 어떤 목표, 예를 들면 심적 안정감 유지, 즐거움 느끼기 등을 **'위해서'** 계속 책을 읽는 것이니, **'위하여 동기'**로 설명할 수 있을 것이다.

글을 못 읽는 학생이라면 **'때문에 동기'**와 **'위하여 동기'**를 외우려고 애쓰면서 글을 읽었겠지만, 천천히 의미를 이해하며 읽은 학생에게는 너무 당연한 말이다. 이렇게 읽으면 뒤 문단을 읽는 속도가 2배 이상 빨라진다. 이미 앞 문장에서 의미를 거의 다 이해했기 때문에, 뒷부분에 나오는 말들은 '당연해, 당연하지'가 되는 것이다.

우리는 왜 이렇게 글을 빨리 읽으려고 하는 걸까?

우리가 글을 빨리 읽으려고 하는 것은, '시험'의 영향이 크다. 내가 방금 **3분 안에** 글을 읽어보라고 한 것도, 바로 이 이유를 설명하기 위해서이다. 사람은 누구나 시간 제한이 있을 때는 글을 '빠르게' 읽으려고 한다. 왜냐면 마음 놓고 느긋하게 읽었다가 종 쳐버릴 수 있기 때문이다. 대부분 5등급 이하 학생들은, 글을 빠르게 읽지 못해서 시험 문제를 다 못 푼 채 종 쳤던 경험을 했을 것이다. 그래서 공부할 때 빨리 읽기 위해 애썼을 것이다. 그리고 그렇게 글을 빨리 읽는 습관은 어느새 네 고질적인 습관으로 자리 잡혔다. 어릴 때 만화책과 소설을 읽으며 다른 세계로 깊이 빨려들어가던 순간의 기쁨은 잊은 채, 붐비는 할인매장을 뛰어다니며 필요한 물건을 잡아채듯, 정보만 빠르게 빼먹으려고 하는 것이다.

빨리 읽을수록 손해다.

그런데, 네가 하나 알아야 할 것이 있다. 오히려 이렇게 빨리 읽으려고 하면 할수록, 독해력은 오르지 않는다는 것이다. 독해력이 오르기 위해서는 문장을 읽고 그 문장의 의미를 100% 이해하는 경험을 여러 번 해야 한다. '독해력이 오른다'는 것은 내가 하는 말을 100%에 가깝게 이해한다는 것이기 때문이다. 그런데, 네가 속도를 높이기 시작하면 필자의 말을 100% 이해하는 것이 불가능해진다. 깊이 있는 이해를 하려면 필수적으로 '시간'이 필요하기 때문이다.

아래는 글을 빠르게 읽을수록 깊은 이해에 도달하는 것이 어렵다는 것을 증명하는 자료다.

> "과학 연구팀은 수년간 인간이 정말 글을 빠르게 읽을 수 있을지에 대해 연구했다. 연구팀은 그럴 수 있음을 알게 되었다. 그러나 여기에는 언제나 대가가 따른다. 훈련과 연습을 거치면 속독은 어느 정도 가능하지만, 글을 빨리 읽을수록 이해한 내용이 적다는 사실을 발견했다. 이는 속독 전문가라고 불리는 사람들도 마찬가지였다.
> 이 연구 결과는 인간이 정보를 흡수하는 속도에 최대한도가 존재하며, **그 벽을 부수려고 하면 그저 정보를 이해하는 뇌의 능력이 파괴될 뿐**이라는 사실을 보여주었다. 또한 이 연구를 실시한 과학자들은 글을 빨리 읽게 할수록 복잡하거나 어려운 내용을 붙잡고 늘어질 확률이 훨씬 낮아진다는 것을 발견했다."
>
> - 요한 하리, 뉴욕타임스 베스트셀러 작가 -

☀ 생각의 속도와 눈의 속도를 같게 하자

국어를 공부할 때는 아래 문장만 명심하면 된다.

> '생각의 속도와 눈의 속도를 같게 한다'

보통 우리가 글을 날려 읽을 때를 생각해보면, 머리는 글 내용을 제대로 이해하지도 못했는데, 눈은 다음 문장을 읽고 있다. 그걸 막기 위해서, 글을 읽기 전에는 항상 저 문장을 머릿속에 되새기는 것이 좋다. 만약 글을 읽는데, 내 생각의 속도가 눈의 속도를 못 따라온다면 반드시 속도를 늦춰야 한다.

시간 걱정을 하지 마라.

네가 이해한 만큼만 읽고, 읽은 내용을 멈춰서 생각해야 한다. 여기서 속도를 내버리면 글을 겉핥기 식으로 이해하게 되고, 어차피 문제를 풀면 전부 틀리게 되어 있다. 글을 제대로 이해하며 읽은 게 아니기 때문에, 독해력 또한 오르지 않는다. 그런데, 네가 생각의 속도와 눈의 속도를 같게 하면서 공부를 하다보면 한 가지 문제가 생길 것이다. 문제는 바로, 시간이 너무 오래 걸린다는 것이다. 예전에는 한 지문을 읽는데 15분이 걸렸다면, 눈과 생각의 속도를 일치시키고 천천히 읽을 땐 한 지문을 제대로 읽어내기까지 40분이 걸릴 수도 있다. 그런데, 이건 너무 당연한 거다. 네가 글을 100% 이해하기 위해 필요한 시간이 40분이기 때문에 40분이 걸리는 것이다. 그런데 너는 지금까지, 눈을 빠르게 굴려서 글을 50%만 이해하고, 15분 만에 읽어왔던 것이다.

네가 생각과 눈의 속도를 일치시키고, 천천히 읽는 연습을 하다 보면 시간은 자연스럽게 줄어들게 되어 있다. 천천히 읽으면 문장을 100% 이해할 수 있게 되고, 이 '100% 이해'가 반복되다 보면 '독해력'은 오를 수밖에 없다. 그리고 독해력이 오름에 따라, 시간도 40분에서 30분, 20분, 10분으로 자연스레 줄어들게 되는 것이다. 이 순간을 못 버티고, 또 빠르게 읽어버리면 네 독해력은 제자리에 머문다. 공부는 열심히 하는데 성적은 안 나오는 상태에 빠지는 것이다.

물론 독해력이 오르기 전까지는, 한 지문을 제대로 이해해 내는 데 30분이 넘게 걸리기 때문에 시험 성적은 잘 나오지 않을 것이다. 아니, 오히려 성적이 더 떨어질 수도 있다. 독서 지문이 2개나 남았는데 종이 칠 수도 있다. 하지만, 정말 네가 독해력을 올리고 시험 성적을 올리고 싶다면 신경 꺼야 한다. 성적이 나오든 말든, 시험장에서도 천천히 이해하며 읽어야 한다. 나를 믿고 딱 한 달만이라도 100% 이해하는 것에만 집중해봐라. 고3 때는 수능이 가까워져있기 때문에, 점수를 신경 쓰지 않고, 시험장에서 100% 이해하는 것에만 집중하며 글을 읽는 것이 더더욱 힘들다. 하루라도 빨리, 당장 눈앞의 점수가 아니라, 근본적인 독해력 자체를 올리는 데에 몰두하기 바란다.

🚩 내가 100% 이해를 했는지 점검하는 방법

학생들에게 여기까지 말했을 때, 흔히 나오는 질문이 있다.

"내가 천천히 글을 읽는다고 해도,
지금 이해를 100% 하고 넘어가고 있는 건지,
아닌지 어떻게 알 수 있냐?"

맞는 말이다. 천천히 이해를 100% 하는 것에 목표를 두고 글을 읽어도, 도대체 내가 이해를 100% 하면서 글을 읽고 있는 건지 헷갈릴 수 있다. 그래서 내가 제대로 이해를 하고 넘어가는 게 맞는지 점검할 수 있는 2가지 방법을 알려주려 한다.

첫 번째 방법 | 내가 읽은 문장을 중학생도 이해할 수 있게 설명해보기

사람은 자신이 제대로 이해한 것만 쉽게 설명할 수 있다. 네가 문장을 제대로 이해했다면, 네가 읽은 문장의 의미를 더 쉽게 설명할 수 있을 것이다. 마치 중학생에게 네가 읽은 문장을 더 쉽게 설명한다는 생각으로 한번 설명을 해봐라. **여기서 핵심은, 머릿속으로 문장의 의미를 생각하는 데서 그치는 것이 아니라, 반드시 '말'로 설명해봐야 한다는 것이다.**

우리 뇌는 착각을 매우 잘한다. 뇌는 내가 머릿속으로 생각한 것을 내가 '아는 것'이라 생각하는 경향이 있다. 너도 경험해봐서 알듯이, 내가 머리로는 이해했다고 생각했는데, 말로 설명해보려 하면 설명이 안 되는 경우가 꽤나 많다. 그 이유는 **네가 진짜 이해한 게 아니기 때문**이다. 진짜 이해한 것은, 말로 표현이 가능하다. 그렇기 때문에 조금이라도 의미가 애매하게 느껴지는 문장들은 작게 속삭여서라도 반드시 '말'로 표현을 해보면서 제대로 이해한 게 맞는지 점검해야 한다. 더 쉬운 문장으로 설명이 안 된다면 이해를 못한 것이기에, 이해가 될 때까지 다시 여러 번 읽어야 한다.

두 번째 방법 │ 1등급이 이해한 것과 내가 이해한 걸 비교해보기

1등급들은, 지문의 필자가 하는 말을 100%에 가깝게 이해하기 때문에 1등급을 받는 것이다. 그럼, 1등급을 받기 위해서는 나도 그들과 비슷하게 글을 이해하고 넘어가야 한다. 이때 가장 좋은 방법은 이미 1등급 실력인 사람이 바로 옆에서 '이 문장은 이런 의미이고, 여기까지 이해하고 넘어갔어야 했어'라고 말해주는 것이지만, 과외를 받지 않는 이상 이건 불가능하다. 그리고 과외를 받는다고 하더라도, 그 과외 선생이 정말 제대로 해설을 해줄 수 있을지는 미지수다. 자신이 이해하는 것과, 이해한 것을 상대방이 알아듣기 쉽게 설명하는 건 별개의 능력이기 때문이다.

그래서 내가 〈Chapter 2 : 기출 적용편〉를 쓴 것이다. 마치 과외를 받는 것처럼, 모든 문장마다 1등급은 어떻게 이해하고 넘어가는지 해설을 달아 놓았다. **우선 네 스스로 기출 지문을 풀면서 최대한 문장의 의미를 이해해 보려고 노력을 해봐라. 쉬운 말로 설명도 해보고, 다시 여러 번 읽어보기도 하면서 문장의 의미를 100% 이해하려고 먼저 노력해 봐라. 그렇게 반드시 먼저 노력을 한 뒤에, 해설을 읽기 바란다.** 그래야 해설이 머릿속에 더 강하게 기억된다. 내가 미치도록 궁금한 상태에서 답을 듣는 것과, 그냥 답을 듣는 건 매우 큰 차이가 있다.

그리고 도저히 이해가 안 되는 문장들, 이해했다고 착각했던 문장들을, 내가 적어 놓은 해설을 보면서 100% 이해하는 연습을 하라. 내가 적어 놓은 해설을 보면서 도대체 어디까지 이해하는 것이 100% 이해하는 것인지 감을 잡아 나가는 것이다. 이 책에 실려 있는 기출 지문만 제대로 공부해도, '내가 이해를 한 건지 안 한 건지 판단하는 감'을 잡는 데는 문제가 없을 것이다.

열등감을 이겨내야 한다.

마지막으로, 내가 첫 번째 원칙을 설명하면서 해주고 싶은 말이 있다. **앞으로 공부하면서 느껴질 '열등감'을 극복해야 한다는 것이다.** 내가 5등급 이하였을 때를 생각해보면, 나는 글을 참 빨리 읽는 학생이었다. 성적은 5등급이었음에도, 내 옆자리에 앉아 있었던 국어 1등급 친구와 비슷한 속도로 글을 읽었으니 말이다. 사실 그렇게 글을 빨리 읽은 데에는 '열등감'이라는 이유가 있었다.

내 옆에 있는 친구는 하루에 독서 지문을 10개씩 푸는데, 나는 제대로 이해하고 풀려면 3지문도 벅차다. 친구는 벌써 독서 기출 문제집 한 권을 끝냈는데, 나는 여전히 하루에 1지문 밖에 공부를 못하고 있으면 내가 뭔가 매우 멍청한 사람처럼 느껴졌다. 지금 와서 생각해보면 이 감정이 싫어서, 독해력이 부족한데도 계속해서 글을 빠르게 읽어왔던 거 같다. 아마 너도 비슷한 경험을 했을 것이다. 내가 멍청해 보이는 게 싫어서, 열등감 때문에, 애써 글 읽는 속도를 높이고, 공부량을 무작정 많이 잡았을 것이다.

하지만, 이젠 너도 알 듯이, 그 방법으로는 절대 독해력이 오를 수 없다. 오히려 기본기를 탄탄하게 가져갈 때 흔들리지 않는 성적을 받을 수 있다. 옆자리에서 글을 빨리 읽는 그 친구는, 타고난 천재가 아닌 이상, 점차 100% 이해하기를 게을리할 확률이 높다. 수능에서도 1등급을 받으려면 천천히, 깊이 있게 읽는 연습을 해야 하는데, 고등학교 1, 2학년 때 1등급이 나오면 독해력이 완성되었다는 생각에 100% 이해를 게을리하게 되기 때문이다.

이 경우에는 지문의 난이도가 조금만 어렵게 나오면 무너지게 된다. 내 주변만 봐도, 고등학교 1학년 때 국어 1등급이던 친구들 중에서 고3 때도 1등급을 받은 학생은 단 3명도 안 된다. 읽는 방법을 제대로 배우지 못했으니, 독해력이 고등학교 1학년 수준에 머무는 것이다. 그러니, 신경 쓰지 말고 너는 '너만의 속도'로 글을 읽어 나가기 바란다. 그렇게 딱 2개월 읽으면 독해력이 오르는 게 느껴질 것이다. 그럼 글을 읽는 시간은 '자연스레' 줄어든다. 이게 정말 중요하다. 글 읽는 속도는 네가 '글을 빨리 읽어야겠어!'라는 생각을 했다고 해서 빨라지는 것이 아니다. **그저 네 독해력이 올라감에 따라 '자연스럽게' 빨라지는 것이다.**

고차원적인 사고법, 두 번째 원칙

글은 절대로 '기억'하려 하는 것이 아니다.

지금부터 아래 글을 1분 정도 시간을 재고 읽어보자.

> 지레는 받침과 지렛대를 이용하여 물체를 쉽게 움직일 수 있는 도구이다. 지레에서 힘을 주는 곳을 힘점, 지렛대를 받치는 곳을 받침점, 물체에 힘이 작용하는 곳을 작용점이라 한다. 받침점에서 힘점까지의 거리가 받침점에서 작용점까지의 거리에 비해 멀수록 힘점에 작은 힘을 주어 작용점에서 물체에 큰 힘을 가할 수 있다. 이러한 지레의 원리에는 돌림힘의 개념이 숨어 있다.
>
> *- 2016학년도 수능 A형 -*

시험장에서 위 글을 마주했을 때, 대부분의 5등급 이하 학생들은 이렇게 한다. 위 문장을 이해하려 하기보다, '힘점, 받침점, 작용점'이라는 단어를 외우려고 달려들고, '받침점에서 힘점까지의 거리가 받침점에서 작용점까지의 거리에 비해 멀수록 힘점에 작은 힘을 주어 작용점에서 물체에 큰 힘을 가할 수 있다'라는 문장에 화살표 표시를 해서, 관계를 외우려 애쓴다. 그런데, 바로 이런 태도 때문에, 글 내용이 머릿속에 남지 않고, 문제를 매번 틀리는 것이다.

1등급들은 이런 문장을 만났을 때 어떻게 반응할까? 1등급들은 '힘점, 받침점, 작용점'이라는 단어를 '이해'한다. 그리고 머릿속에 아래와 같이 지레에 힘을 가하는 이미지를 떠올려서, '당연히 받침점에서 힘점까지의 거리가 멀수록, 힘점에 작은 힘을 줘도 물체에 큰 힘을 가할 수 있겠네'라고 생각한다.

　나는 학창시절에 커다란 의문이 있었다. '1등급들은 어떻게 저 긴 글을 다 외우고, 문제를 풀 때 지문으로 돌아가지 않고 전부 맞히는 걸까? 정말 똑똑한 머리를 타고난 거구나….' 1등급 친구들은 글을 엄청 잘 기억할 거라 생각했던 것이다. 그런데 내 생각은 완전히 잘못된 생각이었다. 그들의 머릿속을 자세히 들여다보면 그들은 문장을 외우고 있는 게 전혀 아니기 때문이다. 그들은 그저 문장을 '이해'할 뿐이다. 이해를 했기 때문에 기억은 '저절로' 되는 것이다.

　물론 문제를 풀 때 기억을 꺼내서 푸는 것은 맞다. 그러나 '기억해야겠다!'라는 태도로 글을 읽으면, 글은 오히려 기억에 남지 않는다. '기억해야겠다!'가 아니라, '이해해야겠다!'라는 태도로 글을 읽을 때 비로소 글은 머릿속에 남게 되는 것이다. 이와 관련해서 캐나다 심리학 교수인 캐럴 피터슨이 한 말이 있다.

> "기억을 잘한다는 것은 곧 이해를 잘한다는 것이다. 최상위 성적을 받는 학생들은 암기력이 좋다기보다, 이해력이 뛰어나다. 이해는 기억을 위한 첫 단계이기 때문이다. 우리 뇌는 이해하지 못하면 기억할 수 없다."
>
> - 캐럴 피터슨, 뉴펀들랜드메모리얼대학교 심리학 교수 -

　우리가 문장을 외우려고 덤벼들기보다 이해하려고 노력해야 하는 이유를 좀 더 구체적으로 설명해보겠다.

문장을 외우지 말고, 이해해야 하는 이유

1. 기출 문제의 발전

2016학년도 이전까지는 문장을 단순히 외우는 공부 방식이 효과가 있었다. 왜냐하면 2016학년도 이전 기출 지문들 중에는, 내용을 이해하지 않아도 지문과 선택지를 왔다 갔다 하면서 정답을 고를 수 있는 문제가 출제되었기 때문이다.

아래는 각각 2016학년도 고3 9월 모의고사, 2016학년도 고3 수능에 출제된 지문과 선택지이다. 보면 알겠지만, 지문의 문장이 선택지에 거의 똑같이 옮겨져 있다. 이런 경우에는 지문 내용을 제대로 이해하지 못하더라도, 선택지와 지문을 왔다갔다 하면서 문제를 풀 수 있다. 그래서 지문을 이해하지 않고 외운 학생이라도 문제는 풀 수 있었던 것이다.

2016학년도 고3 9월 모의고사

근대에 접어들어 과학 혁명과 청교도 윤리의 등장으로 활동적 삶과 사색적 삶에 대한 인식은 달라지기 시작했다. 16, 17세기 과학 혁명으로 실험 정신과 경험적 지식이 중요시되면서 사색적 삶의 영역에 속한 과학적 탐구와 활동적 삶의 영역에 속한 기술 사이의 거리가 좁혀졌다. 또한 직업을 신의 소명으로 이해하고, 근면과 검약에 의한 개인의 성공을 구원의 징표로 본 청교도 윤리는 생산 활동과 부의 축적에 대한 부정적 인식을 불식하는 계기가 되었다. 이로써 활동적 삶과 사색적 삶이 대등한 위상을 갖게 된 것이다.

Q. 윗글을 이해한 내용으로 가장 적절한 것은?

① 아리스토텔레스는 생존을 위한 필요에서 비롯된 생산 활동이 사색적 삶보다 더 중요하다고 보았다.
② 과학 혁명의 시대에는 활동적 삶의 위상이 사색적 삶의 위상보다 높았다.
③ 청교도 윤리는 성공과 부를 추구하는 태도에 대한 부정적인 인식을 심화시켰다.
④ 시간-동작 연구는 인간의 노동이 두뇌노동과 근육노동으로 분리되는 데 영향을 주었다.
⑤ 공학, 경영학 등의 실용 학문은 기술을 과학에 활용하기 위해 출현했다.

애벌랜치 광다이오드는 크게 흡수층, 애벌랜치 영역, 전극으로 구성되어 있다. 흡수층에 충분한 에너지를 가진 광자가 입사되면 전자(-)와 양공(+) 쌍이 생성될 수 있다. 이때 입사되는 광자 수 대비 생성되는 전자-양공 쌍의 개수를 양자 효율이라 부른다. 소자의 특성과 입사광의 파장에 따라 결정되는 양자 효율은 애벌랜치 광다이오드의 성능에 영향을 미치는 중요한 요소 중 하나이다.

Q. 윗글의 내용과 일치하는 것은?

① 애벌랜치 광다이오드는 전기 신호를 광신호로 변환해 준다.
② 애벌랜치 광다이오드의 흡수층에서 전자-양공 쌍이 발생하려면 광자가 입사되어야 한다.
③ 입사된 광자의 수가 크게 늘어나는 과정은 애벌랜치 광다이오드의 작동에 필수적이다.
④ 저마늄을 사용하여 만든 애벌랜치 광다이오드는 100 nm 파장의 빛을 검출할 때 사용 가능하다.
⑤ 애벌랜치 광다이오드의 흡수층에서 생성된 양공은 애벌랜치 영역을 통과하여 양의 전극으로 이동한다.

사실 이건 쉬운 시험들의 특징이다. 아래는 2023년에 실시된 고1 3월 모의고사 지문과 선택지인데, 2016학년도 이전 고3 모의고사들과 마찬가지로 선택지에 있는 문장이 지문에 거의 그대로 적혀 있다. 이런 식으로 문제를 출제하면 난이도가 내려가고, 학생들이 굳이 지문을 이해하지 않아도 풀 수 있다.

일반적으로 빛은 진행하는 방향에 수직인 모든 방향으로 진동하며 나아간다. 빛이 편광판을 통과하면 그중 편광판의 투과축과 평행한 방향으로 진동하며 나아가는 선형 편광만 남고, 투과축의 수직 방향으로 진동하는 빛은 차단된다. 이러한 과정에서 편광판을 통과한 빛의 세기는 감소하게 된다.

Q. 윗글에서 알 수 있는 내용으로 가장 적절한 것은?

① 햇빛은 진행하는 방향에 수직인 모든 방향으로 진동한다.
② OLED는 네 가지의 색을 조합하여 다양한 색을 구현한다.
③ 사람의 눈에 들어오는 빛의 양이 많으면 휘도는 낮아진다.
④ 야외 시인성은 사물 간의 크기 차이를 비교하는 기준이다.
⑤ OLED는 화면의 외부 표면에 반사되는 외부광을 차단한다

하지만 이렇게 문제를 출제했을 때 문제점이 있었다. 이해를 하지 않고도 풀 수 있는 문제들은, 대부분의 학생들이 다 맞혔고 이에 따라 1등급 컷도 매우 높아진 것이다. 여기서 1등급 컷이 높아졌다는 건, 최상위권과 상위권의 구분이 힘들어졌다는 의미이다. 이렇게 되면 공부를 잘 하는 학생일수록 손해를 보게 된다. 내가 공부를 가장 잘하더라도 반 20등과 똑같은 점수를 받게 된다. 그래서, 출제자들은 이런 문제점을 방지하기 위해 점차 문제 난이도를 높이기 시작했다.

그리고 이런 식으로 단순히 눈알을 굴려서 풀 수 있게 내면, '변별이 안된다'는 문제뿐만 아니라, 수험생들의 독해력, 이해력, 사고력도 측정하기 어렵게 된다는 문제도 생긴다. 왜냐하면, 학생이 정말 이 문제를 이해하고 맞힌 건지, 아니면 이해를 못 했는데도 그냥 지문과 선택지를 왔다 갔다 하면서, 맞는 말을 골라낸 건지 알 수 없기 때문이다. 그래서 출제자들은 더 이상 지문에 있는 문장을 선택지에 그대로 쓰지 않게 된다. **선택지에 나와있는 문장을 지문에서 찾을 수 없도록 만들어 놓은 것이다.** 실제로 1등급 컷이 80점대 초반이었던 2022학년도 수능 문제를 보면 알 수 있다.

아래 문제는 정답률이 20%대인 문제로, 역대 수능을 통틀어서도 정답률이 매우 낮은 문제였다. 생김새는 위 2016학년도 문제들과 비슷하게 생겼지만, 딱 하나 다른 것이 있다. **선택지에 나와 있는 문장을 찾으러 지문으로 돌아가도 지문에서 선택지와 비슷한 문장을 찾을 수 없게 만들어졌다는 것이다.** 쉽게 말해서, 이 문제는 1번부터 5번까지 모든 선택지가 지문에 없는 문장들로 구성되어 있다. 이는 네가 선택지와 지문을 왔다 갔다 하면서, 이 선택지가 맞는 말인지 틀린 말인지 판단하려 해도, 지문에 선택지와 딱 맞는 문장이 없었기 때문에 판단하기가 매우 어려웠다는 뜻이다.

고3 기출 문제를 보면, 어려운 지문들은 선택지가 모두 이런 식으로 만들어져 있다. 네가 지금 고등학교 1, 2학년 학생이라면 이런 문제들까지 풀어낼 수 있도록 이해하는 연습을 해야 한다. 고등학교 1, 2학년 모의고사 지문은 고등학교 3학년 모의고사 지문에 비해, 깊은 이해를 요구하지 않기 때문에 이해력이 그리 높지 않은 학생도 1등급을 받는 것이 가능하다. 그렇기 때문에 고등학교 1, 2학년 때 1등급이었던 학생들 중 대부분이 고등학교 3학년에 올라와서는 1등급을 받기 힘든 것이다. 지문의 난이도가 높아진 것뿐만 아니라, 문제에 쓰인 선택지의 수준이, 훨씬 더 구체적인 이해를 요구하기 때문이다.

문장을 외우지 말고, 이해해야 하는 이유
2. 인간의 뇌는 1,500자를 10분 만에 외우는 것이 불가능하다

모의고사와 수능에 나오는 독서 지문은 보통 1,500자 정도이다. 문장으로 치면 평균 25문장 정도가 시험에 나오는 것이다. 네가 글을 기억하려는 태도로 덤빈다면 이 25문장을 외우려고 한다는 것인데, 사실 이건 거의 인간의 능력치를 벗어난 목표다. 미국의 심리학자인 조지 밀러가 쓴 〈Magic number 7±2〉라는 논문을 보면, 20분 내외의 짧은 시간 동안 인간이 외울 수 있는 정보는 대략 7가지라고 말한다. 논문을 근거로 봐도 우리가 10분 동안 25문장을 외우는 건 불가능에 가까운 수치임을 알 수 있다.

그럼 중요한 몇 개 문장만 외우면 되지 않냐고 할 수 있는데, 시험장에 가보면 알겠지만, 시험을 치는 도중에는 한 문장도 제대로 외우는 것이 쉽지 않다. '극도의 긴장 상태'이기 때문이다. 그리고 문장을 외우려면 그 문장을 최소 3, 4번은 반복해서 읽어야 하는데, 1분 1초가 중요한 시험장에서 그러고 있을 시간이 없을 가능성이 크다.

그래서 답은 '이해' 밖에 없는 것이다. 이해가 바로 '1,500자'를 외우는 유일한 길이다. 이해를 하면 글 내용이 '자연스레' 기억이 되기 때문에, 1등급들은 지문을 한 번 읽고 나서, 다시 지문으로 돌아가지 않아도 문제를 다 맞히는 것이다.

☀ 기억하지 않고 이해한다는 것의 구체적인 의미

아래 글을 1분 동안 한번 읽어봐라.

> 이번 휴가 때 내가 본 바다의 풍경은 마치 어머니의 모습 같았다. 쉼 없이 반복되던 일상 속에 지친 나를, 인자한 미소로 품어주는 듯했다. 에메랄드빛으로 반짝 거리는 바닷물을 보고 있자니, 점점 마음이 고요해지고, 내가 고군분투해왔던 모든 것들이 별거 아닌 듯 느껴졌다. 그렇게 나는 바다가 주는 고요함과 안정감에 매료되어, 3시간 정도 되는 시간을 한자리에 머물러 있었다.

위 글을 읽고 어떤 생각이 드는가? 위 글을 제대로 읽은 학생이라면, 첫 문장과 두 번째 문장을 읽고, 자신이 알고 있는 어머니의 인자한 모습을 떠올리며, 지문의 필자가, 바다를 어머니에 비유한 것에 공감했을 것이다. '에메랄드빛' 바다를 함께 떠올리고, 지문의 필자가 3시간이나 한 자리에 머물며 느꼈을, 바다의 안정감과 고요함에 공감했을 것이다.

그러나 대부분의 5등급 이하 학생들이 위 글을 읽을 때면 아래와 같이 읽는다.

"오케이 평일이 아니라 휴가 때 바다를 갔네. 아버지의 모습이 아니라 어머니의 모습이라고 표현했구나. 체크해 놓자. '에메랄드빛'도 시험에 나올 수 있으니까 체크해 놓고, 1시간이 아니라 3시간을 머물렀구나. 요것도 기억해놓자."

45

어떤가? 이 학생이 글을 제대로 읽고 있는 거 같은가? 아마 이 학생은 문제로 돌아갔을 때 자기가 기억하려고 했던 그 어떤 것도 제대로 떠올리지 못할 것이다. 결국 계속해서 지문과 선택지를 왔다 갔다 하며 뭐가 맞는지 비교하려 할 테고, 시간은 항상 촉박할 것이다. 아마 너도 뭔가 이상하다고 느꼈을 것이다. 그런데 시험을 칠 때면, 너를 포함한 모두가 약속이나 한 듯, 글을 저렇게 읽고 있다.

저 글을 외우는 방법은 단 하나다. **저 글을 '이해'하는 것. 필자가 봤던 바다를 나도 머릿속으로 떠올려서 같이 보고, 필자가 바다를 보면서 느꼈던 것을 나도 느끼면 그만이다.** 그러면 '어머니'였는지, '에메랄드빛'이었는지, '3시간'이었는지 외우지 않아도, '저절로' 기억이 나게 되어 있다. 설령 정확하게 기억이 안 난다고 해도, 이해를 했기 때문에, 지문으로 돌아가면 3초 만에 기억이 난다. 너는 단 한 번도 글을 이해하며 읽으려 한 적이 없기 때문에 지금 내가 하는 말이 안 믿길 수도 있다. 하지만, 방금 네가 저 글을 읽으면서 '이해'했던 경험을 잊지 않기 바란다. 쉬운 글이든, 어려운 글이든 글 읽는 방식은 변하지 않는다. 모두 '이해'를 하면서 읽는다는 동일한 원칙이 적용된다.

내가 예시로 든 글과 모의고사 글의 차이점이 있다면, 쓰는 단어가 어려워지고, 문장이 조금 길어진다는 것밖에 없다. 그런데도, 5등급 이하 학생들은 두 글을 완전 다르게 읽는다. 쉬운 글은 이해하며 읽지만, 어려운 글은 외우려고 덤빈다. 아마 이해하지 못할 거라는 두려움 때문일 것이다. 그런데, 출제자는 어떻게 해서든 네가 '이해했는지' 테스트하고 싶어하기 때문에, 네가 이해하지 못한다면 결국 시험장에서 문제를 틀릴 수밖에 없다.

나는 고등학교 3년 내내 기억이 아니라 이해를 해야 한다는 것, 이해를 해야 오히려 기억이 된다는 사실을 깨닫지 못했다. 그래서 만년 3~4등급에서 벗어날 수 없었고, 수능 날에도 3등급을 받았다. 딱 이 태도 하나만 고치고, 이해하는 것에만 죽어라 목숨 걸어도 3개월 안에 성적이 바뀐다고 장담한다.

내가 추천하는 건, 지금 이 책을 여기까지만 읽고, 쉬운 기출 문제를 하나 풀어보는 것이다. 한 문장을 읽고, 다음 문장으로 넘어갈 때, 분명히 네 마음속에는 '앞 문장이 나중에 기억 안 나면 어떡하지?'하는 불안감이 느껴질 것이다. 바로 그 순간이다. 그 강박을 딱 한 번만 참고, 그냥 글을 끝까지 이해하는 것에만 집중해서 읽어봐라. 그렇게 끝까지 외우려는 강박을 버리고, 한 문장 한 문장 이해하는 것에만 집중하고 문제로 갔을 때, 내가 외우려는 노력을 하나도 하지 않았음에도 문제 푸는 데 아무런 지장이 없다는 걸 깨달을 것이다. 반드시 지금 내가 시킨 대로 해본 뒤에, 다음 장으로 넘어가길 바란다.

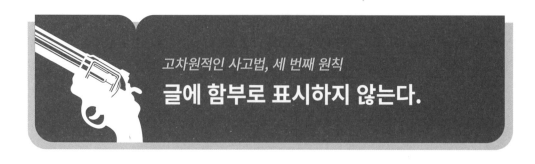

고차원적인 사고법, 세 번째 원칙
글에 함부로 표시하지 않는다.

내가 과외지도를 할 때 이 학생이 상위권인지, 하위권인지 판단하는 데는 단 5초도 걸리지 않았다. 어떻게 그게 가능한 걸까? 아주 간단한 방법인데, 지금까지 풀었던 기출 문제집을 가지고 와보라고 한 뒤, 지문에 '표시'가 있는지 없는지 보면 된다. 물론 절대적인 기준은 아니다. 하지만 대부분 공부를 잘하는 학생일수록 지문에 표시가 거의 없었고, 공부를 못하는 학생일수록 복잡한 표시들이 많았다.

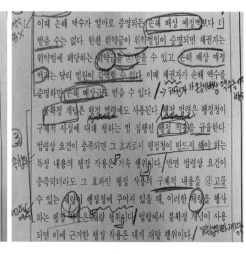

| 1등급 학생의 시험지 | 5등급 학생의 시험지 |

나 또한 성적이 5등급 이하였을 땐 지문에 잡다한 표시들을 많이 하는 학생이었다. 그때 내가 왜 그렇게 표시하는 것에 집착했는지 생각을 해보면 크게 **3가지 이유**가 있었다.

표시에 집착한 첫번째 이유
표시를 해놓아야, 나중에 문제를 풀다가 지문 내용이 기억나지 않아도 빨리 돌아올 수 있을 거라는 생각 때문이었다.

이 말은 그 당시 내 스스로 생각했을 때 굉장히 합리적이었다. 내가 표시를 해놓으면 다시 돌아와서 확인할 때, 정보가 어디 있는지 찾기 쉬우니까, 당연히 더 빠르게 확인이 가능할 거라 생각했다. 그런데 여기서 내가 한 가지 간과한 것은, 내가 글을 읽으면서 해놓은 표시만 20개가 넘어간다는 것이었다. '20개 중에 1개'를 찾아내는 건, 내가 생각한 것보다 빠르지 않았다.

그래서 시험을 쳐보면 알겠지만, 네가 표시를 해놓았다고 하더라도, 선택지에서 물어보고 있는 부분을 빠르게 찾는 것이 쉽지 않다. 오히려 다시 돌아갔을 때 지문에 표시되어 있는 복잡한 기호들을 다시 해석하느라 시간이 많이 걸린다. 그리고 무엇보다, '두 번째 원칙, 글은 절대로 '기억'하려 하는 것이 아니다'에서도 말했듯이, 시험 난이도가 올라가면 선택지에 있는 문장들이 지문에 없는 문장으로 만들어진다. 즉, 지문으로 빠르게 돌아가도 선택지에 대응되는 문장을 하나로 콕 집어내기가 힘들다는 것이다.

☆ 사실 국어에서 높은 점수를 받으려면 '빨리 돌아오는 것'을 목표로 잡으면 안 된다. 국어에서 높은 점수를 받으려면 최대한 지문으로 '돌아오지 않는 것'을 목표로 잡아야 한다. 최대한 '한 번 만에 읽고 한 번 만에 풀어야 하는 것'이다. 그건 천재들이나 할 수 있는 거 아니냐 싶겠지만, 지문을 제대로 이해할수록 지문으로 돌아가는 횟수는 줄어들게 된다. 왜냐하면 이해를 해놓고 넘어갔기 때문에, 굳이 돌아오지 않아도, 선택지를 볼 때 내가 읽었던 내용들이 전부 기억나는 것이다. 이해를 해야 기억이 된다는 것은 내가 앞부분에서 충분히 설명했었다.

표시에 집착한 두번째 이유
강사들의 인강 때문이었다. 내가 5등급 이하였을 시절, 1등급이던 친구에게 인터넷 강의를 추천받아서 봤었다.

대부분의 강사들은 강의를 하면서 지문에 동그라미, 네모 표시를 하고, 문장마다 / 표시를 하면서 국어를 가르치고 있었다. 나는 국어 공부를 어떻게 해야 하는지 하나도 모르는 학생이었기에, 무작정 그들이 글에 하는 표시들을 따라했다. 그렇게 읽는 것이 글을 잘 읽는 방법인 줄 알았다. 그런데, 내가 과외지도를 하면서 남을 가르쳐 볼 때쯤 깨달았다. 그런 기호 표시는 학생들의 독해력을 높이는데 필수적이라기 보다, '가르치는 데 편하기 때문에' 사용한다는 것을 말이다. 내 머릿속에 있는 것을 말로만 설명하는 건 생각보다 쉽지 않다. 그래서 대부분의 강사들이 중요한 부분에 동그라미를 하고, 비례 관계를 화살표로 표시하고, 끊어 읽어야 하는 부분을 / 로 표시하며, 자신의 머릿속에 있는 것들을 설명하는 것이다. 그래야 학생들도 이 강사가 어떤 생각을 하면서 글을 읽었는지가 보이고, 학습하기가 더 쉽다. 그런데 가장 큰 문제점은, 학생들이 스스로 글을 읽을 때도, 강사가 하는 것처럼 표시를 하면서 읽는다는 것이다.

'표시하면서 읽으면 2가지 문제점이 생긴다.'

첫 번째 문제점
표시하며 읽는 순간, 내가 문장을 이해했다는 착각에 빠진다.

시험장에서 어려운 문장을 만났을 때 대부분의 학생들은 반사적으로 동그라미 표시를 한다. 우리 뇌에서는 '어려운 것'을 '중요한 것'으로 인식하기 때문이다. 그래서 우리는 동그라미 표시를 하며 생각한다. '오, 이 부분이 중요하네, 체크해두고 넘어가야지.' 너는 이 과정에서 스스로 이 문장을 '이해했다', 또는 '처리했다'는 착각에 빠진다. 실제로는 **이 문장을 중요하다고 '인지'만 했을 뿐, '왜' 이 문장이 중요한지 이해는 못했다.** 그러나, 자신이 지금 이 문장을 이해하고 넘어간다고 착각하는 것이다.

이렇게 지문에 잡다한 표시만 해놓고 문제로 가면, '이해한 척'만 한 것이기 때문에, 당연히 아무것도 기억이 안 난다. 그래서 또 문제를 푸는 내내 지문으로 돌아간다. 자기가 어떤 의미로 표시했는지도 기억 안 나는 기호들을 보면서 선택지와 지문을 왔다 갔다 할 뿐이다.

두 번째 문제점
사고력 훈련이 되지 않는다.

머리를 쓰면서 문장을 이해하려고 하는 행위는 굉장히 스트레스가 심한 행위다. 그래서 대부분의 학생들이 '쉽게 공부하기 위해서' 옆에 메모를 해두고 문장에 표시를 하고 넘어간다.

그런데 지문 옆에 메모를 하고 표시를 해놓는 행동은 내 사고력이 향상되는 걸 방해한다. 왜냐하면, 사고력을 올리기 위해서는 다양한 정보들을 내 머릿속에서 처리하는 훈련을 해야 하는데, 내가 표시를 통해서 정보를 종이에 덜어내 버리면, 뇌가 훈련이 되지 않기 때문이다.

표시에 집착한 세번째 이유
내 옆자리에 앉아 있던 반 1등 친구 때문이었다.

고등학교 1학년 때 내 옆자리에 앉은 친구는 반 1등이었다. 그 친구는 독서를 읽으면서 항상 동그라미, 네모, 세모, 화살표 표시를 하면서 글을 읽었다. 대부분의 지문에는 밑줄이 수없이 쳐져 있었으며 심지어 형광펜으로 표시되어 있기도 했다. 그래서 나는 그걸 보고 그대로 따라했다. 그때는 그게 국어 1등급을 받는 비결인 줄 알았다. 그런데, 나중에 내가 1등급을 받고 깨달았다. 그 친구가 국어를 잘했던 비결은 '표시'를 하면서 읽었기 때문이 아니었다는 것을. 그 친구가 1등급이었던 이유는, 그냥 '독해력'이 높았기 때문이었다. 그 친구는 손을 묶고 아무런 표시를 못하게 해도 시험장에서 1등급이 나왔을 것이다.

이후 과외 지도를 하면서도, 1등급인데 지문에 여러 표시를 하면서 읽는 친구들을 봤었다. 그 친구들에게 왜 그렇게 표시를 하면서 읽냐고 물어보면, 딱히 어떤 이유가 있어서라기보다 '이렇게 읽어야 뭔가 집중이 잘되고 안정감이 들어서요'라고 대답하는 경우가 대부분이었다. 표시가 근본적인 실력을 높인다기보다, 그들에겐 표시하면서 읽는 게 그냥 하나의 습관으로 자리 잡은 것이다.

농구의 황제로 불리는 마이클 조던은 '시합 날 손에 초크를 바르고 해설진 앞에서 털어내는 것'이 자신의 루틴이라고 한다. 물론 이 행동은, 조던에게 심적인 안정감을 갖게 해서 시합을 잘 치르는 데 도움을 줬을 것이다. 그런데 그렇다고 해서 마이클 조던이 농구를 잘하는 이유를, '초크를 해설진 앞에서 털었기 때문'이라고 말할 수 있을까? 조던이 농구를 잘하는 근본적인 이유는, 타고난 운동신경, 뛰어난 점프력, 예리한 손끝 감각 덕분이다.

1등급들이 표시를 하면서 읽는 건, 마이클 조던이 시합 전 해설진 앞에서 초크를 터는 것과 똑같다. 그것이 1등급들에게 안정감을 줄 수 있겠지만, 딱 그 정도라는 것이다. 1등급들이 국어를 잘하는 근본적인 이유는 그들의 '독해력' 덕분이다.

네가 스스로 생각해봐라. 정말 표시하는 행위로 이해력을 높이고, 독해력을 높일 수 있다면, 국어 1등급 받기가 왜 그렇게 어렵다고 하는 걸까? 누구나 네모, 세모, 동그라미 표시하는 법만 배우면 1등급을 받을 수 있는데, 왜 사람들이 재수, 삼수를 하는 걸까? 그걸로 해결되는 문제가 아니기 때문이다. 그러니, 지금부터라도 1등급들의 표시 기법을 따라하기보다, 문장을 이해하려고 노력하면서 근본적인 독해력을 올리는 데 최선을 다하기 바란다. 기출 분석을 할 땐 머리로 모든 것을 이해하려 해야 한다.

고차원적인 사고법, 네 번째 원칙
글 읽을 때는 반드시 '이미지화'를 해라.

이미지화라는 것은, 말 그대로 **문장을 머릿속에서 이미지로 바꾼다는 것을 의미한다.** 그럼 글을 읽을 때 왜 이미지화를 해야 하는 걸까? 그건 글을 쓰는 사람이 글을 쓸 때 어떤 생각을 하면서 쓰는 건지 생각해보면 된다.

내가 누군가에게 '축구할 때 슛팅하는 법'에 대해서 설명하는 글을 쓴다고 해보자. 우선 글을 쓰기 전에 축구를 잘하는 사람들이 공을 어떻게 차는지 떠올려볼 것이다. 축구 선수들은, 공은 디딤발의 5cm 정도 옆에 두고, 시선은 공에 고정하고, 발등을 45도 각도로 틀어서 찬다. 글쓴이는 이러한 축구 선수들의 이미지를 '머릿속으로 떠올리면서', 하나하나 글로 옮겨 적게 될 것이다. 여기서 한 가지 깨달음을 얻을 수 있는 것은, 글을 쓰는 사람이라면 누구나 자신이 쓰려는 글과 관련된 상황, 경험, 이미지 등을 '떠올리면서' 글을 쓴다는 것이다. 이건 독서 문제 출제자에게도 마찬가지다. 독서 출제자도 해당 비문학 주제와 관련된 이미지를 떠올리면서 글을 쓰게 된다.

그렇다면, 글을 읽는 사람은 글을 100% 이해하기 위해서 어떻게 읽어야 할까? 당연히 글쓴이가 글을 쓰며 떠올렸던 이미지를 '비슷하게 떠올리려고 하면서' 글을 읽어야 한다. 실제로 지금, 네가 이미지화 없이 그냥 읽고 넘어갔던 지문을 다시 꺼내서, '이미지화'를 하며 읽어봐라. 글이 훨씬 더 생생하게 느껴질 것이다. 필자가 예시로 드는 상황을 이미지로 떠올리고, 글에서 설명하는 내용과 관련된 경험들을 머릿속으로 그려 봐라.

이렇게 이미지화를 하면서 글을 읽으면 글 내용이 훨씬 더 쉽게 이해될 뿐만 아니라, 글 읽기 자체가 재밌어지는 효과가 있다. 대부분의 5등급 이하 학생들이 독서 공부가 재미없게 느껴지는 이유는, 활자만 읽고 있기 때문이다. 그냥 종이 위에 적혀 있는 글자만 읽어내는 것에서 더 나아가, 필자가 활자 뒤에 그려놓은 세상을 볼 수 있게 되는 순간, 글 읽기는 **새로운 세계로의 방문**이 된다.

그럼 지금부터 이미지화를 어떤 식으로 해야 하는지 몇 가지 예시 지문을 가지고 연습을 해보겠다. 각각 문장을 읽으면서 나름대로 이미지를 떠올려봐라. 바로 다음 장에 각각의 문장을 읽으면서 어떤 식의 이미지를 떠올렸었어야 했는지 이미지를 그려놓았다. 스스로 이미지화를 하려 노력해본 뒤에, 다음 장에 있는 그림을 확인해 보기 바란다.

1번 – *2018학년도 고3 9월 모의평가*

자본주의 일상을 사실적으로 표현한 하이퍼리얼리즘의 대표적인 작가에는 핸슨이 있다. 그의 작품 「쇼핑 카트를 밀고 가는 여자」(1969)는 물질적 풍요함 속에 매몰되어 살아가는 당시 현대인을 비판적 시각에서 표현한 작품으로 해석할 수 있다. 이 작품의 대상은 상품이 가득한 쇼핑 카트와 여자이다. 그녀는 욕망의 주체이며 물질에 대한 탐욕을 상징하고 있고, 상품이 가득한 쇼핑 카트는 욕망의 객체이며 물질을 상징하고 있다. 그래서 여자가 상품이 넘칠 듯이 가득한 쇼핑 카트를 밀고 있는 구도는 물질적 풍요 속에서의 과잉 소비 성향을 보여준다.

2번 – *2022학년도 고3 9월 모의평가*

시각을 전달하는 장치인 HMD* 는 사용자의 양쪽 눈에 가상 공간을 표현하는, 시차* 가 있는 영상을 전달한다. 전달된 영상을 뇌에서 조합하는 과정에서 사용자는 공간과 물체의 입체감을 느낄 수 있다. 가상 공간에서 물체를 접촉하는 것처럼 사용자의 손에 감각 반응을 직접 전달하는 장치로는 가상 현실 장갑이 있다. 가상 현실 장갑은 가상 공간에서 아바타가 만지는 가상 물체의 크기, 형태, 온도 등을 사용자가 느낄 수 있도록 설계되어 있다. 이 외에도 가상 현실 장갑은 사용자의 손가락 및 팔의 움직임에 따라 아바타를 움직이게 할 수 있다.

* HMD : 머리에 쓰는 3D 디스플레이의 한 종류.
* 시차 : 한 물체를 서로 다른 두 지점에서 보았을 때 방향의 차이.

3번 – *2023학년도 고3 6월 모의고사*

혈액은 세포에 필요한 물질을 공급하고 노폐물을 제거한다. 만약 혈관 벽이 손상되어 출혈이 생기면 손상 부위의 혈액이 응고되어 혈액 손실을 막아야 한다. 혈액 응고는 섬유소 단백질인 피브린이 모여 형성된 섬유소 그물이 혈소판이 응집된 혈소판 마개와 뭉쳐 혈병이라는 덩어리를 만드는 현상이다.

최대한 떠올려보았나? 아래 내가 제시해놓은 이미지들이 물론 정답은 아니다. 배경지식이 없다고 가정했을 때, 문장을 보고 '최소한 이 정도는 떠올려줘야 한다'는 기준 정도로 생각하면 된다. 아래 이미지들이, 네가 떠올린 이미지와 비슷하다면 스스로 이미지화를 잘하고 넘어간 거라 생각해도 좋다.

☑ 1번 이미지

☑ 2번 이미지

☑ 3번 이미지

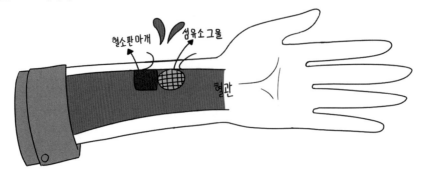

네가 이미지화를 하면서 글을 읽다 보면 분명 이미지화가 어려운 지문들도 등장하게 될 것이다. 특히 철학이나 논리학과 같은 지문들은 구체적인 이미지를 떠올리면서 글을 읽기가 쉽지 않다. 원래 눈에 안 보이는 추상적인 것들을 다루는 학문이기 때문이다.

아래와 같은 문장들은 사실 이미지화를 하면서 읽기가 쉽지 않다.

> 고전 논리에서는 전건 긍정 규칙이 성립한다. 이는 "P이면 Q이다."라는 조건문과 그것의 전건인 P가 '참'이라면 그것의 후건인 Q도 반드시 '참'이 된다는 것이다.
>
> *- 2018학년도 고3 9월 모의평가 -*

> 변증법에 충실하려면 헤겔은 철학에서 성취된 완전한 주관성이 재객관화되는 단계의 절대정신을 추가했어야 할 것이다. 예술은 '철학 이후'의 자리를 차지할 수 있는 유력한 후보이다.
>
> *- 2022학년도 고3 수능 -*

이런 문장들은 현재 성적이 5등급 이하인 학생 입장에서 이미지화가 힘들다. 당연히 이런 문장들은 이미지화를 못하고 넘어가는 게 맞다. 그러면 이미지화가 되는 문장들만이라도 이미지화를 해주면 된다. 보통 한 지문에 이미지화가 아예 안되는 문장은 많아 봐야세 문장이다. 대부분의 문장들은 자세히 들여다보면 전부 이미지가 그려지는 문장들이다. 따라서, 공부할 때는 최대한 이미지화를 하고 넘어가려고 애를 쓰되, 위와 같은 문장들이 나오면 무슨 말인지 이해하는 정도로 납득하고 넘어가면 된다.

이미지가 안 떠오르면 찾아봐야 한다

네가 기출 문제를 읽다 보면, 도저히 이미지가 안 떠오르는 지문이 있을 수 있다. 예를 들어서 "진핵세포의 세포질에는 막으로 둘러싸인 여러 종류의 세포 소기관이 있으며, 그 중 미토콘드리아는 세포 활동에 필요한 생체 에너지를 생산하는 기관이다."라는 문장이 있을 때, 세포가 어떻게 생겼는지 기본적인 배경지식이 없다면 이미지를 떠올리기가 어렵다.

이런 경우에는 어떻게 해야 할까? 답은 검색해서 구체적인 이미지를 찾아보는 것밖에 없다. 네가 기출 문제를 풀 때는 이렇게 이미지화가 어려운 문장들은 일일이 찾아서, 그 문장 속에 쓰인 단어를 검색해봐야 한다. 구글도 보고 유튜브도 보면서 구체적인 이미지를 확인해야 한다. 왜냐하면, 기출 문제에 쓰인 단어나 개념은 계속 반복되기 때문이다. 수능은 교육과정 내에서 나오는 시험이기 때문에, 비슷한 제재가 계속 같이 나올 수밖에 없다.

방금 내가 예시로 든 문장에 있는 '세포'라는 단어 또한 아래 기출 문제들을 보면 알 수 있듯이 수십 번 반복되었다.

단백질 분해 과정의 하나인, 프로테아솜이라는 효소 복합체에 의한 단백질 분해는 **세포** 내에서 이루어진다.

- 2015학년도 고3 수능 A형 -

암세포에서는 변형된 유전자가 만들어 낸 비정상적인 단백질이 **세포** 분열을 위한 신호 전달 과정을 왜곡하여 과다한 세포 증식을 일으킨다.

- 2016학년도 고3 9월 B형 -

세포는 생명체의 고유한 유전 정보가 담긴 DNA를 가지며 이를 복제하여 증식하고 번식하는과정을 통해 자신의 DNA를 후세에 전달한다.

- 2020학년도 고3 6월 모의고사 -

☀ 기출 문제에 한 번도 안 나왔던 이미지는 어떡하나요?

시험을 보다 보면 기출 문제에 나온 적 없는 이미지가 나올 수도 있다. 실제로 2019학년도 고3 6월 모의고사에서는 역대 기출 문제에 한 번도 나오지 않았던 'LFIA 키트'라는 소재를 이미지화 했어야 했다. 'LFIA 키트'는 '코로나 검사 키트'와 비슷한 거라고 생각하면 된다. 이것은 한 번도 기출 문제에 나오지 않았던 소재였기에 많은 학생들이 이미지화 하기 어려워했고, 문제 정답률도 평균 30%대로 매우 낮았다.

나 또한 고등학교 3학년 때 LFIA 키트 지문을 풀었었다. 그때는 코로나 검사 키트도 없었을 때라, '키트'라는 것이 뭔지 아예 감을 잡을 수가 없었다. 이미지가 하나도 안 그려졌고, 결국 4문제 중에 3문제를 틀렸다. 그러다가 1년 뒤 재수를 하면서 기출 문제들을 통해서 이미지화를 수도 없이 연습하고 다시 'LFIA 키트 지문'을 풀어봤다. 그런데 정말 신기하게도 한 번도 본 적 없는 키트의 이미지가 그려지기 시작했다. 가로로 긴 막대 모양에, 시료가 어떻게 흡수돼서 검출되는지 이미지가 생생하게 그려졌다. 수많은 기출 분석을 통해서 이미지화 능력이 길러졌던 것이다.

이처럼, 이미지화도 계속해서 반복하다 보면 단련이 된다. 우리 뇌는 자주 하는 것에 대해 강화되게 되어 있기 때문에, 계속해서 이미지화를 연습하다 보면 이미지를 떠올려 내는 부분이 강화된다. 그렇게 되면 내가 실제로 한 번도 보지 못한 이미지라 하더라도, 시험장에서 지문의 필자가 하는 묘사만 보고 머릿속에 그림을 그려낼 수 있게 되는 것이다. 출제자도 네가 고등학생이라는 것을 알기 때문에, 그렇게 과한 이미지는 요구하지 않는다. 독해력, 이해력을 충실히 쌓아놓은 학생이라면 충분히 떠올릴 수 있는 정도의 이미지만 요구한다. 그러니, 기출 문제를 보면서 착실하게 이미지화를 연습해놓자. 분명 시험장에서도 네 머릿속에 생생한 그림이 그려질 것이다.

고차원적인 사고법, 다섯 번째 원칙

글은 '대화하듯이' 읽는 것이다.

글을 읽는다는 건 구체적으로 무슨 뜻일까?

어떻게 읽어야 글을 잘 읽는 걸까? 물론 완벽한 정답은 없겠지만, 수천 명에게 공부법을 가르치고, 그들의 성적 상승을 지켜본 내가 생각했을 때, 글 읽기라는 건 '**글쓴이와의 대화**'라고 생각한다.

여기서 글쓴이와 대화를 한다는 건 무슨 말일까?

글쓴이와 대화를 한다는 건, 글쓴이가 하는 말에 '왜?', '어떻게?', '누가?', '언제?' 등의 질문을 던지면서 글을 읽는다는 뜻이다.

그러면 왜 대화를 하면서 글을 읽어야 하는 걸까?

우리가 학교에서 수업 들을 때를 상상해보자. 네가 그냥 조용히 뒷자리에서 선생님 말을 받아 적기만 한 수업이랑, 맨 앞자리에서 이해가 안 되는 부분은 손을 들고 선생님께 질문하고, 선생님이 하는 말에 "네"라고 호응하면서 들었던 수업 중에 어떤 수업이 더 기억에 남는가? 당연히 네가 적극적으로 수업에 참여한 수업이다. 선생님이 하는 말을 단순히 받아 적기만 했던 수업은 머릿속에서 쉽게 휘발된다. 왜 그런 거냐면, '수동적 학습'을 했기 때문이다.

> 일본의 정신과 의사이자 5권이 넘는 공부법 책을 쓴 가바사와 시온은 학습이 크게 2가지로 나눠진다고 한다. 바로 '수동적' 학습과 '능동적' 학습이다. 수동적 학습이라는 건 말 그대로, 내가 선생님이 하는 말을 그냥 받아 적기만 하거나, 가만히 인강을 틀어놓고 보고만 있는 것을 뜻한다. 반면 능동적 학습이라는 것은, 내가 이해가 안 되는 부분은 손을 들고 선생님께 질문하고, 스스로 머리를 써서 수업 내용에 의문을 품어 보는 등 적극적으로 수업에 참여를 하는 것을 뜻한다. 가바사와 시온에 따르면, 능동적 공부 방식이 수동적 공부에 비해 공부한 내용을 72% 이상 더 많이 기억할 수 있게 하는 방법이라고 한다.

글을 읽는 것은, 앞서 내가 예시로 든 '수업을 듣는 것'과 똑같다. 글을 읽을 때는 능동적으로 수업을 듣는 학생처럼 글쓴이가 하는 말에 대해서 끊임없이 의문을 품고, 대화를 하려고 해야 한다. 그래야 머릿속에 내가 읽은 내용이 훨씬 더 많이 남는다. 그리고 내가 지문 속에서 '왜?'라는 질문을 하고, 글 속에서 그 질문에 대한 답을 찾는 과정에서 글 내용에 대한 '이해'도 훨씬 더 수월해진다.

그리고 글쓴이와 대화하면서 읽어야 하는 또 하나의 중요한 이유는 글을 쓰는 사람이 글을 쓸 때는 독자가 자신과 대화를 하고 있다고 생각하며 글을 쓰기 때문이다. 글을 쓰는 사람은 '내가 이렇게 말하면 다음 내용이 궁금하겠지?'라는 생각을 하면서 쓴다. 지금 이 글을 쓰고 있는 나도 마찬가지다. '내가 8가지 원칙을 설명하면 구체적으로 기출 문제를 풀 때 어떻게 적용하는 건지 궁금하겠지?' 라는 생각에 〈Chapter 2 기출 적용편〉을 써놓은 것이다. 글을 쓴 사람은 이런 생각을 하면서 쓰는데, 정작 글을 읽는 학생들은 글쓴이가 하는 말을 궁금해하거나, 능동적으로 의문을 품으며 글을 읽지 않는다. 그냥 글에 적혀 있는 정보들을 처리하기에 바쁘다. 이런 태도로 글을 읽으면 결국 글쓴이가 말하고 싶은 바를 제대로 이해하지 못하게 되기 때문에, 문제를 틀리는 것이다.

자 그럼 지금부터 대화하며 읽는 것이 어떤 의미인지 연습 문제를 같이 풀면서 감을 잡아보겠다. 아래 글을 읽고, 글쓴이에게 궁금한 것들 또는 더 묻고 싶은 것들을 떠올려본 뒤에 그다음 내가 써놓은 내용을 계속 읽어가기 바란다.

연습 문제 1

> 사람은 살아가는 동안 여러 약속을 한다. 계약도 하나의 약속이다. 하지만 이것은 친구와 뜻이 맞아 주말에 영화 보러 가자는 약속과는 다르다.
>
> - 2019학년도 고3 수능 -

이 문장을 읽고 어떤 생각이 드는가? 이 부분을 그냥 '어 그래'라는 식으로 반응하며 읽으면 글을 못 읽는 학생이다. 위 글에서, 사람들이 하는 '계약'은 우리가 살아가면서 하는 여러 약속 중 하나이지만, 친구와 영화 보러 가자는 정도의 약속과는 다르다고 말했다. 한번 생각해보자. 정말 그런가? 생각해보니 그런 거 같긴 하다. 부동산 계약이나, 근로 계약 같은 건 약속이긴 하지만, 그냥 친구랑 영화 보러 가자는 약속과 비교했을 때 조금 더 중요하고, 무거운 느낌이 있다.

여기서 글을 잘 읽는 학생이라면 그냥 '그렇구나'가 아니라, '그래서 뭐가 다른데?', '어떻게 다른 건데?'라고 의문을 품는다. 너도 방금 저 문장을 읽으면서 '어떻게 다른거지?'라고 의문을 품었어야 했다. 그게 바로 '대화하며' 읽는 것의 의미다. 그런데, 정말 신기하게도 출제자는 네가 그렇게 반응할 걸 예측하고 있었다. 그래서 바로 다음 문장에 아래와 같은 문장을 써놓았다.

> 일반적인 다른 약속처럼 계약도 서로의 의사 표시가 합치하여 성립하지만, 이때의 의사는 일정한 법률 효과의 발생을 목적으로 한다는 점에서 차이가 있다.

계약도 다른 약속과 함께 '서로의 의사 표시가 합치'되어야 성립된다. 즉, 약속을 하는 당사자 모두가, 서로 OK라고 해야 계약이 성립된다는 것이다. 하지만, 일반적으로 영화 보러 가자고 할 때 서로 OK하는 것과 달리, '계약'이라고 불리는 약속에서 서로 OK라고 할 때는, 그 OK가 '법률 효과'라는 것을 발생시킨다는 것이다. 법률 효과가 정확히 뭔지는 뒷 부분에서 계속 설명하고 있다.

이런 식으로 출제자는, 네가 의문을 품는 부분에 대해서, 답변을 해주려고 대기하고 있다. 그리고 이런 식으로 필자와 대화하며 글을 읽는다는 게 느껴지는 순간, 글 읽기가 '재믿어'진다. 네가 지금까지 국어가 재미없었던 이유는, 그냥 일방적으로 필자 혼자 말을 하게 놔뒀기 때문이다. 너도 대화에 참여해라. 그래야 대화가 재밌어진다. 아래 문장을 읽으면서 계속 연습해보자.

연습 문제 2

이때 문제가 된 것은 과연 광고로 인한 피해를 책임질 당사자로서 누구를 상정할 것인가였다. 초기에는 '소비자 부담 원칙'에 따라 광고 정보를 활용한 소비자의 구매 행위에 대해 소비자가 책임을 져야 한다고 보았다.

- 2015학년도 고3 6월 모의평가 -

초기에는 '소비자 부담 원칙'이라는 것 때문에, 광고로 소비자가 피해를 입어도 소비자가 책임을 져야 한다고 생각했다고 한다. 즉, 과대 광고를 통해서 광고에 속은 소비자가 있다고 하더라도 그건 그런 광고에 속은 소비자 책임이라고 판단했다는 것이다.

이 문장을 읽고 어떤 생각이 드는가? 여러 반응을 할 수 있다. '아니, 소비자 탓으로 돌릴 게 아니라, 광고를 애초에 오해가 되게 만든 판매자를 처벌해야 하는 거 아니야?', '아니 상식적으로 말이 안 되는데? 왜 소비자한테 책임을 지라고 하는 거지?' 이런 식으로 생각하며 저 문장을 읽었다면 잘 읽은 것이다. 출제자도 네가 글을 읽고 그런 생각을 할 거란 걸 알았기에, 바로 다음 문장에 아래 문장을 써놓았다.

여기에는 광고 정보가 정직한 것인지와는 상관없이 소비자는 이성적으로 이를 판단하여 구매할 수 있어야 한다는 전제가 있었다. 그래서 기업은 광고에 의존하여 물건을 구매한 소비자가 입은 피해에 대하여 책임을 지지 않았고, 광고의 기만성에 대한 입증 책임도 소비자에게 있었다.

아 이 문장을 보니까, 소비자가 광고에 속았을 때 왜 소비자 탓으로 돌린 건지 이해가 됐다. '소비자 부담 원칙'을 만든 사람들은, 소비자가 '이성적으로' 허위광고, 과대광고를 판단할 수 있는 능력이 있다고 생각한 것이다. 그래서 광고로 인해 피해를 입어도 그건 소비자 잘못이라고 생각한 것이다. 아마 이때는 지금처럼 가짜와 진짜를 구분할 수 없을 만큼 광고가 발전하지 않았었기에 이렇게 생각했던 게 아닐까 싶다.

연습 문제 3

> 서양 의학이 조선 사회에 끼친 영향은 두드러지지 않았다. 당시 유학자들은 서양 의학의 필요성을 느끼지 못하였고, 의원들의 관심에서도 서양 의학은 비껴나 있었다.
>
> - 2019학년도 고3 6월 모의평가 -

당시 유학자들이 왜 서양 의학의 필요성을 느끼지 못했던 걸까? 왜 심지어 의원(의사)들까지도 서양 의학에 관심을 보이지 않았던 걸까? 왜 그랬을까? 저 문장만 보고서는 왜 유학자들과 의원들이 서양 의학에 대해 관심이 없었던 건지 이해할 수 없기 때문에 당연히 '왜 그랬던 거지?' 하고 의문을 품어야 했다. 네가 이런 의문들을 품었다면 필자와 대화하며 읽은 것이다.

> 당시에 전해진 서양 의학 지식은 내용 면에서도 부족했을 뿐 아니라, 지구가 둥글다거나 움직인다는 주장만큼 충격적이지는 않았다. 서양 해부학이 야기하는 윤리적 문제도 서양 의학의 영향력을 제한하는 요인으로 작용하였으며, 서학에 대한 조정의 금지 조치도 걸림돌이었다.

바로 다음 문장을 보면, 왜 서양 의학이 유학자들과 의원들의 관심에서 벗어났었는지 말해주고 있다. 총 4가지 이유가 있었다고 한다. 일단 전해 들어온 서양 의학의 내용 자체가 부실했고, 그 내용 또한 그렇게 충격적이지 않았다. 그리고 서양 해부학이 '윤리적 문제'도 야기했다고 한다. 생각해보자면, 해부학이라는 건 죽은 사람의 몸을 칼로 째고, 장기들을 들여다보는 것인데, 이것이 동양 사람들 입장에서는 말도 안 되는 행동이었던 것이다. 동양에서는 죽은 사람의 몸을 최대한 해치지 않고, 그대로 땅에 묻는 것이 풍습이었기에, 죽은 사람의 몸을 해체한다는 건 윤리적으로 말이 안 되는 행동이었던 것이다. 또 이뿐만 아니라, 아예 나라에서 '서학'에 대해 금지를 하고 있었다고 한다. 이런 4가지 이유 때문에 서학에 대한 관심이 그리 크지 않았던 것이다.

샌들은 「자유를 위한 힘찬 일격」이라는 조각 작품에서 힘찬 몸짓으로 텔레비전을 부수고 있는 인물을 형상화하여 대중 매체에 대한 부정적 태도를 노골적으로 드러냈다. 그러나 그저 전면적인 비난과 거부로는 대중 매체의 부정적 측면을 폭로하거나 비판하려는 목적을 제대로 달성하기 어렵다.

- 2015학년도 고3 9월 모의평가 -

이 문장을 읽고 바로, 왜 전면적인 비난과 거부가 대중 매체의 부정적 측면을 폭로하기에 어렵다는 건지 납득이 되는가? 이 문장만으로는 왜 그런 건지 곧바로 이해하기가 힘들다. 그렇기 때문에, 너는 이 문장을 읽으면서 '왜 그런 거지?'하고 의문을 품었어야 했다.

작품만으로 작가가 왜 그처럼 분개하는지 알 수 없기 때문이다. 사실 텔레비전 수상기 몇 대가 부수어진들 대중 매체에는 아무 변화도 없을 것이기에, 이 힘찬 조각은 오히려 무력해 보이기도 한다.

출제자는 바로 다음 문장에서 그 이유를 설명해주고 있다. 생각해보니 이해가 된다. 작품을 처음 본 사람들은, 텔레비전을 부수고 있는 작품을 봤을 때 '왜' 작가가 이런 작품을 만든 건지 알 수 없다. 그렇기 때문에 이런 전면적 비난과 거부를 드러내는 작품만으로는 대중 매체의 부정적 측면을 폭로하거나 비판하기는 힘든 것이다.

여기까지 연습 문제를 풀면서, 대화하면서 글을 읽는다는 게 어떤 의미인지 조금은 감을 잡았을 것이다. 문장에 의문을 품고, 다음 문장을 읽으면서 '아~ 그렇구나'하는 바로 그 감정. 그 감정을 느끼면서 글을 읽어야 글 내용이 머릿속에 훨씬 오래 남게 된다. 왜냐하면 네가 깨달음을 얻은 그 순간, 정보가 뇌에 각인되기 때문이다. 이렇게 정보가 각인되어 있으면, 문제로 돌아갔을 때도 지문 내용이 생생하게 기억나기 때문에 문제 풀이가 훨씬 쉬워진다.

고차원적인 사고법, 여섯 번째 원칙

출제자가 설명해주지 않을 땐 스스로 부연설명을 붙인다.

네가 어떤 글을 읽었을 때 '어렵다', '어려운 글이다'라고 느끼는 이유는 뭘까? 그 글과 관련된 배경지식이 없을 수도 있고, 글에 쓰인 단어가 너무 어려운 걸 수도 있다. 그러면 관련된 배경지식을 쌓고, 단어를 많이 외우기만 하면 어려운 글은 없어질까? 아니다. 어려운 글은 여전히 어렵게 남아 있을 것이다. **왜냐하면, 네가 어떤 글을 어려워하는 가장 큰 이유는 다름이 아니라, '부연설명을 붙이는 능력'이 부족하기 때문이다.** 네가 어렵다고 느끼는 대부분의 글은 출제자가 '부연설명'을 삭제해놓은 글일 것이다.

※ 부연설명이란?
알기 쉽게 자세히 늘어놓아 설명한 것.

부연설명이란 알기 쉽게 자세히 늘어놓아 설명한 것을 말한다. 즉 글쓴이가 어떤 개념이나 상황에 대해서 **예시**를 들거나 **비유**를 써서 설명을 해주고 있다면, 바로 그 부분이 '부연설명'인 것이다. 실제 기출문제를 보면서 부연설명이 어떤 식으로 쓰이는지 확인해 보자. 아래 예시에서 내가 파란색으로 표시해놓은 부분들이 부연설명에 해당하는 부분이다.

과학자들은 단위 시간 동안 단위 면적에 입사하는 빛에너지의 총량을 '복사 플럭스'라고 정의하였는데 이 값이 클수록 별이 더 밝게 관측된다. 그러나 별의 복사 플럭스 값은 빛이 도달되는 거리의 제곱에 반비례하기 때문에 별과의 거리가 멀수록 그 별은 더 어둡게 보인다.

- 2015학년도 고3 6월 모의평가 -

파란색으로 표시해놓은 부분은 그 앞의 밑줄 친 문장을 쉽게 풀어서 설명해주는 문장이다. 즉, '부연 설명'에 해당하는 문장인 것이다. 사실, 출제자 입장에서는 두 문장의 의미가 같기 때문에, 군이 파란색 문장을 적어주지 않아도 된다. 그러나, 출제자는 학생들이 밑줄 친 문장만으로는 이해가 어려울까봐 한 번 더 부연 설명해준 것이다.

Q. 밑줄 친 문장이랑 파란색으로 칠한 부분이 왜 같은 의미죠?

첫 문장부터 같이 천천히 보자. '과학자들은 단위 시간 동안 단위 면적에 입사하는 빛에너지의 총량을 '복사 플럭스'라고 정의'했다고 한다. 아마 이 말부터 어려운 학생들이 있을 것이다. 우선 '단위 시간'이랑 '단위 면적'이 무엇인지 생각해보자. 정확한 뜻은 나와 있지 않으니까 함축적 의미를 생각해 보아야 할 거 같다. '단위 시간'은 말 그대로 '단위'로 쓰이는 '1분', '1초' 같은 시간을 말하는 게 아닐까 싶다. 그리고 '단위 면적'도 말 그대로, '단위'로 쓰이는 '1cm²' 또는 '1m²' 같은 면적을 말하는 거 같다.

*물리학에서 말하는 '단위 시간', '단위 면적'의 뜻은 따로 있다. 하지만 이 글을 이해하는 데는 '함축적 의미' 정도만 생각하면 충분하다. 만약 출제자가 '단위 시간'과 '단위 면적'에 대해서 물리학 전공 수준으로 이해하길 바랬다면 부연설명을 적어줬을 것이다.

그러면 이제 '복사 플럭스'의 뜻을 이해해보자. 윗글에서는 '단위 시간' 동안 '단위 면적'에 입사하는 빛에너지의 총량을 '복사 플럭스'라고 정의했다. 예를 들자면 1초 동안 1cm²에 입사한 빛에너지의 총량을 '복사 플럭스'라고 말한 것이다. 즉, '복사 플럭스'는 일정한 시간 동안 일정한 면적에 입사한 빛에너지의 총합을 뜻하는 것이다. 그리고 윗글에서는 이런 '복사 플럭스'의 값이 크면 클수록 별이 더 밝게 관측된다고 한다. 이건 쉽게 납득할 수 있다. 당연히 1초 동안 1cm²에 입사한 빛의 양이 많으면 많을수록, 별은 더 밝게 빛날 것이다. '빛을 많이 받는다'는 것은 곧 '밝아진다'는 것이기 때문이다.

이제 마지막 문장을 이해해보자. '그러나 별의 복사 플럭스 값은 빛이 도달되는 거리의 제곱에 반비례하기 때문에'라고 말한다. 생각해보자. '복사 플럭스 값'이 빛이 도달되는 거리의 제곱에 반비례한다는 건, 빛이 도달되는 거리가 늘어날수록 복사 플럭스 값은 줄어든다는 걸 말한다. 이때 복사 플럭스 값이 줄어든다는 건, 단위 시간당 단위 면적에 입사되는 빛에너지 총량이 줄어든다는 뜻이다. 이렇게 되면 당연히 별의 밝기는 기존보다 어두워질 것이다. 즉, 이는 다른 말로 '별과의 거리가 멀수록 그 별은 더 어둡게 보인다'고 말 할 수 있다. 따라서 밑줄 친 부분의 의미는, 파란색으로 표시한 문장과 결국 같은 것이다.

출제자가 부연 설명을 써줬던 예시를 하나 더 보자.

> <u>광도는 별의 반지름의 제곱과 별의 표면 온도의 네제곱에 비례한다.</u> **즉**, 별의 실제 밝기는 별의 표면적이 클수록 표면온도가 높을수록 밝다.
>
> - 2015학년도 고3 6월 모의평가 -

위 문장 또한 밑줄 친 문장과 파란색 문장의 의미가 같다. '광도'라는 건 이 문장에는 안 쓰여있지만, '별의 밝기'라고 생각하면 된다. '광도'가 별의 반지름 제곱에 비례한다는 건 간단히 말해서, 별의 반지름이 늘어날수록 즉, 별의 표면적이 늘어날수록 별이 더 밝게 빛난다는 뜻이다. 그리고 광도가 별의 표면 온도의 네제곱에 비례한다는 건, 별이 뜨거울수록 별이 더 밝게 빛난다는 뜻이다.

> <u>우리가 냄새를 맡으려면 공기 중에 취기재 분자가 충분히 많아야 한다.</u> **다시 말해**, 취기재의 농도가 어느 정도에 이르러야 냄새를 탐지할 수 있다.
>
> - 2015학년도 고3 9월 모의평가 -

> <u>취기재의 농도가 탐지 역치 정도의 수준에서는 냄새가 나는지 안 나는지 정도를 탐지할 수는 있지만 그 냄새가 무슨 냄새인지 인식하지 못한다.</u> **즉**, 냄새의 존재 유무를 탐지할 수는 있어도 냄새를 풍기는 취기재의 정체를 인식하지는 못하는 상태가 된다.
>
> - 2015학년도 고3 9월 모의평가 -

위 두 문장을 보면 각각 **'다시 말해'**, **'즉'**이라는 단어를 활용해서, 밑줄 친 문장을 이해하기 쉽도록 부연 설명을 써주고 있다.

위 예시들을 보면 알겠지만, 밑줄 친 문장을 이해했다면 굳이 파란색으로 표시한 문장이 없어도 글을 이해하는 데 문제가 없다. 그러나 출제자는 밑줄 친 문장의 의미를 이해하지 못한 학생들을 위해서, 파란색 문장을 통해 밑줄 친 문장의 의미를 한 번 더 설명해준 것이다. 여기서 파란색 문장은 출제자가 '부연 설명'해준 문장에 해당한다.

🖊 부연 설명을 삭제하면 글의 난이도는 올라간다.

아래 문장들에서 파란색으로 표시한 '부연 설명' 문장이 없다고 생각해보자. 파란색 문장 앞에 있는 밑줄 친 문장의 의미를 제대로 이해하지 못한 학생이라면, 문장 전체를 이해하기 어려웠을 것이다. 밑줄 친 문장만으로 파란색 문장을 스스로 추론해내야 했기 때문이다.

> 과학자들은 단위 시간 동안 단위 면적에 입사하는 빛에너지의 총량을 '복사 플럭스'라고 정의하였는데 이 값이 클수록 별이 더 밝게 관측된다. 그러나 별의 복사 플럭스 값은 빛이 도달되는 거리의 제곱에 반비례하기 때문에 별과의 거리가 멀수록 그 별은 더 어둡게 보인다.
> 광도는 별의 반지름의 제곱과 별의 표면 온도의 네제곱에 비례한다. 즉, 별의 실제 밝기는 별의 표면적이 클수록 표면온도가 높을수록 밝다.

> 우리가 냄새를 맡으려면 공기 중에 취기재 분자가 충분히 많아야 한다. 다시 말해, 취기재의 농도가 어느 정도에 이르러야 냄새를 탐지할 수 있다.

> 취기재의 농도가 탐지 역치 정도의 수준에서는 냄새가 나는지 안 나는지 정도를 탐지할 수는 있지만 그 냄새가 무슨 냄새인지 인식하지 못한다. 즉, 냄새의 존재 유무를 탐지할 수는 있어도 냄새를 풍기는 취기재의 정체를 인식하지는 못하는 상태가 된다.

출제자가 독서 난도를 높이려고 할 때는 파란색 문장 같은 '부연 설명 문장'을 삭제해버린다. 학생들이 스스로 삭제된 부연 설명을 추론하게 만드는 것이다. 출제자가 이렇게 글을 쓰면, 앞 문장을 제대로 이해한 학생들만 문제를 맞히게 된다.

  아래는 부연 설명이 삭제된 문장들이다. 출제자가 어떻게 부연 설명을 삭제해버리는지, 예시를 보면서 감을 제대로 잡아보자.

> 한 개의 CPU는 한 번에 하나의 프로그램만을 실행할 수 있다. 그러면 A와 B 두 개의 프로그램이 동시에 실행되는 것처럼 보이게 하려면 어떻게 해야 할까?
>
> *- 2015학년도 고3 9월 모의평가 -*

⇒ 이 문장에서 파란색으로 표시한 문장 뒤에 부연 설명을 삭제했다. 왜 CPU는 한 번에 하나의 프로그램만 실행할 수 있는 걸까? 그 이유를 말해주지 않고 넘어가고 있다. 이 경우에 학생은 스스로 부연 설명을 붙이고 넘어가야 한다.

> 빛이 띠 모양으로 분산되는 것은 빛이 파장이 짧을수록 굴절하는 각이 커지기 때문이다. 이 방법을 통해 그들은 알칼리 금속과 알칼리 토금속의 스펙트럼을 체계적으로 조사하여 그것들을 함유한 화합물들을 찾아내었다.
>
> *- 2014학년도 고3 수능 -*

⇒ 이 문장도 마찬가지로 파란색으로 표시한 문장의 이유를 설명해 주지 않고 넘어가고 있다. '왜 빛이 파장이 짧을수록 굴절하는 각이 커지는 건지' 말을 하지 않고 있기 때문에, 학생 스스로 적절한 부연 설명을 붙였어야 했다.

> 사무실의 방충망이 낡아서 파손되었다면 세입자와 사무실을 빌려준 건물주 중 누가 고쳐야 할까? 이 경우, 민법전의 법조문에 의하면 임대인인 건물주가 수선할 의무를 진다. 그러나 사무실을 빌릴 때, 간단한 파손은 세입자가 스스로 해결한다는 내용을 계약서에 포함하는 경우도 있다.
>
> *- 2019학년도 고3 6월 모의평가 -*

⇒ 왜 임대인인 건물주가 방충망을 수선할 의무를 지는 걸까? 아무런 설명을 안해주고

있기 때문에, 그 이유를 스스로 추론했어야 했다.

> 광고는 시장의 형태 중 독점적 경쟁 시장에서 그 효과가 크다. 독점적 경쟁 시장은, 유사하지만 차별적인 상품을 다수의 판매자가 경쟁하며 판매하는 시장이다.
>
> *- 2022학년도 고3 9월 모의평가 -*

⇒ 왜 광고는 '독점적 경쟁 시장'에서 효과가 큰 걸까? 그 이유를 설명하지 않고 넘어간다. 학생 스스로가 부연 설명을 붙여서 이해하고 넘어갔어야 하는 것이다.

✎ 부연 설명 만들기도 결국에 '이해'를 하면 해결된다.

학생들에게 과외를 할 때 위 예시들을 보여주면서, "네가 스스로 삭제된 부연 설명을 만들면서 글을 읽어야 해"라고 말하면 막막해한다. 아무리 생각해도 부연 설명이 생각이 안 나는데, 도대체 어떻게 부연 설명을 만들어내냐는 것이다. 그런데 그렇게 걱정하지 않아도 된다. 글을 이해하면서 읽으면 부연 설명은 자연스럽게 머릿속에 떠오르게 되어 있다. 출제자도 앞 문장을 잘 이해해온 학생이라면, 굳이 부연 설명을 적어 놓지 않아도 스스로 부연 설명을 추론할 수 있게 만든다. 수능은 고3 수준에 맞춰 내는 시험이기 때문에 너무 과도한 부연 설명은 요구하지 않는 것이다.

그리고 또 한 가지 말해줄 것은, 삭제된 부연 설명이 생각날 때까지 고민하는 게 바로 국어 공부를 한다는 것의 의미라는 것이다. 삭제된 부연 설명을 생각해낼 때 사고력, 독해력이 올라가고, 또 사고력, 독해력이 높은 학생일수록 삭제된 부연 설명을 잘 추론해낸다. 출제자는 사고력, 독해력이 높은 학생을 선별해 내기 위해서 계속 부연 설명을 삭제할 것이다. 네가 국어 시험에서 좋은 점수를 받고 싶다면, 부연 설명을 스스로 생각해내는 연습을 통해서 사고력을 향상시켜야 한다.

나는 네가 행운아라고 생각한다. 왜냐하면 내가 과외했던 대부분의 5등급 이하 학생들은 삭제된 부연 설명을 스스로 만들어야 한다는 사실조차 몰랐기 때문이다. 열심히 공부를 하려고 해도, 어떻게 국어 공부를 해야 하는지 모르는 것이다. 그런데, 너는 지금 어떻게 공부해야 하는지 방향은 잡았으니, 하기만 하면 되지 않는가?

너는 수능날까지 끊임없이 삭제된 부연 설명을 추론하는 연습을 해야 한다. 그렇게 독해력, 사고력을 높여서 부연 설명을 못 만드는 문장을 없애야 한다. 왜냐하면, 실제로 네가 시험을 쳐보면 알겠지만, **부연 설명이 안 붙여지는 문장이 2개 이상 나오는 순간 해당 독서 지문은 전부 다 맞히기 힘들다.** 부연 설명이 안 붙여진다는 건, 해당 문장을 이해하지 못했다는 뜻이고, 그럼 시험장에서 해당 문장을 그냥 외워야 한다. 그런데, 내가 앞서도 말했듯이 시험이 어려울수록, 지문을 이해하지 못하고 그냥 외워서 선택지랑 비교하는 수준으로는 선택지를 제대로 판단하기 어렵다. 문제가 어려울수록, 선택지 문장을 지문에 나온 문장과 완전 다르게 만들기 때문이다. 이 경우에는 지문에 있는 문장을 제대로 이해한 학생만 선택지의 정오를 판단할 수 있다.

부연 설명 만들기 연습

앞서 예시로 들었던 문장들을 보면서 부연 설명 만들기 연습을 같이 해보자.

> 한 개의 CPU는 한 번에 하나의 프로그램만을 실행할 수 있다. 그러면 A와 B 두 개의 프로그램이 동시에 실행되는 것처럼 보이게 하려면 어떻게 해야 할까?

⇒ 왜 한 개의 CPU는 한 번에 하나의 프로그램만 실행할 수 있는 걸까? 해당 문장은 앞뒤를 살펴봐도 도대체 왜 그런 건지 납득하기가 힘들었다. 이런 경우에는 어쩔 수 없이 그냥 스스로 부연 설명을 만들어내야 한다.

나는 시험장에서 그냥 간단하게 '아직 기술의 한계가 그 정도까지인가 보네'라고 생각하고 넘어갔다. 1등급을 맞은 다른 학생에게 물어보니, 그 학생은 '과열돼서 그런 건가?'라고 생각하고 넘어갔다고 한다. 여기서 내가 중요하게 말할 것이 있다. **그건 바로, 네가**

붙이는 부연 설명이 실제로 맞는 말인지 틀린 말인지는 중요하지 않다는 것이다.

실제로 인터넷에 검색해보면, CPU가 한 번에 하나의 프로그램만 실행할 수 있는 이유는 다음과 같다. CPU는 명령어를 처리하는 기계인데, 명령어는 적힌 '순서대로' 처리되는 것이 원칙이다. 즉, '유튜브를 켠 뒤에 네이버 창을 닫아줘'라는 문장이 있을 때 CPU는 우리가 글을 읽을 때와 마찬가지로, '유튜브를 켠 뒤에'라는 부분부터 먼저 읽고 처리하기 때문에, 먼저 들어온 것부터 '하나씩' 프로그램을 실시하게 된다는 것이다. 그리고 이렇게 하나씩 처리해야, CPU의 작업이 예측 가능해지고, CPU가 놓치는 명령도 없어진다.

그런데 내가 이걸 어떻게 알겠는가? 'CPU의 작동 방식'은, 대부분의 고등학교에서 배우는 과목이 아니다. CPU가 구체적으로 무엇인지는 이 글을 읽으면서 알게 됐다. 그럼에도 나는 이 문장이 쓰였던 독서 문제를 다 맞혔다. 그 이유는 우리가 부연 설명을 붙이는 이유를 생각해보면 된다.

우리가 부연 설명을 붙이는 이유는, 해당 문장을 '이해'하기 위해서다.
궁극적으로는 해당 문장을 머릿속에 '기억'하기 위해서다.

즉, 해당 문장을 A라고 이해하든 B라고 이해하든 기억만 된다면 상관이 없는 것이다. 물론, 부연 설명을 실제와 정확하게 붙이면 붙일수록 좋다. 하지만 그렇게 할 수 없는 문장에서는 내가 스스로 추론을 해서, 정확하지 않은 부연 설명이라도 붙이고 넘어가야 하는 것이다.

> 빛이 띠 모양으로 분산되는 것은 빛이 파장이 짧을수록 굴절하는 각이 커지기 때문이다. 이 방법을 통해 그들은 알칼리 금속과 알칼리 토금속의 스펙트럼을 체계적으로 조사하여 그것들을 함유한 화합물들을 찾아내었다.

⇒ 왜 빛이 파장이 짧을수록 굴절하는 각이 커지는 걸까?
 (여기서 잠시 멈추고, 10초만 부연 설명을 생각해보자)

파장이 짧다는 건 아래 그림과 같다는 것이다. 뭔가 빠르게 진동하고 있는 느낌이다. 반면 파장이 길다는 건 상대적으로 느리게 진동하는 느낌이다. 빠르게 달리고 있는 것과 느리게 달리는 것이 각각 벽에 박았을 때, 빠르게 달리는 것이 더 크게 튕겨 나갈 것이다. 이러한 생각을 거쳐서, 나는 파장이 짧을수록 빛이 굴절하는 각이 더 클 거라는 말을 납득했다.

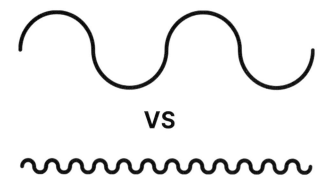

지금은 '이런 생각을 어떻게 하는 걸까?' 싶을 수도 있다. 하지만, 기출문제를 15개년 이상 풀면서 다양한 독서 제재를 이해하는 연습을 반복하면 이 정도는 충분히 가능하다. 내가 과외했던 5등급 이하 학생들도 처음에는 막막해했지만, 2개월이 지나자 전부 다 해내기 시작했다.

> 사무실의 방충망이 낡아서 파손되었다면 세입자와 사무실을 빌려준 건물주 중 누가 고쳐야 할까? 이 경우, 민법전의 법조문에 의하면 임대인인 건물주가 수선할 의무를 진다. 그러나 사무실을 빌릴 때, 간단한 파손은 세입자가 스스로 해결한다는 내용을 계약서에 포함하는 경우도 있다.

⇒ 왜 건물주가 방충망을 수선해야 하는 걸까?

(마찬가지로 10초 정도만 부연 설명을 한 번 만들어보자)

이건 앞 문장을 제대로 읽었다면 부연 설명 붙이기가 조금 수월하다. 앞 부분을 보면, 사무실의 방충망이 '낡아서' 파손된 상황이다. 세입자가 멀쩡한 방충망을 부순 상황이 아니다. 나는 건물에 있는 방충망 자체가 낡아서 파손된 것이기 때문에, 건물의 주인인 건물주가 교체를 해줘야 하는 것이라 생각했다. 이런 식으로 스스로가 납득 할 수 있는 내용을 부연 설명으로 붙이고 넘어가면 된다.

> 광고는 시장의 형태 중 독점적 경쟁 시장에서 그 효과가 크다. 독점적 경쟁 시장은, 유사하지만 차별적인 상품을 다수의 판매자가 경쟁하며 판매하는 시장이다.

⇒ 왜 광고는 독점적 경쟁 시장에서 효과가 큰 걸까?
  (마지막 연습이니 30초 동안 고민해보자)

  뒤 문장을 읽어보니, 독점적 경쟁 시장이 무엇인지에 대해서 설명해주고 있다. 독점적 경쟁시장이란, 유사하지만 차별적인 상품을 다수의 판매자가 경쟁하며 판매하는 시장이라고 한다. '유사하지만 차별적인 상품'이란 무엇일까? 바로 다음 원칙에서 설명할 거지만, 이렇게 **추상적인 말이 나오면 반드시 구체적인 예시를 떠올려서 이해**해주는 것이 좋다. 유사하지만 차별적인 상품의 예를 한 가지 들자면, '과자'를 예로 들 수 있다.

  포카칩, 허니버터칩, 프링글스, 수미칩, 예감 등을 생각해보면 모두 비슷한 '감자칩'이지만 약간씩 다른 상품들이다. 이런 시장에서는 광고를 하면 그 효과가 크다는 것이다. 도대체 왜 그런 걸까? 이걸 이해하려면, 독점적 경쟁 시장이 아닌 시장을 상상해보면 된다. 예를 들어서 내가 '못'을 파는 회사의 사장이라고 하자. 제품명은 '국정원 못'이다. 이 회사는 기술력이 너무 뛰어나서 이 회사보다 좋은 못을 파는 곳이 없다. 그래서 이미 대한민국에 있는 모든 사람들이 '국정원 못'을 사용하고 있다. 이 상황에서 '국정원 못'을 홍보하는 광고를 돌린다고 해보자. 판매량이 늘어날까? 별로 늘어나지 않을 것이다. 왜냐하면 이미 모든 사람들이 '국정원 못'을 사용하고 있기 때문이다.

반면 과자 시장은 다르다. 포카칩, 허니버터칩, 프링글스, 수미칩, 예감이 모두 서로 엎치락 뒤치락 경쟁하고 있는 상황이기 때문에, 포카칩이 BTS랑 콜라보해서 광고를 찍으면 '허니버터칩, 프링글스, 수미칩, 예감'을 사 먹던 사람들을 포카칩으로 끌어올 수 있다. 아까 '못' 시장에 비해서 광고를 돌렸을 때 효과가 훨씬 큰 것이다.

✎ 시험장에서 부연 설명이 도저히 안 만들어지는 경우

내가 아무리 기출문제를 보면서 독해력, 사고력을 높이고, 부연 설명 붙이는 연습을 했어도 시험장에서는 부연 설명이 안 만들어질 수 있다. 하지만 이 경우에도 우리는 정답을 맞혀야 하기 때문에, 방법을 말해주겠다. **부연 설명이 안 만들어지는 경우에는, 밑줄을 그어놓고 넘어간다.**

내가 아까 3번째 원칙에서 글을 읽을 때 표시하기를 멈추라고 했었다. 나는 글을 읽을 때 거의 아무 표시를 하지 않는다. 그런데, 밑줄을 긋는 경우가 딱 한 경우 있다. 바로 '부연 설명이 안 만들어지는 문장을 만났을 때'다. 부연 설명이 안 만들어진다는 건, 이해가 안 된다는 것이고, 이때는 어쩔 수 없이 외워야 한다.

2번째 원칙, '글은 절대로 기억하려 하는 것이 아니다' 파트에서 내가 '이해하면 저절로 기억되기에 외울 필요가 없다'고 말했었다. 그리고 외우는 가장 좋은 방법이 이해라고도 말했었다. 그런데, 이해가 안 되는 경우에는 어떻게 해야 할까? 그때는 어쩔 수 없이 그 문장을 통째로 외워야 한다. 그런데 시험장에서 문장 하나를 통째로 외운다는 건 쉽지 않기 때문에, 밑줄 그어놓고 넘어가는 것이다. 글을 다 읽고 문제로 갔을 때 내가 밑줄 그은 문장과 관련된 선택지가 나오면, 지문과 선택지를 번갈아 보면서 판단할 수밖에 없다. 이렇게 밑줄이라도 쳐놓으면 문제에서 그 문장을 물어봤을 때 빨리 해당 문장으로 돌아올 수 있기 때문에, 정답률이 조금이나마 높아진다.

그런데 내가 부연 설명이 안 만들어지는 문장은 밑줄 긋고 넘어가라고 말하면, 이런 질문을 하는 학생들이 있다. "선생님 그러면, 부연 설명 안 만들어지는 문장 다 그냥 밑줄 긋고 넘어가면 되는 거 아니에요? 부연 설명 만드는 연습을 해야 하는 건가요?" 네가 기출 지문을 풀다보면 느끼겠지만, **부연설명이 안 만들어지는 문장이 2개 이상 나오는 순간 그 지문과 관련된 문제를 다 맞히긴 힘들다.** 출제자는 부연 설명을 못 만드는 학생에게 점수를 안 주려고 한다. 대부분의 문제는 앞, 뒤 문장을 이해해서 적절한 부연 설명을 붙이고 이해해야지만 문제를 맞힐 수 있다. 그렇기 때문에 네가 부연 설명을 못 붙이는 문장이 많아진다면 국어에서 좋은 점수를 받긴 힘들 것이다.

고차원적인 사고법, 일곱 번째 원칙
추상적인 문장과 단어는 반드시 구체화를 한다.

'추상적인 문장', '추상적인 단어'라는 건, 어떤 문장과 단어를 말하는 걸까? 쉽게 말해서, **대충은 알겠는데, 구체적으로 말해보라고 하면 입이 안 떨어지는 문장과 단어를 뜻한다. 명확하게 한 가지 물체나 상황을 지칭하지 않기 때문이다.** 그 뜻을 구체적으로 말해보라고 하면, 대략적인 여러 가지 상황이나 물체가 떠오를 뿐 어떤 한 가지 의미로 명확하게 설명해내기가 어려운 것이다.

예를 들어서 '과일'이라는 단어가 있다고 해보자. '과일'이 무슨 뜻이냐고 물어보면, 대부분의 사람들이 '사과, 포도, 바나나 같은 거'라고 말을 한다. 맞는 말이다. '사과'도 '과일'이 될 수 있고, '포도'도 '과일'이 될 수 있다. 그래서 과일은 추상어다. 방금 네가 이해한 것처럼 과일은 하나를 콕 집어 말하기에 애매한 단어이기 때문이다. '사랑', '평화', '자유', '성공', '상상하다' 등의 단어도 모두 추상어에 해당한다. 글을 읽을 때 이런 단어들을 어떻게 처리하고 넘어가느냐에 따라, 상위권과 하위권이 결정된다.

내가 과외를 할 때 깨달았던 것이 하나 있다. 상위권과 하위권을 가르는 가장 큰 기준 중 하나가, '글을 읽다가 추상적인 문장이 나왔을 때 어떻게 반응하느냐'였다. 상위권일수록, 추상적인 문장을 자신만의 언어로 구체화하고 넘어가는 경향이 강했다.

예를 들어보자.

> 산업화에 따라 **사회가 분화**되고 개인이 **공동체적 유대**로부터 벗어나게 되는 현상을 개체화라고 한다

이 문장을 봤을 때, 상위권들은 '사회가 분화'라는 부분과 '공동체적 유대'라는 부분에서 속도를 늦춘다. 왜냐하면, 이 두 단어는 '추상어'이기 때문이다. **추상어는 그 의미를 구체적으로 생각해 내기까지 시간이 걸린다. 그래서 속도를 늦춰야 한다.** 방금 문장을 읽으면서 '사회가 분화'된다는 것이 어떤 뜻인지 생각했는가? 개인이 '공동체적 유대'로부터 벗어나게 된다는 것이 무슨 의미인지 생각했는가? 지금 이 글을 읽는 대부분의 학생들은 그 뜻을 생각해보지도 않았을 것이며, 설명하라고 했을 때 설명하기도 쉽지 않을 것이다.

잠깐 시간을 가지고 저 문장의 의미를 한번 생각해보자.

> **1) '산업화'라는 단어는 어떤 의미인가?**
> 산업화란, '농사를 짓고 살던 시대에서 공장에서 일하는 시대'로 바뀌었다는 뜻이다. 다음 부분을 읽어보면, '사회가 산업화가 되어감에 따라, 사회가 분화'되었다고 한다. '사회가 분화'되었다는 말의 정확한 의미는 뒤 문장을 읽어봐야 알겠지만, 그래도 추측을 해볼 수 있다. '사회가 분화'되었다는 건, 모든 구성원이 동일한 사회를 이루고, 비슷한 역할을 하며 살았던 원시시대와는 다른 사회가 되었다는 걸 말한다. 철강 산업, 제조업, 농업 등 다양한 산업 분야가 생기고 다양한 직업이 생겼다는 의미가 아닐까 생각해볼 수 있다.
>
> **2) '개인이 공동체적 유대로부터 벗어나게 되는 현상'은 무슨 말일까?**
> 예전에는 모두가 '하나의 사회'를 이루고 살았기 때문에 개개인들이 공동체, 사회

속에서 유대감을 느낄 수 있었다. 하지만 산업화 이후에 사람들은, 공장에서 각자 자기가 할 일만 하고, 퇴근하면 집 가서 쉬고를 반복한다. 당연히, 집단에 대한 유대감을 느끼기 어려웠을 것이다. 그리고 산업화로 인해서 사회가 분화되고 개인이 공동체적 유대에서 벗어나게 되는 현상을 '개체화'라고 부른다는 것이다.

이렇게 구체적인 생각까진 아니더라도, 너는 추상어가 나온 부분에서 단 5초라도 멈추고 생각을 해봤어야 했다. 내가 방금 해설해준 것을 보고, '내가 시험장에서 이런 생각을 어떻게 해..'라고 생각을 할 수도 있다. 그런데, 내가 말하고 싶은 건, **구체적으로 이해하든 못하든 간에, 우선 글을 읽을 때 '추상어'가 나온다면 반드시 멈추고 생각을 했어야 했다**는 것이다. 대부분 5등급 이하 학생들이 글을 못 읽는 이유는, 이런 추상어에서 멈춰야 한다는 것을 모르고 허술하게 읽기 때문이다. 네가 방금 내가 해설한 내용을 떠올리지 못하더라도, 그의 반만 떠올리더라도, **떠올리려는 노력을 하고 넘어갔다면 저 문장은 기억에 남는다.** 그리고 기출문제를 반복하다 보면 저 정도 추상어는 구체화를 하고 넘어갈 수 있게 된다. **그러니, 네가 가장 먼저 터득해야 하는 것은, 저런 추상어에서 '멈추는' 능력이다.** 애매한 단어를 애매한 채로 놔두고 갔기 때문에, 선택지로 가서도 지문 내용이 머릿속에 애매하게 떠오르는 것이다. 그래서 틀리는 것이다.

📖 추상어가 나오면 반드시 '구체화'를 해야 하는 이유

추상어가 나왔을 때 반드시 '구체화'를 해야 하는 이유가 뭘까? 우리가 글을 읽는 목적에 대해서 생각해 보면 된다. 내가 앞서도 계속 말했지만, 우리가 글을 읽으면서 해야 하는 건, 글 내용을 머릿속에 넣는 것이다. 그런데 내가 '두 번째 원칙, 글은 절대로 '기억'하려 하는 것이 아니다'에서도 말했듯이, 글 내용을 머릿속에 넣는 건 '암기'로는 불가능하다.

그럼 어떻게 해야 할까? 이해해야 한다. 이해를 해야 머릿속에 남는다. **'이해'를 한다는 건, '추상어'를 머릿속으로 '구체화'한다는 말이다.** 정말 추상어를 구체화하고 넘어가면 이해가 되고, 머릿속에 잘 남을까? 아래 예시를 통해 확인시켜 주겠다. 아래 두 문장을 각각 기억하려고 해봐라.

첫 번째 문장

어떤 학생이 어떤 곳을 갔다. 그곳에서 어떤 사람을 만났는데, 어떤 말을 나누고, 다시 돌아와서 자리에 앉았다.

두 번째 문장

고등학교 3학년 남학생이 수능 당일에 수능장을 갔다. 그곳에서 중학교 때 친하게 지냈던 친구를 만났는데, 서로 '수능 잘 봐'라는 말을 나누고 다시 자리에 앉았다.

첫 번째 문장을 '구체화'한 것이 두 번째 문장이다. 첫 번째 문장은 다 읽고 나서도, 네가 어떤 내용을 읽었는지 기억도 안 날 것이다. '어떤'이라는 추상어로 범벅되어 있는 문장이기 때문이다. 그래서 너는 첫 번째 문장을 보면서 문장의 의미를 '이해'하지 못했고, 결국 기억에도 남지 않은 것이다. 반면 두 번째 문장은, 하루가 지나고 다시 떠올려봐도 내용이 기억날 것이다. '구체적인' 문장이기 때문이다. 구체적인 문장이기 때문에 너는 저 문장을 읽으면서 '이해'를 할 수 있었고, 이해를 했기 때문에 '기억'에도 오래 남는 것이다.

수능과 모의고사에 나오는 추상적인 문장과 단어는 마치 첫 번째 문장과 같다. 우리 뇌는 추상적인 것을 잘 기억에 남기지 못한다. 네가 글을 읽으면서 첫 번째 문장을 두 번째 문장처럼 바꾸고 넘어가지 않는다면, 시험장에서 네가 마주하는 글 내용은 절대 머릿속에 남지 않을 것이다. 글 내용이 머릿속에 남지 않으니, 문제를 풀면서 계속 다시 지문으로 돌아가게 된다. 왔다 갔다 하면서 풀긴 하는데, 정답률은 항상 그대로다. 또, 이해를 못하니 국어에 재미를 느끼지도 못한다.

추상어 구체화 연습하기

자, 그럼 이제 추상어를 구체화하는 연습을 해보자. 각 연습 문제들을 읽으면서 최대한 그 의미를 구체적으로 떠올려보자.

추상어를 구체화하는 Tip
· 예시를 떠올려 볼 것
· 이미지화를 해볼 것

추상어를 구체화하는 팁을 주자면 2가지가 있다. 하나는 '예시'를 떠올려보는 것이고, 다른 하나는 '이미지화'를 해보는 것이다. 예시와 이미지는 구체적이다. 그래서 추상적인 문장이나 단어를 예시와 이미지로 바꿔보면 이해도 잘 되고, 머릿속에도 잘 남게 된다. 구체적인 방법은 연습 문제를 보면서 설명해보겠다. 각 연습 문제를 30초 정도 생각해보고 해설을 읽기 바란다.

연습 문제 1

자동차의 에너지 효율은 연료량 대비 운행 거리의 비율인 연비로 나타내며, 이는 자동차의 성능을 평가하는 중요한 잣대이다.

- 2011학년도 고3 6월 모의평가 -

⇒ '자동차의 에너지 효율을 연료량 대비 운행 거리의 비율인 연비로 나타낸다'는 것이 무슨 뜻일까?

이런 문장을 보고 네 스스로 구체적으로 무슨 말인지 풀어서 설명할 수 있어야 하는 것이다. 우선 '연비'라는 단어를 이해해보자. 문장에서 '연비'라는 게 '연료량 대비 운행 거리의 비율'이라고 했다. 연료량 대비 운행 거리의 비율이라는 말을 구체적으로 이해하기 위해서, 연비가 좋은 경우와 안 좋은 경우를 생각해보자.

연비가 좋다는 건, '적은 연료로 많은 거리를 갈 수 있다'는 뜻이다. 반대로 '연비가 나쁘다'는 건, '많은 연료를 쓰고도 적은 거리밖에 못 가는 것'으로 이해할 수 있다. 이렇게 구체화하여 이해하면, 왜 '자동차 에너지 효율'을 '연비'로 나타내는 건지 이해가 된다. 자동차가 적은 기름으로 많은 거리를 가면 당연히 '자동차의 에너지 효율이 높다'고 할 수 있을 것이고, 많은 기름을 먹고도 조금밖에 못 가면 '자동차의 에너지 효율이 낮다'고 할 수 있을 것이다.

✷ 이렇게 구체화를 해야 '이해'가 된다. 이렇게 '이해'를 해놓고 넘어가야 지문 내용이 머릿속에 남는다. 그래야 선택지로 갔을 때도 지문으로 돌아올 필요 없이 쉽게 판단할 수 있다. 만약 네가 방금 내가 한 설명이 어렵게 느껴진다면, 이해가 될 때까지 여러 번 읽어봐라. 그때 바로 사고력, 독해력이 향상된다. 지금 안 된다고 해서 너무 걱정할 필요는 없다. 이후 <CHAPTER 2 기출 적용편>에서 여러 번 연습하고 나면 수월해질 것이다.

연습 문제 2

공리주의는 행동의 윤리적 가치가 행동의 결과에 의존한다는 결과주의이다. 행동은 전적으로 예상되는 결과에 의해서 선하거나 악한 것으로 판단된다.

- 2011학년도 고3 9월 모의평가 -

⇒ 여기서 '행동의 윤리적 가치가 행동의 결과에 의존한다'라는 게 무슨 뜻일까?

우선 '윤리적 가치'라는 것이 뭘까? '윤리'라는 단어는 '도덕'이랑 비슷한 단어라고 알고 있다. 그럼 '윤리적 가치'라는 말은 '도덕적 가치'랑 비슷한 말이라고 생각할 수 있다. '도덕적 가치'라는 것이 무엇인가? 말 그대로, 어떤 행동이 도덕적으로 얼마나 가치 있느냐를 말하는 것이다. 어떤 행동이 '착하다'라고 생각된다면 '도덕적 가치가 높다'고 할 수 있다. 예를 들어서 기부를 하거나 쓰레기를 줍는 건 도덕적 가치가 높은 행동인 것이다. 반면 어떤 행동이 '나쁘다'라고 생각되면 그건 '도덕적 가치가 낮은' 행동이다. 남을 때리거나, 도둑질하는 행위는 도덕적 가치가 낮은 행동인 것이다.

다시 문장으로 돌아가면, '공리주의'는 도덕적 가치라는 것이 행동의 결과에 의존하는 것이라고 생각한다. 여기서 '도덕적 가치가 **행동의 결과에 의존**한다'는 건 무슨 뜻일까? 쉽게 말해서, 내가 어떤 행동을 했을 때 그 행동이 도덕적으로 가치 있는 것인지 아닌지는, 그 행동을 한 순간이 아니라, 그 행동의 '결과'에 따라 결정된다는 것이다. 예를 들어, 쓰레기를 치우는 행위는 우리가 일반적으로 생각했을 때 도덕적 가치가 있는, '착한' 행위이다. 하지만 공리주의 입장에서는 아니다. 쓰레기를 치우는 행위만으로는 아직 그 행위가 도덕적 가치가 있다고 할 수 없다. 쓰레기를 치우는 행위의 결과까지 좋아야 도덕적 가치가 있는 착한 행위가 되는 것이다.

공리주의는 '쓰레기를 치우는 행위'의 결과가 좋지 않다면, 쓰레기를 치우는 행위가 '도덕적 가치가 낮은 행위'가 될 수 있다고 생각한다. 예를 들어서, 내가 좋은 마음을 가지고 쓰레기를 치웠지만, 그것 때문에 폐지 줍는 할머니께서 오늘 돈을 하나도 못 벌고 굶으셨다면, 공리주의 입장에서 내가 쓰레기를 치운 행동은 도덕적 가치가 낮은 행동이 된다. 나는 좋은 의도를 가지고 한 행동일지라도 그 결과가 좋지 않다면, 공리주의는 '나쁜' 행동으로 보는 것이다.

지금 이런 생각이 안 떠오른다고 해서 너무 걱정할 필요는 없다. 기출문제를 풀면서, 다양한 문장을 구체화하는 경험을 하고, 배경지식을 쌓다 보면 이 정도 생각은 누구나 가능하다.

연습 문제 3

한국, 중국 등 동아시아 사회에서 오랫동안 유지되었던 과거제는 세습적 권리와 무관하게 능력주의적인 시험을 통해 관료를 선발하는 제도라는 점에서 합리성을 갖추고 있었다.

- 2021학년도 고3 6월 모의평가 -

⇒ '과거제는 세습적 권리와 무관하게 능력주의적인 시험을 통해 관료를 선발'한다는 게 무슨 말일까?

이 문장을 구체적으로 이해하려면 '세습적 권리'라는 말을 조금 더 쉽게 풀어낼 수 있어야 한다. '세습'이 무슨 말인가? 쉽게 말해서, '전해져 내려온다'는 말이다. 그럼 '세습적 권리'라는 것은, '전해져 내려오는 권리'라고 할 수 있다.

과거제는 이런 '전해져 내려오는 권리'와 '무관'하게, 능력주의적인 시험을 통해서 관료를 선별했다고 한다. 아빠가 판사라고 해서 내가 무조건 판사가 될 수 있는 것이 아니라는 것이다. 내가 판사가 되려면, 판사의 능력을 시험하는 '과거제'라는 시험을 쳐서 합격해야만 했다. 과거제는 '부모가 판사라고 해서 자녀도 판사가 되는 구조'가 아니라, 정말 판사의 능력을 가지고 있는 사람이 판사가 되었다는 점에서 '합리성'을 갖추고 있다고 할 수 있다.

고차원적인 사고법, 여덟 번째 원칙

단어가 가지고 있는 함축적 의미를 떠올린다.

대부분의 단어는, 단어 자체가 이미 그 단어의 뜻을 품고 있다. 예를 들어서 '돌림힘'이라는 단어가 있다고 하자. 이 단어의 뜻이 무엇일까? 말 그대로 '돌림+힘'이다. '돌리는 힘'이기 때문에 '돌림힘'이라고 부른다. 하지만 대부분의 학생들은 이런 단어가 나왔을 때, 단어가 내포하고 있는 의미를 생각하기보다, '돌림힘' 단어에 네모 표시를 해 버린다. 그리고 넘어간다. 이건 해당 단어의 뜻을 이해한 것이 아니라 '외운 것'이기 때문에, 글 마지막 부분을 읽을 때쯤이면 네모 표시해놓았던 단어는 머릿속에서 사라진다. 그래서 항상 지문을 읽을 때 앞뒤를 왔다 갔다 하면서 읽게 되고, 문제를 풀 때도 선택지와 지문을 왔다 갔다 하면서 풀게 되는 것이다.

돌림힘?   돌리는 힘!

☆ 글을 읽을 때는 단어가 함축하고 있는 의미 즉, 단어의 함축적 의미를 떠올리면서 읽어야 한다. 글을 읽으며 단어들을 잘 살펴보면 단어의 의미를 충분히 추론해낼 수 있다. 이때 나는 단어가 내포하고 있는 의미를 '함축적 의미'라고 표현한다. '항상성'은 말 그대로, '항상 그러한 성질'이고, '표현론'은 '표현과 관련된 이론'이다. 이외에도 함축적 의미가 동원되는 단어들은 수도 없이 많다. 왜냐하면 우리말의 70% 이상이 '한자어'로 구성

되어 있기 때문이다.

한자어라는 것은 말 그대로, '한자로 구성된 단어'를 말한다. '한자어'의 특징은 단어 안에 단어의 함축적 의미가 들어 있기 때문에, 단어만 보고도 그 단어의 뜻을 유추할 수 있다는 것이다. '구름' 같은 순우리말은, 단어만 보고는 그 단어의 의미를 생각해내기 어렵다. 단어 안에 뜻이 담겨 있지 않기 때문이다. 그런데, '손해 배상 예정액' 같은 한자어를 보면 단어 안에 그 뜻이 전부 담겨 있다. '손해 배상 예정액'은 말 그대로, '손해를/배상하기로/예정되어 있는/금액'이라는 뜻이다.

'그럼, 한자어랑 순우리말을 글 읽으면서 구분하고, 한자어가 나타날 때는 뜻을 떠올려야 하는 건가?'하고 생각할 수 있다. 아니다. 모든 한자어와 순우리말을 구분해야 하는 건 아니다. 그냥 단어의 함축적 의미를 항상 떠올리는 연습을 하고, 함축적 의미가 떠올려지는 단어들은 적극적으로 그 의미를 떠올리면서 글을 읽으면 된다.

이렇듯, 네가 어렵다고 생각하는 단어들, 외워야 한다고 생각했던 단어들 대부분은 그 뜻을 외울 필요가 전혀 없는 단어들이다. 이미 단어 안에 그 뜻이 들어가 있기 때문이다. **이걸 잘 활용하면, 글을 읽을 때 정보량을 매우 많이 덜어낼 수 있다.** 정보량을 덜어낼 수 있다는 게 무슨 말일까? 조금 더 구체적으로 설명해보겠다. 아래 문장을 읽고, 머릿속에 기억하려고 해봐라.

> **병원성이란 세균 같은 감염체가 전염을 통해서 사람이나 동물에게 전파되고, 이후에 호흡기 등으로 침투하여 여러 질병을 일으킬 수 있는 성질이다.**

위와 같은 문장이 있다고 할 때, 대부분의 학생들은 저 문장 자체를 외우려고 애쓴다. '병원성'이라는 단어를 머릿속에 집어넣으려고 한다. 하지만 '병원성'이란 단어의 함축적 의미를 떠올려봐라. 그리고 뒤 문장의 내용과 연관 지어서 이해를 해봐라.

여기서 잠깐, 책에서 5초만 눈을 떼고 **병원성**이 왜 '병원성'일지 생각해보자. '병원성'이 '병원성'인 이유는 '**병**의 **원**인이 되는 **성**질'이기 때문이다. '병 병(病)'자에 '근원 원(原)'자를 써서 '병/원/성'이다. 이렇게 병원성이라는 단어의 함축적 의미를 생각하면 "병원성은 세균 같은 감염체가 전염을 통해서 사람이나 동물에게 전파되고, 이후에 호흡기 등으로 침투하여 여러 질병을 일으킬 수 있는 성질이다."라는 문장을 외우지 않아도 된다. 병원성의 뜻을 설명하는 이 문장은, 내가 함축적 의미로 병원성이라는 단어를 이해하고 넘어가면 굳이 외울 필요가 없는 문장이 되는 것이다. 그러면 글을 읽을 때 **머릿속에 집어넣어야 하는 정보의 양이 훨씬 줄어든다.** 나는 '병원성'이라는 단어 안에 이미 저 문장을 넣어놓았기 때문이다. 다른 친구들이 저 문장을 외우려고 할 때, 나는 '아~ 그래서 병원성이라고 하는 거구나'하고 넘어갈 수 있는 것이다.

함축적 의미를 동원한다는 것은?

"□은 △이다" 라는 문장이 있다.

↓

'□'의 함축적 의미를 떠올린다.

↓

'□'의 함축적 의미로 '△'을 이해했기 때문에

↓

"△다"라고 말하는 부분의 의미를 외우지 않고

↓

"□은 △이다"라는 문장이 기억된다.

방금 우리가 '병원성'의 정의를 설명하는 문장을 읽을 때, '병원성'이라는 단어의 함축적 의미를 떠올려서 '병원성'이라는 단어에 넣은 것처럼 말이다. 이러면 '□'의 뜻을 설명하는 '△'를 외울 필요도 없고, '□'의 의미 또한 훨씬 더 오래 기억에 남는다.

아래 적어 놓은 연습 문제들은 지금의 기출문제 중에, 함축적 의미를 통해 정보량을 줄일 수 있었던 문장들이다. 연습을 하면서 **'함축적 의미를 떠올려서 정보량을 줄인다'**라는 말의 의미가 어떤 건지 구체적으로 감을 잡아보자.

함축적 의미잡기 연습하기

연습 문제 1

또한 이와 비슷한 시기에 외부 세계나 작가의 내면보다 **작품 자체의 고유 형식을 중시하는 형식론**도 발전했다.

- 2021학년도 고3 9월 모의평가 -

⇒ 이 정도는 함축적 의미를 잡기 정말 쉬운 편에 속한다. '작품 자체의 고유 형식을 중시'하는 이론이니, 당연히 '형식론'인 것이다. 이렇게 한 번이라도 '형식론'의 의미에 대해 함축적 의미를 떠올려주면, 문제에서 '형식론'을 물어볼 때 문제 풀이가 훨씬 빨라진다. '형식론? 아 형식을 중시하는 이론이었지'라는 생각이 들면서 지문으로 굳이 돌아가지 않아도 되는 것이다.

연습 문제 2

항미생물 화학제 중 **멸균제는 포자를 포함한 모든 병원체를 파괴한다. 감염방지제는 포자를 제외한 병원체를 사멸시키는 화합물로 병원, 공공시설, 가정의 방역에 사용**된다.

- 2021학년도 고3 9월 모의평가 -

⇒ '멸균'제니까 포자든 뭐든 모두 다 파괴해버리는 것이다. 균을 전부 '박멸'한다고 생각할 수 있다. '감염방지'제는 말 그대로 감염을 방지하는 정도니까 '멸균'보다는 약한 느낌으로 생각할 수 있다. 그래서 '감염방지'제는 '포자'라는 놈은 죽이지 못하지만 나머지 병원체는 모두 없애는 놈이다. 또한 '감염'을 방지하는 놈이니, 감염이 잘 일어나는 병원이나 공공시설, 가정의 방역에 사용할 수 있을 것이다.

함축적 의미를 모르는 학생들은 이 문장을 읽었을 때 '멸균제'와 '감염방지제'의 뜻을 달달 외우려고 하고, '병원, 공공시설, 가정'이라는 단어에 동그라미를 치고 있다. 함축적 의미를 동원해서 뜻을 이해하면 전혀 그럴 필요가 없다.

연습 문제 3

다른 하나는 예술계라는 어떤 사회 제도에 속하는 **한 사람 또는 여러 사람에 의해 감상의 후보 자격을 수여 받은 인공물을 예술 작품으로 규정**하는 디키의 제도론이다. 하나의 작품이 어떤 특정한 기준에서 훌륭하므로 예술 작품이라고 부를 수 있다는 평가적 이론들과 달리, 디키의 견해는 **일정한 절차와 관례를 거치기만 하면 모두 예술 작품**으로 볼 수 있다는 분류적 이론이다.

- 2021학년도 고3 9월 모의평가 -

⇒ 한 사람 또는 여러 사람에게 감상 자격을 수여 받은 작품이라면 모두 예술 작품으로 본다는 것을 '제도론'이라고 한다. 여기서 '감상 자격을 수여 받는 과정'을 '제도'라고 본다면, '아, 예술 작품이라는 건, 감상 자격을 수여 받는 제도를 거쳐서 정해지는 거라고 보는 이론이니 제도론이라고 할 수 있겠네'라고 생각할 수 있는 것이다.

 뒤 문장을 보면, '제도론'의 함축적 의미를 조금 더 자세히 설명해주고 있다. 제도론은 '일정한 절차와 관례를 거치기만 하면 전부 예술 작품'이 된다고 보는 이론이니, '제도를 중시하는 이론'이라고도 생각할 수 있다.

연습 문제 4

18세기 북학파들은 청에 다녀온 경험을 연행록으로 기록하여 **청의 문물제도를 수용하자는 북학론**을 구체화하였다.

- 2021학년도 고3 9월 모의평가 -

⇒ 이건 어휘의 함축적 의미를 생각하기 조금 어려울 수 있다. '청의 문물제도를 수용'하는 것과 '북학'론이 무슨 관계가 있는 걸까? 이것도 조금만 생각해보면 답이 나온다. '북학론'의 단어 뜻을 먼저 생각해보면, '북+학(學)+론'이니, '북쪽을 배우자는 이론'이라고 생각해볼 수 있다.

 청이 조선의 북쪽에 있는지 서쪽에 있는지 동쪽에 있는지 몰라도 된다. 단어를 보고 생각해내면 된다. '북학론'이라는 말과 '청의 문물제도를 수용하자'라는 말을 연관 지어보면, '청의 문물제도를 수용하자는 말이, 북쪽(청)에 있는 것들을 배우자는 말이고, 그걸 북학론이라고 말한 거구나'라고 이해할 수 있다.

연습 문제 5

중국에서 비롯된 **유서(類書)**는 고금의 서적에서 **자료를 수집하고 항목별로 분류, 정리하여 이용에 편리하도록** 편찬한 서적이다.

- 2023학년도 고3 수능 -

⇒ 이 문제도 조금 난도가 높은 편이다. '유서'라는 건 흔히 '죽기 직전에 유언을 남길 때 쓰는 것'이라는 뜻으로 쓰이는데, 문맥상 그 뜻은 아닌 거 같다. 이 문장에서는 '유서'를 '자료를 수집하고, 항목별로 분류, 정리한 서적'이라고 한다. 자료를 수집하고, 항목별로 분류, 정리하는 것과 '유서'라는 말이 무슨 관계가 있는 걸까? 답을 말하자면, '유서'는 '종류(유)를 정리한 책'인 것이다.

연습 문제 6

형식주의 비평은 예술 작품의 외적 요인 대신 **작품의 형식적 요소와 그 요소들 간 구조적 유기성의 분석을 중요하게 생각**한다. 프리드와 같은 형식주의 비평가들은 작품 속에 표현된 사물, 인간, 풍경 같은 내용보다는 **선, 색, 형태 등의 조형 요소와 비례, 율동, 강조 등과 같은 조형 원리를 예술 작품의 우수성을 판단하는 기준**이라고 주장한다.

- 2021학년도 고3 9월 모의평가 -

⇒ 이 문제는 함축적 의미를 설명하기 전에, 먼저 설명할 것이 있다. 살아가면서 '00주의'라는 단어를 많이 봤을 것이다. '자본주의', '민주주의', '공산주의', '형식주의' 등. 이때 '주의'의 뜻이 정확히 무슨 뜻일까? 여기서 '주의'라는 것은, 바로 앞에 있는 '00'에 해당하는 것을 **주요하게 생각하는 사상**이라는 뜻이다. 그럼 '자본주의'는 무슨 뜻일까? '자본을 중요시하는 사상'인 것이다. '민주주의'는 말 그대로, '백성이 주인인 것을 중요하게

생각하는 사상'이고 '형식주의'는 '형식을 중요하게 생각하는 사상'이다.

위 문장에서 '형식주의 비평'은 '작품의 형식적 요소와 그 요소들 간 구조적 유기성의 분석을 중요하게 생각'하고 '선, 색, 형태 등의 조형 요소와 비례, 율동, 강조 등과 같은 조형 원리를 예술 작품의 우수성을 판단하는 기준'으로 본다고 한다. '형식'주의니까 형식적 요소와 요소들 간의 구조적 유기성을 분석하고, 형식을 구성하는 조형 요소와 조형 원리에 기반해서 예술 작품이 우수한지 아닌지 판단할 것이다. 함축적 의미를 생각해보면 너무 당연한 것이다.

✎ 함축적 의미를 잡으면서 읽어야 글 읽는 속도가 빨라진다

방금 연습한 것처럼, 글을 읽으면서 처음 보는 단어나 개념에 대해 함축적 의미를 잡아놓으면, 글을 읽으면서 그 단어가 여러 번 나와도 이해가 쉽다. 내가 글을 읽으면서 '병원성'이라는 단어를 '병의 원인이 되는 성질'로 이해하고 넘어갔다면, 이후 글에서 '병원성'이라는 단어가 반복적으로 나와도 문장을 쉽게 이해해낼 수 있다.

만약에 '병원성'이라는 단어의 함축적 의미를 생각하지 않고, 그냥 네모 표시, 동그라미 표시 해놓고 넘어갔다면? '병원성'이라는 단어가 나올 때마다 다시 '병원성'의 정의를 설명하는 부분으로 돌아가야 했을 것이다. 단어가 어려울수록, 함축적 의미를 생각하지 않았을 때의 독해 속도는 훨씬 느려진다.

그런데, 함축적 의미를 생각하지 않는다는 것보다 더 큰 문제가 있다. 독해 속도가 느려지더라도, '병원성'이라는 단어가 나왔을 때 그 단어의 뜻을 다시 찾으러 위로 올라가면 다행이다. 그럼 적어도 글을 이해할 수는 있을 것이다. 그러나, 대부분의 학생들은 '빨리' 읽어야겠다는 생각을 가지고 있기 때문에, 머릿속에 '병원성'이라는 단어의 뜻이 없어도 다시 위로 올라가지 않는다. 계속 달리는 것이다. 그러면 당연히 글 전체가 추상적으로 읽힌다. 내가 제대로 이해하지 못한 단어들로 글이 범벅되어 있기 때문이다. 당연히 문제에 가서도 틀릴 확률이 높아진다. '함축적 의미 생각하기'를 시험장에서 단 한 번만 해봐도, 이게 글을 빠르게 이해하고 정보량을 줄이는데 얼마나 효과적인 방법인지 바로 이해할 것이다.

✏️ 함축적 의미가 떠오르지 않을 때 이렇게 하기

> 변화하는 단자 전압의 평균을 공칭 전압이라 한다.
>
> *- 2022학년도 고3 예시문항 -*

위 문장에서 '공칭 전압'의 함축적 의미를 10초만 생각해보자.

왜 변화하는 단자 전압의 평균을 '공칭 전압'이라고 하는 걸까? '공칭'이 무슨 말일까? 시험장에서 이 문장을 만났다고 했을 때, 왜 단자 전압의 평균을 '공칭' 전압이라고 하는 건지, 그 의미를 바로 이해하긴 쉽지 않다. 이후 글 뒷부분에서도, '공칭 전압'이 왜 '공칭 전압'인지 추론할 수 있는 문장을 아무것도 주지 않았다. 하지만, 이 문장이 나왔던 지문과 관련된 문제에서는 '공칭 전압'의 뜻을 물어봤다. 어떻게 해서든 이 문장을 머릿속에 넣고 넘어갔어야 했던 것이다. 함축적 의미가 직관적으로 떠오르지 않는 경우에, 문장을 머릿속에 박아 넣는 3가지 방법이 있다.

> ## 함축적 의미 잡는 법 ①
> ## 말이 안 되더라도 함축적 의미 붙이기

'공칭 전압'의 함축적 의미를 어떻게든 생각해보자. 이때 함축적 의미는 말이 될 필요는 없다. '여섯 번째 원칙, 출제자가 설명해주지 않을 땐 스스로 부연 설명을 붙인다'에서도 말했듯이, 부연 설명은 말이 안 되더라도 붙이고 넘어가는 것이 좋다. 마찬가지로, 함축적 의미 역시 말이 안 된다 하더라도 붙이고 넘어가는 것이 좋다. 그래야 기억에 남는다. 그냥 넘어가고 다시 서치하는 것보다, 말이 안 되더라도 나름대로의 설명을 붙이고 넘어가서 기억나도록 하는 것이 문제 풀이에는 더 유리하다.

'공칭 전압'의 함축적 의미를 어떻게든 붙여보자면, '공칭'이라는 말에서 '공'은 뭔가 '공평하다'라는 단어랑 연관 지어서 생각해볼 수 있을 거 같다. '공칭'을 '공평한 것을 칭하는 말'이라고 생각해보면, 왜 '변화하는 단자 전압의 평균'이라고 하는지 이해를 할 수 있다. 공칭 전압은 단자 전압의 '평균'을 나타내는 전압이니까, '공평한 수치 즉, 평균적인 수치'를 뜻하는 전압이라 해서 '공칭' 전압이라고 한 게 아닐까? 이게 맞는지 아닌지는 모른다. 그저 글에서 말하고 있는 공칭 전압의 뜻과 '공칭 전압'이라는 단어를 연결시켰다. 이렇게라도 생각해놓고 지나가면, '공칭 전압'의 뜻을 물어보는 문제에서 신기하게 기억이 잘 날 것이다.

함축적 의미 잡는 법 ②
여러 번 읽어서 기억하기

시험장에서 아무리 해도 함축적 의미가 떠오르지 않는다면, 어쩔 수 없이 2번, 3번 읽어서 머릿속에 집어넣어야 한다. 읽는 속도를 늦추고, 차분하게 2번 정도 읽어서 '공칭 전압'은 '변화하는 단자 전압의 평균'이라는 말을 머릿속에 넣도록 한다.

함축적 의미 잡는 법 ③
표시해놓고 넘어가기

내가 너무 긴장한 상태여서 함축적 의미도 떠오르지 않고, 여러 번 읽어도 기억이 되지 않는다면, 해당 단어에 간단한 표시를 해놓고 넘어가는 것도 좋다. 나는 보통 해당 단어에 밑줄을 긋고 넘어가거나 네모 표시를 해둔다.

이 방법을 쓸 때 주의할 것이 있는데, 함축적 의미가 생각나지 않는다고 해서 무작정 표시를 하고 넘어가면 안된다는 것이다. 표시를 하더라도, 그 전에 함축적 의미를 생각해내거나 외우려고 노력하는 것이 중요하다. '여러 번' 고민하고 넘어가면, 여러 번 고민했던 것이 기억 속에 박혀서, 나중에 문제에서 해당 단어를 물어봐도 기억날 가능성이 크기 때문이다. 그냥 보자마자 표시하고 넘어가면, 생각을 안 하고 표시만 해놓은 것이기 때문에 기억에도 남지 않는다. 그렇기 때문에 우선은 밑줄 치기 전, 2~3번 정도 문장을 읽으면서 최대한 머릿속에 넣으려는 노력을 해야 한다.

'8원칙' 총정리

여기까지 읽는다고 수고 많았다. 이렇게 해서 글 읽을 때 가져야 할 필수적인 태도들은 모두 말했다. 지금부터 중요한 것은 내가 말한 '8원칙'을 '체화'하는 것이다. 이 원칙들은 모두 네가 '시험을 보면서도' 적용해야 하는 것이기에, 지금부터 기출문제를 보면서 끊임 없이 훈련해야 한다. '8원칙 총정리' 파트를 읽으면서 〈CHAPTER 2 기출 적용편〉을 공부할 때 어떤 생각, 어떤 태도로 글을 읽어야 하는지 스스로 다시 한번 생각해보기 바란다.

우선, 글 읽을 때 가장 명심해야 할 첫 번째 원칙은 '천천히 읽기'였다. 글은 빠르게 읽는 순간 이해할 수 없기 때문이다. 수능과 모의고사에 나오는 글은 동화책이 아니다. 네가 엄청난 주의와 집중을 기울여서 천천히 읽어야 이해할 수 있는 글이다. 어려울 수밖에 없고, 그래서 더 천천히 읽어야 한다. 천천히 읽어야 '이해'할 수 있고, 이해하면서 읽어야 문제를 빠르게 풀 수 있다. 글을 빠르게 읽은 학생보다 글을 느리게 천천히, 이해하면서 읽은 학생이 훨씬 빠르게 문제를 푼다.

네가 5등급 이하 학생이라면, 처음에 글을 100% 이해하려고 할 때 한 지문당 3시간도 넘게 걸릴 수도 있다. 나도 5등급이었을 때 처음 고3 지문을 제대로 이해하는 데에만 3일이 걸렸다. 그렇게라도 이해해내야 한다. 그렇게 시간을 투자해서 문장을 이해했을 때, '내가 해냈다'라는 엄청난 기쁨이 몰려온다. 국어 성적은 그 기쁨을 얼마나 더 많이 느꼈느냐에 따라 정해진다.

천천히 읽으면서 명심해야 할 두 번째 원칙은, 글을 절대 기억하려 하지 말고, '이해'하려 해야 한다는 것이다. 사실 글을 기억하려고 하는 태도는 '빨리 읽어야겠다'는 생각 때문에 만들어졌을 확률이 높다. 빨리 읽으면 '이해'가 불가능하고, '이해'를 못했는데도 빨리 읽고 넘어가려고 하다 보니 '기억'을 하려 덤벼드는 것이다. 하지만, 인간의 뇌는 10분이라는 짧은 시간 동안 그렇게 많은 내용을 기억할 수 없다. IQ 200 천재가 아닌 이상 불가능에 가깝다. 하지만 IQ 80인 사람이라도 글 내용을 '이해'하면 글 내용을 전부 '기억'하는 것이 가능해진다. 이걸 믿고, 글을 읽을 때는 100% 이해하는 것에만 집중해야 한다. 이해했으면 기억이 안 날까 불안해하지 말고, 다음 문장으로 넘어가면 된다. 전혀 불안해할 필요 없다. 딱 한 지문만 풀어보면 알겠지만, 이해를 했다면 글 내용이 전부 기억나게 되어 있다.

그리고 세 번째 원칙으로는 '표시하지 마라'는 얘기를 했었다. 대부분의 학생들이 '표시'하는 이유는 '기억'하기 위함이다. 그런데, 앞서도 계속 말했듯이 기억할 필요가 없다. 아니, 정확히는 기억할 수 없고 이해를 해야 한다. '이해'에는 동그라미, 네모, 세모, 밑줄 같은 잡다한 기호들이 전혀 필요 없다. **네가 밑줄을 긋는다고 해서 이해되지 않던 문장이 이해되진 않는다.** 이해를 하기 위해서는 끊임없이 머릿속에서 문장의 의미를 생각해보는 것이 전부다. '이해'가 목적이라면 표시할 필요가 없는 것이다.

그래서 나는 여러 표기법을 가르쳐 주는 강의가 그렇게 유의미하다고 생각하진 않는다. 주장에는 별표를 치고, 문단별로 번호를 매기는 등의 행동들이 '이해'에는 크게 도움되지 않는다는 걸 알기에 추천하진 않는다. 물론 표시하는 행동이 습관으로 굳어서, 표시하면서 읽는 게 심적으로 안정감을 준다면, 표시를 해도 된다. 하지만 1등급이 아닌, 96%의 학생들은 큰 의미 없이 표시를 하고 있을 것이다.

그리고 표시는 내가 문장을 이해하고 넘어간다는 '착각'을 불러일으키기 때문에, 오히려 이해를 방해할 가능성이 크다. 네가 이해하고 넘어가는 것이 습관으로 자리 잡기 전이라면, 최대한 손을 쓰지 말고 머리로만 이해하고 넘어가는 연습을 하기 바란다. 네가 이해하는 것이 습관화된 1등급이라면 표시를 하든 말든 상관없다. 글의 모든 문장에 밑줄을 긋고 넘어간다 하더라도 '이해'를 하면서 글을 읽는다면 1등급이 나온다. 1등급을 받는 건 '표시하며 읽는 것'과 큰 상관이 없다. 1등급들, 강사들의 표시법에 비결이 있는 게 아니다.

네 번째 원칙과 다섯 번째 원칙이었던 '이미지화'와 '대화하듯이 읽기'는 글 내용을 머릿속에 더 많이, 더 오래 남기는 데에 매우 중요한 원칙이었다. 글을 읽을 때 이미지를 그리고, 내가 이해되지 않는 부분에서는 의문을 품고, 글쓴이에게 질문을 하면서 글을 읽는 건 '능동적 읽기'이다. 반면, 단순히 글쓴이가 하는 말을 텍스트로만 받아들이고, 글쓴이가 말하는 내용에 대해 의문을 품거나 질문하며 읽지 않는 방식은 '수동적 읽기'이다. '능동적 읽기'는 '수동적 읽기'에 비해 뇌를 훨씬 더 자극하는 읽기 방식이기 때문에, 글 내용이 머릿속에 훨씬 많이 남게 된다. 우리가 글을 읽고 문제를 풀 때까지 그 내용을 기억하고 있으려면 반드시 '이미지화'하고 '대화하듯이' 글을 읽어야 한다.

여섯 번째 원칙으로 말했던 '부연 설명 붙이기'라는 원칙은 다섯 번째 원칙인 '대화하듯이 읽기'와 연결된다. '대화하듯이 읽기'에서 말했지만, 출제자는 내가 글을 '대화하듯이' 읽는다고 생각한다. 그렇기 때문에 내가 글을 읽다 의문을 품을만한 부분에 대해서 부연 설명을 써놓는다. 그런데, 부연 설명을 써주지 않는 글이 있다. 바로 난도가 높은 글이다. 부연 설명을 삭제해놓으면 학생이 스스로 삭제된 내용을 추론해가면서 글을 읽어야 하기에, 훨씬 높은 수준의 독해력이 요구된다.

부연 설명이 삭제되어 있는 어려운 글을 맞히기 위해서는, 부연 설명이 삭제된 문장을 알아볼 수 있어야 한다. 이건 '대화하듯이 읽기'를 반복하면 가능한 부분이다. 대화하듯이 읽다 보면 점점 글쓴이가 부연 설명을 삭제해놓은 말에 '왜 그런 거지?'라고 질문을 던질 수 있게 된다. 이후에는 그렇게 발견한 문장에 대한 부연 설명을 스스로 붙여보는 연습을 반복하면서 사고력, 독해력을 올려 나가면 된다. 그렇게 최고난도 독서까지 맞힐 수 있는 독해력을 쌓아나가는 것이다.

일곱 번째 원칙은, '추상적인 문장과 단어는 반드시 구체화하고 넘어가라'는 거였다. 방금 내가 어려운 글은 부연 설명이 삭제되어 있는 글이라고 말했지만, 부연 설명이 삭제되어 있는 글뿐만 아니라, '추상적인' 글 또한 어려운 글에 해당한다. 일곱 번째 원칙을 설명할 때도 말했지만, 원래 인간의 뇌는 추상적인 것보다 구체적인 것을 더 잘 이해한다. 그래서 항상 학교 선생님들이 학생들을 가르칠 때, 구체적인 예시를 들어서 이해시키는 것이다.

내가 계속 강조해왔던 '이해'를 하기 위해서는 문장을 '구체적으로' 받아들이는 것이 중요하다. 우리 뇌는 '추상적인' 것보다 '구체적인' 것을 더 잘 이해하기 때문이다. 일곱 번째 원칙에서 말했던 것은 바로 글을 구체적으로 이해할 수 있게 도와주는 방법이었다. 추상적인 문장과 단어를 감지하고, 그 문장과 단어를 이해하기 위해서 예시를 들고, 구체적인 상황을 상상해보는 것은 모두 글을 잘 이해해내기 위한 작업이다.

마지막 여덟 번째 원칙은 '단어가 가지고 있는 함축적 의미를 떠올린다'였다. 이는 단어의 뜻을 설명해주는 문장을 단어가 가지고 있는 함축적 의미와 연결 지어서 이해해버리면, 시험장에서 내가 기억해야 할 정보가 그만큼 줄어들기 때문에 부담도 훨씬 덜게 된다는 이야기였다. 그리고 이를 통해 글에 쓰인 단어의 함축적 의미를 생각하면, 단어의 뜻을 말해주고 있는 문장을 굳이 외울 필요가 없게 되는 것이다.

이렇게 해서 8개 원칙을 모두 하나씩 복습해 보았다. 내가 말한 '8원칙'은 모두 글을 제대로 '이해'하기 위해서 네가 익혀야 할 원칙들이다. 네가 글을 잘 이해하고 싶다면, 이 8원칙을 '동시에' 사용할 수 있어야 한다. 축구로 예를 들자면, 네가 지금까지 배운 것은 각각 패스, 드리블, 슈팅, 시야 확보하기 같은 것이다. 실제 경기장에 들어가면 패스처럼 슈팅하기도 해야 하고, 드리블을 하면서 시야 확보를 해야 하기도 한다. 이후 우리가 공부할 〈Chapter 2 기출 적용편〉은 마치 축구 경기와 같다. 직접 경기를 뛰면서, 앞서 배운 '8원칙'을 습관으로 만들어야 하는 것이다.

지금까지 대부분의 독서 공부법 인강이나 책들은 '그냥 읽어라', '잘 읽어라'라고만 말했지 어떻게 읽어야 하는지 이렇게까지 구체적으로 나눠서 설명하진 않았다. 하지만, 이 정도로 설명을 해주지 않으면 대부분의 5등급 이하 학생들의 성적은 쉽게 바뀌지 않는다. 선천적으로 공부 머리가 있는 학생들만 깨닫고 마는 것이다. 나는 정말 지금 이 글을 읽고 있는 네가 행운아라고 생각한다. 내가 이 책에 적은 내용을 고등학생 때 알았다면 한 번에 원하는 대학에 갔을 거라 확신한다. 너는 방황하지 말고, 직선으로 뛰어가길 바란다.

Chapter 2.

기출 적용편

자주하는 질문

기출 적용편에 들어가기 전에, 학생들이 기출문제를 풀면서 많이 하는 질문들에 먼저 답변을 하려고 한다. 아래는 내가 약 1000명 넘는 학생들의 질문을 받고 답변을 하는 과정에서 가장 많이 나온 질문들을 순서대로 답변을 해놓은 것이다. 정말 구체적이고 명확하게 답변을 해놓았으니, 국어 공부와 관련된 모든 질문은 아래 '자주하는 질문'을 읽으면서 전부 해소하길 바란다. 그리고 내가 아래 적어 놓은 답변들은 수백 명 이상의 학생들과 공부 상담을 하면서 찾아낸 답변이므로, 성적이 2~3등급으로 올라서기 전까지는 반드시 내가 말한 대로 공부를 하길 바란다.

Q1. 하루에 몇 지문 푸는 게 좋을까요?

학생들이 정말 자주 하는 질문이다. 명확하게 답을 해주겠다. **우선, 국어 공부를 할 때 '지문 개수'를 가지고 공부량을 잡는 것은 그리 좋은 방법이 아니다.** 만약 네가 하루에 3지문을 풀기로 계획했다고 하자. 어느 날은 네가 풀기로 한 지문 3개의 난도가 너무 쉬울 수도 있고, 어느 날은 너무 어려울 수도 있다. 이때, 쉬운 지문을 100% 이해할 때와 어려운 지문을 100% 이해할 때의 국어 공부 시간은 다를 수밖에 없다. 그런데도 공부량을 '하루 3지문 풀기'로 정해놓으면, 어떤 날은 국어 공부를 끝내는 데 2시간이 걸리고 어떤 날은 5시간이 걸린다. 이렇게 되면 하루하루 공부 계획을 세우기가 힘들어진다.

이뿐만 아니라 '하루 3지문씩 풀기'라는 계획에는 훨씬 더 큰 문제가 있다. 네가 하루에 독서 3지문을 풀어야 한다고 공부 계획을 세워 놓으면, 정해진 시간 내에 3문제를 다 풀기 위해서 **지문을 100% 이해를 못 했는데도 그냥 넘어갈 가능성이 크다.** 나도 내가 5등급 이하일 때 그랬었다. 하루에 국어 공부 시간을 2시간으로 잡아 놓고, 그 시간 안에 독서 지문을 3개 풀기로 계획했었다. 그러다 보니, 독서 지문에 모르는 단어가 나와도 사전을 켜서 찾아보지 않았고, 글을 천천히 읽을 시간도 없었다.

'이 문장이 어떤 뜻인지', '왜 이게 답인지' 곰곰이 생각하지 않으니까 사고력은 당연히 제자리였다.

나중에 재수할 때는 공부 방식을 완전히 바꿨다. 국어 공부하는 시간을 하루에 똑같이 2시간으로 잡아 놓더라도, 지문을 몇 개 푸는지 관심을 갖지 않았다. 옆에 앉은 친구가 독서 문제집을 하나 다 풀어갈 때까지 나는 절반도 못 풀었지만 전혀 신경 쓰지 않았다. 나는 '독서 한 지문을 보더라도 그 지문에서 말하는 내용은 100% 이해한다'라는 생각으로 공부했다. 모르는 단어가 나오면 사전을 찾아보고, 이해가 안 가는 내용은 유튜브에서 찾아보았다. 3일째 똑같은 지문만 보기도 했다. 이렇게 공부하니, 독해력, 사고력이 점차 올라가기 시작했고, 재수 시작 2개월 만에 국어 4등급에서 1등급으로 올라갈 수 있었다.

그래서 나는 네가 하루에 국어 공부하는 양을 '지문 개수'가 아니라, '시간'으로 잡길 바란다. 구체적인 공부 계획으로는, 네가 지금 고 1, 2학생이라면 하루에 최소 2시간은 국어 공부를 하길 바란다. 네가 지금 성적이 5등급 이하인 고3, 재수생이라면, 그리고 수능에서 1등급을 목표로 하고 있다면, 하루에 최소 4시간은 국어 공부 시간으로 잡아야 한다. 당연히 공부 시간은 많이 잡을수록 좋고, 시간을 많이 쓸수록 국어 성적도 빠르게 오른다. 나는 깊은 사고를 하기 위한 '최소' 시간을 말해주는 것이다. 이때 '한 지문을 보더라도, 아니 한 문단만 읽더라도 100% 이해'하는 것을 목표로 잡아야 한다. 정말 하루에 한 문단만 공부해도 된다. 제대로 이해하는 것이 최우선이다. 내가 제대로 이해했는지는 '문제 풀어보기', '중학생에게 설명하듯 쉽게 설명해보기' 이 2가지 방법으로 확인하면 된다.

내가 말한 대로 공부하다 보면 눈에 보이는 문제 풀이 양이 적으니, '내가 남들보다 뒤처지는 거 아닌가' 하는 의심이 들 것이다. 바로 그 감정을 억눌러야 한다. 그런 생각이 들 때면 악마가 속삭이는 거라고 생각해라. **네가 얼마나 많은 문제를 푸느냐가 중요한 게 아니다. 하나의 지문을 보더라도 얼마나 많은 생각을 했느냐가 중요한 것이다.** 국어 공부를 할 때 머리가 지끈거리지 않는다면, '생각'을 하며 공부한 게 아닐 확률이 크다.

Q2. 어느 정도 공부하면 노베이스 탈출이 가능할까요?

국어 성적이 5등급 이하인 노베이스가 3등급 이상으로 가려면, 기출문제에 있는 비문학 지문은 적어도 200지문 이상 풀어야 한다. 조금 풀고 점수 안 나온다고 하지 마라. 과외를 해보면 대부분의 학생들이 100지문도 안 풀었는데, 성적이 안 오른다고 하소연한다. 이건 마치 축구를 처음 배우는 학생이 10경기도 뛰어보지 않고 축구 선수 실력이 안 된다고 하소연하는 것과 같다. 네가 명심해야 할 것이, 조금 해보고 '이 방법 아닌가 보네'하고 그만두는 순간, 점수는 평생 제자리라는 것이다.

내가 말한 대로 시간을 하나도 신경 쓰지 않고, 100% 이해하는 것에만 집중해서 공부를 하면 시험 친 직후에 회의감이 들 수도 있다. 생각보다 성적이 안 오를 것이기 때문이다. 그런데 당연한 것이 사고력, 독해력이 느는 과정은 그리 쉬운 게 아니다. 독해력이 느는 과정은 운동을 통해 몸을 만드는 과정이랑 완벽하게 일치한다. 대부분 운동 초보들이 헬스장에 가서 PT를 받으면, 3개월 만에 뱃살이 없어지고, 몸짱이 될 수 있을 거라 생각한다. 나도 그랬었다. 하지만, 실제로 PT를 받고 운동을 해보면 최소 6개월은 지나야 복근이 생기고, 내가 원했던 몸과 '얼추' 비슷해지기 시작한다.

독해력도 마찬가지다. 독해력이라는 것이 그렇게 순식간에 느는 것이었다면 모든 사람이 1등급이었을 것이다. 독해력을 올리는 데는 올바른 방법과 더불어서, 정말 많은 시간과 노력이 필요하다. 물론 사람마다 1등급 독해력까지 도달하는 데 걸리는 시간은 다르겠지만, 성적을 바꾸려면 정말 최소 2개월 이상 내가 말한 방법대로 공부해야 한다. 나는 이 책으로, 네가 혼자 했으면 1년이 걸렸을 일을 6개월, 3개월로 줄여주는 것이다. **네가 노베이스를 탈출하려면 내가 이 책에서 말한 방법대로 최소 2개월, 최소 200지문은 풀어야 한다.**

Q3. 한 지문 당 몇 분 잡고 풀어야 하나요?

2~3등급 학생들에게는 '처음 보는' 지문은 '최대한 빨리' 푸는 걸 목표로, 시간을 재고 시험 치듯 풀어보라 말한다. 그리고 채점을 한다. 그 이후에는 시간을 '무제한'으로 두고, 풀었던 지문을 다시 보면서 100% 이해하는 것에 집중해서 읽는다.

그런데 네가 5등급 이하의 노베이스라면, 시간을 재고 문제를 풀어보는 것은 큰 의미는 없다. 어차피 시간 안에 지문을 풀고 문제를 맞혀도, 제대로 이해하고 맞힌 게 아닐 확률이 높기 때문이다. **그래서 네가 5등급 이하 노베이스 학생이라면, 일단 3등급이 되기 전까지는 처음 보는 지문이든 다시 보는 지문이든 상관없이, 시간을 무제한으로 두고 글을 100% 이해하는 것에 집중해야 한다.** 당장 내일 있는 모의고사에서 5등급이 나오든 6등급이 나오든 전혀 신경 쓸 필요가 없다. 성적은 독해력이 올라가면서 자연스레 따라온다. 글을 제대로 이해하는 습관부터 기르는 게 가장 우선이다.

Q4. 기출 분석은 어떤 식으로 해야 하나요?

간단하다. 내가 이 책에 적어 놓은 해설을 네가 스스로 쓸 수 있을 정도가 되면 된다. 기출 분석을 할 때는, **지문에 나오는 문장 하나하나를 중학생에게 설명해줄 수 있을 정도로 자세히 해설할 수 있어야 한다.** 정말 한 문장도 빠뜨리면 안 된다. 그리고 선택지를 분석할 때도 모든 선택지를 아주 쉽게 해설할 수 있어야 한다. 단순히 지문의 3번째 문단 2번째 줄에 근거가 있어서 답이라는 식으로 해설하는 것이 아니라, 네가 이해한 내용을 바탕으로 '중학생에게' 해설할 수 있어야 한다.

기출문제를 분석할 때 '답이 기억나서', '내가 맞혔던 문제라서' 시시하다고 하는 학생들이 있는데, 답이 기억나도 전혀 상관없다. 문제를 맞히는 것과 지문을 100% 이해하는 건 다른 영역이다. 네가 지문을 60%만 이해해도 '문제는' 맞힐 수 있다. 그렇기 때문에 네가 답이 기억나고, 문제를 맞혔다 하더라도 그 지문에 쓰여있는 내용을 정말 100% 이해하기 위해서는 여러 번 반복해서 봐야 한다.

Q5. 기출문제는 몇 개년까지 봐야 하나요?

고3 기준으로 고3 2006학년도까지 보길 바란다. 그리고 가장 최신 회차부터 2006학년도까지 최소 3회독 이상 반복하길 바란다. 만약 고 1, 2학년이라고 한다면 네 학년에 맞는 최신 5개년 기출문제를 3회독 이상 하는 걸로 목표를 잡기 바란다. 예를 들어서 네가 고2라면 고2 최신 기출문제를 3회독 이상 하면 된다.

Q6. 독서랑 문학 공부 비중은 어떻게 잡아야 하나요?

네가 2등급이 되기 전까지는 독서와 문학을 6:4로 가지고 가는 것이 좋다. 100분을 공부한다고 했을 때 독서 60분, 문학 40분으로 공부 시간을 잡으라는 뜻이다. 이후 2등급 이상이 되면 문학 6 독서 4로 가는 것이 좋다. 최상위권으로 갈수록 문학을 잡는 게 중요해지기 때문이다. 네가 점차 실력이 올라가면서 깨닫겠지만, 비문학은 어렵게 낼 수 있는데에 한계가 있다. 어쨌거나 답의 근거가 전부 지문에 나와 있기 때문이다. 하지만 문학은 '감상'의 영역이기 때문에, 지문에서 정확한 근거를 찾기 힘든 경우가 많다. 그래서 최상위권으로 갈수록 문학에 시간을 많이 쓰게 된다.

Q7. 문제 푸는 시간이 안 줄어요. 시간은 어떻게 하면 줄일 수 있나요?

시간이 안 줄어드는 이유는 정말 간단하다. 네 독해력이 아직 부족하기 때문이다. 네 독해력이 45문제를 80분 안에 풀 독해력이 아닌 것이다. 여기서 네 방향은 독해력을 더 늘리려고 연습하는 것이 되어야 한다. 그런데 대부분의 학생들은 여기서 잘못된 방향을 잡는다. 시간을 줄이기 위해서는 '문제 풀이 스킬'을 배워야 한다고 생각한다. 그래서 '독서와 문학 중 뭐부터 풀지', '안 풀리는 문제가 나오면 어떻게 할지', '문제부터 읽고 들어갈지 지문부터 읽을지' 이런 것들에 신경을 쓰고 있다. 물론 이런 전략을 세우는 것도 중요하다. 하지만 3등급 이하 또는 2등급 이하 학생이라면 아직 이런 걸 신경 쓸 때가 아니다. 네가 시간이 부족한 가장 근본적인 이유는 '독해력'이 부족한 것이기 때문이다.

시간은 독해력이 올라감에 따라 '자연스레' 줄어든다. 그러니, 인위적으로 시간을 줄이려고 하기보다 '독해력' 자체를 올려서 글을 이해하는 속도를 빠르게 만들려고 하는 것이 옳은 방향이다.

2012학년도 고3 6월, 혁신의 확산

혁신의 확산 이란 특정 지역이나 사회 집단의 문화나 기술, 아이디어가 시간의 경과에 따라 다른 지역 또는 사회 집단으로 전파되는 과정을 말한다. 지리학에서는 혁신의 확산이 시공간적인 요인에 따라 이루어진다고 보고 시간에 따른 공간 확산 과정을 발생기, 확산기, 심화·포화기의 3단계로 설명한다. 혁신의 발생기에는 혁신 발생원과 가까운 지역에서 혁신이 이루어지는 반면, 먼 지역에서는 혁신이 이루어지지 않기 때문에 혁신 수용률에서 지역 간의 격차가 크게 나타난다. 확산기에는 초기의 혁신 수용 지역에서 먼 지역까지 혁신의 확산이 일어난다. 심화·포화기에는 최초 발생원과의 거리에 관계없이 전 지역에서 혁신의 확산이 이루어지고 수용률에서 지역 간의 격차가 점차 사라진다.

혁신의 공간적 확산은 전염 확산과 계층 확산으로 설명된다. 혁신 발생원과 잠재적 수용자 간의 거리가 가까울수록 혁신 확산이 빠르게 이루어진다는 인접 효과에 의해 나타나는 것이 전염 확산이다. 발생원과 수용자 간의 거리가 가까우면 대면 접촉의 기회가 많아지게 되어, 혁신의 확산이 대중 매체보다 주로 개인 간의 의사소통에 의해 이루어진다. 한편 도시 규모가 클수록 혁신 확산이 잘 이루어진다는 계층 효과에 의해 나타나는 것이 계층 확산이다. 계층 확산에 의해 규모가 큰 도시로부터 그보다 규모가 작은 도시로 혁신이 전파된다. 그런데 실제 상황에서는 전염 확산과 계층 확산이 동시에 이루어질 수도 있다. 가령 거대 도시에서 발생한 혁신은 먼 거리의 대도시로 전파되면서 동시에 거대 도시 주변의 중소 도시에도 전파될 수 있다.

혁신의 수용자 수는 시간에 따라 변화를 보인다. 초기에는 혁신 수용자의 수가 완만하게 증가하다가 어느 시점에서 급격하게 증가하기 시작하여 결국에는 포화 상태를 이루게 된다.이는 개별 수용자들이 혁신을 수용하는 시기에 차이가 있기 때문이다. 혁신 수용자는 혁신을 수용하는 시간적 순서에 따라 네 집단으로 나뉜다. 즉 혁신을 가장 먼저 받아들이는 소수의 혁신자, 일정 기간 심사숙고하여 혁신을 수용하는 다수의 전기 수용자, 다른 사람들이 혁신을 수용하는 것을 보고 수용하는 다수의 후기 수용자, 새로운 것을 시도하기를 꺼려서 한참 지나서야 혁신을 수용하는 소수의 지각자가 그것이다.

1. 혁신의 확산 에 대한 설명으로 적절하지 않은 것은?

① 수용자의 수용 시기에는 차이가 있다.
② 도시 규모가 혁신 확산에 영향을 미친다.
③ 혁신의 수용자 중에는 소극적인 수용자들도 있다.
④ 수용자 수는 시간의 경과에 따라 일정하게 증가한다.
⑤ 심화·포화기의 수용률은 거리에 따른 차이가 거의 없다.

2. 윗글에 비추어 볼 때, 〈보기〉에서 타당한 것끼리 묶인 것은?

〈보 기〉

ㄱ. 한 미술관에서 매년 같은 내용의 기획 전시를 하는 것은 혁신 확산의 예이다.

ㄴ. 거대 도시에서 유행하는 최신 패션이 멀리 떨어져 있는 대도시로 전파된 것은 계층 확산의 예이다.

ㄷ. 대도시 부유층의 전유물이었던 전화기가 이제 어디서나 사용되는 것은 전화기의 확산이 심화·포화기에 이르렀음을 보여 준다.

ㄹ. 노트북 컴퓨터가 처음 시장에 나오자마자 이를 구입한 사람은 전기 수용자로 볼 수 있다.

---

① ㄱ, ㄴ   ② ㄱ, ㄷ   ③ ㄴ, ㄷ   ④ ㄴ, ㄹ   ⑤ ㄷ, ㄹ

'혁신의 확산' 지문해설

> 혁신의 확산 이란 특정 지역이나 사회 집단의 문화나 기술, 아이디어가 시간의 경과에 따라 다른 지역 또는 사회 집단으로 전파되는 과정을 말한다.

⇒ '혁신의 확산'이라는 단어의 함축적 의미를 떠올린다. 말 그대로, '혁신이 확산된다'는 거니까, 특정 지역, 특정 사회 집단의 문화, 기술, 아이디어가 시간이 지남에 따라 다른 지역이나 사회 집단으로 **전파**된다는 의미를 납득할 수 있다.

　여기서 네가 또 하나 했어야 하는 것은, **'혁신'이라는 단어의 의미를 구체적으로 떠올리는 것**이다. '혁신'은 추상어. 컴퓨터를 발명한 것도 혁신이 될 수 있고, 휴대폰을 발명한 것도 혁신이 될 수 있다. 이렇게 추상적인 단어가 나오면 스스로 구체적인 이미지를 떠올리거나 예시를 들라고 했다. 그래야 글이 구체적으로 이해된다. 나는 첫 문장에서 속도를 늦추고 '혁신'의 구체적인 예시로, '전구'의 발명을 떠올리면서 글을 읽어 나갔다.

> 지리학에서는 혁신의 확산이 시공간적인 요인에 따라 이루어진다고 보고 시간에 따른 공간 확산 과정을 발생기, 확산기, 심화·포화기의 3단계로 설명한다.

⇒ 지리학에서는 혁신의 확산이라는 것을 '시공간적 요인'에 따라 이뤄지는 것으로 봤다는 게 무슨 말인지 생각해보자. 우선 이 문장에서 '시공간적 요인'이라는 말은 추상어다. '시공간적 요인'이 구체적으로 무슨 뜻인가? '시공간적 요인'이라는 건 말 그대로, 혁신의 확산이 '시간적 요인 + 공간적 요인'에 따라 영향을 받는다는 뜻이다. 여기서 멈추면 안 된다. 조금 더 구체적으로 생각해서, '시간이 **길고 짧음에 따라** 영향을 받고, 공간이 **넓냐 좁냐, 가깝냐 머냐에 따라** 영향을 받는 게 아닐까?'까지 생각한 뒤에 넘어갔어야 했다.

이렇게 읽으면 시간이 더 오래 걸린다고 느껴지겠지만, 전혀 아니다. 오히려 글의 초반부를 읽을 때 최대한 구체적으로 생각하고 넘어간 학생들은 뒷 문장을 이해하는 속도가 훨씬 빨라진다. 그래서 결국에는, 그냥 대충 읽고 넘어간 학생들보다 전체적인 문제 풀이 속도가 빨라진다.

그리고 여기서 하나 더 생각해 볼 것은, '왜 지리학에서는 혁신의 확산이 시공간적인 요인에 따라 이뤄졌다고 본 건지'이다. 위 문장에서는 왜 지리학이 혁신의 확산을 시공간적 요인에 집중해서 본 건지, 그 이유가 삭제되어 있다. 부연설명이 삭제된 문장인 것이다. 그런데 이건 납득하기 쉽다. 말 그대로, '지리'학이니까 혁신의 확산을 '시공간'과 연결 지어서 이해하려 했을 것이다. 지리학이 뭔지는 정확히 모르지만, 뭔가 땅이랑 시간에 따른 지역의 변화 같은 걸 연구하는 학문이 아닐까 정도를 생각해볼 수는 있다. 그럼 당연히 혁신의 확산을 '시공간적 요소'랑 연관지어서 해석할 수 있었을 것이다.

그리고 또 지리학은 시간에 따른 공간 확산 과정을 '발생기, 확산기, 심화·포화기'라는 3단계로 설명했다고 한다. 이때 '발생기, 확산기, 심화·포화기'에 네모치고 외우는 게 아니다. 읽고 납득하면 그만이다. 안 외워도 납득하면 다 기억난다. 그리고, 저렇게 처음 보는 단어들이 나오면 그 단어들의 함축적 의미를 한 번은 생각해주는 게 좋다.

ex. '발생기'니까 혁신이 '발생'하는 초기 단계를 말하는 거 아닐까? '확산기'니까, 혁신이 확산되어 가는 중간 단계를 말하는 거겠네. '심화·포화기'는 말 그대로 혁신이 심화되고, 가장 널리 퍼져서, 혁신이 포화 상태에 이른 시기를 말하는 거겠군.

설령 이 생각이 틀렸더라도, 이렇게 각 단어의 의미를 스스로 추론해보고 넘어가면 기억에 훨씬 더 잘 남는다. 글 읽기가 조금 익숙해지면 이런 생각은 정말 3초 만에도 자연스럽게 하게 된다. 그 단계에 이르기 전까지는 의식적으로 습관화를 하자.

혁신의 발생기에는 혁신 발생원과 가까운 지역에서 혁신이 이루어지는 반면, 먼 지역에서는 혁신이 이루어지지 않기 때문에 혁신 수용률에서 지역 간의 격차가 크게 나타난다.

⇒ '혁신'을 '시공간 요소'랑 연관지어서 설명하고 있다. '혁신 발생기'는 말 그대로 혁신이 발생하는 '초기' 단계이기 때문에, 혁신이 발생한 근원지, 즉 '혁신 발생원'과 가까운 곳부터 혁신이 이뤄진다고 한다. 이건 너무 당연하다. '가까울수록 혁신 수용률이 크다'라는 걸 화살표 표시하고 외우는 게 아니라, '당연하지'라고 납득하는 것이다. 납득만 해놓고 가도 문제 푸는 데 아무런 지장이 없다. 표시를 안 해도 된다는 것이다. 나중에 문제 풀러갔을 때 스스로 확인을 해보기 바란다.

이 문장도 구체적인 예시를 들어서 이해하면 훨씬 더 이해가 쉽고 빨라진다. 미국에서 전구를 발명했다고 했을 때, 혁신의 발생기에는 당연히 미국인들만 전구를 수용하고 썼을 것이다. 멀리 떨어져 있는 아프리카에서 전구를 안 쓰는 건 당연한 것이다. 혁신의 발생원인 미국 지역과 가까운 곳에 있는 다른 미국 지역들은 혁신의 수용률이 매우 크지만, 멀리 떨어져 있는 아프리카 지역들은 혁신 수용률이 매우 작다.

> 확산기에는 초기의 혁신 수용 지역에서 먼 지역까지 혁신의 확산이 일어난다.

⇒ '확산기'니까 당연히, 혁신이 점점 '확산'되는 시기일 것이다. 이때는 '혁신 발생원'으로부터 먼 지역까지 혁신이 도달할 수 있을 것이다. 확산기에는, 아프리카에서도 드디어 전구를 쓰기 시작하는 것이다.

> 심화·포화기에는 최초 발생원과의 거리에 관계없이 전 지역에서 혁신의 확산이 이루어지고 수용률에서 지역 간의 격차가 점차 사라진다.

⇒ '심화·포화기'는 함축적 의미를 떠올려보면 알겠지만, 말 그대로 확산이 '심화'되고 '포화'되는 시기인 거 같다. 혁신이 발생한 최초 지역이 어디였는지와 관계없이, 전 지역에서 혁신의 확산이 이뤄진다. 전구를 발명한 미국뿐만 아니라, 아프리카, 한국, 일본까지 전부 전구를 쓰기 시작하는 시기인 것이다.

그리고 '수용률'에서도 지역 간의 격차가 사라진다고 한다. 당연히 그럴 것이다. 전 세계로 혁신이 뻗어나가면서, 혁신을 수용하는 정도 즉, 수용률도 비슷해질 것이다. 미국인이든 아프리카인이든, '전구'라는 혁신을 이제는 모두가 수용하는 것이다.

> 혁신의 공간적 확산은 전염 확산과 계층 확산으로 설명된다.

➡ 여기서부터는 이제, 혁신이 '공간적으로' 어떻게 확산되는지 좀 더 구체적으로 설명하려나 보다. 이 윗부분까지는 '발생기', '확산기', '심화·포화기' 같이, '시기'를 기준으로, 즉 '시간'을 기준으로 설명을 했다면, 이제는 '공간'을 기준으로 혁신이 어떻게 퍼져나가는지 설명하려는 거 같다.

공간적 확산은 '전염 확산'과 '계층 확산'이라는 말로 설명된다고 하는데, 함축적 의미를 생각해봤을 때 나는 아직 구체적으로 어떻게 확산된다는 건지 이미지가 그려지진 않았다. 일단 계속 읽어보자.

> 혁신 발생원과 잠재적 수용자 간의 거리가 가까울수록 혁신 확산이 빠르게 이루어진다는 인접 효과에 의해 나타나는 것이 전염 확산이다.

➡ 이 문장에서는 '전염 확산'의 의미를 설명해주고 있다. 읽고 납득한다. 당연히 혁신이 발생한 곳과 혁신을 수용하는 사람의 거리가 가까울수록 혁신이 빠르게 일어날 것이다. 혁신이 미국에서 발생했다면 미국과 가까이에 사는 사람일수록 혁신을 더 빨리 경험하는 건 당연하다. 그걸 '인접 효과'라고 부른다는 것이고, 이 때문에 나타나는 확산을 '전염 확산'이라 한다. 어렵지 않다.

여기서, 추가로 왜 '혁신 발생원과 잠재적 수용자 간의 거리가 가까울수록 혁신 확산이 빠르게 이뤄진다'는 걸 '전염 확산'이라고 말했을까? 부연 설명이 없기에, 스스로 어휘의 함축적 의미를 생각해서 이유를 만들고 넘어갔어야 했다. 부연 설명을 만들지 않아도 문제는 얼추 풀 수 있었겠지만, 만들고 넘어갔다면 문제에서 '전염 확산'의 의미를 물어볼 때 다시 지문으로 돌아오지 않아도 됐을 것이다.

부연 설명에 정답은 없지만, 나는 '전염'이라는 게 당연히 가까운 곳부터 빠르게 이뤄지는 것이니까, '혁신 발생원과 잠재적 수용자 간의 거리가 가까울수록 혁신 확산이 빠르게 이뤄진다'는 걸 '전염 확산'이라고 말한 게 아닐까 생각했다. 그냥 내가 납득할 수 있는 정도의 부연 설명을 붙이고 넘어가는 것이다.

발생원과 수용자 간의 거리가 가까우면 대면 접촉의 기회가 많아지게 되어, 혁신의 확산이 대중 매체보다 주로 개인 간의 의사소통에 의해 이루어진다.

⇒ 그럴 수 있을 거 같다. 뉴욕에서 '전구'라는 혁신이 발생했다고 했을 때, 혁신이 발생한 뉴욕에 사는 주민들이 가장 먼저 '전구'를 받아들일 것이다. 그리고 이후 주변 지인들에게 '전구'를 소개하거나 주변 지인들이 '전구'라는 혁신을 보고 놀라면서 '전구'라는 혁신이 확산되어 갈 것이다. 예를 들어서 어느 날 친구 집에 놀러 갔는데, 천장에 '전구'가 달려 있다. 친구에게 이게 뭐냐고 물어보니까 요 앞 근처에서 누가 발명한 거라고 한다. 그 말을 듣고 나도 그 전구를 사서 집에 온다. 이렇듯, 혁신 발생원과 가까운 지역에서는 주변에 사는 사람들끼리 대면 접촉을 하면서 혁신을 공유할 기회가 많아진다. 그렇기 때문에 지문에서, 대면 접촉을 통한 의사소통에 의해 혁신의 확산이 이뤄진다고 말한 것이다.

 하지만 아프리카에 사는 사람들은 개인 간의 의사소통으로 혁신을 받아들일 수 없다. 혁신이 전파되던 시절, 아프리카 사람들이 미국인 친구랑 대화를 하거나 미국인들이 전구 쓰는 모습을 보는 건 매우 어려웠을 것이기 때문이다. 아프리카인이 만약 전구를 사게 된다면 아마 TV나 유튜브에 나오는 전구 광고를 보고 사게 될 확률이 높다. 즉, 거리가 먼 곳은 '대중 매체'를 통해서 혁신의 확산이 이뤄지는 것이다. 글에서 방금 내가 말한 얘기를 구체적으로 해주진 않았다. 그래서 글을 읽는 사람은 스스로 이런 생각을 하고 넘어가야 하는 것이다. 계속 말하지만, 문장이 추상적일 때는 이렇게 스스로 예시를 상상해가면서 읽어주는 것이 좋다. 그래야 이해도 잘되고, 머리에도 오래 남기 때문이다.

한편 도시 규모가 클수록 혁신 확산이 잘 이루어진다는 계층 효과에 의해 나타나는 것이 계층 확산이다.

⇒ 윗 문장까지는 '전염 확산'에 대한 내용이었고, 여기서부터는 '계층 확산'에 대해서 설명하고 있다. 전염 확산은 '인접 효과'에 의해 나타나는 거였는데, 계층 확산은 '계층 효과'에 의해 나타나는 것이라고 한다. 계층 효과의 의미는 도시 규모가 클수록 확산이 잘 일어난다는 것인데, 먼저 '왜 도시 규모가 클수록 확산이 잘 일어나는 건지' 생각해보자. 이 문장을 보고 아래와 같이 생각한 학생이 있을 수 있다.

'도시 규모가 작을수록 사람들끼리 얘기도 서로 많이하고 가족처럼 친하게 지내니까 확산이 더 잘 일어나야 하는 거 아닌가?'

그러나 문제를 풀 때는 이런 생각을 하기보다 문장을 납득할 수 있는 이유에 대해서 생각하는 것이 좋다. 왜냐하면 시간이 없기 때문이다. 혼자 공부할 때는 문장에 대해 반박도 해보면서 여러 생각을 해보는 것이 좋지만, 시험장에서는 최대한 빨리 저 문장을 납득하고 가야 한다. 그렇기 때문에 문제를 푸는 도중에는, 문장에 대해 '반박'하기보다는 저 문장을 어떻게든 빨리 납득하려고 하는 것이 더 현명한 태도이다.

그럼, 이제 저 문장을 납득할 수 있는 부연설명을 붙여보자. 왜 도시 규모가 클수록 혁신이 잘 이뤄지는 걸까? '그냥 뭐 느낌상 그럴 수도 있을 거 같다' 정도로 부연설명을 대신하고 넘어가도 좋다. 내가 부연설명을 붙이라는 건, 막 엄청나게 합리적이고 논리적인 설명을 붙이라는 것이 아니다. 네가 납득만 되면 된다. 네가 납득이 된다면 굳이 구체적인 부연설명을 붙이지 않아도 된다. 그냥 '그럴 수도 있지'하고 넘어가도 충분하다. 그런데, 만약에 납득이 안되는 문장이라면 납득이 되는 정도의 부연 설명을 생각해내야 한다.

나는 이 지문을 처음 읽을 때 보자마자 납득이 되진 않았다. '왜 그런 거지?'라고 생각했고, '도시 규모가 클수록 교통이나 통신이 발달했을 확률이 높으니까 혁신이 더 잘 전달된 거 아닐까?'하고 부연 설명을 붙였다. 이게 맞는 부연 설명인지는 나도 모른다. 출제자도 내가 완벽한 부연설명을 붙여내길 원하진 않는다. 고등학생이 지리학에 대해서 완벽한 배경지식을 가지고 있을 수는 없지 않은가. 그렇기 때문에 글을 읽을 때는 스스로 납득할 수 있을 정도의 부연설명을 붙이고 넘어가는 정도면 충분하다. 그런데 만약, 네가 시험장에서 저 문장이 납득되지 않는 상황인데, 추가로 부연 설명까지 안 떠오른다면 어쩔 수 없이 여러 번 읽어서 머릿속에 각인시키거나, 밑줄을 그어놓고 넘어가야 한다.

그리고 마지막으로 또 생각할 것이 있다. 도시 규모가 클수록 혁신 확산이 잘 이루어진다는 것을 왜 '계층' 효과라고 불렀냐는 것이다. '계층'이라는 말이랑 '도시 규모가 클수록 혁신 확산이 잘 이뤄진다'는 말이랑 어떻게 연결을 지을 수 있을까. 아까 '인접 효과'는 가까이 있을수록, 즉 '인접'해 있을수록 확산이 잘 이뤄진다는 거니까 '인접' 효과라는 게 직관적으로 이해가 됐다. 그런데 '계층'이라는 말과, '도시 규모가 클수록 혁신 확산이 잘 이뤄진다'는 말은 서로 아무런 연관이 없어 보인다.

나는 글을 읽을 때, '도시 규모가 클수록'이라는 말을 '계층이 많을수록'이라고 이해했다. 그래서 '도시가 클수록 즉, **계층**이 많을수록 혁신 확산이 잘 이뤄지는 거니까 **계층** 효과구나'라고 생각했다. 만약 시험장에서 생각이 안 났으면 그냥 외우고 넘어갔어야 한다. 하지만, 부연설명을 붙여 놓으면 문제 풀이가 훨씬 빠르고 기억에도 잘 남는다. 그렇기 때문에 계속해서 부연설명을 붙이려는 연습을 해야하는 것이다. 수학 최고난도 문제에 비하면 이건 정말 쉽지 않은가? 노력하면 누구나 되는 수준이다.

> 계층 확산에 의해 규모가 큰 도시로부터 그보다 규모가 작은 도시로 혁신이 전파된다.

⇒ '계층 확산'은 규모가 클수록 혁신의 확산이 빠르다는 의미였다. 그럼 당연히 혁신의 확산은 먼저 큰 규모의 도시부터 진행되고, 이후에 작은 도시로 혁신이 전파될 것이다. 충분히 납득할 수 있다.

> 그런데 실제 상황에서는 전염 확산과 계층 확산이 동시에 이루어질 수도 있다.

⇒ '전염 확산'은 간단히 말해서, 가까이 있을수록 확산이 빠르게 일어난다는 거였고, '계층 확산'은 도시가 클수록 확산이 빠르게 일어난다는 거였다. 이 두 개가 '동시에' 이루어질 수도 있다고 하는데, 어떻게 동시에 이뤄진다는 걸까? 계속 읽어보자.

> 가령 거대 도시에서 발생한 혁신은 먼 거리의 대도시로 전파되면서 동시에 거대 도시 주변의 중소 도시에도 전파될 수 있다.

⇒ 출제자도 바로 앞 문장만으로는 '전염 확산'과 '계층 확산'이 동시에 일어나는 경우를 학생이 생각해내기 어려울 것이라 생각했다. 그래서 이 문장에서 '가령'이라고 예시를 들면서, 구체적인 사례를 말해주고 있다. 우리가 할 일은 이 문장을 이해함으로써 위 문장을 납득하는 것이다.

이 예시에서 어떤 부분이 '전염 확산'이 일어나는 부분이고, 어떤 부분이 '계층 확산'이 일어나는 부분인지 이해했는가? 이걸 이해하지 못했다면 문제를 다 맞혔다고 하더라도 글을 제대로 읽은 것이 아니다. 예시를 다시 한번 자세히 보자. '거대 도시에서 발생한 혁신은 먼 거리의 대도시로 전파되면서'라고 했는데, 이 부분이 바로 '계층 확산'에 해당하는 부분이다. '거대' 도시에서 먼 거리에 있는 '대'도시로 전파된다고 했으니 말이다. 또 '먼 거리'라고 표현한 부분을 통해서도 이게 '전염 확산'이 아니라, '계층 확산'과 관련된 내용이라는 걸 이해할 수 있다.

그리고 그 다음, 거대 도시에서 대도시로 혁신이 전파되면서, **거대 도시 주변의 중소 도시에도 혁신이 전파된다**고 한다. '전염 확산'은 혁신이 가까이 있는 곳부터 전파되는 거였다. 거대 도시 '주변의' 중소 도시에 혁신이 전파된다고 했으니, 이 부분은 '전염 확산'과 관련된 예시에 해당하는 것이다.

> 혁신의 수용자 수는 시간에 따라 변화를 보인다.

⇒ 여기서부터는 이제 글의 화제가 '혁신의 수용자 수'로 넘어간다. 당황하지 말고, 그냥 계속 납득만 해주면 된다. 기억하려 하지 않아도 '이해'만 하고 넘어가면 전부 기억난다는 원칙을 명심하자. 혁신의 수용자 수가 시간에 따라 변화를 보이는 건 당연할 것이다. 납득할 수 있다. 나는 이 문장을 읽으면서, '당연히 시간이 지나면서 수용자 수가 많아지겠지' 정도로 생각하고 넘어갔다.

> 초기에는 혁신 수용자의 수가 완만하게 증가하다가 어느 시점에서 급격하게 증가하기 시작하여 결국에는 포화 상태를 이루게 된다.

⇒ 이 문장을 보고 '왜 그런 거지?'라는 의문을 안 품었다면 지금 필자와 대화하며 읽고 있지 않은 것이다. 혁신의 수용자가 '일정하게' 증가할 수도 있는데, '초기에는 완만'하게 증가하다가 '어느 시점에 급격히 증가'한다고 한다. 왜 그런지 궁금하지 않은가? 우리가 지금까지 읽은 내용만으로는 이해하기 어려운 문장이다. 이런 문장에서는 당연히 '왜 그런 거지?'라고 질문을 던져야 한다.

> 이는 개별 수용자들이 혁신을 수용하는 시기에 차이가 있기 때문이다.

⇒ 글쓴이도 네가 궁금해할 걸 알았기 때문에, 바로 뒤 문장에서 설명을 해주고 있다.

시기에 따라서 혁신의 수용자 수가 다른 이유는 개별 수용자들이 혁신을 수용하는 시기에 차이가 있기 때문이라고 한다. 그럼 너는 여기서 또 한 번 질문을 했어야 했다. '어떤 차이?'라고 말이다.

> 혁신 수용자는 혁신을 수용하는 시간적 순서에 따라 네 집단으로 나뉜다.

⇒ 출제자는 네가 '어떤 차이?'라고 의문을 품을 걸 알았기 때문에 그 차이가 뭔지 구체적으로 설명해주고 있다. 혁신 수용자는 수용 시간에 따라 네 가지 집단으로 나뉜다고 한다. 읽고 납득하자.

> 즉 혁신을 가장 먼저 받아들이는 소수의 혁신자, 일정 기간 심사숙고하여 혁신을 수용하는 다수의 전기 수용자, 다른 사람들이 혁신을 수용하는 것을 보고 수용하는 다수의 후기 수용자, 새로운 것을 시도하기를 꺼려서 한참 지나서야 혁신을 수용하는 소수의 지각자가 그것이다.

⇒ 혁신을 가장 먼저 받아들이는 사람을 왜 '혁신자'라고 말하는 걸까? 나는 '혁신을 가장 먼저 받아들인 사람들이니, 거의 혁신을 만든 혁신자와 동급으로 쳐주나보다. 그래서 **혁신자**라 부르나 보다'라고 생각하고 넘겼다. 너도 너만의 부연 설명을 붙이고 넘어갔다면 충분하다. 그리고 혁신을 가장 처음 받아들이는 사람은 적을 수밖에 없으니까, '소수의' 혁신자인 것도 납득된다. 그 다음은 쉽다. 심사숙고 없이 바로 수용한 '혁신자'보다는 느리지만, 일정 기간 심사숙고 후에 혁신을 받아들인 사람들은 '전기 수용자'라고 한다. 이들은 혁신자들보다는 수가 많기에 소수가 아닌 '다수'의 전기 수용자인 것이다. 또 '앞 전(前)' 자를 써서 '전기'인 거니까, 초반에 수용한 사람들을 '전기 수용자'라고 부르는 건 쉽게 납득할 수 있다.

그리고 여기서 네가 해줘야 할 것이 또 하나 있는데, '심사숙고'라는 단어에서 이미지를 떠올리는 것이다. 다리를 꼬고 신중히 생각을 해본 뒤에 혁신을 받아들이는 사람들의 모습을 이미지화 했다면, '심사숙고하여 혁신을 수용하는' 전기 수용자들의 특징이 머릿속에 각인됐을 것이다.

전기 수용자 다음으로 혁신을 받아들이는 사람은 '후기 수용자'라고 한다. 이들은 혁신자와 전기 수용자가 혁신을 받아들이는 걸 보고 수용하는 자들이다. 늦게 수용하니까 '후기' 수용자라고 하는 게 납득된다. 그리고 여기서도 마찬가지로 이미지화를 해주면 된다. 나는 사람들이 신형 아이폰을 사는 걸 보고, 따라 사는 사람들의 이미지를 떠올렸다.

마지막 수용자는 '소수의 지각자'라고 부른다. 혁신을 맨 마지막에 받아들이는 사람들은 '소수'인가보다. 1등급 ~ 9등급 개념을 생각하면 이해가 쉬울 듯하다. 원래 뭐든 '중간'이 가장 많은 법이다. 5등급 학생 수가 가장 많듯이, 혁신을 받아들이는 사람의 수도 혁신이 일어난 지 중간 정도 되는 시기에 받아들이는 사람이 가장 많은 것이다.

자, 그럼 여기서 우리는 아까 납득하지 못했던 문장을 납득할 수 있다. 아까 왜 혁신 수용자 수가 처음에는 저조하다가 중간쯤에 급격하게 늘어난다고 했던 건지 이해가 안 갔었는데, 이 문장을 읽으니까 이해가 된다. **중간쯤에 받아들이는 사람이 가장 많기 때문**이다. 생각을 해봐라. 신형 아이폰이 나왔다고 해서, 바로 매장 앞으로 달려가서 구매하는 사람은 소수다. 대부분의 사람들은 시간이 조금 지나고, 부작용이 없다는 게 증명되고, 사람들이 많이 쓰고 있는 걸 스스로 본 다음에 구매한다.

다시 돌아가서, 아까와 마찬가지로 '소수의 지각자'들의 이미지를 떠올린다. 다른 사람들이 다 살 때까지도 자기는 유행을 안 따라간다며 고집을 부리다가 결국 한참이 지나서야 혁신을 받아들이는 사람들이다. 나는 무선 이어폰이 나왔는데도 자기는 줄 이어폰이 편하다면서 무선 이어폰을 안 쓰는 사람들을 떠올렸다.

그리고 왜 그들을 '소수의 지각자'라고 부르는지도 납득했어야 한다. 여기서 '지각'이라는 말은, 말 그대로 '늦다'라는 뜻이다. 따라서 이 글을 읽으면서는 '맨 마지막 쯤 늦게 깨닫는 사람들이라서 소수의 지각자라고 하는가 보구나' 정도로 생각했어야 했다. 만약 네가 여기서 '지각'이라는 단어를 '깨닫다'로 해석했어도 상관 없다. 그렇게 해석했더라도, 맥락상 '맨 마지막에 늦게 깨닫는 사람들을 말하는 거구나' 정도로 생각하고 넘어갔으면 상관 없다.

자, 여기까지 모든 글을 읽었다. 머릿속에 뭐가 남는가? '전염 확산, 혁신 확산… 혁신 수용자?' 그래. 그 정도면 충분하다. 문장을 모두 '이해'하고 넘어갔기 때문에, 정말 신기하게도 문제를 풀 때 내용이 전부 기억나게 되어 있다.

・ 문제 해설 ・

1. 혁신의 확산에 대한 설명으로 적절하지 <u>않은</u> 것은?

① 수용자의 수용 시기에는 차이가 있다.

⇒ 너무 당연한 말이다. 아까 글을 읽으면서 납득했다. 혁신자, 전기 수용자 등으로 수용 시기에 따라 수용자를 나눴었다.

② 도시 규모가 혁신 확산에 영향을 미친다.

⇒ '계층 확산'과 관련된 말이다. '계층 확산' 설명을 읽으면서 '도시 규모가 클수록 혁신이 빠르게 일어난다'라는 걸 이해했었다. 글을 이해했으면 너무 당연한 말이다.

③ 혁신의 수용자 중에는 소극적인 수용자들도 있다.

⇒ 이미지화했으면 기억날 것이다. 마지막까지 줄 이어폰 쓴다고 고집하던 그 집단. '소수의 지각자'이다.

④ 수용자 수는 시간의 경과에 따라 일정하게 증가한다.

⇒ 여기서 하나 눈에 걸리는 단어가 있다. '일정하게'. 수용자 수가 일정하게 증가했었나? 아니다. **초반에는 완만하게 증가하다가 갑자기 급격하게 증가**한다고 했다. 그 이유는 다수의 사람들이 혁신 수용의 중간 시기에 위치해있는 '전기 수용자' 또는 '후기 수용자'였기 때문이었다. 이해가 안 되는 문장에 의문을 품고, 부연설명을 붙이면서 글을 읽었다면 쉽게 판단할 수 있는 선택지였다.

⑤ 심화·포화기의 수용률은 거리에 따른 차이가 거의 없다.

⇒ 맞다. 심화·포화기 때는 미국인이든 아프리카인이든 모두 혁신을 수용한 상태였기

에, 멀리 있는 곳이든 가까이 있는 곳이든 수용률이 거의 비슷했다.

● 답 : ④

2. 윗글에 비추어 볼 때, <보기>에서 타당한 것끼리 묶인 것은?

<보 기>

ㄱ. **한 미술관에서 매년 같은 내용의 기획 전시를 하는 것은 혁신 확산의 예이다.**

➡ '혁신 확산'이라는 건, 전에 없던 것이 나타나서 퍼져가는 걸 말한다. 그렇기 때문에, 한 미술관에서 매년 같은 내용의 전시를 하는 건 '혁신 확산'과는 아무런 관련이 없다.

ㄴ. **거대 도시에서 유행하는 최신 패션이 멀리 떨어져 있는 대도시로 전파된 것은 계층 확산의 예이다.**

➡ 맞는 말이다. 계층 확산은 '큰' 도시에서 '작은' 도시로 혁신의 확산이 일어나는 거였다. ㄴ을 보면 '거대' 도시에서 '대'도시로 혁신이 확산되고 있다. 아까 지문 읽으면서 '가령' 뒤에 있는 예시를 완벽하게 이해했다면, 판단하기 매우 쉬웠을 것이다.

ㄷ. **대도시 부유층의 전유물이었던 전화기가 이제 어디서나 사용되는 것은 전화기의 확산이 심화·포화기에 이르렀음을 보여 준다.**

➡ 맞는 말이다. 확산의 심화·포화기에는 전 지역 사람들이 대부분 혁신을 수용한 모습을 보인다.

ㄹ. **노트북 컴퓨터가 처음 시장에 나오자마자 이를 구입한 사람은 전기 수용자로 볼 수 있다.**

➡ 처음 나오자마자 구입한 사람은 '전기 수용자'가 아니라, '혁신자'였다.

① ㄱ, ㄴ　② ㄱ, ㄷ　③ ㄴ, ㄷ　④ ㄴ, ㄹ　⑤ ㄷ, ㄹ

● 답 : ③

2011학년도 고3 수능, 자산의 개혁 조치

거센 바람이 불고 화재가 잇따르자 정(鄭)나라의 재상 자산(子産)에게 측근 인사가 하늘에 제사를 지내라고 요청했지만, 자산은 "천도(天道)는 멀고, 인도(人道)는 가깝다."라며 거절했다. 그가 보기에 인간에게 일어나는 일은 더 이상 하늘의 뜻이 아니었고, 자연 변화 또한 인간의 화복(禍福)과는 거리가 멀었다. 인간이 자연 변화를 파악하면 얼마든지 재난을 대비할 수 있고, 인간사는 인간 스스로 해결할 문제라 생각한 것이다. 이러한 생각에 기초하여 그는 인간의 문제 해결 범위를 확대했고, 정나라의 현실 문제를 극복하고자 하였다.

그가 살았던 정나라는 요충지에 위치한 작은 나라였기 때문에 춘추 초기부터 제후국의 쟁탈 대상이었고, 실제로 다른 나라의 침략을 받기도 하였다. 춘추 중기에는 귀족 간의 정치 투쟁이 벌어져 자산이 집정(執政)하기 직전까지도 정변이 이어졌다. 따라서 귀족 정치의 위기를 수습하고 부국강병을 통해 강대한 제후국의 지배를 받지 않는 것이 정나라와 자산에게 부여된 과제였다. 그래서 그는 집권과 동시에 귀족에게 집중됐던 정치적, 경제적 특권을 약화시키는 데 초점을 맞춰 개혁을 추진하였다.

그는 귀족이 독점하던 토지를 백성들도 소유할 수 있게 하였고, 이것을 문서화하여 세금을 부과하였다. 이에 따라 백성들은 개간(開墾)을 통해 경작지를 늘려 생산을 증대하였고, 국가는 경작지를 계량하고 등록함으로써 민부(民富)를 국부(國富)로 연결시켰다. 아울러 그는 중간 계급도 정치 득실을 논할 수 있도록 하여 귀족들의 정치 기반을 약화시키는 한편, 중국 역사상 처음으로 형법을 성문화하여 정(鼎)*에 새김으로써 모든 백성이 법을 알고 법에 따라 처신하게 하는 법치의 체계를 세웠다. 성문법 도입은 귀족의 임의적인 법 제정과 집행을 막아 그들의 지배력을 약화시키는 조치였으므로 당시 귀족들은 이 개혁 조치에 반발하였다.

귀족의 반대를 무릅쓰고 단행한 자산의 개혁 조치에 따라 정나라는 부국강병을 이루었다. 그리고 법을 알려면 글을 알아야 하기 때문에, 성문법 도입은 백성들도 교육을 받을 수 있는 계기가 되는 등 그의 개혁 조치는 이전보다 상대적으로 백성의 위상(位相)을 높였다. 하지만 그의 개혁은 힘에만 의존하여 다스리는 역치(力治)의 가능성이 농후(濃厚)하였고, 결국 국가의 엄한 형벌과 과중한 세금 수취로 이어지는 폐단을 낳기도 했다.

* 정 : 발이 셋이고 귀가 둘 달린 솥.

1. 윗글에서 자산의 개혁에 대한 당시 사람들의 반응으로 보기 어려운 것은?

① 백성 : 이전보다 일관성 있는 법 적용을 받겠군.

② 백성 : 법을 알기 위해 우리도 글을 배워야겠군.

③ 백성 : 주인 없는 땅을 개간하면 내 재산이 될 수 있겠군.

④ 귀족 : 백성도 토지를 소유하니 우리 입지가 약화되겠군.

⑤ 귀족 : 중간 계급의 정치력 강화에 맞서 법치 전통을 세워야겠군.

2. 〈보기〉의 입장에서 윗글의 자산을 평가한 것으로 가장 적절한 것은?

〈보 기〉

　노자(老子)는, 만물의 생성과 변화는 자연스럽고 무의지적이지만, 스스로의 작용에 의해 극대화된다고 보았다. 인간도 이러한 자연의 원리에 따라 삶을 영위해야 한다고 보아 통치자의 무위(無爲)를 강조하였다. 또한 사회의 도덕, 법률, 제도 등은 모두 인간의 삶을 인위적으로 규정하는 허위라 파악하고, 그것의 해체를 주장하였다.

① 인간의 문제를 스스로 해결하겠다는 시도는 결국 현실 사회를 허위로 가득 차게 할 것이다.

② 자연이 인간의 화복을 주관하지 않는다는 생각은 자연의 의지에 반하는 것이다.

③ 현실주의적 개혁은 궁극적으로 백성들에게 안정과 혜택을 줄 것이다.

④ 사회 제도에 의거하는 정치 개혁은 사회 발전을 극대화할 것이다.

⑤ 사회 규범의 법제화는 자발적인 도덕의 실현으로 이어질 것이다.

'자산의 개혁 조치' 지문해설

> 거센 바람이 불고 화재가 잇따르자 정(鄭)나라의 재상 자산(子産)에게 측근 인사가 하늘에 제사를 지내라고 요청했지만, 자산은 "천도(天道)는 멀고, 인도(人道)는 가깝다."라며 거절했다.

📢 인문 지문에서 이렇게 한자가 많이 쓰인 지문이 종종 나온다. 기출 문제에 나온 한자들만 알면 풀 수 있을 정도로 내니, 당황하지 말자. 단, 기출 문제에 나오는 한자들은 모르면 뜻을 찾아보고 외워야 한다.

⇒ '거센 바람이 불고 화재가 잇따르자'라는 말을 보는 순간 이미지화를 해야 한다. 바람이 세차게 불고 곳곳에서 불이 나는 장면을 떠올리자. 이후 '정나라의 재상 자산에게 측근 인사가 하늘에 제사를 지내라고 요청'했다고 하는데, 이 문장을 제대로 이해하기 위해서는 약간의 배경지식을 가지고 있어야 한다. 정말 많이 나오는 배경지식이니 알아놓자.

옛날에 조선 시대 사람들은 '하늘'이라는 존재를 '신'과 같은 존재로 생각했다. 그래서 사람들은 인간 세상에 안 좋은 일이 생겼을 때, 또는 자연재해가 발생했을 때 하늘이 화가 났다고 생각하고, 제사를 지내면서 제물을 바쳤다. 지금은 과학의 발전으로 자연재해가 초월적인 존재의 의도가 아니라는 걸 알지만, 고려 시대나 조선 시대에는 그러지 못했다. 조선 시대 사람들이 하늘을 '신'과 같은 존재로 생각하고 떠받들었다는 건 고전 시가나 고전 소설을 풀 때도 아주 중요한 개념이니 반드시 배경지식으로 알아놓자.

이 배경지식을 가지고 다시 위 문장을 보자. 우선 '재상'이라는 것은, 임금을 옆에서 보필하던 최고 책임자를 말했다. 지금 대한민국으로 치면, 대통령 밑에 있는 국무총리급의 사람인 것이다. 이렇게 모르는 단어들이 나왔을 때는 반드시 사전에 검색해서 그 뜻을 제대로 알아둬야 한다. 아무튼, 정나라의 재상인 '자산'이라는 사람에게 '측근 인사' 즉, 주변의 지위가 높은 사람들이 하늘에 제사를 지내라고 요청했다. 나라에 안 좋은 일이 생기니까, 2급, 3급 공무원쯤 되는 분들이 자산에게 하늘에 제사를 지내보는 게 어떠냐고 한 것이다. 그들은 원래 늘 그래 왔듯이, 제사를 지내면 이 일을 해결할 수 있을 거라 생각한 것이다.

121

그런데 자산의 생각은 다른 거 같다. '천도는 멀고 인도는 가깝다'라고 하면서 하늘에 제사 지내기를 거부한다. 자산은 하늘에 제사를 지낸다고 해서, 지금 일어나고 있는 나라의 혼란을 잠재울 수 없다고 생각한 것이다. 자산은, 인간 세상의 문제는 인간 세상을 바로 가까이서 마주하며 살고 있는 인간이 해결해야지, 눈에 보이지도 않는 멀리 있는 하늘에 문제 해결을 부탁하는 건 결국 문제를 해결할 수도 없고, 시간만 낭비하는 방법이라고 생각한 것이다. 그래서 자산은 '천도는 **멀고** 인도는 **가깝다**'라는 말을 한 게 아닐까? 물론 바로 아래 문장에서 이 문장의 의미를 설명해주고 있지만, 시험장에서는 얼마든지 이 문장의 이유를 부연 설명하지 않고, 추론하라고 할 수 있다. 그렇기 때문에 스스로 기출문제를 분석할 때는, 항상 스스로 부연 설명을 생각해보는 연습을 해야 한다.

> 그가 보기에 인간에게 일어나는 일은 더 이상 하늘의 뜻이 아니었고, 자연 변화 또한 인간의 화복(禍福)과는 거리가 멀었다.

⇒ 이 문장에서 자산이 왜 '천도는 멀고 인도는 가깝다'라는 말을 했는지 설명해주고 있다. 다른 사람들과 다르게, 자산은 인간에게 일어나는 '강풍'이나 '화재'가 더 이상 '하늘'이라는 존재가 벌을 내리는 게 아니라고 생각했다. 자산은 다른 사람들과 다르게 '합리적'으로 생각했던 것이다. 그리고 인간 세상에서 벌어지는 나쁜 일과 좋은 일도 더 이상 '자연의 변화'랑 아무런 관련이 없다고 생각했다.

* 화복 : '재앙 화', '복 복' 자를 써서 '화복'인 것이다. 말 그대로, '나쁜 일'과 '좋은 일'을 아울러 뜻하는 단어이다.

> 인간이 자연 변화를 파악하면 얼마든지 재난을 대비할 수 있고, 인간사는 인간 스스로 해결할 문제라 생각한 것이다.

⇒ '자산'의 생각을 계속 부연 설명해주고 있다. 납득하고 넘어간다.

> 이러한 생각에 기초하여 그는 인간의 문제 해결 범위를 확대했고, 정나라의 현실 문제를 극복하고자 하였다.

⇒ 예전에는 자연재해가 일어나면 인간들이 스스로 문제 해결을 하기보다 그냥 제사를 지냈다. 다음부터 그런 일이 안 일어나게, 하늘에 기도하는 게 전부였던 것이다. 그런데

자산은 자연재해든 뭐든 인간사에 일어난 일이라면 인간 스스로 해결할 수 있다고 봤다. 이는 자산이 '인간의 문제 해결 범위를 확대'했다고 표현할 수 있다.

> 그가 살았던 정나라는 요충지에 위치한 작은 나라였기 때문에 춘추 초기부터 제후국의 쟁탈 대상이었고, 실제로 다른 나라의 침략을 받기도 하였다.

⇒ 바로 위 문장에서 '자산이 정나라의 현실 문제를 극복하고자 하였다'고 말했는데, 정나라가 마주하고 있었던 문제들에 대해서 구체적으로 설명해주고 있다.

정나라는 '요충지'였다. 즉 군사적으로 아주 중요한 곳에 위치한 곳이었다는 뜻이다. 이 땅을 차지하냐 마느냐에 따라 전쟁에서 이길 확률이 달라졌던 것이다. 그래서 다른 나라들이 계속 정나라를 쟁탈하려고 했고 실제로 침략도 많이 받았다. '요충지', '춘추 초기', '제후국' 등 어려운 단어들이 많이 등장 하는데, 반드시 노트에 적어서 외우길 바란다. 기출 문제에 나왔던 단어들은 계속 반복되기 때문이다.

> 춘추 중기에는 귀족 간의 정치 투쟁이 벌어져 자산이 집정(執政)하기 직전까지도 정변이 이어졌다.

⇒ 읽고 이미지화한다. 아까 바로 위 문장에서, 정나라는 '춘추 초기'부터 쟁탈의 대상이었다고 했었다. 나라가 계속 침략을 받으니 매우 혼란스러웠을 것이다. 그러다가 '춘추 중기'에 와서는 정나라 내부에서도 혼란이 일어난다. '춘추 중기'에서 들어서는 귀족들이 정치질을 하기 시작했고, 이 때문에 자산이 정권을 잡기 직전까지도 정변 즉, 혁명이나 쿠데타가 계속 일어났던 것이다.

> 따라서 귀족 정치의 위기를 수습하고 부국강병을 통해 강대한 제후국의 지배를 받지 않는 것이 정나라와 자산에게 부여된 과제였다.

⇒ 납득한다. 정나라가 안팎으로 엄청난 혼란 상황이었으니, 정권을 잡은 자산 입장에서는 귀족 정치를 없애고, 부국강병*을 이뤄서 주변 나라들에게 휘둘리지 않아야 했을 것이다.

> 그래서 그는 집권과 동시에 귀족에게 집중됐던 정치적, 경제적 특권을 약
> 화시키는 데 초점을 맞춰 개혁을 추진하였다.

⇒ 쉽게 납득할 수 있다. 권력을 가지고 있는 귀족들의 정치로 인해서 정나라에 혼란이 생겼으니까, 자산은 당연히 귀족의 힘을 뺏으려고 했을 것이다.

 여기서 자산이 귀족의 정치적, 경제적 특권을 약화시켰다고 했는데, 이때 의문이 들었어야 한다. '어떻게 약화시킨 거지?'라고. 추상적인 문장에는 반드시 질문을 던져서 구체화를 하고 넘어가야 한다.

> 그는 귀족이 독점하던 토지를 백성들도 소유할 수 있게 하였고, 이것을 문
> 서화하여 세금을 부과하였다.

⇒ 바로 아래 문장에서 자산이 '어떻게' 귀족들의 권리를 약화시켰는지 말해주고 있다. 자산은 귀족이 독점하던 땅을 백성들도 소유할 수 있게 했다. 귀족만 땅을 가질 수 있었던 건 귀족들의 '경제적 특권'이었는데, 자산은 그 특권을 없애버린 것이다. 이 문장에서는 자산이 귀족들의 '경제적 특권'을 어떻게 없앴는지 말해주고 있다.

> 이에 따라 백성들은 개간(開墾)을 통해 경작지를 늘려 생산을 증대하였
> 고, 국가는 경작지를 계량하고 등록함으로써 민부(民富)를 국부(國富)로
> 연결시켰다.

⇒ '개간'이라는 것은 '거친 땅이나 버려 둔 땅을 일구어 논밭이나 쓸모 있는 땅으로 만든다'라는 뜻이다. 땅을 소유할 수 있게 된 백성들은, 자기 소유의 땅을 개간해서 '농사를 지을 수 있는 땅'인 '경작지'로 바꾸었다. 이를 통해 당연히 농업 생산량도 증가했을 것이다. 국가는 이런 과정에서 늘어난 경작지가 몇 개나 있는지 세어보고, 나라의 문서에 기록해 놓았나보다.

여기서 한 가지 의문을 품었어야 하는 것은, **'도대체 국가가 경작지를 계량하고 등록한 행위가 어떻게 국부로 연결되는 건가?'** 하는 것이다. 이걸 제대로 납득하지 않고, 그냥 대충 읽고 넘겼다면 아직도 글을 제대로 읽고 있지 않은 것이다. 자, 그럼 이유를 한번 생각해보자. 아까 바로 위 문장에서 '자산'이 백성 스스로 땅을 소유할 수 있게 만들고, 그걸 문서화해서 세금을 매겼다고 했다. 여기서 '세금'이 핵심이다. 백성들이 경작지를 늘리고, 그 땅에서 곡식을 많이 생산해낸다면 당연히 내는 세금도 많아진다. 백성도 경작을 통해 돈을 벌고 부유해지지만, 나라도 백성들이 경작한 땅에서 세금을 많이 걷으니까 부유해진다. 즉, 민부가 국부로 연결되는 것이다.

그리고 나라 입장에서는 경작지가 나라에 몇 개나 있는지 계량하고, 나라 문서에 경작지 개수와 위치를 등록해 놓아야 세금을 부과할 것이다. 그래서 '국가는 경작지*를 계량하고 등록함으로써' 국부를 늘릴 수 있었던 것이다. 글을 읽는다는 건 이 정도까지 의미를 깊이 있게 이해한다는 뜻이다. 네가 혼자 기출 분석을 할 때도 이런 문장 하나 하나를 그냥 넘기지 말고, 정확히 이해하고 넘어가려 노력해야 한다.

*경작지 : '밭갈 경'에 '지을 작' 자를 써서 '경작'지이다. 말 그대로 밭을 갈고 농사를 지을 수 있는 땅을 말한다.

> 아울러 그는 중간 계급도 정치 득실을 논할 수 있도록 하여 귀족들의 정치 기반을 약화시키는 한편, 중국 역사상 처음으로 형법을 성문화하여 정(鼎)*에 새김으로써 모든 백성이 법을 알고 법에 따라 처신하게 하는 법치의 체계를 세웠다.

⇒ 이 문장에서 자산이 어떻게 귀족의 '정치적 특권'을 없앴는지 알 수 있다. 자산은 귀족뿐만 아니라, 중간 계급도 정치에 참여할 수 있도록 해서 '이건 좋고, 저건 나쁘고'라고 말할 수 있는 권한을 줬다. 당연히 귀족끼리 정치하다가 중간 계급도 목소리를 낼 수 있게 되니, 귀족들이 가지고 있던 정치적 힘이 약해졌을 것이다.

그리고 또 자산은 중국 역사상 처음으로 형법을 성문화했다고 한다. '성문화'라는 단어의 뜻을 몰랐더라도, '정에 새김으로써 모든 백성이 법을 알고 법에 따라 처신하게 하는'이라는 문장을 보고 그 뜻을 유추할 수 있었다. 성문화라는 것은, 말 그대로 '이룰 성'자에 '글월 문'자를 써서, '문자로 이뤘다.', '문자로 썼다.'라는 뜻이다. 자산이 법을 성문화한게 어떤 의미가 있었는지 이해하려면, 성문화가 어떤 효과를 가져왔는지 생각해봐야 한다. 뒷부분을 읽어보고, 만약 설명해주고 있지 않다면 스스로 부연설명을 만들고 넘어가야 한다.

> 성문법 도입은 귀족의 임의적인 법 제정과 집행을 막아 그들의 지배력을 약화시키는 조치였으므로 당시 귀족들은 이 개혁 조치에 반발하였다.

➡ 바로 뒷 문장에서 자산이 법을 성문화 한 것이 어떤 의미가 있었는지 말을 해주고 있다. 읽고 납득하자. 자산이 법을 성문화하기 전까지는, 적혀 있는 법이 없으니 '귀족'들이 자기 마음대로 법을 만들고 집행했을 것이다. 어제까지만 해도 형벌이 곤장 5대였는데, 자기가 기분 나쁜 날에는 형벌이 곤장 10대로 바뀌었던 것이다. 이렇기 때문에 당시 귀족의 권력은 막강했을 것이다. 자산은 이걸 막아서, 귀족의 지배력을 약화시켰다. 성문법 도입은 '중간 계급도 정치 득실을 논할 수 있도록 만든 것'과 더불어서, 귀족의 정치적 특권을 없애는 자산의 조치들 중 하나였던 것이다. 귀족 입장에서는 자신의 엄청난 권력을 없애버리니, 당연히 법을 '성문화' 해놓는 것에 대해서 반발하였을 것이다.

> 귀족의 반대를 무릅쓰고 단행한 자산의 개혁 조치에 따라 정나라는 부국 강병을 이루었다.

➡ 위 문장에서 자산이 단행한 개혁은 합리적이고 납득이 간다. 당연히 저렇게 하니, 백성들은 살기 좋아지고, 나라에 평화도 찾아왔을 것이다.

> 그리고 법을 알려면 글을 알아야 하기 때문에, 성문법 도입은 백성들도 교육을 받을 수 있는 계기가 되는 등 그의 개혁 조치는 이전보다 상대적으로 백성의 위상(位相)을 높였다.

➡ 읽고 납득한다. 백성이 토지도 소유하고, 정치에도 참여하고, 귀족한테 괴롭힘도 안 당하고, 글도 배우니, 백성의 위상은 점점 높아졌을 것이다.

> 하지만 그의 개혁은 힘에만 의존하여 다스리는 역치(力治)의 가능성이 농후(濃厚)하였고, 결국 국가의 엄한 형벌과 과중한 세금 수취로 이어지는 폐단을 낳기도 했다.

⇒ 마지막 문장에서는 자산의 개혁이 갖는 '단점'에 대해서 말하고 있다. 자산은 귀족들의 반대를 거의 다 무시하고, 자기 혼자만의 판단으로 정치를 했다. 또 귀족들과 사이 좋게 합의해서 정치를 한 것이 아니고, 자신의 권력이 가진 힘으로만 나라를 다스리다 보니 '역치'가 될 가능성이 컸을 것이다. '역치'라는 것은 단순히 힘으로만 통치하는 걸 뜻한다. 말로 설득하고 타협하는 것이 아니라 그냥 자신이 가진 힘만 가지고 "이거 해!"라고 강요하는 것이다. 실제로도 자산의 개혁은 '엄한 형벌'과 '과도한 세금 수취'라는 역치의 부작용을 낳기도 했다고 한다. 이미지화하면서 '그럴 수 있겠네' 하고 넘어가자.

추가 Tip

여기서 한 가지 팁을 말해줄 게 있다. 네가 풀어보면 알겠지만, 기출 지문은 생각보다 마지막 문단에서 중요한 선택지를 만들어 내는 경우가 많다. 그래서 반드시 글을 읽을 때는 마지막 문단도 첫 문장과 같은 정도의 집중력으로 읽어내야 한다는 것이다. 이제 끝이라고 생각하면서 마지막 문단을 읽을 때 힘을 빼는 학생들이 많은데, 그러다가 자칫 독해를 잘못해서 틀리는 경우가 많다. 거의 다 잘 읽어놓고, 마지막에 대충 읽어서 틀리면 너무 아깝지 않은가. 끝까지 집중력을 유지해서 읽도록 하자.

• 문제 해설 •

1. 윗글에서 자산의 개혁에 대한 당시 사람들의 반응으로 보기 어려운 것은?

① 백성 : 이전보다 일관성 있는 법 적용을 받겠군.

⇒ 법을 성문화 했으니, 당연히 법 적용에도 '일관성'이 생겼을 것이다. 지문을 상상하며 읽었다면 쉽게 풀 수 있었을 것이다.

② 백성 : 법을 알기 위해 우리도 글을 배워야겠군.

⇒ 법의 성문화로 백성들이 글을 배우게 됐다고 했었다. 글 읽으면서 납득하고 넘어갔

기에, 쉽게 판단할 수 있다.

> ③ 백성 : 주인 없는 땅을 개간하면 내 재산이 될 수 있겠군.

➡ 백성도 경작지를 소유할 수 있다고 했었다. 주인 없는 땅을 개간해서 자신의 경작지로 만들면, 그 땅은 경작한 백성의 재산이 되었을 것이다.

> ④ 귀족 : 백성도 토지를 소유하니 우리 입지가 약화되겠군.

➡ 백성이 토지를 소유하게 되면서 귀족의 '경제적 특권'이 약화됐었다. 백성이 토지를 소유하게 된 것이 귀족에게 어떤 영향을 미쳤는지 납득했다면 쉽게 판단했을 것이다.

> ⑤ 귀족 : 중간 계급의 정치력 강화에 맞서 법치 전통을 세워야겠군.

➡ '법치'라는 것은 말 그대로 '법으로 통치'한다는 말이다. 귀족들은 '법치'에 반대한 사람들이다. 자신들 맘대로 법을 집행하고 있었는데, 오히려 성문화를 통해 '법치'를 한다고 하니 반대를 했었다. 따라서 귀족들이 '법치 전통'을 세워야겠다고 생각하는 건 말이 안된다.

✔ 답 : ⑤

2. <보기>의 입장에서 윗글의 자산을 평가한 것으로 가장 적절한 것은?

※ <보기> 문제를 풀 때는 <보기>를 또 하나의 지문이라고 생각하고 정말 주의 깊게 읽어줘야 한다. <보기> 문제는 지문뿐만 아니라, <보기>를 얼마나 제대로 독해해냈는지가 문제를 맞히는 데에 아주 결정적이기 때문이다.

> <보 기>
> 노자(老子)는, 만물의 생성과 변화는 자연스럽고 무의지적 이지만, 스스로의 작용에 의해 극대화된다고 보았다. 인간도 이러한 자연의 원리에 따라 삶을 영위해야 한다고 보아 통치자의 무위(無爲)를 강조하였다. 또한 사회의 도덕, 법률, 제도 등은 모두

> 인간의 삶을 인위적으로 규정하는 허위라 파악하고, 그것의 해체를 주장하였다.

⇒ 노자 입장은 자산의 입장과 완전 반대다. 〈보기〉에 나온 노자의 입장은 만물이 '스스로의 작용에 의해 극대화'된다는 주의다. 그래서 통치자의 '무위'를 강조했다고 한다. '무위'가 정확히 무슨 뜻인지는 모르겠지만, 앞 뒤 맥락을 봤을 때, 통치자가 최대한 백성을 간섭하지 말고 백성 스스로 위기를 극복할 수 있게 해야한다는 뜻으로 이해할 수 있다. 그리고 노자는 도덕, 법률, 제도의 해체를 주장했으므로, 법을 성문화해서 백성을 다스려야 한다고 생각했던 자산과 완전히 반대되는 입장이다. 이런 노자의 입장에서 자산을 평가한다면, 자산의 행위를 '비판'하는 내용이어야 할 것이다.

> ① 인간의 문제를 스스로 해결하겠다는 시도는 결국 현실 사회를 허위로 가득 차게 할 것이다.

⇒ 맞는 말이다. 〈보기〉의 노자 입장에서는 자산을 비판해야 한다. ①번 선택지 내용은, '인간 문제를 스스로 해결하겠다는 자산의 시도가 현실 사회에 부정적인 영향을 미칠 것'이라고 말하는 데에서, 노자가 자산을 평가했을 내용으로 적절하다.

> ② 자연이 인간의 화복을 주관하지 않는다는 생각은 자연의 의지에 반하는 것이다.

⇒ 이 선택지가 조금 헷갈렸을 수도 있다. ①번과 마찬가지로, '자연이 인간의 화복을 주관하지 않는다'고 생각했던 자산을 비판하고 있지만, 그 근거가 틀렸다. '자연의 의지'라는 단어를 자세히 보자. 〈보기〉 독해를 제대로 한 학생이라면, 이 단어가 눈에 거슬렸을 것이다. 노자의 입장에서 자연은 '의지'가 없는 존재다. 이는 〈보기〉의 '만물의 생성과 변화는 자연스럽고 무의지적이지만'이라는 부분을 통해서 확인할 수 있다. 그렇기 때문에 '자연의 의지에 반하는 것'이라는 말은 틀린 것이다. 이 말을 하려면 자연을 '의지를 지닌 존재'라고 생각해야 하는데, 노자는 만물을 무의지적인 것으로 생각했기 때문이다.

> ③ 현실주의적 개혁은 궁극적으로 백성들에게 안정과 혜택을 줄 것이다.

⇒ 노자 입장에서 '개혁'은 '무위'가 아닌 '인위'적인 행동이다. 따라서 자산의 현실주의적 개혁을 긍정적으로 평가하는 건 말이 안 된다.

④ 사회 제도에 의거하는 정치 개혁은 사회 발전을 극대화할 것이다.

⇒ 노자는 '제도', '정치 개혁' 등을 부정적으로 바라봤다.

⑤ 사회 규범의 법제화는 자발적인 도덕의 실현으로 이어질 것이다.

⇒ 노자 입장에서 '법제화'는 사회에 악영향만 끼칠 뿐이다.

✔ 답 : ①

2011학년도 고3 9월, 전통적 공리주의

전통적 공리주의는 세 가지 요소에 기초하여 성립하는 대표적 윤리 이론이다. 첫째, 공리주의는 행동의 윤리적 가치가 행동의 결과에 의존한다는 결과주의이다. 행동은 전적으로 예상되는 결과에 의해서 선하거나 악한 것으로 판단된다. 둘째, 행동의 결과를 평가할 때의 유일한 기준은 바로 행동의 결과가 산출할, 계산 가능한 '행복의 양'이다. 이에 따르면 불행과 대비하여 행복의 양을 많이 산출할수록 선한 행동이 되며, 가장 선한 행동은 최대 다수의 최대 행복을 산출하는 것이다. 셋째, 행동을 하기 전 발생할 행복의 양을 계산할 때 개개인의 행복을 모두 동일하게 중요한 것으로 간주하므로 어느 누구의 행복도 다른 누구의 행복보다 더 중요하지는 않다. 그래서 두 사람의 행복을 비교할 때 오로지 그 둘에게 산출될 행복의 양들만을 고려한다. 이는 공리주의가 전형적인 공평주의라는 사실을 보여 준다.

이러한 공리주의에 대하여 반공리주의자 가 제기하는 가장 심각한 문제는 공리주의가 때때로 정의의 개념을 배제하는 결과를 초래한다는 것이다. 그는 위의 세 요소들을 실천하는 공리주의자인 민우가 집단 A와 집단 B 간의 갈등이 심각하게 진행되고 있는 나라를 방문했다고 가정한다. 민우는 집단 A의 한 사람이 집단 B의 한 사람을 심하게 폭행하는 장면을 우연히 목격하게 되었다. 민우가 만약 진실을 증언하면 두 집단의 갈등을 더 악화시켜 유혈 사태를 야기할 수 있지만, 집단 B의 무고한 한 사람을 지목하여 거짓 증언을 하면 집단 간의 충돌을 막을 수 있다. 증언하지 않을 때 생기는 불확실성은 더 위험하다. ㉠ 이 상황에서 전통적 공리주의자인 민우는 어떤 행동을 할 것인가?

[A]
이와 같은 정의 배제 상황에 대한 공리주의자들의 몇 가지 대응 중 가장 주목할 만한 하나는 공리주의 또한 정의의 개념을 포함할 수 있다는 것이다. 이것은 진실을 증언하는 사회와 그렇지 않은 사회를 먼저 가정하고 과연 어느 사회가 결과적으로 더 많은 행복을 산출하는 사회인가를 검토하는 것이다. 장기적인 관점에서 전자의 사회가 더 많은 행복을 산출하기 때문에 좋은 사회라는 결론이 도출된다. 그래서 행복을 더 많이 산출하는 진실을 증언함으로써 정의를 바로 세우는 규칙을 만들고 그에 따라 행동하도록 개인의 행동을 제약한다. 이와 같은 대응을 하는 공리주의자들을 규칙 공리주의자라고 한다.

1. 〈보기〉의 '갑'의 행동을 전통적 공리주의의 관점에서 선하다고 평가할 때, 그 이유로 적절하지 <u>않은</u> 것은?

〈보 기〉

　'갑'은 몸살로 집에 누워 있는 친구를 간호하러 가던 중, 교통사고로 심각하게 다친 운전자를 목격했다. '갑'은 도와야 한다는 생각에 그를 급히 응급실로 옮겨서 다행히도 목숨을 구할 수 있었다. 그러나 '갑'은 친구를 간호할 수는 없었다.

① '갑'은 전체의 행복의 양을 증가시키는 쪽으로 행동했군.
② '갑'은 다친 사람을 도우면 자신만이 행복해진다고 판단했겠군.
③ '갑'은 친한 사람이라고 해서 그 사람의 행복이 더 가치있다고 판단하지 않았겠군.
④ '갑'은 몸살 환자보다 다친 사람을 돕는 것이 더 많은 행복을 산출한다고 판단했겠군.
⑤ '갑'은 자신의 행동이 결과적으로 선할 것이라는 판단에 따라 누구를 도울지를 결정했겠군.

2. ㉠에 대해 반공리주의자 가 예상하는 답으로 가장 적절한 것은?

① 피해자를 적극적으로 설득하여 가해자를 용서하도록 할 것이다.
② 증언의 결과가 미칠 파장을 우려하여 묵비권을 행사할 것이다.
③ B 집단의 무고한 한 사람을 범인으로 지목할 것이다.
④ 가해자와 피해자를 적극적으로 화해시킬 것이다.
⑤ 가해자에 관한 진실을 증언할 것이다.

3. [A]의 규칙 공리주의자와 〈보기〉의 의무론자에 대한 설명으로 가장 적절한 것은?

> 〈보 기〉
>
>   의무론자는 어떤 경우에도 항상 거짓말을 하지 않아야 한다고 주장한다. 거짓말을 하지 않아야 하는 이유는 거짓말을 하지 않을 때 좋은 결과가 산출되어서가 아니라, 거짓말을 하지 않는 것이 조건 없이 따라야 하는 절대적인 규칙이기 때문이다.

① 규칙 공리주의자는 규칙을 무조건적으로 따라야 한다고 했어.
② 의무론자는 예상되는 결과에 따라 진실을 말해야 한다고 했어.
③ 의무론자와 규칙 공리주의자는 모두 결과의 중요성을 강조했어.
④ 의무론자는 규칙의 절대성을, 규칙 공리주의자는 정의의 배제를 강조했어.
⑤ 의무론자는 결과와 무관하게, 규칙 공리주의자는 결과에 의존하여 정의를 강조했어.

> 전통적 공리주의는 세 가지 요소에 기초하여 성립하는 대표적 윤리 이론
> 이다.

⇒ '전통적 공리주의'라는 단어를 보자마자 글 읽는 속도를 늦추고, 함축적 의미를 떠올
렸어야 한다. 생소한 단어이기 때문이다. '공리주의'란, 말 그대로 공공의 이익을 중요시
하는 이론이다. 몰랐다면 외우자. 기출 문제에 자주 나오는 단어이다. 그렇다면 '전통적'
공리주의는, 말 그대로, 변형되지 않고 오래전부터 전해 내려온 공리주의를 뜻할 것이다.

위 문장에서는, 그런 '전통적 공리주의'가 '3가지 요소'에 기초하여 성립한다고 한다.
쉽게 말해서, '전통적 공리주의'라는 사상은 앞으로 말할 '3가지 요소'를 **중요하게 생각
한다**는 것이다. 너는 이 부분을 읽으면서, 당연히 그 3가지 요소가 뭘지 궁금했어야 한
다. 친한 친구와 대화한다는 생각으로 글을 읽자. 친구가 '오늘 나 너에게 말할 게 3가지
가 있어'라고 말한다면 너는 '그 3가지가 뭔데?'라고 구체적으로 질문할 것이다. 글을 읽
을 때도 마찬가지여야 한다. 3가지가 있다고 하면 그 3가지가 뭘지 궁금해하는 태도를
기르자. 안 궁금해도, 궁금하다고 주문을 외워라. 나도 너랑 마찬가지로 안 궁금하지만,
일부러라도 '궁금하다'고 주문을 걸면서 글을 읽는다.

> 첫째, 공리주의는 행동의 윤리적 가치가 행동의 결과에 의존한다는 결과
> 주의이다.

📢 말이 추상적이고 어렵다. 이때는 속도를 늦춰야 한다.

⇒ 행동의 윤리적 가치가 행동의 결과에 의존한다는 게 무슨 말일까? 일단 행동의 윤리
적 가치라는 말을 구체화해보자. 말 그대로, 내가 쓰레기를 줍거나, 남을 때리는 그런 행
동들이 가지고 있는 것을 윤리적 가치라고 한다. 흔히 생각했을 때 쓰레기를 줍는 좋은
행동은 윤리적 가치가 높을 것이고, 남을 때리는 행동은 윤리적 가치가 낮을 것이다.

그런데, 공리주의는 그런 행동의 윤리적 가치가 행동의 '결과'에 의존한다고 한다. 말

그대로, 행동 자체로는 그 행동이 나쁜지 안 나쁜지 알 수 없고, 그 행동의 결과를 봐야지만 나쁜 행동인지, 착한 행동인지 알 수 있다는 것이다. 우리가 흔히 생각했을 때 남을 때리는 행동은 나쁜 행동이지만, 경찰이 도둑을 때려 눕힌 상황에서는 '남을 때리는 행동'으로 도둑을 잡았으므로, 남을 때리는 행동이 착한 행동일 수 있다는 것이다. 철학 지문을 읽을 때는 대부분의 문장들이 추상적이기 때문에 이렇게 구체적인 예시를 떠올려서 이해하고 넘어가줘야 한다.

> 행동은 전적으로 예상되는 결과에 의해서 선하거나 악한 것으로 판단된다.

⇒ 바로 위 문장에 대한 부연설명이다. 출제자는 바로 위 문장을 읽고 이해하지 못한 학생이 있을까봐 부연설명을 붙여줬다. 위 문장을 구체적으로 이해하지 못했다면 이 문장을 읽고 구체적으로 이해하면 된다.

> 둘째, 행동의 결과를 평가할 때의 유일한 기준은 바로 행동의 결과가 산출할, 계산 가능한 '행복의 양'이다.

⇒ 공리주의에서 중요하게 여기는 두 번째 요소에 대해서 말하고 있다. 혹시나 해서 말하는데, '첫 번째', '두 번째'라는 말에 동그라미 치면서 외울 필요 전혀 없다. 읽고 이해하면 그만이다.

　공리주의는 어떤 행동이 선하냐, 악하냐를 평가할 때 유일한 기준이 있다. 그건 바로 행동의 결과가 만들어 내는, 계산 가능한 '행복의 양'이다. 이게 구체적으로 무슨 말일까? 예를 들어서 A랑 B라는 친구가 있다고 하자. A와 B는 저녁으로 뭘 먹을지 고민하고 있다. A와 B가 짜장면을 먹을 때, A와 B는 각각 1의 행복을 느낀다. 반면 짬뽕을 먹을 때 A와 B는 모두 2의 행복을 느낀다고 하자. 이렇게 되면 A, B가 짜장면을 먹을 때 느끼는 '행복의 총량'은 A와 B가 느끼는 행복의 양을 더해서 2이고, 짬뽕을 먹을 때 발생하는 '행복의 총량'은 4다.

　그러면 이 상황에서 A와 B는 무엇을 먹어야 할까? 공리주의자는 이러한 상황에서 '짬뽕'을 먹는 것이 '짜장면'을 먹는 것에 비해 더 '선한' 행동이라 판단한다는 것이다. 공리주의자 입장에서 '짜장면'을 먹으러 가는 것은 '짬뽕'을 먹으러 가는 것과 비교했을 때 '악한' 행동이다. 물론 짜장면을 먹을 때도 행복이 발생하지만, 짬뽕을 먹을 때 발생하는 행복의 양이 더 크기 때문에, 짜장면 먹는 행위는 짬뽕 먹는 행위와 비교했을 때 '상대적으로' 악한 행동이 된다는 것이다.

> 이에 따르면 불행과 대비하여 행복의 양을 많이 산출할수록 선한 행동이 되며, 가장 선한 행동은 최대 다수의 최대 행복을 산출하는 것이다.

⇒ 납득한다. 공리주의는 내가 어떤 행동을 했을 때 그 행동이 만들어 내는 '불행의 양' 과 '행복의 양'을 '비교'한다. 그리고, 내 행동이 불행의 양보다 행복의 양을 더 많이 만들어 낸다면, 그 행동은 '선한' 행동이 된다. 이런 기준을 고려했을 때, '가장 많은 사람들' 에게 '가장 많은 행복'을 만들어 내는 행동은 당연히 '가장 선한 행동'일 것이다. 이를 위 문장에서는 '가장 선한 행동은 최대 다수의 최대 행복을 산출하는 것이다'라고 표현한 것이다.

> 셋째, 행동을 하기 전 발생할 행복의 양을 계산할 때 개개인의 행복을 모두 동일하게 중요한 것으로 간주하므로 어느 누구의 행복도 다른 누구의 행복보다 더 중요하지는 않다.

⇒ 읽고 납득한다. 공리주의에서는 행복의 양을 계산할 때 개개인의 행복을 모두 동일하게 중요한 것으로 간주한다고 한다. 누구의 행복이 더 중요한지 계산하는 건 너무 어렵고, 불가능해서일 수도 있고, 아니면 공리주의가 공평함을 중요하게 생각하기 때문일 수도 있다.

 이해가 안된다면 구체적인 예시를 들어보는 것도 좋다. 예를 들자면, 공리주의자들은 대통령이 행복한 것과 내가 행복한 것 모두 '똑같이' 중요하다고 생각하는 것이다. 대통령의 행복도 1로 계산하고, 내 행복도 1로 계산하는 것이 공리주의의 원칙이다.

> 그래서 두 사람의 행복을 비교할 때 오로지 그 둘에게 산출될 행복의 양들만을 고려한다.

⇒ 바로 앞 문장을 부연설명 해주는 문장이다. 공리주의는 대통령의 행복이라고 해서 더 중요하다고 생각하지 않는다. 모든 사람의 행복을 공평한 것으로 간주하고, 어떤 행동이 누구에게 얼마나 더 많은 행복을 산출하는지만 생각한다. 납득한다.

> 이는 공리주의가 전형적인 공평주의라는 사실을 보여 준다.

⇒ 공평주의, 말 그대로 공평한 것을 중요시한다는 뜻이다. 공리주의는 모든 사람의 행복을 동일한 행복이라고 생각한다는 점에서 '공평한 것'을 중요시하는 사상이다. 위 문장들을 이해해왔다면 쉽게 납득할 수 있다.

> 이러한 공리주의에 대하여 반공리주의자가 제기하는 가장 심각한 문제는
> 공리주의가 때때로 정의의 개념을 배제하는 결과를 초래한다는 것이다.

⇒ '반공리주의자'는 말 그대로 '공리주의에 **반대하는** 사람'일 것이다. 반공리주의자는 공리주의를 왜 반대하는 것일까? 위 문장에 따르면, 반공리주의자는 공리주의가 때때로 정의의 개념을 배제하는 결과를 초래하기 때문에 공리주의에 반대한다고 한다. 그럼 여기서 '정의의 개념을 배제'한다는 게 구체적으로 무슨 말일까? 반드시 생각해보고 넘어갔어야 한다.

'공리주의가 정의의 개념을 배제'한다는 건, 쉽게 말해서 '공리주의'가 **정의롭지 않은 행동도 좋은 행동이라고 판단할 수 있다**는 뜻이다. '정의의 개념이 배제되어 있는 행동'이라는 건 쉽게 말해서 '정의롭지 않은 행동'을 뜻하기 때문이다. 만약 이 말이 이해가 안된다면, 여러 번 읽어보기 바란다.

그리고 이 문장을 읽고서 너는 '도대체 어떤 상황에서 공리주의가 정의의 개념을 배제한다는 걸까?'라는 생각을 했어야 한다. 출제자도 네가 그 생각을 떠올릴 거라 생각하고 바로 아래에 매우 구체적인 예시를 통해서 '공리주의자가 정의의 개념을 배제하는 결과를 초래하는 예시'를 적어 놓은 것이다.

이 문장에서 의문을 품었던 학생은 바로 아래가 '공리주의자가 정의의 개념을 배제하

는 결과를 초래하는 예시'라는 걸 이해했을 것이다. 반면 의문을 품지 않고 읽었던 학생은 아래 예시가 어떤 의미를 가지는지, 아래 예시를 통해서 출제자가 무슨 말을 하고 싶은 건지 이해하지 못했을 것이다.

> 그는 위의 세 요소들을 실천하는 공리주의자인 민우가 집단 A와 집단 B 간의 갈등이 심각하게 진행되고 있는 나라를 방문했다고 가정한다.

⇒ 이미지를 떠올린다. 공리주의자인 민우가, 집단 A와 집단 B가 서로 엄청 싸우고 있는 나라를 방문하는 이미지를 떠올린다.

추가 Tip

글을 읽다 보면, 출제자가 구체적인 예시를 써주는 경우가 있다. 이때 출제자가 써준 예시는 정말 주의 깊게 읽어야 한다. 출제자가 예시를 써주는 이유는, 네가 앞 문장을 출제자가 의도한 대로 이해하지 못 했을까봐 써주는 것이다. 그만큼 출제자가 생각하기에, 앞 문장을 제대로 이해하는 것이 어렵다는 것이고, 그래서 구체적인 예시를 써준 것이다. 그러면 너는 예시를 읽으면서, '출제자가 이런 뜻으로 앞 문장을 쓴 거구나'라고 생각하면서 출제자가 쓴 앞 문장의 의미를 정말 구체적으로 이해하고 넘어가야 한다. 문장을 쓴 출제자의 의도를 제대로 이해하는 것이다. 만약 네가 예시를 가볍게 읽어버리면, 너는 이해했다고 생각했지만, 출제자가 이해하길 바라는 방향과 다른 방향으로 이해할 수도 있다. 그렇기 때문에 예시가 나왔을 때는 더 집중해서 제대로 이해하고 넘어가야 한다는 걸 명심하자.

> 민우는 집단 A의 한 사람이 집단 B의 한 사람을 심하게 폭행하는 장면을 우연히 목격하게 되었다.

⇒ 마찬가지로 이미지화 한다. 출제자가 구체적인 예시를 들어주는 만큼, 이미지화를 통해서 머릿속에 강하게 박아 넣는다.

> 민우가 만약 진실을 증언하면 두 집단의 갈등을 더 악화시켜 유혈 사태를 야기할 수 있지만, 집단 B의 무고한 한 사람을 지목하여 거짓 증언을 하면 집단 간의 충돌을 막을 수 있다.

⇒ 민우가 자기가 본 장면을 그대로 말하면 두 집단 간 갈등은 더 심해져서 서로 다치고, 죽는 사태가 벌어진다. 하지만 민우가 거짓 증언을 하면 집단 간 충돌을 막을 수 있다고 한다. '이미지화' 하면서 읽어준다.

여기서 내가 너에게 질문하고 싶은 건, 민우가 집단 B의 무고한 사람을 지목하여 '**어떤 거짓 증언**'을 하면 집단 간의 충돌을 막을 수 있다는 건가? 이 질문에 대한 답은 네가 스스로 상상하고 넘어갔어야 한다. 명확한 예시는 글에 나와있지 않아서 추측할 수밖에 없지만, 이런 의미가 아닐까 생각할 수 있다. 민우가 집단 A가 아닌, 집단 B의 아무런 잘못이 없는 사람을 지목해서 '저 사람이 때렸어요'라고 말하는 것이다. 그럼, 집단 A 사람이 집단 B 사람을 때린 게 아니라, 집단 B 사람이 집단 B 사람을 때린 게 된다. 집단 B 사람들끼리 싸운 것이기 때문에, 집단 A와 집단 B 사이에 갈등이 심화되는 걸 막을 수 있는 것이다.

> 증언하지 않을 때 생기는 불확실성은 더 위험하다.

⇒ 너는 글을 읽으면서, '민우가 아예 증언을 하지 않으면 되지 않나?'라고 생각할 수도 있다. 출제자는 그런 생각은 하지 말라고, 이 문장을 써줬다. 증언을 안할 때 불확실성은 두 개의 선택권 중 하나를 선택하는 것보다 더 많은 불행을 만들어 내기 때문에, 민우는 무조건 증언을 해야한다. 민우에게는 사실대로 증언을 해서 갈등을 심화시키거나, 거짓 증언을 해서 유혈 사태를 막는, 두 개의 선택권만 있는 것이다.

> ㉠ 이 상황에서 전통적 공리주의자인 민우는 어떤 행동을 할 것인가?

출제자는 이 질문에 대한 답을 삭제했다. **네가 스스로 생각하도록 만든 것이다.** 생각을 해보자. 지금 민우에게는 진실된 증언을 해서 갈등을 심화시키거나 거짓 증언을 해서 갈등을 막는 두 개의 선택권이 있다. 스스로 생각해보자. 정말 민우는 어떤 선택을 할까?

139

민우는 아마 거짓 증언을 하게 될 것이다. '최대 다수의 최대 행복'을 원칙으로 하는 공리주의자 입장에서, 민우는 자신의 진실된 증언으로 다수가 싸워서 유혈 사태로 이어지는 경우보다, **한 명만 피해를 보고 다수는 갈등을 겪지 않는 상황**을 선택할 것이다. 모두의 불행과 행복을 동일하게 계산하는 공리주의 입장에서, 한 명의 희생으로 다수의 불행을 막는 게 더 많은 행복을 만들어 내기 때문이다.

그런데 이런 민우의 판단은 도덕적으로 옳지 못하다. 집단 간의 갈등을 막자고, 아무 죄가 없는 사람에게 죄를 덮어씌우는 게 말이 되나? 반공리주의자는 바로 이런 점을 지적한 것이다. 공리주의자들은 자신들의 행동이 '최대 다수의 최대 행복'을 이끌어 내는 행동이라면, **그 행동이 설령 올바르지 못한 행동이라 하더라도** 그 행동을 할 것이기 때문이다.

> 이와 같은 정의 배제 상황에 대한 공리주의자들의 몇 가지 대응 중 가장 주목할 만한 하나는 공리주의 또한 정의의 개념을 포함할 수 있다는 것이다.

➡ 반공리주의자들의 지적에 대해서 공리주의자들은 반박을 한다. 여러 반박을 하지만, 그 중 가장 주목할 만한 것은, '공리주의 또한 정의의 개념을 포함할 수 있다'고 반박하는 것이다. 여기서 '공리주의가 정의의 개념을 포함'한다는 게 무슨 말일까? 공리주의자도 정의의 개념을 포함하는 선택, 즉 정의로운 선택을 할 수 있다는 것이다.

그러면 아까 공리주의자 민우의 사례에서도 민우가 공리주의 원칙을 어기지 않으면서, 도덕적인 행동을 할 수 있다는 걸까? **여기서 하나의 팁을 말해주자면, 글에서 예시가 주어졌을 때 주어진 예시를 활용해서 모든 문장들을 구체적으로 이해해주는 것이 좋다는 것이다.** 아무튼, '어떻게 공리주의자 또한 정의의 개념을 포함할 수 있다는 건지' 의문을 품고 계속 읽어 나가자.

> 이것은 진실을 증언하는 사회와 그렇지 않은 사회를 먼저 가정하고 과연 어느 사회가 결과적으로 더 많은 행복을 산출하는 사회인가를 검토하는 것이다.

➡ 공리주의자가 정의의 개념을 포함할 수 있는 구체적인 방법을 말해주고 있다. '진실

을 증언하는 사회'란 무엇일까? 말 그대로, 민우와 같은 상황에서 사람들이 무고한 사람에게 피해를 입히지 않고, 진실을 말하는 사회다. '그렇지 않은 사회'라는 것은 말 그대로, 사람들이 계속 거짓말을 통해서 무고한 사람들을 범죄자로 모는 사회다.

　이 두 사회 중에 어떤 사회가 '결과적으로' 더 많은 행복을 산출할 것인가를 따져보면, 공리주의자도 정의의 개념을 포함하는 선택을 할 수 있다고 한다. 출제자는 '결과적으로 더 많은 행복을 산출한다'는 게 구체적으로 무슨 말인지 아래에서 말해주고 있다. 계속 읽어보자.

> 장기적인 관점에서 전자의 사회가 더 많은 행복을 산출하기 때문에 좋은 사회라는 결론이 도출된다.

➡ 납득한다. '결과적으로' 즉, '장기적으로' 본다면, 민우와 같은 상황에서 사람들이 진실을 말하는 게 좋을 것이다. 사람들이 증언을 해야하는 상황에서 계속 거짓말을 하게 된다면, 결국 그 사회에는 아무 죄 없이 피해를 입는 사람이 많아질 것이고, 결과적으로 사회 전체의 행복도가 낮아질 것이기 때문이다.

> 그래서 행복을 더 많이 산출하는 진실을 증언함으로써 정의를 바로 세우는 규칙을 만들고 그에 따라 행동하도록 개인의 행동을 제약한다.

➡ '단기적인' 관점으로 생각해보면, '민우가 거짓 증언을 하는 게 집단 간의 충돌을 막을 수 있어서 사회 전체에 더 많은 행복을 가져다주는 게 아닌가?' 하는 착각을 할 수 있다. 하지만, 사회에 거짓말하는 사람들이 많아지면 장기적으로 봤을 때 행복의 양은 감소할 것이다. 그래서 공리주의자도 '민우 예시'에서 민우가 '진실을 말하는 선택', 즉 '정의로운 선택'을 해야 한다고 말할 수 있는 것이다. 그게 결국 장기적으로 봤을 때는 사회 전체에 더 큰 행복을 가져오는 길이기 때문이다. 이처럼 공리주의자도 공리주의 원칙을 어기지 않은 채로, '정의로운 선택을 해야한다'라는 규칙을 만들어서 개인이 정의로운 선택을 하도록 만들 수 있다.

> 이와 같은 대응을 하는 공리주의자들을 규칙 공리주의자라고 한다.

⇒ 반공리주의자들에게 공리주의자도 얼마든지 '규칙'을 만들어서 도덕적으로 올바른 선택을 할 수 있다고 반박하는 이들을 '규칙 공리주의자'라 부른다고 한다. 함축적 의미를 생각하고 납득한다.

• 문제 해설 •

1. <보기>의 '갑'의 행동을 전통적 공리주의의 관점에서 선하다고 평가할 때, 그 이유로 적절하지 않은 것은?

<보 기>

'갑'은 몸살로 집에 누워 있는 친구를 간호하러 가던 중, 교통사고로 심각하게 다친 운전자를 목격했다. '갑'은 도와야 한다는 생각에 그를 급히 응급실로 옮겨서 다행히도 목숨을 구할 수 있었다. 그러나 '갑'은 친구를 간호할 수는 없었다.

⇒ 문제를 제대로 읽어야 한다. 문제에서 '<보기>의 '갑'의 행동을 전통적 공리주의의 관점에서 **선하다고 평가할 때**'라고 했다. 따라서, 전통적 공리주의 관점에서 갑의 행위는 이미 '선한' 행위이다. 구체적으로 이게 무슨 말일까? 전통적 공리주의자가 봤을 때, '갑'이 몸살 난 친구를 간호하지 않고, 교통사고로 다친 운전자의 목숨을 살린 게, '사회에 더 많은 행복을 만들어 냈다'고 판단했다는 뜻이다. 그러니, 갑의 행동을 '선하다'라고 판단했을 것이다.

① '갑'은 전체의 행복의 양을 증가시키는 쪽으로 행동했군.

⇒ 맞는 말이다. 공리주의에 따르면 '선하다'라고 판단되는 행동은 전체의 행복의 양을 증가시키는 행동이다. 문제 조건에 따르면, 전통적 공리주의는 '갑'의 행동을 '선하다'라고 판단했다. 따라서, 갑이 운전자를 살린 행동은 전통적 공리주의자 입장에서 봤을 때, '전체의 행복의 양을 증가시키는 행동'이라 할 수 있다.

② '갑'은 다친 사람을 도우면 자신만이 행복해진다고 판단했겠군.

⇒ 말이 안 된다. 전통적 공리주의 입장에서 봤을 때, '갑'은 다친 사람을 도왔을 때 사회 전체가 더 행복해질 것이라고 생각했을 거라 보는 게 적절하다. 전통적 공리주의자들이 '갑'의 행동을 '선하다'라고 판단한 이유는, '갑'의 행동이 사회 전체의 행복을 높이는 행동이기 때문이다.

③ '갑'은 친한 사람이라고 해서 그 사람의 행복이 더 가치있다고 판단하지 않았겠군.

⇒ 전통적 공리주의자들은 개개인의 행복은 모두 동일하다고 본다. 그래서 '행복의 양'만 고려하여 판단을 한다. 전통적 공리주의자들 입장에서 '갑'의 행동을 선한 행동이라 판단했다는 건, '갑'이 '친한 정도'에 상관없이 절대적인 행복의 양만 고려해서 행동했다는 뜻이다.

④ '갑'은 몸살 환자보다 다친 사람을 돕는 것이 더 많은 행복을 산출한다고 판단했겠군.

⇒ 전통적 공리주의자들은 '더 많은 행복'을 산출하는 행동을 '더 선한' 행동으로 본다. 전통적 공리주의자 입장에서, '갑'이 다친 사람을 도운 것은 그것이 더 많은 행복을 산출하는 행동이라 판단했기 때문이라 생각할 것이다.

⑤ '갑'은 자신의 행동이 결과적으로 선할 것이라는 판단에 따라 누구를 도울지를 결정했겠군.

⇒ 전통적 공리주의자들은 행동의 결과를 고려해서 윤리적 판단을 내린다. 전통적 공리주의자들은, '갑'이 자신의 행동의 결과를 생각해서 행동했기 때문에, 선한 행동을 했을 거라고 생각할 것이다.

✔ 답 : ②

2. ㉠에 대해 반공리주의자 가 예상하는 답으로 가장 적절한 것은?

※ 지문을 읽으면서 ㉠에 대한 답변을 생각하지 못했다면, 선택지를 보고 판단했어야 한다. '반공리주의자 입장에서 ㉠에 대한 답변은, 민우가 거짓증언을 선택한다는 것이다.'

① 피해자를 적극적으로 설득하여 가해자를 용서하도록 할 것이다.

⇒ 지문을 제대로 이해했다면, 말도 안 되는 선지다.

② 증언의 결과가 미칠 파장을 우려하여 묵비권을 행사할 것이다.

⇒ 글에서, 묵비권을 행사했을 때 생기는 불확실성은 더 위험하다고 말했다. 공리주의자인 민우 입장에서 더 큰 불행을 가져오는 선택을 하는 건 말이 안 된다.

③ B 집단의 무고한 한 사람을 범인으로 지목할 것이다.

⇒ 정답이다. 글을 읽으면서 출제자가 했던 질문에 대한 답변을 생각하고 넘어갔던 학생들에게는 너무 당연한 말이다. 물론 글 읽으면서, 민우가 집단 B의 무고한 사람을 범인으로 지목할 거라는 것, 그리고 그 선택이 어떻게 유혈 사태를 막을 수 있는 건지 추론해내는 것은 쉽진 않았다. 그래서 정답률도 59%로 낮은 편에 속한다. 하지만 네가 2등급 이상으로 올라서기 위해서는 이런 문제들을 반드시 맞혀야 한다. 이런 문제까지 맞히는 방법은, '8원칙'을 제대로 지키면서 글을 많이 읽는 것밖에는 없다.

④ 가해자와 피해자를 적극적으로 화해시킬 것이다.

⇒ 말도 안 되는 선지다.

⑤ 가해자에 관한 진실을 증언할 것이다.

⇒ 글에서 민우가 '진실된 증언'을 하면, 두 집단 간의 갈등을 더 악화시켜 유혈 사태를 야기할 수 있다고 했다. 민우가 거짓 증언을 하는 것보다 더 큰 불행을 가져오는 것이다.

공리주의자인 민우가 더 큰 불행을 가져오는 선택을 하는 건 말이 안 된다.

✅ 답 : ③

3. [A]의 규칙 공리주의자와 <보기>의 의무론자에 대한 설명으로 가장 적절한 것은?

<보 기>

의무론자는 어떤 경우에도 항상 거짓말을 하지 않아야 한다고 주장한다. 거짓말을 하지 않아야 하는 이유는 거짓말을 하지 않을 때 좋은 결과가 산출되어서가 아니라, 거짓말을 하지 않는 것이 조건 없이 따라야 하는 절대적인 규칙이기 때문이다.

⟹ '의무'를 중요시하기 때문에 '의무론자'이다. 함축적 의미를 생각해서 납득한다. '의무론자'에게 '거짓말을 하지 않는 것'은 조건 없이 따라야 하는 절대적인 규칙 즉, '의무'이다. '의무론자'들도 규칙 공리주의자들과 같이, 거짓말을 하지 않아야 한다고 생각하는 건 동일하다. 하지만 이들은 '조건 없이' 무조건 의무를 따라야 한다고 말하는 점에서, '결과'라는 조건에 따라 규칙을 세우는 규칙 공리주의자들과는 다르다.

① 규칙 공리주의자는 규칙을 무조건적으로 따라야 한다고 했어.

⟹ 이 선택지가 조금 헷갈렸을 수 있다. 우선 규칙 공리주의자의 입장을 정리해보자. 규칙 공리주의자는 결과적으로 더 많은 행복을 산출하는 행동을 규칙으로 정해놓고, 그 규칙을 따르도록 해야한다고 말한다. 그런데 여기서 규칙 공리주의자는 규칙을 '무조건적으로 따라야 한다'라고 주장한다고 할 수 있을까? 규칙 공리주의자들은 '규칙을 따르는 것이 결과적으로 더 좋기 때문에' 규칙을 따라야 한다고 생각하는 사람들이다. 이는 규칙을 '무조건적으로' 따르는 것이 아니다. 오히려, '규칙을 따르는 것이 **결과적으로** 더 좋기 때문에'라는 이유 때문에 규칙을 따르는 것이다. '무조건적으로' 따른다는 것은 그 어떤 조건이나 이유 없이 따른다는 걸 말한다.

규칙 공리주의자들에게 중요한 것은 규칙을 '무조건적으로' 따르는 것이 아니라, 행복을 극대화하는 것이다. 그렇기 때문에, **만약 규칙이 '결과적으로 더 많은 행복'을 산출하**

지 않는다면 따르지 않을 수도 있는 것이다.

> ② 의무론자는 예상되는 결과에 따라 진실을 말해야 한다고 했어.

⇒ 의무론자는 결과와 상관없이 '무조건' 진실을 말해야 한다고 볼 것이다.

> ③ 의무론자와 규칙 공리주의자는 모두 결과의 중요성을 강조했어.

⇒ 규칙 공리주의자는 결과의 중요성을 강조했지만, 의무론자는 '결과에 상관없이' 정해진 규칙을 무조건 따라야 한다고 강조했다.

> ④ 의무론자는 규칙의 절대성을, 규칙 공리주의자는 정의의 배제를 강조했어.

⇒ 의무론자가 규칙의 절대성을 강조한 것은 맞다. 하지만 규칙 공리주의자가 정의의 배제를 강조했다는 건 말도 안된다. 규칙 공리주의자는 공리주의자가 때론 정의의 개념을 배제하는 결과를 가져오기도 한다는 한계를 보완하기 위해서 등장한 것이기 때문이다. 규칙 공리주의자는 좋은 결과를 위해서 '정의를 포함하는 규칙'을 세워야 한다고 말했다.

> ⑤ 의무론자는 결과와 무관하게, 규칙 공리주의자는 결과에 의존하여 정의를 강조했어.

⇒ 맞는 말이다. 의무론자는 결과와 무관하게 무조건 규칙에 따라야 한다고 말하면서, 그것이 정의라고 하였다. 규칙 공리주의자는 최대 행복을 만들어 내는 규칙을 따라야 한다고 말했고, 그렇게 만든 규칙을 따르는 걸 정의라고 생각했다.

● 답 : ⑤

2018학년도 고3 수능, 목적론

자연에서 발생하는 모든 일은 목적 지향적인가? 자기 몸통보다 더 큰 나뭇가지나 잎사귀를 허둥대며 운반하는 개미들은 분명히 목적을 가진 듯이 보인다. 그런데 가을에 지는 낙엽이나 한밤중에 쏟아지는 우박도 목적을 가질까? 아리스토텔레스는 모든 자연물이 목적을 추구하는 본성을 타고나며, 외적 원인이 아니라 내재적 본성에 따른 운동을 한다는 목적론을 제시한다. 그는 자연물이 단순히 목적을 갖는 데 그치는 것이 아니라 목적을 실현할 능력도 타고나며, 그 목적은 방해받지 않는 한 반드시 실현될 것이고, 그 본성적 목적의 실현은 운동 주체에 항상 바람직한 결과를 가져온다고 믿는다. 아리스토텔레스는 이러한 자신의 견해를 "자연은 헛된 일을 하지 않는다!"라는 말로 요약한다.

근대에 접어들어 모든 사물이 생명력을 갖지 않는 일종의 기계라는 견해가 강조되면서, 아리스토텔레스의 목적론은 비과학적이라는 이유로 많은 비판에 직면한다. 갈릴레이는 목적론적 설명이 과학적 설명으로 사용될 수 없다고 주장하며, 베이컨은 목적에 대한 탐구가 과학에 무익하다고 평가하고, 스피노자는 목적론이 자연에 대한 이해를 왜곡한다고 비판한다. 이들의 비판은 목적론이 인간 이외의 자연물도 이성을 갖는 것으로 의인화한다는 것이다. 그러나 이런 비판과는 달리 아리스토텔레스는 자연물을 생물과 무생물로, 생물을 식물·동물·인간으로 나누고, 인간만이 이성을 지닌다고 생각했다.

일부 현대 학자들은, 근대 사상가들이 당시 과학에 기초한 기계론적 모형이 더 설득력을 갖는다는 일종의 교조적 믿음에 의존했을 뿐, 아리스토텔레스의 목적론을 거부할 충분한 근거를 제시하지 못했다고 비판한다. 이런 맥락에서 볼로틴은 근대 과학이 자연에 목적이 없음을 보이지도 못했고 그렇게 하려는 시도조차 하지 않았다고 지적한다. 또한 우드필드는 목적론적 설명이 과학적 설명은 아니지만, 목적론의 옳고 그름을 확인할 수 없기 때문에 목적론이 거짓이라 할 수도 없다고 지적한다.

17세기의 과학은 실험을 통해 과학적 설명의 참·거짓을 확인할 것을 요구했고, 그런 경향은 생명체를 비롯한 세상의 모든 것이 물질로만 구성된다는 물질론으로 이어졌으며, 물질론 가운데 일부는 모든 생물학적 과정이 물리·화학 법칙으로 설명된다는 환원론으로 이어졌다. 이런 환원론은 살아 있는 생명체가 죽은 물질과 다르지 않음을 함축한다. 하지만 아리스토텔레스는 자연물의 물질적 구성 요소를 알면 그것의 본성을 모두 설명할 수 있다는 엠페도클레스의 견해를 반박했다. 이 반박은 자연물이 단순히 물질로만 이루어진 것이 아니며, 또한 그것의 본성이 단순히 물리·화학적으로 환원되지도 않는다는 주장을 내포한다.

첨단 과학의 발전에도 불구하고 생명체의 존재 원리와 이유를 정확히 규명하는 과제는 아직 진행 중이다. 자연물의 구성 요소에 대한 아리스토텔레스의 탐구는 자연물이 존재하고 운동하는 원리와 이유를 밝히려는 것이었고, 그의 목적론은 지금까지 이어지는 그러한 탐구의 출발점이라 할 수 있다.

1. 윗글에 나타난 아리스토텔레스의 견해에 대한 이해로 가장 적절한 것은?

① 개미의 본성적 운동은 이성에 의한 것으로 설명된다.
② 자연물의 목적 실현은 때로는 그 자연물에 해가 된다.
③ 본성적 운동의 주체는 본성을 실현할 능력을 갖고 있다.
④ 낙엽의 운동은 본성적 목적 개념으로는 설명되지 않는다.
⑤ 자연물의 본성적 운동은 외적 원인에 의해 야기되기도 한다.

2. 윗글에 나타난 목적론에 대한 논의를 적절하게 진술한 것은?

① 갈릴레이와 볼로틴은 목적론이 근대 과학에 기초한 기계론적 모형이라고 비판한다.
② 갈릴레이와 우드필드는 목적론적 설명이 과학적 설명이 아니라는 데 동의한다.
③ 베이컨과 우드필드는 목적론적 설명이 교조적 신념에 의존했다고 비판한다.
④ 스피노자와 볼로틴은 목적론이 자연에 대한 이해를 확장한다고 주장한다.
⑤ 스피노자와 우드필드는 목적론이 사물을 의인화하기 때문에 거짓이라고 주장한다.

3. 윗글을 바탕으로 〈보기〉를 이해한 내용으로 가장 적절한 것은?

〈보 기〉

생물학자 마이어는 생명체의 특징을 보여 주는 이론으로 창발론을 제시한다. 그는 생명체가 분자, 세포, 조직에서 개체, 개체군에 이르기까지 단계적으로 점점 더 복잡한 체계를 구성하며, 세포 이상의 단계에서 각 체계의 고유 활동은 미리 정해진 목적을 수행한다고 생각한다. 창발론은 복잡성의 수준이 한 단계씩 오를 때마다 구성 요소에 관한 지식만으로는 예측할 수 없는 특성들이 나타난다는 이론이다. 마이어는 여전히 생명체가 물질만으로 구성된다고 보지만, 물리·화학적 법칙으로 모두 설명되지는 않는다고 본다.

① 마이어는 아리스토텔레스처럼, 엠페도클레스의 물질론적 견해가 적절하다고 보겠군.
② 마이어는 아리스토텔레스처럼, 자연물이 물질만으로 구성된다는 물질론에 동의하겠군.
③ 마이어는 아리스토텔레스처럼, 생명체의 특성들은 구성 요소들에 관한 지식만으로 예측할 수 없다고 보겠군.
④ 마이어는 아리스토텔레스와 달리, 모든 자연물이 목적 지향적으로 운동한다고 보겠군.
⑤ 마이어는 아리스토텔레스와 달리, 모든 자연물의 본성에 대한 물리·화학적 환원을 인정하겠군.

> 자연에서 발생하는 모든 일은 목적 지향적인가? 자기 몸통보다 더 큰 나뭇가지나 잎사귀를 허둥대며 운반하는 개미들은 분명히 목적을 가진 듯이 보인다.

📢 출제자가 질문을 하면 반드시 나도 속도를 늦추고, '정말 그런가?'하고 생각을 해봐야 한다.

⇒ '목적 지향적'이라는 말이 조금 어려울 수 있는데, 뒤 문장을 읽어보면 이해가 간다. '목적 지향적'이라는 건 단어의 함축적 의미 그대로, '목적을 가지고 행동한다'라는 뜻이다. 그리고 이 문장을 읽는 동시에, 나뭇가지, 잎사귀를 운반하는 개미들의 이미지가 머릿속에 떠올랐어야 한다.

> 그런데 가을에 지는 낙엽이나 한밤 중에 쏟아지는 우박도 목적을 가질까?

⇒ 그러게, 궁금하다. 개미가 나뭇가지나 잎사귀를 옮기는 건, '집을 짓는다'든지, '먹이를 구한다'든지 하는 목적을 갖는 거 같다. 그런데, '지는 낙엽', '쏟아지는 우박'도 어떤 목적을 갖고 있는 걸까? 같이 의문을 품으면서 글을 계속 읽어준다.

> 아리스토텔레스는 모든 자연물이 목적을 추구하는 본성을 타고나며, 외적 원인이 아니라 내재적 본성에 따른 운동을 한다는 목적론을 제시한다.

⇒ 아리스토텔레스는 '지는 낙엽'과 '쏟아지는 우박'도 목적을 갖고 있다고 봤다. 바로 앞 문장에 대해서 아리스토텔레스는 '당연하지'라고 답을 했을 것이다. 아리스토텔레스는 '모든' 자연물이 '목적을 추구하는 본성'을 타고난다고 봤기 때문이다.

그리고 아리스토텔레스 입장에서, '개미'나 '지는 낙엽', '쏟아지는 우박'은 어떤 외부의 힘에 의해서 목적을 갖고 움직이는 것이 아니라고 한다. '개미', '낙엽'과 '우박'은 스스로가 가지고 있는 본성에 따라서 움직이고, 떨어지는 것이다. 이게 바로, 아리스토텔레스가 주장하는 '목적론'이다. 납득해 준다.

> 그는 자연물이 단순히 목적을 갖는 데 그치는 것이 아니라 목적을 실현할 능력도 타고나며, 그 목적은 방해받지 않는 한 반드시 실현될 것이고, 그 본성적 목적의 실현은 운동 주체에 항상 바람직한 결과를 가져온다고 믿는다.

➡ 아리스토텔레스는 자연물이 목적을 갖고 있을 뿐만 아니라 목적을 실현할 능력도 타고난다고 봤다. 즉, '개미'는 나뭇가지나 잎사귀를 옮긴다는 목적뿐만 아니라, 나뭇가지나 잎사귀를 옮길 힘도 타고난다는 것이다. 이미 출제자가 줬던 예시를 통해서 구체적으로 이해하고 넘어가자.

그리고 '그 목적은 방해받지 않는 한 반드시 실현'된다고 말한다. 즉, 누가 개미를 방해하지 않는 이상, 개미는 반드시 자기 목적에 맞게 나뭇가지와 잎사귀를 옮긴다는 것이다. 그리고 아리스토텔레스는 개미가 그렇게 자신의 본성적 목적을 실현하는 것이, 항상 개미에게 바람직한 결과를 가져온다고 생각한다. 쉽게 말해서, 개미는 나뭇가지와 잎사귀를 옮기는 목적을 실행함으로써 집을 짓고, 먹이를 얻게 된다. 따라서 개미가 자신의 목적을 따르는 행위는 항상 개미 자신에게 바람직한 결과를 가져온다는 것이다.

> 아리스토텔레스는 이러한 자신의 견해를 "자연은 헛된 일을 하지 않는다!"라는 말로 요약한다.

➡ 아리스토텔레스는 바로 위 문장에서, 자연이 자신의 목적을 실현하는 것은, 자연 자체에게 항상 바람직한 결과를 가져온다고 했다. 이 말을 "자연은 헛된 일을 하지 않는다"라는 말로 요약했다는 것이다. 구체적으로 말하면, 아리스토텔레스가 봤을 때 모든 자연물이 하는 행동은 '목적'에 따른 것이고, 목적에 따른 모든 행동은 항상 행동 주체에게 바람직하다. 그러니까, 모든 자연물 즉, 자연은 바람직하지 않은 일, 헛된 일을 하지 않는 것이다.

> 근대에 접어들어 모든 사물이 생명력을 갖지 않는 일종의 기계라는 견해
> 가 강조되면서, 아리스토텔레스의 목적론은 비과학적이라는 이유로 많은
> 비판에 직면한다.

⇒ 아리스토텔레스는 근대 이전 즉, '고대'에 살았던 '고대 사람'이다. 이때는 근대만큼
과학이 발전하지 않았었기에, 아리스토텔레스의 목적론에 대한 비판이 그리 심하지 않았
다. 하지만 근대에 접어들면서 과학이 발전하고, 모든 사물이 어떤 원리에 의해서 움직이
는 건지 밝혀진다. 그에 따라서, 아리스토텔레스의 주장은 힘을 잃은 것이다.

사람들은 더 이상 아리스토텔레스가 주장했던 것처럼 모든 사물이 자기 삶에 대한 목
적과 생명력을 갖고 있는 존재라고 생각하지 않았다. 오히려 모든 사물은 그냥 생물학적
원리에 의해 먹고, 자고, 싸는 기계에 불과하다는 생각이 널리 퍼지게 된 것이다. 이런 상
황에서 아무런 과학적 근거 없이, 모든 사물이 목적에 따라 움직인다고 설명한 아리스토
텔레스의 목적론은 비판의 대상이 되었을 것이다.

> 갈릴레이는 목적론적 설명이 과학적 설명으로 사용될 수 없다고 주장하
> 며, 베이컨은 목적에 대한 탐구가 과학에 무익하다고 평가하고, 스피노자
> 는 목적론이 자연에 대한 이해를 왜곡한다고 비판한다.

⇒ 학자가 여러 명 나온다. 이때 학자 이름에 동그라미 치고 외우려고 하면 안 된다. 출
제자는 너에게 암기력을 묻지 않기 때문에 학자 이름을 헷갈리게 만들어서 틀리게 하지
는 않는다. 또 만약 문제로 갔을 때 기억 안 나면 돌아오면 된다. 글을 읽을 때는 각 학자
들의 주장을 '이해'하는 것이 최우선이다. 그리고 '이해'를 하면 표시하거나 외워놓지 않
아도 문제 푸는 데는 아무 문제가 없다.

일단 각 학자들의 주장을 읽고, 이해해 보자. 우선 갈릴레이는 목적론적 설명이 과학적
설명으로 사용될 수 없다고 주장했다고 한다. 왜 그런 걸까? 부연설명을 스스로 생각했
어야 했다. 생각해 보면, 아리스토텔레스의 '목적론'은 과학적인 근거를 가지고, 모든 사
물이 '목적'에 따라 행동한다고 말한 게 아니다. 그냥 아리스토텔레스의 주장일 뿐이다.
과학적 설명으로 사용되려면 과학적으로 증명이 가능해야 하는데, 아리스토텔레스의 목
적론은 과학적으로 증명이 불가능하다.

베이컨은 목적에 대한 탐구가 과학에 무익하다고 평가했다. 왜 그런 걸까? **사물이 목적에 따라 움직인다는 것은 '과학적으로 증명'할 수가 없기 때문**이다. 그러니, '목적'에 대한 탐구는 과학의 발전에 별다른 이익을 줄 수 없었을 것이다. 스피노자는 목적론이 자연에 대한 이해를 왜곡한다고 말했다. 근대 사람들에게 자연은 '기계'와 같은 것이다. 하지만, 아리스토텔레스의 목적론에 따르면 자연이 마치 '의지'를 가지고 있는 존재처럼 느껴진다. 아리스토텔레스는 자연 스스로 자기 안에 내재되어 있는 목적을 이루기 위해 노력한다고 생각했기 때문이다. 이는 자연을 기계로 보는 근대 사람 입장에서 받아들이기 힘든 주장이었을 것이다.

> 이들의 비판은 목적론이 인간 이외의 자연물도 이성을 갖는 것으로 의인화한다는 것이다.

⇒ 이 문장을 통해 유추해 보자면, 근대 사람들에게 '이성'은 인간만이 가지고 있는 것이었다. 근대 사람들에게 자연은 '기계'였기 때문에, 자연이 스스로 목적을 가지고 움직인다고 말했던 아리스토텔레스의 목적론은 근대 사람들이 받아들이기 힘들었던 것이다. 그래서 근대 사람들은, '자연이 스스로 목적을 실현하려 한다'는 아리스토텔레스의 목적론이 자연을 '이성'을 가지고 있는 존재로 오해하게 만든다고 비판했다.

> 그러나 이런 비판과는 달리 아리스토텔레스는 자연물을 생물과 무생물로, 생물을 식물, 동물, 인간으로 나누고, 인간만이 이성을 지닌다고 생각했다.

⇒ 그런데 아리스토텔레스가 반박한다. 자신이 말한 '목적론'은 '자연이 이성을 가지고 있다'고 말한 것이 아니라고 설명한다. 아리스토텔레스도 근대 사람들과 마찬가지로, '이성'은 인간만 가지고 있는 것이라 생각했다.

> 일부 현대 학자들은, 근대 사상가들이 당시 과학에 기초한 기계론적 모형이 더 설득력을 갖는다는 일종의 교조적 믿음에 의존했을 뿐, 아리스토텔레스의 목적론을 거부할 충분한 근거를 제시하지 못했다고 비판한다.

⇒ '현대'에 들어서서, 일부 학자들은 '근대' 사상가들을 비판한다. 근대 사람들이 과학에 기초해서 자연을 기계라고 한 설명이 더 설득력이 있다는 '교조적 믿음'에 근거했을 뿐, 목적론이 아니라고 할만한 근거를 제시하진 못했다는 것이다. (여기서 '교조적'이라는 것은, '역사적 환경이나 구체적 현실과 관계없이 어떠한 상황에서도 절대로 변하지 않는 진리인 듯 믿고 따르는 것'을 뜻한다.) '현대' 학자 입장에서 봤을 때, 아리스토텔레스의 목적론이 맞다는 건 아니지만, 그렇다고 '틀렸다'라고 말할만한 명확한 근거도 없다는 것이다.

> 이런 맥락에서 볼로틴은 근대 과학이 자연에 목적이 없음을 보이지도 못했고 그렇게 하려는 시도조차 하지 않았다고 지적한다.

⇒ 현대 학자 중 한 명인 볼로틴은 과학적 근거 없이 아리스토텔레스의 목적론을 비판했던 '근대' 과학자들을 비판하고 있다. 아리스토텔레스에게만 뭐라고 할 게 아니라, 아리스토텔레스의 주장을 논리적으로 반박하지 않고, 반박하려는 시도도 하지 않은 근대 과학자들도 잘못했다는 것이다.

> 또한 우드필드는 목적론적 설명이 과학적 설명은 아니지만, 목적론의 옳고 그름을 확인할 수 없기 때문에 목적론이 거짓이라 할 수도 없다고 지적한다.

⇒ 납득한다. 우드필드에 따르면, 근대 사상가들이 지적한 것처럼 목적론이 과학적이진 않지만, 그렇다고 해서 틀렸다고 할 수도 없다는 것이다. 목적론이 옳은지 그른지 확인이 불가능하기 때문이다. 우드필드도 볼로틴과 마찬가지로, 명확한 근거 없이 아리스토텔레스의 목적론을 비판했던 근대 사상가들을 비판하고 있다.

> 17세기의 과학은 실험을 통해 과학적 설명의 참, 거짓을 확인할 것을 요구했고, 그런 경향은 생명체를 비롯한 세상의 모든 것이 물질로만 구성된다는 물질론으로 이어졌으며, 물질론 가운데 일부는 모든 생물학적 과정이 물리, 화학 법칙으로 설명된다는 환원론으로 이어졌다.

⇒ 이건 배경지식으로 알아두면 좋은데, 흔히 17~19세기를 근대라고 부른다. 앞서, 근대에 접어들고 과학이 발달하면서 '모든 사물이 생명력을 갖지 않는 일종의 기계라는 견해'가 퍼졌다고 했다. 이 점을 고려했을 때, '17세기의 과학' 즉, '근대의 과학'은 모든 사물을 과학적으로 탐구하려고 했을 것이다. 실험을 통해서 사물에 대한 과학적인 설명이 맞고 틀린지 확인했을 것이고, '세상의 모든 것이 물질로만 구성된 게 아닐까?' 하는 물질론을 떠올렸다는 것도 어렵지 않게 납득할 수 있다.

  그리고 '물질론'은 '모든 생물학적 과정이 물리, 화학 법칙으로 설명된다는 환원론으로 이어졌다'고 하는데, 17세기는 물리나 화학 같은 '과학'을 중요시하는 시대였기 때문에 충분히 그럴 수 있을 거 같다.

  추가로, '물질론'과 '환원론'의 함축적 의미를 떠올려준다. '물질론'은 말 그대로 모든 사물이 물질로 구성되어 있다고 주장하는 이론이니 '물질'론이라 할 수 있을 것이다. 그리고 '환원론'의 경우, '환원'이라는 단어가 '원래 상태로 전환하다'라는 뜻이므로, 모든 생물학적 과정을 물리, 화학 법칙을 사용해서 역으로 설명할 수 있다는 의미에서 '환원론'이라 할 수 있을 것이다.

> 이런 환원론은 살아 있는 생명체가 죽은 물질과 다르지 않음을 함축한다.

⇒ 왜 환원론이 '살아있는 생명체가 죽은 물질과 다르지 않음'을 함축하는 걸까? 바로 위 문장을 보면 알 수 있듯이, '환원론'은 '물질론'의 일부이기 때문이다. 위 문장에서 '물질론'은 살아있는 생명체를 비롯해서 죽은 생명체를 포함한 모든 사물들이 '물질'로 구성되어 있다는 이론이라 했었다. 따라서 물질론의 일부분인 환원론 또한, 살아 있는 생명체가 죽은 물질과 다르지 않음을 함축하고 있다고 말할 수 있는 것이다. 환원론을 주장하는 사람들 입장에서는, 살아 있는 생명체랑 죽은 생명체가 상태만 다르지, 결국 둘 모두 같은 '물질'로 이뤄져 있기에 같다고 볼 것이다.

> 하지만 아리스토텔레스는 자연물의 물질적 구성 요소를 알면 그것의 본성을 모두 설명할 수 있다는 엠페도클레스의 견해를 반박했다.

➡ 이 문장을 읽어보니, 엠페도클레스는 '물질론'을 주장한 쪽인 거 같다. 자연물의 물질적 구성 요소를 알면 그 자연물의 본성을 모두 설명할 수 있다는 엠페도클레스의 견해는, 자연물이 물질로 구성되어 있다는 걸 전제하기 때문이다. 엠페도클레스는 모든 사물이 '물질'로 이뤄져 있다는 사실을 바탕으로, 어떤 물질들이 해당 사물을 이루고 있는지만 알아내면 그 사물의 본성을 모두 설명할 수 있다고 생각한 것이다. 하지만 아리스토텔레스는 이러한 엠페도클레스의 견해를 반박했다고 한다. 도대체 어떻게 반박한 걸까? 의문을 가지고 읽어 내려가자.

> 이 반박은 자연물이 단순히 물질로만 이루어진 것이 아니며, 또한 그것의 본성이 단순히 물리·화학적으로 환원되지도 않는다는 주장을 내포한다.

➡ 아리스토텔레스는 자연물이라는 것이 단순히 물질로만 이뤄진 것이 아니라고 봤다. 그리고 자연물이 가지고 있는 '본성'이라는 것은 단순히 물리, 화학적으로 환원되는 것이 아니라고 반박했다. 시험장에서는 '그렇게 생각할 수도 있겠다' 생각하고 넘어가면 된다.

지금은 해설을 하는 시간이니, 네가 아리스토텔레스의 말을 완벽하게 이해할 수 있게 조금 더 구체적인 설명을 해보겠다. 한번 '인간'이라는 존재에 대해서 생각해 보자. 우리 인간이 가지고 있는 본성 중 하나는 '이성'을 가지고 있다는 것이다. 이성은 논리적으로 사유하는 능력을 뜻하는 말로, 동물과 인간을 구별해 주는 가장 큰 특성이다. 그런 '이성'은 눈에 보이지도 않고, '분자'로 이뤄져 있지도 않다. 하지만 '이성'은 인간이 가지고 있는 본래 특성 즉, 본성 중 하나다. 아리스토텔레스는 이런 부분을 지적한 것이다. 인간의 '이성'은 단순한 물리, 화학적 구성으로 이뤄져 있는 게 아니라는 것이다. 아리스토텔레스가 생각했을 때 인간과 같은 자연물은 단순히 분자 구성으로는 설명할 수 없는 무언가를 가지고 있다는 것이다.

추가로 한 가지 배경지식을 설명해주자면, 현대에는 아직 '이성'이 물질적인가 비물질적인 것인가에 대한 논의가 계속되고 있다. 만약 이성이 물질적인 것이라면, 이성을 구성하고 있는 물질을 조합해서 이성을 만들어 내는 것도 가능할 것이다. 우리가 '이성'을 만들 수 있게 되는 순간, 이성은 '물질적인 것'으로 이해할 수 있다. 그래서 많은 전문가들이 'chat gpt'같은 프로그램을 연구하면서, '이성'이라는 것을 '컴퓨터' 같은 완전히 물질적인 대상에 구현할 수 있을지, 이성이라는 것이 정말 물질적인 것인지, 계속 연구하고 있는 것이다.

> 첨단 과학의 발전에도 불구하고 생명체의 존재 원리와 이유를 정확히 규명하는 과제는 아직 진행 중이다.

⇒ 생명체의 존재 원리와 이유를 정확히 밝혀내는 것이 쉽지 않은 과정인가 보다.

> 자연물의 구성 요소에 대한 아리스토텔레스의 탐구는 자연물이 존재하고 운동하는 원리와 이유를 밝히려는 것이었고, 그의 목적론은 지금까지 이어지는 그러한 탐구의 출발점이라 할 수 있다.

⇒ 아리스토텔레스의 탐구가 가지는 '의의'를 말해주고 있다. 자연물이 무엇으로 이뤄져 있는지 밝히려 했던 아리스토텔레스의 시도는, 결국 자연물이 어떻게 존재하고, 어떻게 운동하는지를 밝혀내려는 것이었다. 그러한 아리스토텔레스의 시도를 시작으로, 자연물이 존재하고 운동하는 원리를 밝히려는 탐구가 지금까지 지속되고 있는 것이다.

----------------------------- ◆ 문제 해설 ◆ -----------------------------

1. 윗글에 나타난 아리스토텔레스의 견해에 대한 이해로 가장 적절한 것은?

> ① 개미의 본성적 운동은 이성에 의한 것으로 설명된다.

⇒ 아리스토텔레스는 '목적론이 인간 이외의 자연물도 이성을 갖는 것으로 의인화한다'라는 근대 철학자들의 비판에 대해서, 인간만이 이성을 갖는다고 반박했었다. 따라서, 아리스토텔레스의 견해에 따르면 개미의 본성적 운동은 이성과 관련 없는 것이다.

② 자연물의 목적 실현은 때로는 그 자연물에 해가 된다.

⇒ 아니다. 아리스토텔레스의 목적론에서는, 자연물의 목적 실현이 반드시 자연물 자체에게 바람직한 결과를 가져온다고 했었다.

③ 본성적 운동의 주체는 본성을 실현할 능력을 갖고 있다.

⇒ 맞는 말이다. 아리스토텔레스는 본성적 운동의 주체가 자신이 가지고 있는 본성을 실현할 능력 또한 타고난다고 생각했다. 아리스토텔레스의 목적론을 이해했다면 쉽게 판단했을 것이다.

④ 낙엽의 운동은 본성적 목적 개념으로는 설명되지 않는다.

⇒ 아리스토텔레스의 목적론에 따르면, 낙엽의 운동 또한 목적에 따라 움직이는 것으로 이해할 수 있다.

⑤ 자연물의 본성적 운동은 외적 원인에 의해 야기되기도 한다.

⇒ 아니다. 외적 원인이 아니라, 내재적 본성에 의해 야기되는 것이었다.

✔ 답 : ③

2. 윗글에 나타난 목적론에 대한 논의를 적절하게 진술한 것은?

① 갈릴레이와 볼로틴은 목적론이 근대 과학에 기초한 기계론적 모형이라고 비판한다.

⇒ 완전 반대다. 갈릴레이와 볼로틴이 각각 어떤 주장을 했는지 확인할 필요도 없이, '목적론이 근대 과학에 기초한 기계론적 모형이라고 비판'이라는 말에서 이 선택지가 틀렸다는 걸 판단했어야 한다. 목적론은 근대 과학에 기초하지 않은 비과학적 모형이라는

비판을 받았었다.

> ② 갈릴레이와 우드필드는 목적론적 설명이 과학적 설명이 아니라는 데
> 동의한다.

➡ 윗글에 나왔던 모든 철학자들은 목적론적 설명이 과학적 설명이 아니라는 데 동의했었다. 다만, 우드필드는 목적론이 과학적 설명이 아니지만, 그렇다고 틀렸다고 할 수도 없다고 말했었다. 정답이다.

> ③ 베이컨과 우드필드는 목적론적 설명이 교조적 신념에 의존했다고 비
> 판한다.

➡ 베이컨은 '목적론적 설명이 교조적 신념에 의존했다'는 걸 비판한 것이 아니라, 그냥 '목적론'을 비판했던 것이다. 우드필드는 목적론적 설명이 교조적 신념에 의존했다고 말한 게 아니다. 목적론을 비판하는 근대 사상가들의 생각이 교조적 신념에 의존한 것이라 말한 것이다.

> ④ 스피노자와 볼로틴은 목적론이 자연에 대한 이해를 확장한다고 주장
> 한다.

➡ 근대 사상가였던 스피노자는 목적론에 대해 비판적인 입장이었다. 볼로틴은 목적론을 옹호하는 입장이었지만, 그렇다고 해서 '목적론이 자연에 대한 이해를 확장'한다고 생각했다는 내용은 없었다.

> ⑤ 스피노자와 우드필드는 목적론이 사물을 의인화하기 때문에 거짓이
> 라고 주장한다.

➡ 스피노자는 목적론이 사물을 의인화한다는 비판을 했지만, 우드필드는 아니였다. 우드필드는 목적론이 맞는지 틀렸는지 확인할 수 없기 때문에, 거짓이라 할 수도 없다고 말했었다.

3. 윗글을 바탕으로 <보기>를 이해한 내용으로 가장 적절한 것은?

> <보 기>
>
> 생물학자 마이어는 생명체의 특징을 보여 주는 이론으로 창발론을 제시한다. 그는 생명체가 분자, 세포, 조직에서 개체, 개체군에 이르기까지 단계적으로 점점 더 복잡한 체계를 구성하며, 세포 이상의 단계에서 각 체계의 고유 활동은 미리 정해진 목적을 수행한다고 생각한다. 창발론은 복잡성의 수준이 한 단계씩 오를 때마다 구성 요소에 관한 지식만으로는 예측할 수 없는 특성들이 나타난다는 이론이다. 마이어는 여전히 생명체가 물질만으로 구성된다고 보지만, 물리·화학적 법칙으로 모두 설명되지는 않는다고 본다.

※ <보기>를 읽을 때는 반드시 글 내용과 연관 지어서 생각을 해줘야 한다. '이 부분은 목적론이랑 비슷하네, 이 부분은 근대 과학 입장이네'하면서 글 내용을 <보기>에 붙여주면서 읽어야 문제가 빨리 풀린다.

⇒ 마이어의 입장은 마지막 문장에 정리되어 있다. 마이어는 근대 사상가들과 마찬가지로, 생명체가 물질만으로 구성된다고 보았다. 그러나 생명체의 복잡성 수준이 높아질 때마다, '생명체가 무엇으로 구성되었는지에 대한 지식'만으로는 예측할 수 없는 특성들이 나타나기 때문에, 환원론으로 모든 것을 설명할 수 없다고 봤다. 즉, 마이어는 물질론에 동의하긴 하지만 환원론에는 동의하지 않는 것이다. 마이어가 환원론으로 모든 것을 설명할 수 없다고 주장한 점은 아리스토텔레스의 견해와 비슷하다.

> ① 마이어는 아리스토텔레스처럼, 엠페도클레스의 물질론적 견해가 적절하다고 보겠군.

⇒ 〈보기〉 분석하면서 생각했던 대로, 마이어는 엠페도클레스의 '환원론'에 동의하지 않았을 것이다. 또한 '아리스토텔레스처럼'이라는 말도 틀렸다. 아리스토텔레스는 엠페도클레스의 환원론을 반박했었다.

> ② 마이어는 아리스토텔레스처럼, 자연물이 물질만으로 구성된다는 물
> 질론에 동의하겠군.

⇒ 마이어는 '여전히 생명체가 물질만으로 구성된다고 보'았기 때문에 물질론에 동의할 것이다. 하지만, 아리스토텔레스는 자연물이 단순히 물질만으로 구성된 것은 아니라고 생각했다.

> ③ 마이어는 아리스토텔레스처럼, 생명체의 특성들은 구성 요소들에 관
> 한 지식만으로 예측할 수 없다고 보겠군.

⇒ 정답이다. 마이어와 아리스토텔레스 모두 생명체의 특성을 구성 요소에 대한 지식만으로 예측할 수 없다고 봤다. 명확하게 말하자면, 아리스토텔레스는 생명체의 '특성'이 아니라, '본성'을 구성 요소들에 관한 지식만으로 예측할 수 없다고 보았다. 하지만, 본성의 뜻은 '사물이나 현상에 본래부터 있는 고유한 특성'이기 때문에, '특성'이라고 표현해도 맞는 말이다.

> ④ 마이어는 아리스토텔레스와 달리, 모든 자연물이 목적 지향적으로 운
> 동한다고 보겠군.

⇒ 먼저 마이어부터 판단해 보자. 마이어는 모든 '생명체'가 목적 지향적으로 운동한다고 보았다. 〈보기〉를 참고했을 때, 마이어는 '세포 이상의 단계에서 각 체계의 고유 활동은 미리 정해진 목적을 수행'한다고 보았기 때문이다. 그러나 돌멩이 같은 자연물 또한 생명체처럼 목적 지향적으로 운동한다고 보았는지는 알 수 없다. 돌멩이는 자연물이긴 하지만, 생명체는 아니기 때문이다. 그래서 정말 명확하게 판단하자면, 마이어가 모든 '생명체'가 목적 지향적으로 운동한다고 본 건 맞지만, 모든 '자연물'이 목적 지향적으로 운동한다고 보았을지는 모르는 것이다. 반면 아리스토텔레스는 '모든 자연물'이 목적 지향적으로 운동한다고 보았다.

> ⑤ 마이어는 아리스토텔레스와 달리, 모든 자연물의 본성에 대한 물리,
> 화학적 환원을 인정하겠군.

161

⇒ 마이어는 생명체가 물질만으로 구성된다고 보았지만, 물리, 화학적으로 모든 자연물의 본성을 설명할 수 있다고 보진 않았다.

● 답 : ③

2011학년도 고3 수능, 체계 이론 미학

㉠ 전통적인 철학적 미학은 세계관, 인간관, 정치적 이념과 같은 심오한 정신적 내용의 미적 형상화를 예술의 소명으로 본다. 반면 현대의 ㉡ 체계 이론 미학은 내용적 구속성에서 벗어난 예술을 진정한 예술로 여긴다. 이는 예술이 미적 유희를 통제하는 모든 외적 연관에서 벗어나 하나의 자기 연관적 체계로 확립되어 온 과정을 관찰하고 분석함으로써 얻은 결론이다. 이 이론은 자율성을 참된 예술의 조건으로 보는 이들이 선호할 만하다. 그렇다면 현대의 새로운 예술 장르인 뮤지컬은 어떻게 진술될 수 있을까?

뮤지컬은 여러 가지 형식적 요소로 구성되는데, 이것들은 내용, 즉 작품의 줄거리나 주제를 실질적으로 구현하는 역할을 한다. 전통적인 철학적 미학에 따르면 참된 예술은 훌륭한 내용과 훌륭한 형식이 유기적으로 조화될 때 달성된다. 이러한 고전적 기준을 수용할 때, 훌륭한 뮤지컬 작품은 어느 한 요소라도 ⓐ 소홀히 한다면 만들어지기 어렵다. 뮤지컬은 기본적으로 극적 서사를 지니기에 훌륭한 극본이 요구되고, 그 내용이 노래와 춤으로 표현되기에 음악과 무용도 핵심이 되며, 이것들의 효과는 무대 장치, 의상과 소품 등을 통해 배가되기 때문이다.

그런데 찬사를 받는 뮤지컬 중에는 전통적 기준의 충족과는 거리가 먼 사례가 적지 않다. 가령 A. L. 웨버는 대표작 〈캐츠〉의 일차적 목표를 다양한 형식의 볼거리와 들을 거리로 관객을 즐겁게 하는 데 두었다. 〈캐츠〉는 고양이들을 주인공으로 한 T. S. 엘리엇의 우화집에서 소재를 빌렸지만, 이 작품의 핵심은 내용의 충실한 전달에 있는 것이 아니라 어떤 기발한 무대에서 얼마나 다채롭고 완성도 있는 춤과 노래가 펼쳐지는가에 있다. 뮤지컬을 '레뷰(revue)', 즉 버라이어티 쇼로 바라보는 최근의 관점 은 바로 이 점에 근거한다.

체계 이론 미학의 기준을 끌어들일 때, 레뷰로서의 뮤지컬은 예술로서의 예술의 한 범례로 꼽힐 수 있다. 물론 이러한 유형의 미학이 완전히 주류로 확립된 것은 아니다. 전통적인 철학적 미학도 여전히 지지를 얻는 예술관의 하나이기 때문이다. 이 입장에 준거할 때 체계 이론 미학의 예술관은 예술을 명예롭게 하는 숭고한 가치 지향성을 아예 포기하는 형식 지상주의적 예술관으로 해석될 수 있다.

163

1. ㉠과 ㉡에 대한 이해로 적절한 것은?

① ㉠은 내용적 요소와 형식적 요소를 모두 중시한다.
② ㉡은 자율적 예술의 탄생을 주도적으로 이끈 이론이다.
③ ㉠과 ㉡이 적용되는 예술 장르는 서로 다르다.
④ ㉡은 ㉠을 대체할 수 있는 새로운 주류 이론이다.
⑤ ㉡은 ㉠에 비해 더 진지한 정신적 가치를 지향한다.

2. 〈캐츠〉에 대한 감상 중 최근의 관점 에 가장 가까운 것은?

① 멋진 춤과 노래가 어우러진 공연이 충분한 볼거리를 제공했기 때문에, 원작과 관계없이 만족했어요.
② 감독이 고양이들의 등장 장면에 채택한 연출 방식이 작품의 주제 구현을 오히려 방해해서 실망했어요.
③ 늙은 암고양이의 회한이 담긴 노래의 가사는 들을 때마다 소외된 사람들에 대한 연민을 불러일으켜요.
④ 기발한 조명과 의상이 사용된 것을 보고, 원작의 심오한 주제에 걸맞은 연출 방식이구나 하며 감탄했어요.
⑤ 의인화된 고양이들의 삶과 내면이 노래들 속에 녹아들어 있어서, 인간을 진지하게 성찰하는 기회가 되었어요.

3. 윗글을 바탕으로 〈보기〉의 ㉮와 ㉯를 이해한 것으로 적절한 것은?

〈보 기〉

종합 예술의 기원인 ㉮ 그리스 비극은 형식적 측면에서 높은 수준에 이르렀을 뿐만 아니라, 세계와 삶에 대한 당대인들의 인식을 이끌었다. 반면 ㉯ 근대의 오페라는 그 발전 과정에서 점차 아리아 위주로 편성됨으로써, 심오한 지적·도덕적 관심이 아니라 음악 내적 요소에 지배되는 경향을 띠었다.

---

① ㉮는 즐거움의 제공을, ㉯는 교훈의 제공을 목표로 삼고 있군.
② ㉮는 자기 연관적이지만, ㉯는 외적 연관에 의해 지배되는군.

③ ㉮는 정신적 내용의 미적 형상화를, ㉯는 미적 유희를 추구하는군.
④ ㉮와 ㉯는 모두 고전적 기준에 따라 높이 평가될 수 있군.
⑤ ㉮와 ㉯는 모두 각각의 시대에 걸맞은 '레뷰'라고 볼 수 있군

'체계 이론 미학' 지문해설

㉠ 전통적인 철학적 미학은 세계관, 인간관, 정치적 이념과 같은 심오한 정신적 내용의 미적 형상화를 예술의 소명으로 본다.

📣 이 지문은 첫 번째 문장과 두 번째 문장을 이해하는 것이 가장 어려웠다. 이렇게 어려운 문장이 나오면 당연히 속도를 늦춰야 한다. 속도를 늦추고, 여러 번 읽더라도 반드시 의미를 구체화하고 넘어가야 한다. 예술 제재도 인문이나 철학 제재만큼 추상적인 문장이 꽤 많이 나오기 때문에, 항상 '구체화'해주면서 읽는 걸 습관화하자.

⇒ 우선 '전통적인 철학적 미학'이라는 말부터 이해를 해보자. '미학'이라는 것이 뭘까? 함축적 의미를 생각해보면 말 그대로, '미(美)'에 관한 학문, '미적으로 아름다운 것'과 관련된 학문이 아닐까 유추해볼 수 있다. 그럼 '철학적 미학'이라는 것은 뭘까? 자세히는 모르겠지만, 뭔가 '철학 + 미학' 정도로 생각해볼 수 있겠다. '미학'을 '철학과 관련된 관점', '철학에서 쓰는 개념'들이랑 엮어서 탐구하는 건가? 정확히는 모르겠다. 정확한 건, 뒤를 더 읽어봐야 알 수 있을 거 같다. 우선 그 다음 부분을 보자.

이어서 문장을 읽어보니, '전통적인 철학적 미학'은 세계관, 인간관, 정치적 이념 같은 심오한 정신적 내용의 미적 형상화를 예술의 소명으로 본다고 한다. 이게 무슨 말일까? 우선 단어부터 보자. '세계관, 인간관, 정치적 이념 같은 심오한 정신적 내용의 미적 형상화'라는 것이 무슨 뜻일까? 여기서 '미적 형상화'라는 것은 말 그대로 '사랑'이나 '우정'

같이 형상이 아닌, 무형의 것을 형상으로 아름답게 표현해낸다는 뜻이다. 즉, 사랑이나 우정 같은 추상적인 무형의 개념을 '연인이 서로 껴안고 있는 아름다운 그림'이나 '두 남자가 서로 손을 맞잡고 있는 웅장한 건축물'로 '형상화' 해낸다는 것이다. 즉, '세계관, 인간관, 정치적 이념 같은 심오한 정신적 내용의 미적 형상화'라는 말은, 세계관이나 인간관, 정치적 이념 같은 추상적인 생각들을 그림이나 조각, 건축물 같은 '눈으로 볼 수 있는' 미술 작품으로 표현해낸다는 의미다.

그리고 '전통적 철학적 미학'은 이러한 '심오한 정신적 내용의 미적 형상화'를 예술의 '소명'으로 본다고 한다. 즉, '예술'이라는 것은 일기장에 쓰듯 내가 느끼는 '사소한' 감정들을 표현하고, 그려내는 일이 아니라, 세계관이나 인간관, 정치적 이념 같은, '매우 중요하고 어렵고 심오한 정신적 내용'을 표현해야 하는 일이라고 본 것이다. 그럼 여기서 마지막으로 드는 의문은, 왜 '전통적 철학적 미학'이 '심오한 정신적 내용의 미적 형상화'를 예술이 해야 할 일로 생각하냐는 것이다. 함축적 의미를 생각해보면 쉽게 납득이 된다. 말 그대로, '세계관, 인간관, 정치적 이념' 같은 심오한 **철학적 내용**을 '미적 형상화' 해내는 것이 중요하다고 생각하는 학문이니까 '전통적 철학적 미학'인 것이다.

> 반면 현대의 ⓛ 체계 이론 미학은 내용적 구속성에서 벗어난 예술을 진정한 예술로 여긴다.

⇒ 납득한다. 우선 '체계 이론 미학'이라는 단어부터 보자, 함축적 의미 그대로, '체계'를 중요시하는 미학인 듯하다. '체계 이론 미학'은 앞서 나온 '전통적 철학적 미학'과 반대로, '내용적 구속성'에 벗어난 예술을 진정한 예술로 본다고 한다. 앞서 나온 '전통적 철학적 미학'은 내용적인 구속성이 있었다. '심오한 정신적 내용'을 다룬 것만 '예술'이라고 인정했기 때문이다.

'체계 이론 미학'은 '체계'를 중요시하는 미학이니, 오히려 내용에 구속 받은 예술 작품은 예술이 아니라고 보는 것이다. 아직 '체계 이론 미학'이 '체계'라는 단어를 어떤 의미로 썼는지는 모르겠다. 무슨 체계를 말하는 건지는 모르겠지만, 우선 앞서 나온 '전통적 철학적 미학'과 달리, '내용적 구속'이 없는 예술을 추구한다는 것만 납득해주자. 글의 뒷부분에서 좀 더 구체적으로 설명해 줄 것이다.

> 이는 예술이 미적 유희를 통제하는 모든 외적 연관에서 벗어나 하나의 자기 연관적 체계로 확립되어 온 과정을 관찰하고 분석함으로써 얻은 결론이다.

⇒ 이 문장에서 '체계 이론 미학'이 어떤 것을 중요시하는 미학인지, **'체계 이론 미학'에서 '체계'가 무슨 의미인지**, 좀 더 구체적으로 말해주고 있다.

'체계 이론 미학'은 예술이 미적 유희를 통제하는 모든 외적 연관에서 벗어나, 하나의 자기 연관적 체계로 확립되어온 과정을 관찰하고 분석했다고 한다. 여기서 '미적 유희를 통제하는 모든 외적 연관'이란, 구체적으로 무엇을 말하는 걸까? 앞서 '전통적 철학적 미학'에서는 '심오한 정신적 내용'을 담은 것만 예술이라고 했다. 즉, '예술은 심오한 정신적 내용만 담아야 해!'라는 외적인 기준(외적 연관)이 예술을 통제하고 있는 것이다. 이러한 외적 연관은 '미적 유희' 즉, '예술을 즐기는 것'을 통제할 수도 있다. 왜냐하면, 그림을 그리는 사람 입장에서는 '심오한 내용'만 그려야 한다는 통제가 있으니까, 다른 걸 그리고 싶어도 그릴 수 없다. 그림을 감상하는 사람 입장에서도 '심오한 내용을 표현한 예술'만 감상하게 된다. '심오한 내용이 담겨 있지 않은 예술'을 감상하면서 느낄 수 있는 미적 유희를 경험하지 못하는 것이다.

'체계 이론 미학'은 예술이 이런 외적 연관에서 벗어나서, '하나의 자기 연관적 체계'로 확립되어 온 과정을 관찰하고 분석했다고 한다. 그럼 여기서, '하나의 자기 연관적 체계로 확립'되었다는 말은 무슨 뜻일까? 이 문장만 가지고 정확한 의미를 생각해낼 수는 없겠지만, 그래도 최대한 유추해보자.

우선 '전통적 철학적 미학'에 따르면, 예술은 세계관이나 인간관 같은 '심오한 철학적 내용'이라는 외적인 요소와 '연관'되어 있었어야 했다. 그래야 '진정한 예술'로 인정받았기 때문이다. 그러나 '예술'은 시간이 지나면서 외적인 요소들과 연관 없이, 그냥 '예술' 자신 스스로와 연관을 맺게 되었다. 쉽게 말하자면, 그냥 '그림 자체만 보고' 그림이 아름다운지 아닌지, 좋은지 싫은지를 판단했다는 것이다. 그림 자체에 쓰인 선의 굵기, 명암 표현 방법 등을 중요하게 생각했지, 이 그림이 어떤 심오한 '내용'을 담고 있는지와 같은 외적 요소에는 신경 쓰지 않았다. 그리고 그렇게 작품의 형식, 모양, 선, 굵기 등 **작품 그 자체의 '자기 연관적 체계'를 중요시 생각하는 예술**을 '진정한 예술'이라고 생각하는 게

'체계 이론 미학'인 것이다.

> 이 이론은 자율성을 참된 예술의 조건으로 보는 이들이 선호할만하다.

⇒ 당연하다. 기존의 '전통적 철학적 미학'은 '심오한 내용만을 담아야 한다'라는 통제가 있었다. '심오한 내용을 담지 않은 예술'을 할 자율성이 없었던 것이다. 그렇기 때문에, 내용적 구속성을 가지고 있던 '전통적 철학적 미학'을 반대하면서 등장한 '체계 이론 미학'은, 자율성을 참된 예술의 조건으로 보는 이들이 선호했을 것이다.

> 그렇다면 현대의 새로운 예술 장르인 뮤지컬은 어떻게 진술될 수 있을까?

⇒ 위에 나온 '전통적 철학적 미학'과, '체계 연관 미학' 관점에서 '뮤지컬'이라는 새로운 예술 장르를 어떻게 설명할 수 있을지 물어보고 있다. 이때 너는 아래 글을 읽으면서, '뮤지컬'이라는 예시에 앞서 읽었던 내용을 연결하면서 읽을 생각을 했어야 한다.

> 뮤지컬은 여러 가지 형식적 요소로 구성되는데, 이것들은 내용, 즉 작품의 줄거리나 주제를 실질적으로 구현하는 역할을 한다.

⇒ 납득한다. 여기서 '형식적 요소'라는 게 구체적으로 무슨 뜻일까? 생각이 안 난다면 '내용'의 반대라고 생각했어도 좋다. 생각해보자면, 뮤지컬에서 '형식적 요소'는 공연장의 조명이나 인물들의 복장, 뮤지컬에 나오는 노래의 선율 같은 것들이 있을 수 있다. 뮤지컬은 이러한 형식적 요소를 통해서 작품의 줄거리나 주제를 관객들에게 드러낸다고 한다. 어렵지 않다. 납득하자.

> 전통적인 철학적 미학에 따르면 참된 예술은 훌륭한 내용과 훌륭한 형식이 유기적으로 조화될 때 달성된다.

⇒ 납득한다. '전통적인 철학적 미학'은 '심오한 철학적인 **내용**'을 담고 있는 것을 예술이라고 보았다. 따라서 전통적인 철학적 미학 입장에서 '참된 예술'이라고 부르려면 '훌

류한 내용'이 필요할 것이다. **그런데 여기서 주목할 점은, 전통적인 철학적 미학이 '훌륭한 형식'도 필요하다고 본 것이다.** '형식'이라는 것은, '체계'랑 비슷한 말이다. 둘 다 '어떻게 생겼는지'를 말할 때 쓰는 단어이기 때문이다. 나는 위 문장들에서 말한 내용에 따라서, '전통적인 철학적 미학'은 뮤지컬에서 훌륭한 '내용'이 중요하다고 말할 것이고, '체계 이론 미학'은 훌륭한 '형식'이 중요하다고 말할 거라 생각했다. 그런데 갑자기 '전통적인 철학적 미학'이 참된 예술이 되려면 '형식도' 중요하다고 말한다.

나는 그래서 '훌륭한 형식이 유기적으로 조화될 때 달성된다'라는 부분에 밑줄을 쳐놓고 넘어갔다. 왜냐하면 **왜 그런 건지 부연설명을 생각해내기가 어려웠기 때문**이다. 그래서 이건 문제로 돌아갔을 때 기억이 안 날 수도 있겠다고 생각했고, 밑줄을 그어놓았다. 만약 너는 부연설명이 붙여졌다면 밑줄 없이 넘어갔어도 된다. 그런데 만약 너도 이 부분에 부연설명을 붙이지 못했음에도 그냥 넘어갔다면, 문장을 아직도 섬세하게 읽고 있지 않은 것이니 반성해야 한다.

추가 Tip

'예외'에 해당하거나, 부연설명이 없거나 생각나지 않아서 이해가 안 되는 내용에는 밑줄을 그어놓고 넘어가자. 내가 '여섯 번째 원칙'에서도 말했지만, 부연설명이 안 붙여지는 문장은 내가 이해를 못한 문장이기 때문에, 적절한 부연설명이 생각나지 않는다면 반드시 밑줄을 그어놓고 넘어가야 한다. 이해를 못한 문장은 기억이 나지 않을 가능성이 크기 때문에 밑줄을 그어놓는 것이다. 그래야 문제를 풀 때 빨리 돌아올 수 있다.

> 이러한 고전적 기준을 수용할 때, 훌륭한 뮤지컬 작품은 어느 한 요소라도 소홀히 한다면 만들어지기 어렵다.

⇒ 납득한다. '이러한 고전적 기준' 즉, '전통적 철학적 미학'의 기준에서 봤을 때, 참된 예술은 내용과 형식 모두 완벽해야 하기 때문에 뮤지컬 작품이 내용이나 형식 중 어느 한 요소라도 소홀히 한다면 훌륭하다고 평가받지 못할 것이다.

> 뮤지컬은 기본적으로 극적 서사를 지니기에 훌륭한 극본이 요구되고, 그 내용이 노래와 춤으로 표현되기에 음악과 무용도 핵심이 되며, 이것들의 효과는 무대 장치, 의상과 소품 등을 통해 배가되기 때문이다.

➡ 여기서 '훌륭한 극본'은 '내용'에 해당하는 것으로 이해했어야 한다. 그리고 '음악과 무용', '무대 장치, 의상과 소품'은 '형식'에 해당하는 것으로 이해했어야 한다.

글을 읽을 때는 문장 하나 하나를 개별적인 정보 덩어리로 생각하면 안 된다. 위 문장의 의미도 고려해서 아래 문장에서 하는 말을 파악해줘야 한다. 그래야 완벽하게 이해가 된다.

> 그런데 찬사를 받는 뮤지컬 중에는 전통적 기준의 충족과는 거리가 먼 사례가 적지 않다.

➡ 오, 신기하다. 훌륭한 뮤지컬이라고 말하려면 내용과 형식 모두 완벽해야 한다는 전통적 기준을 충족하지 않았음에도 훌륭한 뮤지컬이라고 찬사를 받는 사례도 있다고 한다. 어떤 사례를 말하는 걸까? 궁금증을 가지고 읽어 내려가자.

> 가령 A. L. 웨버는 대표작 <캐츠>의 일차적 목표를 다양한 형식의 볼거리와 들을 거리로 관객을 즐겁게 하는 데 두었다.

➡ 〈캐츠〉라는 뮤지컬이 바로, 전통적 기준을 충족하지 않고도 훌륭한 평가를 받은 뮤지컬인가보다. 이 문장을 가지고 유추해보자면, 뮤지컬을 만든 사람이 뮤지컬의 일차적 목표를 '다양한 형식의 볼거리와 들을 거리'로 관객을 즐겁게 하는 데 두었다고 한다. **즉, 뮤지컬의 '내용'이 아닌 '형식'에 좀 더 신경 썼다**는 거 같다. 우선 더 읽어보자.

> <캐츠>는 고양이들을 주인공으로 한 T. S. 엘리엇의 우화집에서 소재를 빌렸지만, 이 작품의 핵심은 내용의 충실한 전달에 있는 것이 아니라 어떤 기발한 무대에서 얼마나 다채롭고 완성도 있는 춤과 노래가 펼쳐지는가에 있다.

➡ 바로 위 문장에서 생각한 게 맞았다. 〈캐츠〉는 '내용'을 전달하는 것보다 '형식'의 새

로움으로 관객에게 즐거움을 주는 것을 핵심으로 생각했다. 어떤 기발한 '무대'에서 얼마나 다채롭고 완성도 있는 '춤과 노래'를 하느냐는 '형식'과 관련된 것이다.

〈캐츠〉는 기존의 전통적 기준에 따르면 결코 훌륭하다고 할 수 없는 작품이다. 전통적 기준에 따르면, 훌륭한 내용을 전달하는 것과 훌륭한 형식을 보여주는 것 모두 중요하기 때문이다. 하지만 〈캐츠〉는 훌륭한 형식을 보여주는 것에 더 큰 신경을 썼다.

> 뮤지컬을 '레뷰(revue)', 즉 버라이어티 쇼로 바라보는 최근의 관점은 바로 이 점에 근거한다.

⇒ '버라이어티 쇼'가 무슨 의미인지 말은 안 해주고 있지만, 맥락상 유추 해보자면 '형식을 중요시한 쇼'라고 이해할 수 있다. '최근의 관점' 또한 '뮤지컬을 형식이 중요한 예술이라고 보는 관점'일 것이다.

> 체계 이론 미학의 기준을 끌어들일 때, 레뷰로서의 뮤지컬은 예술로서의 예술의 한 범례로 꼽힐 수 있다.

⇒ '예술로서의 예술'이 무슨 뜻일까? 위 문장을 제대로 이해한 학생이라면 '자기 연관적 체계'라는 말이 떠올랐을 것이다. '체계 이론 미학'의 관점에서 봤을 때, 레뷰로서의 뮤지컬은 '내용'이 아닌, '형식'을 중요한 예술, 즉 내용적인 연관에 영향받지 않은 '예술 자체로서의 예술'의 한 예시로 볼 수 있는 것이다.

> 물론 이러한 유형의 미학이 완전히 주류로 확립된 것은 아니다.

⇒ 그렇다고 해서 예술을 하는 모든 사람들이 '내용은 안 중요하고 형식이 중요해!'라는 생각을 하진 않았다는 것이다. '레뷰로서의 뮤지컬'이 주류로 확립되진 않았다고 하는 걸 보니, 대부분의 사람들은 아직까지도 '내용도 중요하다'고 생각한 듯하다.

> 전통적인 철학적 미학도 여전히 지지를 얻는 예술관의 하나이기 때문이다.

171

⇒ 납득해준다. 사실 우리가 일반적으로 생각해봐도 예술이 좋은 '내용'을 가지고 있어야 한다는 건 설득력 있는 말이다. 예를 들어서, 우리가 어떤 예술 작품을 본다고 할 때 "이 그림 속 깃발은 일제 강점기 시절, 독립 운동가들의 투지를 드러내고자 한 거야"라는 말을 듣는다면, 그 그림이 뭔가 더 의미 있어 보이고, 더 관심이 간다. 일반적으로 아무 의미가 없는 그림보다는, 특별한 의미가 담겨 있는 그림이 더 '예술' 같이 느껴지고, 눈길이 가는 것이다. 그래서 전통적인 철학적 미학도 여전히 지지를 얻고 있는 것이라 이해해볼 수 있다.

이 입장에 준거할 때 체계 이론 미학의 예술관은 예술을 명예롭게 하는 숭고한 가치 지향성을 아예 포기하는 형식 지상주의적 예술관으로 해석될 수 있다.

⇒ 그럴 수도 있겠다. '체계 이론 미학'은 내용보다 '형식'을 중요시하는 예술관이기 때문에, 예술을 명예롭게 하는 '숭고한 가치, 숭고한 내용' 등은 상대적으로 중요하지 않다고 생각할 것이다. 이는 더 나아가서 '형식이 최고다', '형식만 짱이다'라고 말하는 '형식 지상주의적 예술관'으로 발전되거나 해석될 수 있다.

· 문제 해설 ·

1. ㉠과 ㉡에 대한 이해로 적절한 것은?

> ㉠ : 전통적인 철학적 미학   ㉡ : 체계 이론 미학

> ① ㉠은 내용적 요소와 형식적 요소를 모두 중시한다.

⇒ 맞는 말이다. 내가 아까 지문 해설 중에 밑줄 그어놓고 갔다고 한 부분에서 '왜 전통적인 철학적 미학이 **형식적 요소**를 중요시할까?' 하고 의문을 품어봤던 학생이라면 아주 쉽게 맞혔을 것이다.

이 문제를 맞혔다고 하더라도 지문으로 돌아가서 확인을 했다면 아직 독해력이 부족한 것이다. 지문을 제대로 읽어내려가는 학생이라면, 전통적인 철학적 미학이 내용적 요소와 형식적 요소를 모두 중시한다는 내용이 '왜?'라는 의문이 들면서 머릿속에 강하게 박혔어야 했다. 그리고 머리에 강하게 박혔기 때문에 이 문제를 풀 때 다시 지문으로 돌아가지 않아도 됐을 것이다.

> ② ㉡은 자율적 예술의 탄생을 주도적으로 이끈 이론이다.

⇒ 2번 선택지를 찍은 학생들이 꽤 있다. 이 선택지를 골랐다면 글을 정확하게 읽지 않고, 자신의 생각을 끼워 넣어서 의미를 무지르고 넘어간 것이다.

지문에서 '체계 이론 미학'은 '자율성을 예술의 참된 조건으로 여기는 이들이 선호할만한 이론'이라고 했다. 하지만 이 문장을 가지고, '체계 이론 미학'이 자율적 예술의 탄생을 주도적으로 이끌었는지는 알 수 없다. 이 선택지를 고른 학생들은 '자율성'이라는 말이 들어가 있으니, 서로 비슷한 의미겠구나 하고 고른 것이다. 문제를 풀 때는 절대 그런 태도로 임하면 안된다. 정말 구체적으로 문장의 의미를 따져봐야 한다.

체계 이론 미학이 자율적 예술의 탄생을 주도적으로 이끌지 않았어도, 자율성을 예술의 참된 조건으로 여기는 이들은 체계 이론 미학을 선호했을 수 있다. 즉, '체계 이론 미학이 자율적 예술의 탄생을 주도적으로 이끌었다는 말'과 '자율성을 예술의 참된 조건으로 여기는 이들이 체계 이론 미학을 선호했다는 말'은 **같은 말이 아니라는 뜻이다.**

> ③ ㉠과 ㉡이 적용되는 예술 장르는 서로 다르다.

⇒ 이런 말은 없었다. 오히려 윗글에서는 둘 모두 '뮤지컬'이라는 같은 예술 장르에 적용해서 설명하고 있었다.

> ④ ㉡은 ㉠을 대체할 수 있는 새로운 주류 이론이다.

⇒ 글을 읽으면서 이해했듯이, 체계 이론 미학이 완전히 주류로 확립된 것은 아니며, 전통적인 철학적 미학은 여전히 지지를 얻는 예술관이었다.

> ⑤ ㉡은 ㉠에 비해 더 진지한 정신적 가치를 지향한다.

⇒ 오히려 반대다. 누가 더 진지한 정신적 가치를 지향하는지 따져본다면, '전통적인 철학적 미학'이 더 진지한 정신적 가치를 지향한다고 말할 수 있다. 윗글을 읽어보면 알 수 있듯이, 전통적인 철학적 미학은 심오한 **정신적 내용**의 미적 형상화를 예술의 소명으로 생각*했기 때문이다.

*여기서 '심오한 정신적 내용의 형상화를 예술의 소명이라 생각했다'라는 것은 다르게 말해서, 정신적 내용에 대해 깊이 있고, 진지하게 탐구하는 것을 '예술이 해야 할 일'이라 생각했다는 의미이다.

● 답 : ①

2. <캐츠>에 대한 감상 중 │최근의 관점│에 가장 가까운 것은?

> ① 멋진 춤과 노래가 어우러진 공연이 충분한 볼거리를 제공했기 때문에, 원작과 관계없이 만족했어요.

⇒ 정답이다. '최근의 관점'은 '체계 이론 미학'과 관련된 관점이었다. '체계 이론 미학'은 내용보다도, 춤이나 노래 같은 '형식적인 내용'을 중요시하는 미학이었는데, 1번 선택지의 감상을 보면 '춤과 노래 같은 충분한 볼거리가 있었다'는 것만으로 만족하고 있다. 이를 고려했을 때, '내용'보다도 '형식'을 중요시하는 '최근의 관점'과 가까운 관점이라고 할 수 있다.

> ② 감독이 고양이들의 등장 장면에 채택한 연출 방식이 작품의 주제 구현을 오히려 방해해서 실망했어요.

⇒ 2번 감상은 '주제'를 중요시하고 있다. '주제'는 곧 '내용'에 해당하는 것이다. 따라서 '형식'을 중요시하는 '최근의 관점'과 가깝다고 할 수 없다.

> ③ 늙은 암고양이의 회한이 담긴 노래의 가사는 들을 때마다 소외된 사람들에 대한 연민을 불러일으켜요.

⇒ 노래의 음정이나 리듬 같은 형식적 요소를 말한 것이 아니라, 노래의 가사에 집중해서 감상했다. 노래 가사는 '내용'에 해당하는 것이다. 따라서 '최근의 관점'과 가깝다고 할 수 없다.

> ④ 기발한 조명과 의상이 사용된 것을 보고, 원작의 심오한 주제에 걸맞은 연출 방식이구나 하며 감탄했어요.

⇒ '기발한 조명과 의상'이라는 '형식적 요소'를 주제와 연관 지어서 감상하고 있다. 앞서도 말했지만 '주제'는 '내용'에 해당하는 것이므로 '최근의 관점'과 가깝다고 할 수 없다.

⑤ 의인화된 고양이들의 삶과 내면이 노래들 속에 녹아들어 있어서, 인간을 진지하게 성찰하는 기회가 되었어요.

⇒ 의인화된 고양이들의 삶과 내면이 노래들 속에 녹아 들어있다는 것은 '노래 가사'에 집중한 감상이다. '노래 가사'는 '내용'에 해당한다. 따라서 '최근의 관점'과 가깝다고 할 수 없는 감상이다.

○ 답 : ①

3. 윗글을 바탕으로 <보기>의 ㉮와 ㉯를 이해한 것으로 적절한 것은?

<보 기>
  종합 예술의 기원인 ㉮ 그리스 비극은 형식적 측면에서 높은 수준에 이르렀을 뿐만 아니라, 세계와 삶에 대한 당대인들의 인식을 이끌었다. 반면 ㉯ 근대의 오페라는 그 발전 과정에서 점차 아리아 위주로 편성됨으로써, 심오한 지적, 도덕적 관심이 아니라 음악 내적 요소에 지배되는 경향을 띠었다.

⇒ '그리스 비극'은 형식적 측면 **뿐만 아니라** 내용적 측면에서도 뛰어났다고 볼 수 있다. 왜냐하면 세계와 삶에 대한 당대인들의 인식을 이끌었다는 것은, **그리스 비극 안에 당대인들에게 세계와 삶에 대한 깨달음을 담은 내용이 있었다**는 것이기 때문이다. '그리스 비극'은 윗글과 연결지어 봤을 때, '전통적인 철학적 미학'에 해당한다고 볼 수 있다. '근대의 오페라'는 심오한 지적, 도덕적 관점이 아니라 음악 내적 요소, 즉, '자기 연관적 요소'에 지배되는 경향을 띠었다는 점에서 형식을 중요시하는 '체계 이론 미학'의 관점에 해당한다고 볼 수 있다. 이처럼 〈보기〉 문제를 풀 때는 반드시 윗글의 내용을 떠올리면서, 〈보기〉에서 말하는 것들이 윗글의 어떤 내용과 연관이 있는 건지 항상 생각해줘야 한다.

① ㉮는 즐거움의 제공을, ㉯는 교훈의 제공을 목표로 삼고 있군.

⇒ 반대다. ㉮는 교훈의 제공을, ㉯는 즐거움의 제공을 목표로 삼는다고 하는 것이 적절하다.

② ㉮는 자기 연관적이지만, ㉯는 외적 연관에 의해 지배되는군.

⇒ 이것도 반대다. ㉮는 외적 연관에 의해 지배되고, ㉯는 자기 연관적이라 할 수 있다.

③ ㉮는 정신적 내용의 미적 형상화를, ㉯는 미적 유희를 추구하는군.

⇒ 맞는 말이다. '전통적인 철학적 미학'의 관점에서 훌륭한 예술로 판단할만한 ㉮는 정신적 내용의 미적 형상화를 추구했을 것이다. 반면 '체계 연관 미학'과 관련 있는 ㉯는 미적 유희를 중요시 했을 것이다.

④ ㉮와 ㉯는 모두 고전적 기준에 따라 높이 평가될 수 있군.

⇒ 고전적 기준, 즉 '전통적인 철학적 미학'에 따라 평가한다면 ㉮는 높게 평가 되겠지만, ㉯는 높게 평가될 수 없다.

⑤ ㉮와 ㉯는 모두 각각의 시대에 걸맞은 '레뷰'라고 볼 수 있군.

⇒ '레뷰'는 '최근의 관점', 즉 '체계 이론 미학'과 관련된 것이었다. ㉯는 시대에 걸맞는 '레뷰'라고 볼 수 있겠지만, ㉮는 그렇게 볼 수 없다.

✅ 답 : ③

2015학년도 고3 6월 A형, 작가주의

1950년대 프랑스의 영화 비평계에는 ㉠ 작가주의라는 비평 이론이 새롭게 등장했다. 작가주의란 감독을 단순한 연출자가 아닌 '작가'로 간주하고, 작품과 감독을 동일시하는 관점을 말한다. 이 이론이 대두될 당시, 프랑스에는 유명한 문학 작품을 별다른 손질 없이 영화화하거나 화려한 의상과 세트, 인기 연극배우에 의존하는 제작 관행이 팽배해 있었다. 작가주의는 이렇듯 프랑스 영화에 만연했던 문학적, 연극적 색채에 대한 반발로 주장되었다.

작가주의는 상투적인 영화가 아닌 감독 개인의 영화적 세계와 독창적인 스타일을 일관되게 투영하는 작품들을 옹호한다. 감독의 창의성과 개성은 작품 세계를 관통하는 감독의 세계관 혹은 주제 의식, 그것을 표출하는 나름의 이야기 방식, 고집스럽게 되풀이되는 특정한 상황이나 배경 혹은 표현 기법 같은 일관된 문체상의 특징으로 나타난다는 것이다.

한편, 작가주의적 비평은 영화 비평계에 중요한 영향을 끼쳤는데, 그중에서도 주목할 점은 ⓐ 할리우드 영화를 재발견한 것이다. 할리우드에서는 일찍이 미국의 대량 생산 기술을 상징하는 포드 시스템과 흡사하게 제작 인력들의 능률을 높일 수 있는 표준화·분업화한 방식으로 영화를 제작했다. 이에 따라 재정과 행정의 총괄자인 제작자가 감독의 작업 과정에도 관여하게 되었고, 감독은 제작자의 생각을 화면에 구현하는 역할에 머물렀다. 이는 계량화가 불가능한 창작자의 재능, 관객의 변덕스런 기호 등의 변수로 야기될 수 있는 흥행의 불안정성을 최소화하면서 일정한 품질의 영화를 생산하기 위함이었다.

그러나 ⓑ 작가주의적 비평가들은 할리우드라는 가장 산업화된 조건에서 생산된 상업적인 영화에서도 감독 고유의 표지를 찾아낼 수 있다고 보았다. 작가주의적 비평가들은 제한적인 제작 여건이 오히려 감독의 도전 의식과 창의성을 끌어낸 사례들에 주목한 것이다. 그에 따라 B급 영화*와 그 감독들마저 수혜자가 되기도 했다.

작가주의적 비평가들에 의해 복권된 대표적인 할리우드 감독이 바로 스릴러 장르의 거장인 히치콕이다. 히치콕은 제작 시스템과 장르의 제약 속에서도 일관된 주제 의식과 스타일을 관철한 감독으로 평가받았다. 히치콕은 관객을 오인에 빠뜨린 뒤 막바지에 진실을 규명하여 충격적인 반전을 이끌어 내는 그만의 이야기 도식을 활용하였다. 또한 그는 관객의 오인을 부추기는 '맥거핀' 기법을 자신만의 이야기 법칙을 만들어 가는 데 하나의 극적 장치로 종종 활용하였다. 즉 특정 소품을 맥거핀으로 활용하여 확실한 단서처럼 보이게 한 다음

일순간 허망한 것으로 만들어 관객을 당혹스럽게 한 것이다.

　이처럼 할리우드 영화의 재평가에 큰 영향을 끼쳤던 작가주의의 영향력은 오늘날까지도 이어지고 있다. 예컨대 작가주의로 인해 '좋은' 영화 혹은 '위대한' 감독들이 선정되었고, 이들은 지금도 영화 교육 현장에서 활용되고 있다.

* B급 영화 : 적은 예산으로 단시일에 제작되어 완성도가 낮은 상업적인 영화.

---

1. 윗글의 내용과 일치하지 <u>않는</u> 것은?

① 맥거핀은 관객에게 사건의 배경을 극적으로 제시해 주는 촬영 기법을 말한다.
② 작가주의는 좋은 영화와 위대한 감독을 선정하는 새로운 근거를 제시하였다.
③ 프랑스 영화의 문학적, 연극적 색채에 대한 반발로 작가주의가 등장하게 되었다.
④ 할리우드에서 제작자의 권한을 강화한 것은 흥행의 안정성을 고려했기 때문이다.
⑤ 할리우드에서는 제작의 효율성을 위해 제작 인력들 간의 역할과 임무를 구분하였다.

2. ⓐ, ⓑ에 대한 설명으로 적절한 것은?

① ⓐ의 제작에서는 관객의 기호를 흥행의 변수로 보지 않았다.
② ⓑ는 상업적인 영화보다는 상투적인 영화를 옹호하고자 하였다.
③ ⓑ는 히치콕의 작품들에 숨어 있는 흥행의 공식을 영화 제작에 활용하였다.
④ ⓑ는 ⓐ에서도 감독의 개성을 발견할 수 있다고 보았다.
⑤ ⓑ는 ⓐ를 재평가하는 과정에서 B급 영화는 평가 대상에서 제외하였다.

3. 윗글의 ㉠과 〈보기〉의 ㉡의 입장을 비교하여 설명한 것으로 적절하지 <u>않은</u> 것은?

〈보 기〉

㉡ 한 편의 영화를 제대로 평가하기 위해서는 영화와 관련된 여러 요소를 모두 고려 해야 한다. 예컨대 제작에 참여하는 인력들의 역량이나 예산 같은 제작 여건을 고려 해야 한다. 또한 영화의 표현 가능성을 확장시킨 기술의 발달 등도 간과할 수 없는 요 인이다. 이런 점에서 감독은 영화의 일부분일 뿐이다.

① ㉠은 ㉡보다 감독의 주제 의식을 중시한다.

② ㉠은 ㉡보다 감독의 표현 기법의 일관성을 중시한다.

③ ㉠은 ㉡보다 영화 창작 과정에서 감독의 권한을 중시한다.

④ ㉡은 ㉠에 비해 영화 제작 과정에서 경제적 여건과 기술적 조건을 중시한다.

⑤ ㉡은 ㉠에 비해 감독의 역량을 영화 제작에 참여하는 인력들의 역량보다 중시한다.

◆ ● '작가주의' 지문해설 ● ◆

> 1950년대 프랑스의 영화 비평계에는 ㉠ 작가주의라는 비평 이론이 새롭게 등장했다.

⇒ 우선 단어부터 보자. '비평'이라는 것은, 대상을 분석한 뒤에 분석한 대상의 가치를 자신의 관점에 따라 논리적으로 설명하는 행위다. '작가주의'가 뭔지는 모르겠지만, '작가'를 중요시하는 사상, '작가'와 관련된 사상인 거 같다. 계속 읽어보자.

📢 모르는 단어가 나오면 반드시 검색해서 찾아보아야 한다.

> 작가주의란 감독을 단순한 연출자가 아닌 '작가'로 간주하고, 작품과 감독을 동일시하는 관점을 말한다.

⇒ '작가주의'라는 단어와 문장을 연결 지어서 이해하고 넘어가야 한다. 그런데, 이 문장만 보고 왜 '작가주의'라고 하는 건지 의미를 생각하긴 쉽지 않다. 감독을 단순한 연출자가 아니라 '작가'로 간주하고, 작품이랑 감독을 동일시하는 관점이 왜 '작가주의'인 건지 뒷부분을 읽으면서 구체적으로 이해해보자.

이 이론이 대두될 당시, 프랑스에는 유명한 문학 작품을 별다른 손질 없이 영화화하거나 화려한 의상과 세트, 인기 연극배우에 의존하는 제작 관행이 팽배해 있었다.

⇒ 즉, '감독'의 역할이 매우 적었다는 것이다. 이 당시 프랑스에서 영화를 제작하는 사람들은 그냥 유명한 문학 작품 시나리오를 그대로 가져다 영화 대본으로 썼다. 감독의 연출보다는 화려한 의상과 세트, 인기 연극배우를 통해서 영화를 만들어 왔고, 그것이 대중에게 인기 있었으며, 좋은 영화라고 평가받았던 거 같다. '감독의 연출'은 영화를 만드는 데 있어서 큰 영향을 미치지 않았던 것이다.

작가주의는 이렇듯 프랑스 영화에 만연했던 문학적, 연극적 색채에 대한 반발로 주장되었다.

⇒ 아, 이 문장을 읽어보니 '작가주의'가 왜 나왔는지 이해할 수 있다. '작가주의'는 위와 같은 프랑스 영화계의 관행에 대해서 불만을 품은 사람들이 주장했던 것이다. 프랑스 영화가 감독의 재해석이나 연출 없이 전부 다 그냥 원래 있었던 유명 문학 작품을 재현한 것에 불과하다 보니, 이런 문화에 불만을 품은 이들이 있었던 것이다.

조금 부연설명을 하자면, 지금 영화관에 상영되고 있는 영화의 주인공들이 전부 A라는 똑같은 배우라고 하자. 그리고 영화의 내용도 거의 다 똑같고 화려한 의상과 세트의 모양만 약간씩 다르다고 하자. 물론 이렇게 만드는 게 안정적으로 영화를 성공시킬 수 있는 방법이라고 하더라도, 분명 이런 상황에 반발하는 사람들이 있었을 것이다. 다른 배우도 보고 싶고, 평범하고 현실적인 의상과 세트가 나오는 영화도 보고 싶은데 전부 다 비슷한 배우, 비슷한 의상과 세트장이 나오다 보니 짜증이 나는 것이다.

'작가주의'를 주장했던 이들은 감독이 그냥 기존 유명한 문학 작품을 '그대로' 재현하는 것이 아니라, '감독의 연출, 재해석'을 넣어서 영화를 만드는 것이 중요하다고 주장했을 것이다. 그럼 '작가주의'의 의미가 이해가 된다. '작가주의'를 외쳤던 사람들은 감독이 영화를 만드는데 있어서 소극적으로 참여하는 것에 불만을 가졌던 사람들이고, 그래서 '감독이 마치 자신이 작가가 된 듯 적극적으로 작품을 새롭게 재해석하고, 연출하는 것을 중요시'했던 사상이었기 때문에 '작가주의'라 불렸던 것이다.

> 작가주의는 상투적인 영화가 아닌 감독 개인의 영화적 세계와 독창적인
> 스타일을 일관되게 투영하는 작품들을 옹호한다.

➡ 당연히 그랬을 것이다. '작가주의'는 유명한 문학 작품을 그대로 베껴서 영화로 만드는 기존의 상투적인 영화를 반대했었다. 대신에 감독이 마치 자신이 작가가 된 듯이, 적극적으로 개인의 주관을 투영해서 연출하길 바랐던 것이다.

*상투적 : 늘 써서 버릇이 되다시피 한

> 감독의 창의성과 개성은 작품 세계를 관통하는 감독의 세계관 혹은 주제
> 의식, 그것을 표출하는 나름의 이야기 방식, 고집스럽게 되풀이되는 특정
> 한 상황이나 배경 혹은 표현 기법 같은 일관된 문체상의 특징으로 나타난
> 다는 것이다.

➡ 이미지화하면서 납득한다. 네가 영화보면서 봤었던 '감독의 세계관', '고집스럽게 되풀이되는 특정한 상황이나 배경' 등을 떠올려본다. 감독의 창의성과 개성은 감독의 세계관, 이야기 방식, 계속 나타나는 특정 상황, 배경 등을 통해서 드러날 수 있다. 그리고 '작가주의'는 그렇게 감독의 창의성과 개성이 드러나는 작품들을 긍정적으로 평가하고 옹호하는 것이다.

> 한편, 작가주의적 비평은 영화 비평계에 중요한 영향을 끼쳤는데, 그중에
> 서도 주목할 점은 ⓐ 할리우드 영화를 재발견한 것이다.

➡ 작가주의적 비평이, 할리우드 영화를 재발견하는데 어떤 영향을 끼쳤다는 걸까? 궁금증을 가지고 읽어 내려가자.

> 할리우드에서는 일찍이 미국의 대량 생산 기술을 상징하는 포드 시스템
> 과 흡사하게 제작 인력들의 능률을 높일 수 있는 표준화, 분업화한 방식으
> 로 영화를 제작했다.

➡ '이미지화'해준다. 나는 읽으면서 공장 노동자들이 반복적이고 획일적으로 일을 하

고 있는 모습을 떠올렸다. '작가주의' 관점에 따르면 이러한 작업 방식은 비판할 만한 방식이다.

> 이에 따라 재정과 행정의 총괄자인 제작자가 감독의 작업 과정에도 관여하게 되었고, 감독은 제작자의 생각을 화면에 구현하는 역할에 머물렀다.

⇒ 바로 위 문장에서 할리우드 영화는 제작 인력들의 능률을 높일 수 있는 방식으로 영화를 제작했다고 했다. 따라서, 제작 인력들의 능률을 관리하기 위해서 재정과 행정의 총괄자인 '제작자'가 영화 제작 과정에 많은 관여를 했을 거라 추측할 수 있다.

이 문장에 따르면, 감독의 작업 과정에도 관여를 했다고 한다. 간섭이 많았기 때문에, 감독은 그냥 제작자의 생각을 화면에 구현하는 역할에 머물렀던 것이다. '작가주의' 관점에서 보면 비판할 만한 상황이다.

> 이는 계량화가 불가능한 창작자의 재능, 관객의 변덕스런 기호 등의 변수로 야기될 수 있는 흥행의 불안정성을 최소화하면서 일정한 품질의 영화를 생산하기 위함이었다.

⇒ 아, 할리우드 영화 제작사들이 왜 감독의 영향력을 최소화하려고 했는지 이유가 나온다. 읽고 납득해준다. 당연히 '창작자의 재능'을 모르는 상태로 권한을 많이 줘버리면, 감독이 재능 없는 사람일 경우에 결과물이 안 좋을 수도 있다. 그리고 변덕스런 관객의 기호를 맞추기 위해서는 관객들이 좋아하는 방식으로 연출을 해야했기에, 감독이 원하는 연출보다 관객이 좋아하는 연출을 하도록 만들었던 것이다.

> 그러나 ⓑ 작가주의적 비평가들은 할리우드라는 가장 산업화된 조건에서 생산된 상업적인 영화에서도 감독 고유의 표지를 찾아낼 수 있다고 보았다.

⇒ '할리우드라는 가장 산업화된 조건에서 생산된 상업적인 영화'라는 게 무슨 말일까? 맥락을 잘 따라왔으면 추론하고 넘어갈 수 있었다. 우선 '상업적인 영화'라는 것은, 우리

가 흔히 알고 있듯이, '돈을 벌 목적으로 만드는 영화'를 말한다. 이 문장에 따르면, 할리우드는 그런 상업적인 영화들이 '가장 많이 만들어지는 곳'이었나보다. 그래서 문장에서 '할리우드라는 가장 산업화된 조건'이라고 말한 것이다.

작가주의적 비평가들에 따르면 할리우드는 비판의 대상이다. 감독이 작가만큼 작품에 개입을 해서 만들어야 한다는 그들의 입장과 완전히 반대되기 때문이다. 그런데, 작가주의 비평가들은 할리우드 영화에서도 '감독 고유의 표지'를 찾아낼 수 있다고 한다. 여기서 '감독 고유의 표지'라는 것은, 영화에 드러나는 '감독 고유의 개성' 정도로 이해하고 넘어가면 된다. 구체적인 건 뒤를 읽어봐야겠지만, 항상 악역을 마지막에 죽인다거나, 열린 결말을 만든다거나 하는 것들이 예시가 될 수 있겠다. 도대체 할리우드 영화 속에서 감독 고유의 표지는 무엇이 있었던 것이며, 어떻게 찾아낸 걸까? 궁금증을 가지고 읽어가자.

> 작가주의적 비평가들은 제한적인 제작 여건이 오히려 감독의 도전 의식과 창의성을 끌어낸 사례들에 주목한 것이다.

⇒ 아, 할리우드 영화는 오히려 '제작자'가 감독들을 여러 방면에서 제한하니까, 감독이 거기에 '도전 의식'이 생겨서 더 창의적으로 자신만의 색깔을 드러냈던 거구나. 원래 축구 같은 스포츠도 '룰'이 있기 때문에 창의적인 플레이들이 나오는 것이다.

> 그에 따라 B급 영화*와 그 감독들마저 수혜자가 되기도 했다.

⇒ 작가주의적 비평가들에 의해서 B급 영화와 그 B급 영화를 만든 감독들이 재평가를 받았나 보다.

> 작가주의적 비평가들에 의해 복권된 대표적인 할리우드 감독이 바로 스릴러 장르의 거장인 히치콕이다.

⇒ '복권되다'라는 것은 말 그대로, 잃어버렸던 권리, 위상을 다시 찾아온다는 뜻이다. '히치콕'이라는 구체적인 예시를 들면서 얘기를 해주고 있다. 예시가 나오면 대충 읽는 게 아니라 오히려 더 집중해서 제대로 이해하고 넘어가야 한다고 했다.

> 히치콕은 제작 시스템과 장르의 제약 속에서도 일관된 주제 의식과 스타일을 관철한 감독으로 평가받았다.

⇒ 이 문장을 읽고 어떤 생각을 했어야 할까? '일관된 주제 의식과 스타일'이 구체적으로 뭐지? 히치콕의 일관된 주제 의식과 스타일이 구체적으로 궁금하지 않았다면 아직도 글을 스스로 '구체화'하면서 읽고 있지 않은 것이다.

> 히치콕은 관객을 오인에 빠뜨린 뒤 막바지에 진실을 규명하여 충격적인 반전을 이끌어 내는 그만의 이야기 도식을 활용하였다.

⇒ 바로 이 문장에서 구체적으로 설명해주고 있다. B급 영화 감독이었던 히치콕이, 자신이 만든 영화 속에서 보여줬던 독창적인 스타일이 무엇이었는지 설명하고 있다. '관객을 오인에 빠뜨린 뒤, 막바지에 진실을 규명하여 충격적인 반전을 이끌어 내는' 장면을 '이미지화'해주자. 분명 영화나 드라마에서 관련된 장면을 본 적 있을 것이다.

> 또한 그는 관객의 오인을 부추기는 '맥거핀' 기법을 자신만의 이야기 법칙을 만들어 가는 데 하나의 극적 장치로 종종 활용하였다.

⇒ 어떤 식으로 관객이 오인하도록 부추겼다는 걸까? 아래 문장에서 부연설명 해주면 읽고 이미지화하고, 아니라면 그냥 내 나름대로 이미지를 그려서 이해하고 넘어간다.

> 즉, 특정 소품을 맥거핀으로 활용하여 확실한 단서처럼 보이게 한 다음 일순간 허망한 것으로 만들어 관객을 당혹스럽게 한 것이다.

⇒ 이 문장에서 앞 문장을 부연설명 해주고 있다. 이미지화하면서 납득해보자. 나는 '칼'을 떠올렸다. 범인이 범행에 사용한 도구인 것처럼 칼을 보여주다가 사실은 그 칼이 옆집 할머니가 쓰레기 버린다고 잠깐 놔두고 갔던 칼이었던 것이다. 너는 네 나름대로 예시를 들어서 이해했으면 됐다.

> 이처럼 할리우드 영화의 재평가에 큰 영향을 끼쳤던 작가주의의 영향력
> 은 오늘날까지도 이어지고 있다.

⇒ '어떻게 이어지고 있는 거지?'라고 질문했어야 한다.

> 예컨대 작가주의로 인해 '좋은' 영화 혹은 '위대한' 감독들이 선정되었고,
> 이들은 지금도 영화 교육 현장에서 활용되고 있다.

⇒ 아, 작가주의가 아니었다면, 좋은 B급 영화, 위대한 B급 감독들이 그냥 묻혔을 수도 있었나보다. 작가주의는 상업 영화 속에 들어가 있는 감독의 개성을 발굴해내서, '감독이 사실은 이런 의미를 담았던 것이다'라고 밝혀줬던 것이다. 사람들은 그걸 보고 '와 어떻게 이런 생각을 하지?', '어떻게 이런 표현을 하지?'라고 감탄했을 것이다. 작가주의 비평가들이 없었다면 사람들은 아무 생각 없이 넘겼을 장면들이, 작가주의 덕분에 재평가된 것이다.

◆ 문제 해설 ◆

1. 윗글의 내용과 일치하지 <u>않는</u> 것은?

> ① 맥거핀은 관객에게 사건의 배경을 극적으로 제시해 주는 촬영기법을
>   말한다.

⇒ '맥거핀'은 함축적 의미를 동원하기 힘든 단어다. 다시 올라가서 확인하고 오자. 확인해보니, '맥거핀'은 관객의 오인을 부추기는 기법이었다. **'관객의 오인을 부추기는 것'과 '사건의 배경을 극적으로 제시해 주는 것'은 다른 말이다.** 사건의 배경을 극적으로 제시해서 관객의 오인을 부추길 수도 있겠지만, 사건의 배경을 극적으로 제시하지 않았다

고 해서 관객의 오인을 부추길 수 없는 것도 아니다. 따라서 둘은 다른 말이다. 또 '맥거 핀'은 줌인, 줌 아웃 같은 '촬영' 기법이 아니다. ①번이 정답이다.

> ② 작가주의는 좋은 영화와 위대한 감독을 선정하는 새로운 근거를 제시 하였다.

⇒ 맞는 말이다. 마지막 부분에서, '작가주의'라는 새로운 관점 덕분에 '좋은' 영화와 '위대한' 감독들을 선정할 수 있었다고 했다.

> ③ 프랑스 영화의 문학적, 연극적 색채에 대한 반발로 작가주의가 등장하 게 되었다.

⇒ 맞는 말이다. 글의 초반부에서, 프랑스 유명 문학 작품을 그대로 영화화하는 관행에 대한 반발로 '작가주의'가 등장하게 되었다고 했었다.

> ④ 할리우드에서 제작자의 권한을 강화한 것은 흥행의 안정성을 고려했 기 때문이다.

⇒ 읽으면서 납득했었다. 감독의 재능을 수치로 나타내서 확인할 수 없기에, 관객의 기 호를 맞춰야 했기에, 제작자는 흥행이 보장된 일정한 방식으로 이끌어 가야했다. 그래서 제작자의 권한을 강화하고, 감독의 권한을 낮췄다.

> ⑤ 할리우드에서는 제작의 효율성을 위해 제작 인력들 간의 역할과 임무 를 구분하였다.

⇒ 맞는 말이다. 상업 영화를 대량 생산해내기 위해서 제작 인력들의 능률을 높일 수 있 는 표준화, 분업화 방식으로 영화를 제작했다고 했었다. 글을 이해했으면 돌아갈 필요 없 이, 머릿속에 남아있었을 것이다.

● 답 : ①

2. ⓐ, ⓑ에 대한 설명으로 적절한 것은?

> ⓐ : 할리우드 영화   ⓑ : 작가주의적 비평가들

> ① ⓐ의 제작에서는 관객의 기호를 흥행의 변수로 보지 않았다.

⇒ 아니다. 할리우드 영화는 '관객의 기호'를 흥행의 변수로 봤었다. 그래서 제작자의 권한을 강화해서, 관객의 기호에 맞는 형태의 영화를 일관적으로 찍어내려 했던 것이다.

> ② ⓑ는 상업적인 영화보다는 상투적인 영화를 옹호하고자 하였다.

⇒ 틀렸다. 작가주의 비평가들은 상투적인 영화가 아닌 감독 개인의 영화적 세계와 독창적인 스타일이 드러나는 영화를 옹호한다.

> ③ ⓑ는 히치콕의 작품들에 숨어 있는 흥행의 공식을 영화 제작에 활용하였다.

⇒ 이런 말은 윗글에 없었다. 작가주의적 비평가들이 히치콕 작품에 숨어있는 흥행 공식을 다른 영화 제작에 활용하였는지는 알 수 없다.

> ④ ⓑ는 ⓐ에서도 감독의 개성을 발견할 수 있다고 보았다.

⇒ 정답이다. 이게 이 글 중후반부의 핵심적인 내용이었다. 작가주의 비평가들은 매우 상업화되고 획일화된 할리우드 영화에서조차도 감독 고유의 표지를 찾아낼 수 있다고 했다.

> ⑤ ⓑ는 ⓐ를 재평가하는 과정에서 B급 영화는 평가 대상에서 제외하였다.

⇒ 아니다. 글에서 B급 영화도 재평가 대상이었음을 말하고 있었다.

✔ 답 : ④

3. 윗글의 ㉠과 <보기>의 ㉡의 입장을 비교하여 설명한 것으로 적절하지 <u>않은</u> 것은?

<보 기>
㉡한 편의 영화를 제대로 평가하기 위해서는 영화와 관련된 여러 요소를 모두 고려해야 한다. 예컨대 제작에 참여하는 인력들의 역량이나 예산 같은 제작 여건을 고려해야 한다. 또한 영화의 표현 가능성을 확장시킨 기술의 발달 등도 간과할 수 없는 요인이다. 이런 점에서 감독은 영화의 일부분일 뿐이다.

⇒ ㉠은 '작가주의라는 비평 이론'이었다. 작가주의는 감독이 영화의 '일부' 수준이 아니라, 영화를 만드는 데 있어서 가장 중요한 '작가'와 같다고 말했다. 그렇기에, 감독은 자신의 창의성과 개성을 영화에 마음껏 드러낼 수 있어야 한다고 주장했다. 반면 ㉡은 감독을 그렇게 중요하다고 생각하지 않는다. 감독도 영화를 만들 때 필요한 다른 요소들 중 하나에 불과하다고 말하는 점에서 ㉠과 차이가 있다.

① ㉠은 ㉡보다 감독의 주제 의식을 중시한다.

⇒ 맞는 말이다. ㉠은 ㉡보다 감독의 중요성을 강조하면서, 감독의 주제 의식, 독창성을 드러낼 수 있게 해줘야 한다고 말했다.

② ㉠은 ㉡보다 감독의 표현 기법의 일관성을 중시한다.

⇒ 맞는 말이다. ㉠은 영화에서 감독의 독창성이 드러나야 하기 때문에, 감독의 표현 기법의 일관성이 있어야 한다고 말했다.

③ ㉠은 ㉡보다 영화 창작 과정에서 감독의 권한을 중시한다.

⇒ 맞는 말이다. ㉠과 ㉡의 핵심적인 차이였다.

④ ⓛ은 ㉠에 비해 영화 제작 과정에서 경제적 여건과 기술적 조건을 중시한다.

⇒ 맞는 말이다. 〈보기〉에 있는 말 그대로다.

⑤ ⓛ은 ㉠에 비해 감독의 역량을 영화 제작에 참여하는 인력들의 역량보다 중시한다.

⇒ 틀렸다. 감독의 역량을 영화 제작에 참여하는 인력들의 역량보다 중요시하는 건 ㉠이다.

● 답 : ⑤

2016학년도 고3 수능 B형, 지식 경영론

현대 사회에서 지식의 중요성이 커지면서 기업에서도 지식 경영을 강조하는 목소리가 높다. 지식 경영은 기업 경쟁력의 원천이 조직적인 학습과 혁신 능력, 즉 기업의 지적 역량에 있다고 보아 지식의 활용과 창조를 강조하는 경영 전략이다.

지식 경영론 중에는 마이클 폴라니의 '암묵지' 개념을 활용하는 경우가 많다. 폴라니는 명확하게 표현되지 않고 주체에게 체화된 암묵지 개념을 통해 모든 지식이 지적 활동의 주체인 인간과 분리될 수 없다는 것을 강조했다. 그에 따르면 우리의 일상적 지각뿐만 아니라 고도의 과학적 지식도 지적 활동의 주체가 몸담고 있는 구체적인 현실로부터 유리된 것이 아니다. 어떤 지각 활동이나 관찰, 추론 활동에도 우리의 몸이나 관찰 도구, 지적 수단이 항상 수반되고 그에 의해 이러한 활동이 암묵적으로 영향을 받기 때문이다. 요컨대 모든 지식에는 암묵적 요소들과 이들을 하나로 통합하는 '인간적 행위'가 전제되어 있다는 것이다. "우리는 우리가 말할 수 있는 것보다 훨씬 더 많이 알고 있다."라는 폴라니의 말은 모든 지식이 암묵지에 기초하고 있음을 강조한다.

노나카 이쿠지로는 지식에 대한 폴라니의 탐구를 실용적으로 응용하여 지식 경영론을 펼쳤다. 그는 폴라니의 '암묵지'를 신체 감각, 상상 속 이미지, 지적 관심 등과 같이 객관적으로 표현하기 어려운 주관적 지식으로 파악했다. 또한 '명시지'를 문서나 데이터베이스 등에 담긴 지식과 같이 객관적이고 논리적으로 형식화된 지식으로 파악하고, 이것이 암묵지에 비해 상대적으로 지식의 공유 가능성이 높다고 보았다.

암묵지와 명시지의 분류에 기초하여, 노나카는 개인, 집단, 조직 수준에서 이루어지는 지식 변환 과정을 네 가지로 유형화하였다. 암묵지가 전달되어 타자의 암묵지로 변환되는 것은 대면 접촉을 통한 모방과 개인의 숙련 노력에 의해 이루어지는 것으로서 '공동화'라 한다. 암묵지에서 명시지로의 변환은 암묵적 요소 중 일부가 형식화되어 객관화되는 것으로서 '표출화'라 한다. 또 명시지들을 결합하여 새로운 명시지를 형성하는 것은 '연결화'라 하고, 명시지가 숙련 노력에 의해 암묵지로 전환되는 것은 '내면화'라 한다. 노나카는 이러한 변환 과정이 원활하게 일어나 기업의 지적 역량이 강화되도록 기업의 조직 구조도 혁신되어야 한다고 주장하였다.

이러한 주장대로 지식 경영이 실현되기 위해서는 지식 공유 과정에 대한 구성원들의 참여가 전제되어야 한다. 하지만 인간에게 체화된 무형의 지식을 공유하는 것은 쉬운 일이 아니다. 단순한 정보와 유용한 지식을 구분하기도 쉽지 않고, 이를 계량화하여 평가하는 것도 어렵다. 따라서 지식 경영의 성패는 지식의 성격에 대한 정확한 이해에 기초하여 구성원들이 지식 공유와 확산 과정에 자발적으로 참여하도록 하는 방안을 마련하는 것에 달려 있다고 할 수 있다.

---

1. 윗글을 통해 알 수 있는 내용으로 적절하지 <u>않은</u> 것은?

① 폴라니는 고도로 형식화된 과학 지식도 암묵지를 기초로 하여 형성된다고 본다.

② 폴라니는 지적 활동의 주체와 분리되어 독립된 객체로서 존재하는 지식은 없다고 본다.

③ 노나카는 암묵지가 그 속성 때문에 지식의 공유 가능성이 명시지에 비해 상대적으로 높다고 본다.

④ 노나카의 지식 경영론은 지식이 원활하게 변환되도록 기업의 조직 구조가 재설계되어야 한다고 본다.

⑤ 폴라니는 지식에서 암묵지의 중요성을 강조하고, 노나카는 지식들 간의 변환 과정에 주목한다.

2. 　지식 변환　의 사례에 대한 설명으로 가장 적절한 것은?

① A사의 직원이 자사 오토바이 동호회 회원들과 계속 접촉하여 소비자들의 느낌을 포착해 낸 것은 '연결화'의 사례이다.

② B사가 자동차 부품 관련 특허 기술들을 부문별로 재분류하고 이를 결합하여 신기술을 개발한 것은 '표출화'의 사례이다.

③ C사의 직원이 경쟁 기업의 터치스크린 매뉴얼들을 보고 제품을 실제로 반복 사용하여 감각적 지식을 획득한 것은 '내면화'의 사례이다.

④ D사가 교재로 항공기 조종 교육을 실시하고 직원들이 반복적인 시뮬레이션 학습을 통해 조종술에 능숙하게 된 것은 '연결화'의 사례이다.

⑤ E사의 직원이 성공적인 제품 디자인들에 동물 형상이 반영되었음을 감지하고 장수하늘소의 몸체가 연상되는 청소기 디자인을 완성한 것은 '공동화'의 사례이다.

3. 윗글을 바탕으로 〈보기〉에 나타난 F사의 문제를 해결하기 위해 제시할 만한 방안으로 적절하지 <u>않은</u> 것은?

〈보 기〉

F사는 회사에 도움이 되는 지식의 산출을 독려하고 이를 체계적인 지식 데이터 베이스에 축적하였다. 보고서와 제안서 등의 가시적인 지식의 산출에 대해서는 보상 했지만, 경험적 지식이나 창의적 아이디어 같은 무형의 지식에 대한 평가 및 보상 제도는 갖추지 않았다. 그 결과, 유용성이 낮은 제안서가 양산되었고, 가시적인 지식을 산출하지 못하는 직원들의 회사에 대한 애착과 헌신은 감소했으며, 경험 많은 직원 들이 퇴직할 때마다 해당 부서의 업무 공백이 발생했다.

① 창의적 아이디어가 문서 형태로 표현되기 어려울 수 있음을 감안하여 다양한 의견 제안 방식을 마련할 필요가 있다.

② 직원들이 회사에서 사용할 논리적이고 형식화된 지식을 제안하도록 권장하고 이를 데이터베이스에 축적할 필요가 있다.

③ 숙련된 직원들의 노하우를 공유할 수 있도록 면대면 훈련 프로그램을 도입하여 집단 적 업무 역량을 키울 필요가 있다.

④ 직원들의 체화된 무형의 지식이 보상받을 수 있도록 평가 제도를 개선하여 회사에 대한 직원들의 헌신성을 높일 필요가 있다.

⑤ 직원들 각자가 지닌 업무 경험과 기능을 존중하고 유·무형의 노력과 능력을 평가하기 위한 조직 문화와 동기 부여 시스템을 발전시킬 필요가 있다.

> 현대 사회에서 지식의 중요성이 커지면서 기업에서도 지식 경영을 강조하는 목소리가 높다.

⇒ '지식 경영이 구체적으로 뭘까?'하고 궁금했어야 한다.

> 지식 경영은 기업 경쟁력의 원천이 조직적인 학습과 혁신 능력, 즉 기업의 지적 역량에 있다고 보아 지식의 활용과 창조를 강조하는 경영 전략이다.

⇒ 네가 의문 품을 걸 알고, 바로 다음 문장에서 설명해주고 있다. 함축적 의미를 생각하면 말 그대로, '지식'으로 회사를 경영해 나가는 것을 '지식 경영'이라고 한다.

> 지식 경영론 중에는 마이클 폴라니의 '암묵지' 개념을 활용하는 경우가 많다.

⇒ '암묵지'가 무슨 말일까? 의문을 품으면서 계속 읽는다. 혹시나 해서 말하는데, '마이클 폴라니'에 동그라미 하거나 네모 칠 필요 없다. 이름 외우는 문제는 나오지 않는다. 그냥 '폴'이라는 사람이 '암묵지'라는 개념을 말했나 보구나 하고 넘기면 된다.

> 폴라니는 명확하게 표현되지 않고 주체에게 체화된 암묵지 개념을 통해 모든 지식이 지적 활동의 주체인 인간과 분리될 수 없다는 것을 강조했다.

⇒ '암묵지'의 의미를 말해준다. '암묵지'는 말 그대로, '암묵적으로 알고 있는 지식'이다. 그래서 말로 명확히 표현되지 않고, '체화'되어 있는 개념인 것이다. 폴라니는 암묵지를 통해서 모든 지식이 암묵적으로 '체화'되어 있기 때문에, 지적 활동의 주체인 인간과 분리될 수 없다고 주장했다. 그리고 폴라니가 '모든' 지식이 인간과 분리될 수 없다고 말했는데, 여기서 '모든'이라는 단어는 아주 특수한 단어이므로 항상 한 번 더 생각해주고 넘어가야 한다. 단 하나의 지식도 빠짐없이, '모든' 지식이 인간과 분리될 수 없다고 말했

다는 건 매우 특수한 상황이다. 다른 글을 읽을 때도 '모든'이라는 단어가 나오면 주의해서 봐주자. 단, 이때 '모든'이라는 단어에 동그라미 치고 외우는 게 아니라, 왜 '모든' 지식이 인간과 분리될 수 없다고 했다는 건지 이해해보려 노력하고 넘어가는 것이 훨씬 중요하다.

> 그에 따르면 우리의 일상적 지각뿐만 아니라 고도의 과학적 지식도 지적 활동의 주체가 몸담고 있는 구체적인 현실로부터 유리된 것이 아니다.

⇒ 폴라니에 따르면 '고도의 과학적 지식 같은 것들도 지적 활동의 주체, 즉 인간이 몸담고 있는 현실로부터 떨어져 있는 것이 아니다'라고 한다. 여기서 '고도의 과학적 지식'은 뭘 말하는 걸까? 나는 읽으면서 '반도체 만드는 기술', '유전 공학 지식' 등을 예시로 떠올렸다. 폴라니는 이런 '반도체 만드는 기술'이나 '유전 공학 지식' 같은 것들도 우리가 몸담고 있는 현실에서 떨어져 있는 것이 아니라고 하는데, 납득할 수 있었다. 왜냐하면 '반도체'나 '유전자'는 전부, 현미경을 통해서 우리가 실제로 '볼 수 있는' 것이기 때문이다.

*유리되다 : 따로 떨어지게 되다.

추가 Tip

시험장에서는 시간이 없기 때문에, '반도체'나 '유전 공학' 같은 구체적인 예시를 떠올리지 않고, 어렴풋한 느낌만 떠올리고 가도 되지만, 구체적으로 떠올릴수록 글이 더 잘 이해되는 건 맞다. 그렇기 때문에, 혼자 글을 분석할 때는 최대한 구체적인 사례나 이미지를 떠올려주면서 글을 읽는 연습을 해야 한다.

> 어떤 지각 활동이나 관찰, 추론 활동에도 우리의 몸이나 관찰 도구, 지적 수단이 항상 수반되고 그에 의해 이러한 활동이 암묵적으로 영향을 받기 때문이다.

⇒ 바로 앞 문장에 대한 부연설명을 해주고 있다. 폴라니는 바로 앞 문장에서, 우리가 다루는 고도의 과학적 지식이 현실과 떨어져 있는 것이 아니라고 말했다. 그리고 그 이유를 이 문장에서 설명해주고 있는데, 쉽게 말하자면 다음과 같다.

우리가 '유전 공학'에 관한 내용에 대해서 추론을 해본다고 하자. 이때 우리는 '뇌'라는 우리 신체 기관을 통해서 생각하고, '눈'이라는 우리 몸의 관찰 도구를 통해서 세포를 볼 것이다. 또 '논리적 사고' 같은 지적 수단을 활용해서 고차원적인 추론을 할 수도 있다. 폴라니는 이렇게 우리가 '뇌', '눈', '논리적 사고' 같은 것들을 활용하면 지각 활동이나 관찰, 추론을 하는 데 있어서 우리가 암묵적인 영향을 받는다고 한다. 즉 **우리가 고도의 과학적 지식을 탐구할 때는 어쩔 수 없이 '뇌, 눈, 논리적 사고'와 같이 우리가 가지고 있는 것들을 활용할 수밖에 없기 때문에,** 지적 활동의 주체가 몸담고 있는 구체적인 현실과 떨어져서 탐구하고 추론할 수 있는 지식은 없다는 것이다.

> 요컨대 모든 지식에는 암묵적 요소들과 이들을 하나로 통합하는 '인간적 행위'가 전제되어 있다는 것이다.

⇒ '요컨대'라는 말은 '중요한 점을 말하자면'이라는 뜻이다. 앞 문장이 추상적이고, 어려웠기 때문에 출제자가 '결국 내가 하려는 말은 이거야'라고 말하면서 부연 설명해주고 있다. *(글 난이도가 어려워질수록 이런 문장들은 삭제된다.)*

이 문장을 구체적으로 이해해보자면 이렇다. 우리가 지금 가지고 있는 '모든 지식', 즉 '일상적 지각'과 관련된 지식이나 '고도의 과학적 지식' 모두에는 '암묵적 요소'들이 있다. 여기서 '암묵적 요소'라는 것은, 우리가 어떤 것을 관찰할 때 '암묵적으로', '자연스럽게' 사용하게 되는 '눈', '귀' 같은 몸의 기관들을 말한다. 뿐만 아니라 현미경 같은 관찰 도구, 연역법이나 귀납법 같은 논리적 사고를 돕는 지적 수단들 모두가 '암묵적 요소'에 해당한다. 왜냐하면 이것들은 우리가 무언가를 바라보거나 생각할 때 '암묵적으로' 사용하게 되는 것들이기 때문이다. 지금 네가 알고 있는 모든 지식은 눈, 현미경, 연역법 등과 같이, 어떠한 지식을 관찰하고 받아들일 때 자연스레 사용하게 되는 여러 가지 '암묵적인 요소'들을 이용해서 얻어낸 것이다. 따라서 모든 지식에는 '암묵적 요소가 전제'되어 있다고 말할 수 있는 것이다.

그리고 해당 문장에서 모든 지식에는 암묵적 요소뿐만 아니라 암묵적 요소들을 모두 하나로 통합하는 '인간적 행위'가 전제되어 있다고 하는데, 이게 무슨 말일까? 말 그대로, '눈으로 관찰하기', '연역법으로 생각하기' 등과 같은 암묵적 요소들을 '통합'해서, '눈으로 관찰한 걸 토대로 연역법으로 생각하기'와 같은 '인간적 행위'를 한다는 뜻이다.

또 한 가지 예를 들어주자면, 우리가 알고 있는 지식 중 '산소가 없으면 사람은 죽는다'라는 지식은 '인간적 행위'를 통해 얻은 지식이라 할 수 있다. 왜냐하면 '산소가 없으면 사람은 죽는다'라는 지식은, 과거에 살던 사람들이 물에 빠져서 죽는 사람을 눈으로 보고, 그 사람이 왜 죽었는지 논리적으로 생각해보는 행위를 통해서 얻은 지식이기 때문이다. 즉, '물에 빠진 사람을 눈으로 보기'와 '물에 빠진 사람이 왜 죽었을지 논리적으로 생각해보기'라는 두 암묵적 요소를 통합해서, '사람은 산소가 없으면 죽는다'라는 지식을 만들어냈다는 것이다. 이렇듯 우리가 얻은 모든 지식에 대해 생각해보면 전부 사물이나 현상을 보고 그것에 대해 논리적으로 생각하는 '인간적인 행위'를 통해 얻은 것이다. 그렇기에 폴라니는 '모든' 지식에는 이러한 '인간적 행위'가 전제되어 있다고 말했던 것이다.

> "우리는 우리가 말할 수 있는 것보다 훨씬 더 많이 알고 있다."라는 폴라니의 말은 모든 지식이 암묵지에 기초하고 있음을 강조한다.

➡ 납득한다. 폴라니가 생각했을 때, 우리가 알고 있는 모든 지식은 '암묵적 지식'에 해당하는 것이다. 그렇기 때문에 우리가 말로 표현할 수는 없지만, 그냥 '체화'해서 암묵적으로 알고 있는 지식이 굉장히 많다는 걸 말하고 있다.

> 노나카 이쿠지로는 지식에 대한 폴라니의 탐구를 실용적으로 응용하여 지식 경영론을 펼쳤다.

➡ 아, 이제 여기서부터는 폴라니의 암묵지 개념을 노나카가 지식 경영론에 어떻게 활용했는지 설명하려는 거 같다. 궁금증을 가지고 읽어내려 가자.

> 그는 폴라니의 '암묵지'를 신체 감각, 상상 속 이미지, 지적 관심 등과 같이 객관적으로 표현하기 어려운 주관적 지식으로 파악했다.

➡ '신체 감각', '상상 속 이미지', '지적 관심'이라는 단어를 보자마자 '이미지화'를 하면서 읽어줬어야 한다. 축구공을 잘 차기 위한 발의 감각이나 내 마음 속에 있는 이미지, 어떤 학문에 대한 지적 관심 같은 것들은 객관적으로 표현하기 어려운 '암묵지'이다. 노

나카가 폴라니의 암묵지를 이러한 주관적 지식으로 파악했다는 건 쉽게 납득할 수 있다.

> 또한 '명시지'를 문서나 데이터베이스 등에 담긴 지식과 같이 객관적이고
> 논리적으로 형식화된 지식으로 파악하고, 이것이 암묵지에 비해 상대적
> 으로 지식의 공유 가능성이 높다고 보았다.

⇒ 함축적 의미를 생각한다. '명시지'는 말 그대로, '암묵지'와 다르게, 명시적으로 확인
할 수 있는 지식일 것이다. 이 문장에서 말하는대로, 문서나 데이터베이스에 담긴 지식과
같이 객관적이고 논리적으로 문자화, 수치화 되어 있는 지식이 명시지인 것이다. 이러한
명시지는 '눈에 보이는 것'이기 때문에, '눈에 보이지 않는' 암묵지에 비해서 상대적으로
지식 공유 가능성이 높았을 것이다. 부연 설명을 만들면서, 왜 명시지가 암묵지보다 공유
가능성이 높았을지 이해하고 넘어가야 한다.

> 암묵지와 명시지의 분류에 기초하여, 노나카는 개인, 집단, 조직 수준에서
> 이루어지는 지식 변환 과정을 네 가지로 유형화하였다.

⇒ '지식 변환'에 표시가 되어 있는 걸 보니, 반드시 문제에서 물어볼 부분이다. 따라서
'지식 변환 과정'은 훨씬 주의 깊게 읽어줘야 한다. 지식 변환 과정을 네 가지로 유형화했
다는데, 그 네 가지를 외우려고 하지 말고, '이해'하면 된다.

> 암묵지가 전달되어 타자의 암묵지로 변환되는 것은 대면 접촉을 통한 모
> 방과 개인의 숙련 노력에 의해 이루어지는 것으로서 '공동화'라 한다.

⇒ 첫 번째로, '암묵지가 전달되어 타자의 암묵지로 변환'되는 경우에 대해서 말하고 있
다. 읽고 납득하자. '암묵지'는 '명시지'와 다르게, 눈으로 볼 수 없고, 말로 설명하기 힘
든 것이므로 당연히 '대면 접촉을 통해서 모방'해야 했을 것이다. 명시지는 종이에다가
표현하고, 상대방에게 그걸 학습하게 만들면 되지만, 암묵지는 개인이 몸에 '체화'하고
있는 것이기 때문에, 그 암묵지를 가지고 있는 개인에게 직접 가서 배웠어야 했을 것이
다. 그리고 그런 암묵지를 배우려는 사람은, 스스로 계속해서 상대의 암묵지를 익히려는
'숙련 노력'을 했어야지, 상대의 암묵지를 자신의 암묵지로 변환시킬 수 있었을 것이다.

예를 들어서, 축구에서 슈팅하는 법을 가르칠 때를 떠올려보면 된다. 슈팅하는 법을 말로만 설명하긴 힘들다. 그래서 많은 코치들이 슈팅을 가르칠 때 우선 자기가 차는 모습을 보여주고, 따라 차보라고 하는 것이다. 이는 '대면 접촉을 통한 모방'이 이뤄지는 것으로 볼 수 있다. 그리고 학생들은 계속 스스로 코치의 슈팅 자세를 모방하고, 개인적인 '숙련 노력'을 함으로써 코치의 암묵지를 자신의 암묵지로 만드는 것이다. 이러한 과정이 바로 '암묵지가 전달되어 타자의 암묵지로 변환되는 경우'다.

그리고 '암묵지가 전달되어 타자의 암묵지로 변환되는' 과정을 통해서 **암묵지를 전달한 자와 전달받은 자가 공동으로 체화할 수 있게 되니까**, '공동화'라고 부를 수 있을 것이다.

> 암묵지에서 명시지로의 변환은 암묵적 요소 중 일부가 형식화되어 객관화되는 것으로서 '표출화'라 한다.

⇒ 납득한다. 내가 머릿속에서만 알고 있던 것을 글로 쓰거나 강의로 만드는 것은 암묵지가 명시지로 변환되는 것이라 할 수 있다. 내 안에 있던 지식이 밖으로 '표출'되는 것이니, '표출화'라고 부르는 것을 충분히 납득할 수 있다.

> 또 명시지들을 결합하여 새로운 명시지를 형성하는 것은 '연결화'라 하고, 명시지가 숙련 노력에 의해 암묵지로 전환되는 것은 '내면화'라 한다.

📢 외우려고 하지 말고, 함축적 의미를 생각해라. 그리고 이미지화를 통해서 머릿속에 박아 넣어라.

⇒ 명시지들을 결합하는 경우는, 명문대생 여러 명의 공부법을 적은 글을 모아서 하나의 책으로 만드는 경우를 예로 들 수 있다. 각각의 정보들을 '연결'해서 하나의 책으로 만드는 것이니, '연결화'라고 할 수 있을 것이다.

그 다음, 명시지가 숙련된 노력에 의해서 암묵지로 전환되는 과정에는 뭐가 있을까? 지금 네가 하는 행동이 바로 명시지를 암묵지로 전환하는 과정인 것이다. '국정원'이라는 책에 쓰인 '글 읽기 방법'을 네가 계속 익히려고 노력해서 '체화'하는 것이 바로 '명시지가 숙련된 노력에 의해 암묵지로 전환되는 과정'에 해당한다. 외부에 있던 지식이 내 몸으로 들어와서 '체화'되는 것이니, '내면화'라고 부르는 것을 충분히 납득할 수 있다. 나는 고전 비법서를 읽고 무공을 익히는 사람의 모습을 이미지화해서 '내면화'의 의미를 머릿속에 박아 놓고 넘어갔다.

> 노나카는 이러한 변환 과정이 원활하게 일어나 기업의 지적 역량이 강화
> 되도록 기업의 조직 구조도 혁신되어야 한다고 주장하였다.

⇒ 앞서 말한 공동화, 표출화, 연결화, 내면화가 원활하게 일어나면 일어날수록 공동체 내의 지식 공유가 활발하게 이뤄질 것이다. 이렇게 되면 당연히 공동체 내의 사람들이 서로 많은 지식을 쌓을 수 있게 되므로, 기업의 지적 역량도 강화된다.

　노나카는 기업의 지적 역량을 강화하는 '공동화, 표출화, 연결화, 내면화'가 원활하게 일어나려면 **'기업의 조직 구조' 또한 혁신되어야 한다**고 주장했다고 한다. 노나카는 '기업의 조직 구조'가 '어떻게' 혁신되어야 한다고 주장한 걸까? 생각해보자면, 영업부, 마케팅부, 개발부 등 기업의 조직이 서로 간의 지식 전달이 잘 이뤄질 수 있는 구조로 바뀌어야 한다는 것이다. 구조를 바꾼다면 마케팅 부서와 영업부를 하나의 부서로 묶거나, 개발부와 마케팅 부서를 하나로 묶는 등의 행위를 할 수 있을 것이다. 이런 식으로 구체적으로 예시를 들어서 납득하고 넘어가야 선택지로 갔을 때도 글 내용이 기억에 남는다. 글이 길어지고 어려워질수록 이렇게 글을 읽어야지만 문제를 맞힐 수 있게 된다.

> 이러한 주장대로 지식 경영이 실현되기 위해서는 지식 공유 과정에 대한
> 구성원들의 참여가 전제되어야 한다.

⇒ 당연하다. 아무리 구조를 혁신적으로 바꾸고 노력을 해도 구성원들이 지식 공유에 참여하지 않는다면 아무런 일도 일어나지 않을 것이다.

> 하지만 인간에게 체화된 무형의 지식을 공유하는 것은 쉬운 일이 아니다.

⇒ '체화된 무형의 지식'이니, '암묵지'를 공유하는 과정을 말하는 것 같다. 맞는 말이다. 암묵지를 공유하는 것은, 명시지를 공유하는 것보다 어려운 일이다. '눈에 안 보이기'

때문이다.

> 단순한 정보와 유용한 지식을 구분하기도 쉽지 않고, 이를 계량화하여 평가하는 것도 어렵다.

⇒ 지식 변환 과정이 유용하게 일어나는 게 어려운 이유를 말하고 있다. 납득해준다. 단순한 정보와 유용한 지식을 구분하려면 지식을 전달하는 사람과 지식을 전달받는 사람이 단순한 정보와 유용한 지식을 구분할 수 있어야 한다. 하지만 모든 사람이 이런 능력을 갖고 있기란 힘들다. 또 어떤 정보가 유용한지, 아닌지를 수치로 계량화해서 평가하기도 쉽지 않다. 나는 어떤 정보를 유용하다고 판단했는데 다른 사람은 아니라고 판단할 수도 있기 때문이다. 정보가 유용한지 아닌지는 주관에 따라 달라질 수도 있기 때문에, 이 정보는 '5 정도 유용하다'라는 식으로 계량화하기가 쉽지 않은 것이다.

> 따라서 지식 경영의 성패는 지식의 성격에 대한 정확한 이해에 기초하여 구성원들이 지식 공유와 확산 과정에 자발적으로 참여하도록 하는 방안을 마련하는 것에 달려 있다고 할 수 있다.

⇒ 납득한다. 지식 경영이 성공적으로 이뤄지기 위해서는, 지식의 성격에 대한 정확한 이해를 통해 앞서 말한 단점들이 보완되어야 한다. 그리고 구성원들에게는 지식 공유와 확산 과정에 자발적으로 참여할 수 있도록 동기를 부여하거나 제도를 만드는 것이 중요할 것이다.

1. 윗글을 통해 알 수 있는 내용으로 적절하지 <u>않은</u> 것은?

> ① 폴라니는 고도로 형식화된 과학 지식도 암묵지를 기초로 하여 형성된다고 본다.

⇒ 맞는 말이다. 굳이 지문으로 돌아가지 않아도 이해하면서 읽었으면 기억이 날 것이다. 폴라니는 '모든' 지식은 암묵지에 기초하고 있다고 말했었다.

> ② 폴라니는 지적 활동의 주체와 분리되어 독립된 객체로서 존재하는 지식은 없다고 본다.

⇒ 이것도 맞는 말이다. 폴라니는 모든 지식이 암묵지에 기초하고 있다고 했고, 암묵지는 지적 활동의 주체에 내재되어 있는 지식이었다. 따라서, 모든 지식은 지적 활동의 주체와 분리되어 독립된 객체로서 존재할 수 없고, 지적 활동의 주체와 연관되어 있을 수밖에 없다고 보았던 것이다.

> ③ 노나카는 암묵지가 그 속성 때문에 지식의 공유 가능성이 명시지에 비해 상대적으로 높다고 본다.

⇒ 반대다. 명시지가 암묵지보다 지식 공유 가능성이 높았다. 함축적 의미를 생각하고 넘어갔다면 쉽게 골랐을 것이다. '암묵지'는 말 그대로 눈에 안 보이는 '암묵적인' 지식이기 때문에 명시지보다 공유 가능성이 낮았다. '명시지'는 말 그대로 눈에 보이는 '명시적인' 지식이기 때문에 암묵지보다 공유 가능성이 높았다.

④ 노나카의 지식 경영론은 지식이 원활하게 변환되도록 기업의 조직 구
조가 재설계되어야 한다고 본다.

⇒ 맞는 말이다. 노나카는 '기업의 조직 구조' 또한 지식이 원활하게 변환되도록 재설계
되어야 한다고 했었다.

⑤ 폴라니는 지식에서 암묵지의 중요성을 강조하고, 노나카는 지식들 간
의 변환 과정에 주목한다.

⇒ 맞는 말이다. 폴라니는 암묵지의 중요성을 강조했다. 노나카는 암묵지와 명시지의
분류에 기초하여, 개인, 집단, 조직 수준에서 이루어지는 지식 변환 과정을 네 가지로 유
형화하였는데, 이를 봤을 때 '지식들 간의 변환 과정에 주목'했다고 볼 수 있다.

◆ 답 : ③

2. 지식 변환 의 사례에 대한 설명으로 가장 적절한 것은?

① A사의 직원이 자사 오토바이 동호회 회원들과 계속 접촉하여 소비자
들의 느낌을 포착해 낸 것은 '연결화'의 사례이다.

⇒ 계속 접촉해서 소비자들의 느낌을 포착한 것은 암묵지가 모방을 통해 암묵지로 전해
진 것에 해당하므로, '공동화'의 사례이다.

② B사가 자동차 부품 관련 특허 기술들을 부문별로 재분류하고 이를 결
합하여 신기술을 개발한 것은 '표출화'의 사례이다.

⇒ 자동차 부품 관련 특허 기술들은 '명시지'에 해당하는 것이다. 이를 부문별로 재분류
하고, 결합하는 과정은 '연결화'의 사례이다.

> ③ C사의 직원이 경쟁 기업의 터치스크린 매뉴얼들을 보고 제품을 실제
> 로 반복 사용하여 감각적 지식을 획득한 것은 '내면화'의 사례이다.

⇒ '매뉴얼'은 명시지에 해당한다. 매뉴얼을 보고 제품을 반복 사용하여 '감각적 지식'을 획득한 것은, 명시지가 암묵지로 전환된 것이므로 '내면화'의 사례라고 할 수 있다. '내면화'를 설명한 부분에서 이미지화를 잘하고 넘어갔다면, 지문으로 돌아가지 않고도 쉽게 정답을 맞혔을 것이다.

　여기서 한 가지 네가 명심할 것은, 네가 정답을 맞혔다고 하더라도 만약, 지문과 선택지를 왔다 갔다하면서 '공동화, 표출화, 내면화, 연결화'의 뜻을 확인했다면 제대로 풀지 못한 것이다. 머릿속에 이미 '공동화, 표출화, 내면화, 연결화'의 뜻이 들어있었어야 한다. 그리고 그건 지문을 이해하면서 읽었다면 충분히 가능하다.

> ④ D사가 교재로 항공기 조종 교육을 실시하고 직원들이 반복적인 시뮬
> 레이션 학습을 통해 조종술에 능숙하게 된 것은 '연결화'의 사례이다.

⇒ '교재'는 명시지에 해당한다. 명시지를 보고 반복적인 학습을 통해서 '조종술'을 체화한 것은 '내면화'에 해당하는 사례이다.

> ⑤ E사의 직원이 성공적인 제품 디자인들에 동물 형상이 반영되었음을
> 감지하고 장수하늘소의 몸체가 연상되는 청소기 디자인을 완성한 것
> 은 '공동화'의 사례이다.

⇒ E사 직원은 성공적인 제품 디자인들을 보고 그 디자인들에 '동물 형상'이 반영되어 있음을 '감지'했다. E사 직원이 동물 형상을 '감지'한 이유는, 제품에 반영된 동물 형상들이 명시적으로 눈에 보이지 않는 '암묵적'인 지식이기 때문이다. E사 직원은 제품 디자인을 보면서 '이건 코끼리 모양을 본뜬 거 같고, 저건 고양이 모양을 본뜬 거 같은데,,,'라는 느낌을 받는다. 이때 E사 직원은 말 그대로 제품 속에 녹아있는 동물 형상의 '느낌'을 받는 것이기 때문에, 해당 제품 속에 들어 있는 '암묵지'를 이해하고 있다고 할 수 있다.

　그리고 그 암묵지를 활용하여 '청소기 디자인'이라는 명시지를 만들어 냈기 때문에 이

는 '표출화'의 사례라고 할 수 있다.

● 답 : ③

3. 윗글을 바탕으로 <보기>에 나타난 F사의 문제를 해결하기 위해 제시할 만한 방안으로 적절하지 <u>않은</u> 것은?

<보 기>

　F사는 회사에 도움이 되는 지식의 산출을 독려하고 이를 체계적인 지식 데이터베이스에 축적하였다. 보고서와 제안서 등의 가시적인 지식의 산출에 대해서는 보상했지만, 경험적 지식이나 창의적 아이디어 같은 무형의 지식에 대한 평가 및 보상 제도는 갖추지 않았다. 그 결과, 유용성이 낮은 제안서가 양산되었고, 가시적인 지식을 산출하지 못하는 직원들의 회사에 대한 애착과 헌신은 감소했으며, 경험 많은 직원들이 퇴직할 때마다 해당 부서의 업무 공백이 발생했다.

⇒ F사의 문제점을 윗글과 연결 지어서 이해해보자면, '암묵지'에 대한 보상은 하지 않고, '명시지'에 대한 보상만 했던 것이 문제다. 그러다 보니 '암묵지'를 가지고 있던 직원들은 '명시지'를 가지고 있던 직원에 비해 대우를 못 받으니까 회사에 대한 애착과 헌신이 점점 감소했을 것이다. 또 회사가 암묵지의 가치를 인정을 해주지 않으니, 암묵지에 대한 공유가 이뤄지지 않았을 것이고, 이 때문에 암묵지를 가지고 있는 직원이 퇴사할 때마다 공백이 생겼을 것이다. 이를 해결하기 위해서는 '암묵지'에 대한 인정과 보상을 강화해야 한다. 그리고 직원들에게 암묵지가 공유될 수 있는 환경을 만들어줘야 한다.

---
① 창의적 아이디어가 문서 형태로 표현되기 어려울 수 있음을 감안하여 다양한 의견 제안 방식을 마련할 필요가 있다.

⇒ 맞는 말이다. 문서 형태로 표현되기 어려운 창의적 아이디어는 암묵지에 해당하는 것으로, 이는 암묵지를 인정하는 방법 중 하나이다.

---
② 직원들이 회사에서 사용할 논리적이고 형식화된 지식을 제안하도록 권장하고 이를 데이터베이스에 축적할 필요가 있다.

205

➡ '논리적이고 형식화된 지식'은 암묵지가 아니라 명시지이다. 명시지를 제안하도록 권장하는 것은 〈보기〉의 문제를 해결하는 방법이 아니다. 〈보기〉 문제를 해결하기 위해서는 암묵지에 대한 인정과 보상을 강화해야 한다.

> ③ 숙련된 직원들의 노하우를 공유할 수 있도록 면대면 훈련 프로그램을 도입하여 집단적 업무 역량을 키울 필요가 있다.

➡ 맞는 말이다. 면대면 훈련 프로그램을 도입하면 집단 내에 암묵지가 공유될 것이므로, 〈보기〉의 문제가 해결될 것이다.

> ④ 직원들의 체화된 무형의 지식이 보상받을 수 있도록 평가 제도를 개선하여 회사에 대한 직원들의 헌신성을 높일 필요가 있다.

➡ 맞는 말이다. 현재 F회사의 문제점은 '암묵지'에 대한 보상이 없다는 것이었다. '암묵지'를 보상받을 수 있도록 평가 제도를 개선한다면, 암묵지를 가지고 있는 직원들의 헌신성이 높아질 것이다.

> ⑤ 직원들 각자가 지닌 업무 경험과 기능을 존중하고 유, 무형의 노력과 능력을 평가하기 위한 조직 문화와 동기 부여 시스템을 발전시킬 필요가 있다.

➡ 맞는 말이다. '업무 경험과 기능'을 존중하는 것은 '암묵지'를 존중한다는 의미이다. 또 유형의 노력과 능력뿐만 아니라 무형의 노력과 능력을 평가하기 위한 조직 문화와 동기부여 시스템을 발전시켜야 한다는 점에서, F회사의 문제점을 해결하기 위해 제시할 만한 방법이다.

◉ 답 : ②

2015학년도 고3 6월 A형, 근로자 인센티브

기업은 근로자에게 제공하는 보상에 비해 근로자가 더 많이 노력하기를 바라는 반면, 근로자는 자신이 노력한 것에 비해 기업으로부터 더 많은 보상을 받기를 바란다. 이처럼 기업과 근로자 간의 이해가 상충되는 문제를 완화하기 위해 근로자가 받는 보상에 근로자의 노력이 반영되도록 하는 약속이 인센티브 계약이다. 인센티브 계약에는 명시적 계약과 암묵적 계약을 이용하는 두 가지 방식이 존재한다.

명시적 계약은 법원과 같은 제3자에 의해 강제되는 약속이므로 객관적으로 확인할 수 있는 조건에 기초해야 한다. 근로자의 노력은 객관적으로 확인할 수 없기 때문에, 노력 대신에 노력의 결과인 성과에 기초하여 근로자에게 보상하는 약속이 명시적인 인센티브 계약이다. 이 계약은 근로자로 하여금 자신의 노력을 증가시키도록 하는 매우 강력한 동기를 부여한다. 가령, 근로자에 대한 보상 체계가 '고정급 + α × 성과'($0 \leq \alpha \leq 1$)라고 할 때, 인센티브 강도를 나타내는 α가 커질수록 근로자는 고정급에 따른 기본 노력 외에도 성과급에 따른 추가적인 노력을 더하게 될 것이다. 왜냐하면 기본 노력과 달리 추가적인 노력에 따른 성과는 α가 커질수록 더 많은 몫을 자신이 갖게 되기 때문이다. 따라서 α를 늘리면 근로자의 노력 수준이 증가함에 따라 추가적인 성과가 더욱 늘어나, 추가적인 성과 가운데 많은 몫을 근로자에게 주더라도 기업의 이윤은 늘어난다.

그러나 명시적인 인센티브 계약이 갖고 있는 두 가지 문제점으로 인해 α가 커짐에 따라 기업의 이윤이 감소하기도 한다. 첫째, 명시적인 인센티브 계약은 근로자의 소득을 불확실하게 만든다. 왜냐하면 근로자의 성과는 근로자의 노력뿐만 아니라 작업 상황이나 여건, 운 등과 같은 우연적인 요인들에 의해서도 영향을 받기 때문이다. 그런데 소득이 불확실해지는 것을 근로자가 받아들이도록 하기 위해서 기업은 근로자에게 위험 프리미엄* 성격의 추가적인 보상을 지불해야 한다. 따라서 α가 커지면 기업이 근로자에게 지불해야 하는 보상이 늘어나 기업의 이윤이 줄기도 한다. 둘째, 명시적인 인센티브 계약은 근로자들이 보상을 잘 받기 위한 노력에 치중하도록 하는 인센티브 왜곡 문제를 발생시킨다. 성과 가운데에는 측정하기 쉬운 것도 있지만 그렇지 않은 것도 있기 때문이다. 중요하지만 성과 측정이 어려워 충분히 보상받지 못하는 업무를 근로자들이 등한시하게 되면 기업 전체의 성과에 해로운 결과를 초래하게 된다. 따라서 α가 커지면 인센티브를 왜곡하는 문제가 악화되어 기업의 이윤이 줄기도 하는 것이다.

　합당한 성과 측정 지표를 찾기 힘들고 인센티브 왜곡의 문제가 중요한 경우에는 암묵적인 인센티브 계약이 더 효과적일 수 있다. 암묵적인 인센티브 계약은 성과와 상관없이 근로자의 노력에 대한 주관적인 평가에 기초하여 보너스, 복지 혜택, 승진 등의 형태로 근로자에게 보상하는 것이다. ㉠ 암묵적 계약은 법이 보호할 수 있는 계약을 실제로 맺는 것이 아니다. 이에 따르면 상대방과 협력 관계를 계속 유지하는 것이 장기적으로 이익일 경우에 자발적으로 상대방의 기대에 부응하도록 행동하는 것을 계약의 이행으로 본다. 물론 어느 한 쪽이 상대방의 기대를 저버림으로써 얻게 되는 단기적 이익이 크다고 생각하여 협력 관계를 끊더라도 법적으로 이를 못하도록 강제할 방법은 없다. 하지만 상대방의 신뢰를 잃게 되면 그때부터 상대방의 자발적인 협력을 기대할 수 없게 된다. 따라서 암묵적인 인센티브 계약에 의존할 때에는 기업의 평가와 보상이 공정하다고 근로자가 신뢰하도록 만드는 것이 중요하다.

* 위험 프리미엄 : 소득의 불확실성이 커질 때 근로자는 사실상 소득이 줄어든 것으로 느끼게 되는데, 이를 보전하기 위해 기업이 지불해야 하는 보상.

1. 윗글에 대한 이해로 적절하지 않은 것은?

　① 기업과 근로자 사이의 이해 상충은 근로자의 노력을 반영하는 보상을 통해 완화할 수 있는 문제이다.

　② 법이 보호할 수 있는 인센티브 계약에 의해 근로자의 노력을 늘리려는 것이 오히려 기업에 해가 되는 경우가 있다.

　③ 명시적 인센티브 계약에서 노력의 결과인 성과에 기초하는 것은 노력 자체를 객관적으로 확인할 수 없기 때문이다.

　④ 합당한 성과 측정 지표를 찾기 힘들 경우에는 객관적 평가보다 주관적 평가에 기초한 보상이 더 효과적일 수 있다.

　⑤ 성과를 측정하기 어려운 업무에 종사하는 근로자에 대한 보상에서는 명시적인 인센티브의 강도가 높은 것이 효과적이다.

2. ㉠에 대한 설명으로 적절하지 <u>않은</u> 것은?

① 법원과 같은 제3자가 강제할 수 없는 약속이다.

② 객관적으로 확인할 수 있는 조건에 기초한 약속이다.

③ 자신에게 이익이 되기 때문에 자발적으로 이행하는 약속이다.

④ 상대방의 신뢰를 잃음으로써 초래되는 장기적 손실이 클수록 더 잘 지켜지는 약속이다.

⑤ 상대방의 기대를 저버림으로써 얻게 되는 단기적 이익이 작을수록 더 잘 지켜지는 약속이다.

3. 윗글에 근거할 때, 〈보기〉의 ⓐ, ⓑ, ⓒ에 들어갈 내용을 바르게 짝지은 것은?

〈보 기〉

가. 명시적인 인센티브 계약이 성과를 늘리기 위한 근로자의 노력을 더욱 늘어나게 하는 효과만 생각한다면, α가 커질수록 기업의 이윤은 (ⓐ)한다.

나. 명시적인 인센티브 계약이 근로자의 소득을 더욱 불확실해지게 하는 효과만 생각한다면, α가 커질수록 기업의 이윤은 (ⓑ)한다.

다. 명시적인 인센티브 계약이 근로자의 인센티브 왜곡을 더욱 커지게 하는 효과만 생각한다면, α가 커질수록 기업의 이윤은 (ⓒ)한다.

	ⓐ	ⓑ	ⓒ
①	증가	감소	감소
②	증가	증가	감소
③	증가	감소	증가
④	감소	증가	증가
⑤	감소	증가	감소

> 기업은 근로자에게 제공하는 보상에 비해 근로자가 더 많이 노력하기를
> 바라는 반면, 근로자는 자신이 노력한 것에 비해 기업으로부터 더 많은 보
> 상을 받기를 바란다.

⇒ 당연히 그럴 것이다. 납득한다. 기업은 근로자가 월급 100만 원보다 더 많이 노력하기를 바랄 것이고, 근로자는 자기가 일한 것보다 더 많은 월급을 받고 싶어할 것이다.

> 이처럼 기업과 근로자 간의 이해가 상충되는 문제를 완화하기 위해 근로
> 자가 받는 보상에 근로자의 노력이 반영되도록 하는 약속이 인센티브 계
> 약이다.

⇒ 여기서 '이해가 상충되는'이라고 할 때 '이해'의 의미는, '이익과 손해'라는 뜻이다. '이해'를 '이해하다(understand)'라는 말로 오해하는 학생들이 종종 있다. 2가지 뜻을 가지고 있는 것이다. '이익과 손해'라는 뜻과 '이해하다'라는 뜻은 완전 다른 뜻이니 헷갈리지 말자.

  바로 위 문장처럼 기업과 근로자 사이에는 서로 간의 입장 차이가 있다. 서로 간의 '이해가 상충'되는 것이다. '이해가 상충된다'라는 말을 조금 더 구체적으로 말하자면, 기업이 이득을 보면 근로자는 손해를 보게 되고, 근로자가 이득을 보면 기업은 손해를 보게 된다는 말이다. 예를 들어서, 기업이 근로자에게 제공하는 보상이 100만 원인데, 근로자가 200만 원어치 일을 하면 기업 입장에서는 이득이지만, 근로자 입장에서는 손해다. 다른 회사에서 똑같은 일을 했으면 200만 원을 받았을 수도 있었기 때문이다. 또 근로자가 자신이 한 일에 비해 더 많은 돈을 받으면 근로자 입장에서는 이득이지만, 회사 입장에서는 손해다. 이를 두고 서로 간의 이해가 상충된다고 표현한 것이다.

  이런 문제를 해결하기 위해서 근로자가 받는 보상에 근로자의 노력이 반영되도록 하는 '인센티브 계약'이라는 게 있다고 한다. 기업과 근로자 서로에게 모두 좋은 것은, 근로자

가 '자신이 일한 만큼' 보상을 받게 되는 것이다. 이를 달성하기 위해서 **근로자가 받는 보상에 근로자의 추가적 노력이 반영되도록 해서, 정당한 보상을 해주는** 인센티브 제도라는 게 있다는 것이다.

> 인센티브 계약에는 명시적 계약과 암묵적 계약을 이용하는 두 가지 방식이 존재한다.

⇒ 바로 앞에 '폴라니의 암묵지 지문' 풀면서 함축적 의미를 생각했던 학생들은 이 문장에 쓰인 '명시적 계약'과 '암묵적 계약'이라는 단어의 함축적 의미를 떠올리기 쉬웠을 것이다. '명시적 계약'은 말 그대로 '눈에 보이는 계약'일 것이고, '암묵적 계약'은 '눈에 안 보이는 계약'일 것이다.

> 명시적 계약은 법원과 같은 제3자에 의해 강제되는 약속이므로 객관적으로 확인할 수 있는 조건에 기초해야 한다.

⇒ 당연하다. 함축적 의미를 떠올렸으면 '당연하지'하고 납득할 수 있다. 여기서 '법원과 같은 제3자에 의해 강제되는 약속'이라는 말의 의미는, 약속을 안 지키면 법원에서 강제해서 약속을 지키게 할 수 있다는 뜻이다. 법원이 강제하기 위해서는, 당연히 객관적으로 확인할 수 있는 조건에 기초해서 계약을 맺어야 할 것이다.

예를 들어서, 회사가 월급을 안 줘서 내가 손해를 입었다면 소송을 해야 한다. 이때 법원에서 회사에게 월급을 줄 것을 강제하려면, '월급을 안 줘서는 안 된다'라는 객관적으로 확인할 수 있는 조건이 계약에 포함되어 있어야 할 것이다. 그래야 그걸 근거로 회사 측에 '월급을 지급하라'라는 판결을 내릴 수 있기 때문이다.

> 근로자의 노력은 객관적으로 확인할 수 없기 때문에, 노력 대신에 노력의 결과인 성과에 기초하여 근로자에게 보상하는 약속이 명시적인 인센티브 계약이다.

⇒ 납득한다. 근로자의 '노력'은 객관적으로 확인할 수 없다. 이 사람이 얼마나 '노력'했

는지는 회사 입장에서 파악하기가 쉽지 않다. 그래서 그 사람이 만들어 낸 객관적인 '성과'를 보고, 그 성과에 기초해서 근로자에게 보상을 해주는 것이다. 그리고 그런 보상 방법을 '명시적인 인센티브 계약'이라 부른다고 한다.

> 이 계약은 근로자로 하여금 자신의 노력을 증가시키도록 하는 매우 강력한 동기를 부여한다.

⇒ 이 문장만 봐도 납득이 된다. 당연히 내 성과에 비례하여 인센티브를 준다면, 더 많은 성과를 내기 위해서 더 많은 노력을 할 것이다.

> 가령, 근로자에 대한 보상 체계가 '고정급 + α × 성과'(0≤α≤1)라고 할 때, 인센티브 강도를 나타내는 α가 커질수록 근로자는 고정급에 따른 기본 노력 외에도 성과급에 따른 추가적인 노력을 더하게 될 것이다.

⇒ 부연설명을 해주고 있다. 읽고 납득하자. 수식이 나왔다고 쫄 필요는 없다. 수식은 고등학생 수준에서 충분히 이해할 수 있는 수식만 낸다. 글 읽을 때 수식 나왔다고 무조건 수식에 네모 표시하는 학생들이 있는데 그러면 절대 안 된다. 수식을 기억하는 게 중요한 게 아니라, **수식이 왜 이렇게 만들어졌으며, 무슨 의미를 담고 있는 건지 이해하는 게 100배는 더 중요하기 때문이다.**

'고정급 + α × 성과'라는 수식을 들여다보면, 말 그대로 고정적인 월급에다가 근로자가 성과를 내는 만큼 인센티브를 준다는 뜻이다. 여기서 'α'는 '인센티브 강도'라고 부르는 것인데, 이것도 어렵게 생각할 필요 없다. 함축적 의미 그대로, α는 인센티브가 센지 약한지를 결정짓는 요소라는 것이다. 생각을 해봐라. α가 커지면 커질수록 'α × 성과' 값도 커진다. 인센티브 금액이 늘어나는 것이다. 반면 α가 작아지면 'α × 성과'도 작아지고, 인센티브 또한 줄어든다. α의 값에 따라 인센티브 강도가 커지고, 작아지는 것이다.

당연히 α가 늘어날수록 근로자는 조금만 성과를 올려도 많은 인센티브를 받게 되므로, 더 많은 노력을 할 것이다. 납득하고 넘어가자.

> 왜냐하면 기본 노력과 달리 추가적인 노력에 따른 성과는 α가 커질수록 더 많은 몫을 자신이 갖게 되기 때문이다.

⇒ 윗문장을 납득했는데, 출제자는 학생들이 윗문장을 납득하지 못했을까봐 '왜냐하면'이라고 말하면서 부연설명을 해주고 있다. 윗문장을 납득했던 학생들은 '당연하지'라고 읽혔을 것이다.

　이 문장에서 '기본 노력'이라는 것은 '월급'을 말하는 것이다. 월급은 '기본 노력'이다. 즉 고정적인 것이기 때문에 변하지 않는다. 하지만 '추가적인 노력'에 따른 성과는 α가 커질수록 자신이 받는 돈이 늘어난다. 따라서 α가 커질수록 근로자는 더 열심히 일하게 되는 것이다.

> 따라서 α를 늘리면 근로자의 노력 수준이 증가함에 따라 추가적인 성과가 더욱 늘어나, 추가적인 성과 가운데 많은 몫을 근로자에게 주더라도 기업의 이윤은 늘어난다.

⇒ 음, 그럴 수 있겠다. α를 늘리면 근로자의 노력이 증가할 것이고, 근로자의 노력이 증가함에 따라서 추가적인 성과도 늘어날 것이다. 성과가 늘어나면 기업 입장에서 근로자에게 인센티브를 많이 주더라도 이득인가 보다. 구체적으로 성과가 늘어나는 것이 왜 근로자에게 인센티브를 많이 주더라도 기업 입장에서 이득인지는 모르겠으나, 납득할 수는 있다.

　그런데, 나는 여기까지 읽고 한 가지 생각이 들었다. '그러면 그냥 α를 최대로 늘리면 기업의 이윤은 계속 늘어나겠네?'라는 생각 말이다. 글을 제대로 읽는 학생이라면 분명 이 생각이 들었을 것이다. 벌써 글 초반에 말했던 문제에 대한 해결책이 나와버렸기 때문이다. 기업과 근로자의 이해가 서로 상충되는 상황에서 α를 최대로 늘린 인센티브 계약을 하면 모든 게 끝나는 거 아닌가?

> 그러나 명시적인 인센티브 계약이 갖고 있는 두 가지 문제점으로 인해 α가 커짐에 따라 기업의 이윤이 감소하기도 한다.

213

⇒ 아 역시, 그렇게 간단한 문제가 아니었다. 명시적 인센티브 계약이 가지고 있는 두 가지 문제점 때문에 a가 커지더라도 기업의 이윤이 감소하는 경우가 있다고 한다. 바로 앞 문장까지만 읽고서 a만 최대로 키우면 끝나는 문제라고 생각했는데, 그렇게 쉬운 문제가 아니라는 걸 말해주고 있다. 그럼 도대체 명시적 인센티브 계약이 가지고 있는 두 가지 문제점이 뭘까? 의문을 가지면서 읽어내려 가자.

> 첫째, 명시적인 인센티브 계약은 근로자의 소득을 불확실하게 만든다.

⇒ 인센티브 계약을 맺으면 근로자의 소득이 불확실해진다고? 왜 그런거지? 그리고, 근로자의 소득이 불확실해지는 것과 기업 이윤이 감소하는 거랑 무슨 관계지? 의문 품으면서 읽어간다.

> 왜냐하면 근로자의 성과는 근로자의 노력뿐만 아니라 작업 상황이나 여건, 운 등과 같은 우연적인 요인들에 의해서도 영향을 받기 때문이다.

⇒ 윗문장에서 궁금했던 걸 바로 아래 문장에서 설명해주고 있다. 명시적 인센티브 계약이 근로자의 소득을 불확실하게 만드는 이유는, 근로자의 성과가 우연적인 요소에 의해 영향을 받기 때문이라고 한다. 이 문장은 부연 설명이 조금 삭제되어 있기 때문에 납득하려면 속도를 늦추고 생각했어야 한다.

근로자의 '성과'가 '우연적 요인'들에 의해서 영향을 받는다는 것과, 근로자의 소득이 불확실해지는 게 서로 무슨 관계인 걸까? 대충 '우연'이랑 '불확실'이라는 단어를 엮어서, '우연적 요인들이 있으니까 불확실한가 보다' 하고 넘어갈 수도 있지만, 정확하게 생각을 해보자.

우선 명시적 인센티브 계약은 '고정급 + a × 성과'의 구조였다. 고정적으로 받는 월급이 있고, 거기에다가 내가 낸 성과에 따라 인센티브를 받는 구조다. 여기서 a가 커지면, 내 성과가 조금만 달라져도 '고정급 + a × 성과' 값이 변한다. 예를 들어서 내가 고정으로 받는 월급이 200만 원이라고 하자. a가 '1만 원'일 때는 내 성과가 2에서 1로 줄어든다고 해도 총합이 1만 원만 줄어들게 된다. 하지만 a가 '100만 원'이면 내 성과가 똑같이 2에서 1로 줄었을 때 받는 돈은 100만 원이나 감소한다. 이해가 안 된다면 직접 계산을 해봐라. 이러면 사람들은 당연히 '성과'에 큰 신경을 쓸 수밖에 없다.

하지만 여기서 문제점이, 근로자의 성과는 근로자의 노력뿐만 아니라 '우연적 요인'들에 의해서도 영향을 받기 때문에, 스스로 통제할 수 있는 게 아니라는 것이다. 그럼 매달 받는 근로자의 소득이 불확실해진다. 이렇게 받는 소득이 불확실해지면 기업의 이윤이 감소한다고 하는데, 왜 그러는 걸까? 아마 뒷부분에서 설명을 해줄 것이다. 뒷부분을 읽으면서 그 이유를 이해하자.

> 그런데 소득이 불확실해지는 것을 근로자가 받아들이도록 하기 위해서 기업은 근로자에게 위험 프리미엄* 성격의 추가적인 보상을 지불해야 한다.

⇒ 여기서 이유가 나온다. 왜 근로자가 받는 소득이 불확실해진다고 해서 기업의 이윤이 감소하는 건지 궁금했는데, 이유를 말해주고 있다.

근로자는 매달 받는 소득이 크게 달라지면 '이게 뭐지?' 싶을 것이다. 예를 들어서 3월에는 월급이 300만 원이 들어오고, 4월에는 700만 원이 들어왔다가, 5월에는 300만 원이 들어온다면 불만이 생길 것이다. 미래가 예측이 안 되기 때문이다. 원래 사람은 예측이 안 되는 미래에 대해서 스트레스를 받게 되어 있다. 예를 들어서 네가 지금 수능을 준비하고 있는데, 5월에는 수능 보는 날짜가 '11월 16일'이었는데 6월에는 '10월 5일'로 바뀌고 7월에는 '12월 7일'로 바뀐다면 스트레스를 받지 않을까?

기업은 근로자가 소득이 불확실해지는 것에 대해 받아들이지 못하고, 스트레스 받는 것을 막기 위해서 '위험 프리미엄 성격의 추가적인 보상'을 지불해야 하나보다. 아, 이제 이해가 된다. 근로자가 불확실한 소득에 대한 스트레스를 많이 느낄수록, 기업 입장에서는 '추가적인 보상'을 지급하게 된다. 그러니까 근로자가 받는 소득이 불확실해질수록 '기업의 이윤'이 감소하게 되는 것이다. 나는 'α만 높이면 기업과 근로자 모두가 좋은 건가?' 싶었는데 그게 아니었다.

> 따라서 α가 커지면 기업이 근로자에게 지불해야 하는 보상이 늘어나 기업의 이윤이 줄기도 한다.

⇒ 부연 설명 해주는 문장이다. 글을 잘 읽는 학생들은 이미 앞 문장을 읽고 이 문장을 스스로 생각해냈을 것이다.

> 둘째, 명시적인 인센티브 계약은 근로자들이 보상을 잘 받기 위한 노력에 치중하도록 하는 인센티브 왜곡 문제를 발생시킨다.

⇒ α를 높일수록 기업의 이윤이 감소하는 2번째 이유다. '근로자들이 보상을 잘 받기 위한 노력에 치중'한다는 게 구체적으로 무슨 말일까? 구체화를 하면서 읽어나갈 생각을 하자.

> 성과 가운데에는 측정하기 쉬운 것도 있지만 그렇지 않은 것도 있기 때문이다.

⇒ 아, 이 문장을 보고 '근로자들이 보상을 잘 받기 위한 노력에 치중한다'는 말의 의미를 이해했다. 성과 중에는 분명 숫자로 측정하기 쉬운 것도 있지만, 그렇지 않은 것도 있을 것이다. 팀내 분위기를 밝게 만든다든지, 팀원들에게 동기 부여를 잘한다든지 하는 것들은 측정하기 어려운 성과다. 하지만 이런 성과들은 회사가 발전하는 데 꼭 필요하다.

  그런데 α가 너무 커지면, 사람들은 돈을 더 많이 받기 위해서, 측정하기 어려운 성과에는 집중을 하지 않을 것이다. '수치화'가 가능한 것에만 노력하는 것이다. 이 경우에 기업은 결과적으로는 더 발전하지 못하게 된다. 일을 더 열심히 하라고 α를 올려줬더니, 근로자들이 '눈에 보이는', '측정하기 쉬운' 성과만 집중해서 노력한다. 인센티브 제도를 왜곡하는 것이다. 따라서 이 경우에 기업의 발전은 생각한 만큼 이뤄지지 않을 것이다.

> 중요하지만 성과 측정이 어려워 충분히 보상받지 못하는 업무를 근로자들이 등한시하게 되면 기업 전체의 성과에 해로운 결과를 초래하게 된다.

⇒ 납득한다. 윗문장에서 생각했던 것이다. 중요하지만 성과 측정이 어려운 일도 있을 건데, α가 커지면 모두들 성과 측정이 쉬운 일만 하려고 할 것이다. 따라서 기업의 전체적인 성과에 해로운 결과를 초래하게 되는 것이다.

> 따라서 α가 커지면 인센티브를 왜곡하는 문제가 악화되어 기업의 이윤이 줄기도 하는 것이다.

⇒ 마찬가지로 납득한다. 계속 부연설명을 해주고 있다. 윗문장을 제대로 이해하면서 읽은 학생들에게는 당연한 말일 것이다.

> 합당한 성과 측정 지표를 찾기 힘들고 인센티브 왜곡의 문제가 중요한 경우에는 암묵적인 인센티브 계약이 더 효과적일 수 있다.

⇒ 명시적인 인센티브에는 '인센티브 왜곡' 문제가 있었다. 이를 해결하려면 '눈에 보이지 않는' 측정하기 어려운 성과들도 측정할 수 있는 지표를 찾아야 할 것이다. 하지만 합당한 성과 측정 지표를 찾기 힘들고, '인센티브 왜곡' 문제가 발생하지 않도록 하는 것이 중요한 경우에는 '암묵적인 인센티브 계약'이 해결책이 될 수 있다고 한다.

> 암묵적인 인센티브 계약은 성과와 상관없이 근로자의 노력에 대한 주관적인 평가에 기초하여 보너스, 복지 혜택, 승진 등의 형태로 근로자에게 보상하는 것이다.

⇒ 아까 명시적 인센티브 계약에서는 눈에 보이는 '성과'가 매우 중요했다. 그러다보니, 사람들이 '측정할 수 있는' 성과에만 집중했었다. 암묵적인 인센티브 계약은 그런 문제점을 막기 위해서 성과와 상관없이, 근로자의 '노력'에 집중한다. 근로자의 '노력'에 대해서 기업이 '주관적으로 평가'해서 보상을 하는 것이다.

그런데, 주관적으로 평가하면, 평가하는 사람에 따라 평가가 달라진다는 거니까 또 문제가 있을 거 같긴 하다. 이런 생각들을 적극적으로 하면서 읽어주면 글 읽기가 재밌어지고, 내용 이해도 더 쉬워진다.

> ⊙ 암묵적 계약은 법이 보호할 수 있는 계약을 실제로 맺는 것이 아니다.

⇒ 당연하다. 아까 윗문장을 읽으면서 납득했듯이, 법이 '보호'를 하려면 눈에 보이는

217

'객관적인 조건'이 있어야 한다. '암묵적 계약'은 말 그대로, 객관적인 조건 없이 암묵적으로 계약을 한 것이기 때문에 법이 보호해주지 못할 것이다.

> 이에 따르면 상대방과 협력 관계를 계속 유지하는 것이 장기적으로 이익일 경우에 자발적으로 상대방의 기대에 부응하도록 행동하는 것을 계약의 이행으로 본다.

⇒ 이 문장을 이해하려면 조금 시간을 썼어야 한다. 문장이 추상적인 단어들로 구성되어 있는데, 구체적으로 이해해보자. 이 문장에서 '상대방과 협력 관계를 계속 유지'한다는 건 쉽게 말해서, 근로자가 회사를 열심히 다닌다는 것이다. 근로자는 회사의 인정을 받고 성과를 내는 것이, 장기적으로 봤을 때 자신한테도 이익이라면 자발적으로 회사가 기대하는 업무를 할 것이다. '암묵적 계약'은 이렇게 근로자가 스스로 회사가 근로자에게 바라는 업무를 찾아서 하는 것을 '계약을 이행하는 것'으로 본다는 뜻이다.

> 물론 어느 한쪽이 상대방의 기대를 저버림으로써 얻게 되는 단기적 이익이 크다고 생각하여 협력 관계를 끊더라도 법적으로 이를 못하도록 강제할 방법은 없다.

⇒ 그럴 것이다. 예를 들어서, 근로자가 회사에서 시킨 일을 안 하고 부업을 하거나, 퇴사해서 회사를 차리는 게 단기적으로 돈을 더 많이 벌겠다고 생각하고, 실제로 그렇게 하더라도 법으로 강제할 수 없을 것이다. 왜냐하면 근로자와 회사는 '암묵적 계약'을 맺고 있었기 때문이다.

> 하지만 상대방의 신뢰를 잃게 되면 그때부터 상대방의 자발적인 협력을 기대할 수 없게 된다.

⇒ 당연한 말이다. 근로자가 자신이 일하는 만큼 회사에서 월급을 못 받는다고 생각하거나, 회사가 근로자에게 보상하는 만큼 근로자들이 일하지 않는다고 생각하면, 그때부터는 자발적인 협력을 기대할 수 없을 것이다.

> 따라서 암묵적인 인센티브 계약에 의존할 때에는 기업의 평가와 보상이
> 공정하다고 근로자가 신뢰하도록 만드는 것이 중요하다.

⇒ 납득한다. '명시적인 인센티브'는 계약 내용이 지켜지지 않으면 법원 같은 제3자가 강제하면 되지만, 암묵적인 인센티브는 그럴 수 없다. 암묵적인 인센티브는 기업의 평가와 보상이 공정하다고 근로자가 신뢰하게 만들어서 '자발적으로' 열심히 일하도록 해야 하는 것이다.

◆ 문제 해설 ◆

1. 윗글에 대한 이해로 적절하지 <u>않은</u> 것은?

> ① 기업과 근로자 사이의 이해 상충은 근로자의 노력을 반영하는 보상을
>   통해 완화할 수 있는 문제이다.

⇒ 맞는 말이다. 윗글에 따르면 '인센티브 계약'이라는 것을 통해서, 근로자의 노력을 반영하는 보상을 하고, 기업과 근로자 사이의 이해가 상충되는 것을 완화할 수 있었다.

> ② 법이 보호할 수 있는 인센티브 계약에 의해 근로자의 노력을 늘리려
>   는 것이 오히려 기업에 해가 되는 경우가 있다.

⇒ 법이 보호할 수 있는 인센티브 계약은 '명시적 인센티브 계약'이다. 윗글에서 '명시적 인센티브 계약'에 의해 근로자의 노력을 늘리려고 하는 것이 오히려 기업에 해가 되는 경우를 소개했다. 명시적 인센티브 계약은 객관적으로 측정 가능한 성과에 기초해서 보상을 하는 것인데, 명시적 인센티브 계약이 소득의 불확실성을 키우거나 인센티브 왜곡을 만들어내면 기업의 이윤은 감소할 수 있었다.

219

③ 명시적 인센티브 계약에서 노력의 결과인 성과에 기초하는 것은 노력 자체를 객관적으로 확인할 수 없기 때문이다.

⇒ 맞는 말이다. 글을 읽으면서, 왜 명시적 인센티브 계약이 '성과'에 기초해서 인센티브를 주는 건지 이해했다면 쉽게 판단했을 것이다.

④ 합당한 성과 측정 지표를 찾기 힘들 경우에는 객관적 평가보다 주관적 평가에 기초한 보상이 더 효과적일 수 있다.

⇒ 맞는 말이다. 그래서 '명시적 인센티브 계약'의 단점을 보완할 방법으로 '암묵적 인센티브 계약'을 소개했던 것이다.

⑤ 성과를 측정하기 어려운 업무에 종사하는 근로자에 대한 보상에서는 명시적인 인센티브의 강도가 높은 것이 효과적이다.

⇒ 글을 이해했다면 말이 안 되는 선택지라는 걸 느꼈을 것이다. 성과 측정이 어려운 업무에 종사하는 근로자에게는 '암묵적인 인센티브' 강도가 높은 것이 더 효과적이다. 그래야 성과를 측정하기 어려운 업무에 종사하는 근로자는 자신이 일한 만큼 정당하게 보상받을 수 있기 때문이다. 내가 하는 일이 성과 측정이 어려운 업무인데, 명시적 인센티브 강도가 높다면 내가 아무리 일을 열심히 해도 받는 돈은 그대로일 것이다. 그러면 누가 열심히 일하겠는가? 사람들은 자기가 일한 만큼 정당한 보상을 받지 못한다는 생각이 들면, 당연히 업무를 열심히 하려는 열정이 떨어질 것이다. 이는 결국 회사 전체에 안 좋은 영향을 줄 수 있다.

● 답 : ⑤

2. ㉠에 대한 설명으로 적절하지 <u>않은</u> 것은?

㉠ : 암묵적 계약

> ① 법원과 같은 제3자가 강제할 수 없는 약속이다.

⇒ ㉠은 객관적인 조건에 기초한 계약이 아니기 때문에, 법원과 같은 제3자가 강조할 수 없는 약속이다.

> ② 객관적으로 확인할 수 있는 조건에 기초한 약속이다.

⇒ 답이 너무 쉽게 나왔다. 객관적으로 확인할 수 있는 조건에 기초한 약속은 '명시적 계약'이다.

> ③ 자신에게 이익이 되기 때문에 자발적으로 이행하는 약속이다.

⇒ 맞는 말이다. 암묵적 계약을 맺는 사람들은, 장기적으로 자신에게 이익이 되기 때문에 자발적으로 약속을 이행하는 거였다.

> ④ 상대방의 신뢰를 잃음으로써 초래되는 장기적 손실이 클수록 더 잘 지켜지는 약속이다.

⇒ 맞는 말이다. 상대방이 암묵적 계약을 어기는 경우는, 자신이 계약을 어김으로써 얻게 되는 단기적 이익이 장기적 손실보다 크다고 판단될 때였다. 따라서, 상대방의 신뢰를 잃음으로써 초래되는 장기적 손실을 크게 만들수록 약속은 더 잘 지켜질 것이다.

> ⑤ 상대방의 기대를 저버림으로써 얻게 되는 단기적 이익이 작을수록 더 잘 지켜지는 약속이다.

⇒ ④번 선택지를 표현만 바꿔서 써놓은 것이다. 단기적 이익이 작다는 건, 장기적 이익이 더 크다는 말이다. 단기적 이익이 작을수록, 근로자는 장기적 이익을 바라보고 회사에 더 헌신할 것이다. 즉, 암묵적 계약을 더 잘 이행하는 것이다.

✔ 답 : ②

3. 윗글에 근거할 때, <보기>의 ⓐ, ⓑ, ⓒ에 들어갈 내용을 바르게 짝지은 것은?

<보 기>

가. 명시적인 인센티브 계약이 성과를 늘리기 위한 근로자의 노력을 더욱 늘어나게 하는 효과만 생각한다면, α가 커질수록 기업의 이윤은 (ⓐ   )한다.

나. 명시적인 인센티브 계약이 근로자의 소득을 더욱 불확실해지게 하는 효과만 생각한다면, α가 커질수록 기업의 이윤은 (ⓑ   )한다.

다. 명시적인 인센티브 계약이 근로자의 인센티브 왜곡을 더욱 커지게 하는 효과만 생각한다면, α가 커질수록 기업의 이윤은 (ⓒ   )한다.

⇒ 팁을 한 가지 주자면, 이렇게 <보기>에 빈칸이 뚫려있는 문제는, 내가 <보기>를 읽으면서 미리 빈칸에 답을 써놓고 푸는 것이 좋다. '주관식' 문제처럼 답을 미리 써놓고, 선택지를 보면서 내가 쓴 답이 적혀 있는 선지를 고르는 것이다.

ⓐ에 들어갈 말을 생각해보자. 명시적 인센티브 계약에서 문제점은 α가 커질수록 다른 부작용들이 생긴다는 것이다. 하지만, '가'에서는 조건을 줬다. 그런 다른 부작용은 생각하지 말고, α가 늘어났을 때 '근로자의 노력이 더욱 늘어나는 것'만 생각하라고 말이다. 이 경우에는 당연히, α가 커질수록 근로자는 더 열심히 일할 것이고, 기업의 이윤은 '**증가**'할 것이다.

다음으로 ⓑ에 들어갈 말을 생각해보자. '가'와 반대로 명시적인 인센티브 계약이 근로자의 소득을 더욱 불확실하게 하는 효과만 생각한다고 가정한다. 그러면 당연히 α가 커질수록 근로자의 소득은 더 불확실해질 것이고, 기업은 이런 불확실성을 보상하기 위해서 위험 프리미엄 성격의 새로운 보상을 해줘야할 것이다. 이렇게 되면 α가 커질수록 기업의 이윤은 '**감소**'한다.

마지막으로 ⓒ에 들어갈 말을 생각해보자. 명시적 인센티브 계약의 2번째 문제점은 근로자의 인센티브 왜곡을 발생시킨다는 거였다. α가 커질수록 근로자는 '측정 가능한' 성과만 열심히 할 것이고, 따라서 근로자의 인센티브 왜곡은 더 심해질 것이다. 이는 기업 이윤이 '**감소**'하는 결과를 가지고 온다.

	ⓐ	ⓑ	ⓒ
①	증가	감소	감소
②	증가	증가	감소
③	증가	감소	증가
④	감소	증가	증가
⑤	감소	증가	감소

✅ 답 : ①

2011학년도 고3 9월, 경상수지

일반적으로 환율*의 상승은 경상 수지*를 개선하는 것으로 알려져 있다. 이를테면 국내 기업은 수출에서 벌어들인 외화를 국내로 들여와 원화로 바꾸기 때문에, 환율이 상승한 경우에는 외국에서 우리 상품의 외화 표시 가격을 다소 낮추어도 수출량이 늘어나면 수출액이 증가한다. 동시에 수입 상품의 원화 표시 가격은 상승하여 수입품을 덜 소비하므로 수입액은 감소한다. 그런데 이와 같이 환율 상승이 항상 경상 수지를 개선할 것 같지만 반드시 그런 것은 아니다.

환율이 올라도 단기적으로는 경상 수지가 오히려 악화되었다가 점차 개선되는 현상이 있는데, 이를 그래프로 표현하면 J자 형태가 되므로 'J커브 현상'이라 한다. J커브 현상에서 경상 수지가 악화되는 원인 중 하나로, 환율이 오른 비율만큼 수입 상품의 가격이 오르지 않는 것을 꼽을 수 있다. 이는 환율 상승 후 상당 기간 동안 외국 기업이 매출 감소를 우려해 상품의 원화 표시 가격을 바로 올리지 않기 때문이다. 또한 소비자들의 수입 상품 소비가 가격 변화에 따라 줄어들기까지는 상당 기간이 소요된다. 그뿐만 아니라 국내 기업이 수출 상품의 외화 표시 가격을 낮추더라도 외국 소비자가 이를 인식하고 소비를 늘리기까지는 다소 시간이 걸린다. 그러나 J커브의 형태가 보여 주듯이, 당초에 올랐던 환율이 지속되는 상황에서 어느 정도 시간이 지나 상품의 가격 및 물량의 조정이 제대로 이루어진다면 경상 수지가 개선된다.

한편, J커브 현상과는 별도로 환율 상승 후에 얼마의 기간이 지나더라도 경상 수지의 개선을 이루지 못하는 경우도 있다. 첫째, 상품의 가격 조정이 일어나도 국내외의 상품 수요가 가격에 어떻게 반응하는가 하는 수요 구조에 따라 경상 수지는 개선되지 못하기도 한다. 수출량이 증가하고 수입량이 감소하더라도, ㉠ 경상 수지가 그다지 개선되지 않거나 오히려 악화될 수도 있다는 것이다. 둘째, 장기적인 차원에서 수출 기업이 환율 상승에만 의존하여 품질 개선이나 원가 절감 등의 노력을 계속하지 않는다면 경쟁력을 잃어 경상 수지를 악화시킬 수도 있다.

우리나라의 경우 환율은 외환 시장에서 결정되나, 정책 당국이 필요에 따라 간접적으로 외환 시장에 개입하는 환율 정책을 구사한다. 경상 수지가 적자 상태라면 일반적으로 고환율 정책이 선호된다. 그러나 이상에서 언급한 환율과 경상 수지 간의 복잡한 관계 때문에 환율 정책은 신중하게 검토되어야 한다.

* 환율 : 외화 1단위와 교환되는 원화의 양.
* 경상 수지 : 상품(재화와 서비스 포함)의 수출액에서 수입액을 뺀 결과. 수출액이 수입액보다 클 때는 흑자, 작을 때는 적자로 구분함.

1. 윗글을 바탕으로 〈보기〉의 J커브 그래프를 해석한 내용으로 옳은 것만을 있는 대로 고른 것은?

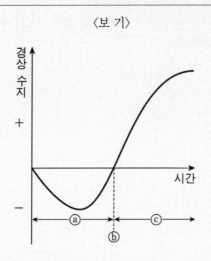

〈보 기〉

ㄱ. 수입 상품 가격의 상승 비율이 환율 상승 비율에 가까울수록 ⓐ의 골이 얕아진다.
ㄴ. 수출 기업의 품질 및 원가 경쟁력이 강화될수록 ⓐ 구간이 넓어진다.
ㄷ. ⓑ를 기점으로 하여 환율이 상승하게 된다.
ㄹ. ⓒ는 환율 상승을 통해 경상 수지 개선 효과가 나타나는 구간이다.

① ㄱ, ㄷ   ② ㄱ, ㄹ   ③ ㄴ, ㄷ   ④ ㄱ, ㄴ, ㄹ   ⑤ ㄴ, ㄷ, ㄹ

2. ㉠의 이유로 가장 적절한 것은?

① 환율이 상승하면 국내외 상품의 수요 구조에 따라 수출 상품의 가격 조정이 선행될 수 있다.
② 환율이 상승하더라도 국내외 기업은 환율이 얼마나 안정적인지 관찰한 후 가격을 조정한다.
③ 환율이 상승하더라도 경우에 따라서는 국내외 상품 수요가 가격에 민감하지 않을 수 있다.
④ 가격의 조정이 신속하게 이루어질수록 국내외 상품 수요는 가격에 민감하게 반응한다.
⑤ 국내외 상품 수요가 가격에 얼마나 민감한지는 경상 수지의 개선 여부와는 무관하다.

'경상수지' 지문해설

일반적으로 환율*의 상승은 경상 수지*를 개선하는 것으로 알려져 있다.

필수 배경지식

'환율'의 의미

'환율'은 경제 지문에서 정말 자주 등장하는 개념이기 때문에 꼭 배경지식으로 알아 둬야 한다. '환율'이라는 것은, 출제자가 적어줬듯이 외화 1단위와 교환되는 원화의 양 이다. 쉽게 말해서, 1달러를 사기 위해서 우리나라 돈 1000원이 필요하다면 환율은 1000원인 것이다. '환율'과 관련해서 가장 중요한 것은, **'환율이 상승했다', '환율이 하락했다'라는 게 무슨 뜻인지 외우고 있는 것이다.** 시험장에서는 문제를 빠르게 풀 어내야 하기 때문에, 환율이 높고 낮은 게 어떤 의미인지 정도는 반사적으로 나올 만 큼 외우고 있어야 한다.

우선, '환율이 상승했다'는 게 무슨 뜻일까? **환율이 상승한다는 것은, 1달러를 사는 데 필요한 돈이 더 늘어난다는 것**이다. 예전에는 1달러를 1000원에 샀었는데, 이제 는 1200원이 필요하다면 200원만큼 환율이 상승한 것이다. 이걸 쉽게 말하면 **'달러 가 비싸졌다'**라고 할 수 있다. 이는 다른 말로, **우리나라 돈의 가치가 하락했다는 말 이다.** 예전이면 1000원에 샀던 1달러가, 우리나라 돈의 가치가 하락해서 200원을 더 줘야 살 수 있게 된 것이기 때문이다. '환율 상승'이라는 말이 보이자마자 네 머릿속에 서는 **'달러가 비싸졌다, 원화 가치가 하락했다'**라는 문장이 떠올라야 한다.

물론 환율이 무조건 '달러'랑 우리나라 돈을 비교할 때 쓰이는 말은 아니다. 일본의 엔화랑 우리나라 돈의 가치를 비교할 때도 환율이라는 말을 쓸 수 있다. 하지만 우리 가 흔히 환율 상승, 하락의 의미를 말할 때는 '달러'를 가지고 설명한다. 미국이 세계 경제를 주도하는 나라이기 때문이다. 그래서 시험에서도 보통 환율 얘기가 나올 때 '달러'를 가지고 설명한다. 따라서 '환율이 상승하면 달러가 비싸진다'라고 기억해도 문제 푸는 데 큰 지장은 없다.

227

그 다음으로, '환율이 하락했다'는 것은, 예를 들어서 1달러를 사는 데 필요한 돈이 더 적어졌다는 것이다. 예전에는 1달러를 1000원에 샀는데, 이제는 800원만 내도 1달러를 살 수 있는 것이다. 쉽게 말해서 **'달러가 싸졌다'**는 것이고, 따라서 **우리나라 돈의 가치가 상승했다는 말로 이해할 수 있다.** '환율 하락'이라는 말을 봤을 때도 마찬가지로, '달러 싸짐, 원화 가치 상승'이라는 문장을 떠올릴 수 있어야 한다. 환율의 상승과 하락은 정말 많이 나오는 말이기 때문에, 반사적으로 그 의미를 외우고 있어야 한다.

⇒ 이제 위 문장을 이해해 보자. 위 문장에서는 '환율의 상승'이 '경상 수지를 개선'한다고 말한다. '경상 수지'의 뜻을 보니, '상품의 수출액에서 수입액을 뺀 결과'이다. 수출액이 수입액보다 클 때는 '경상수지 흑자', 작을 때는 '경상수지 적자'라고 구분한다고 한다. 그리고 환율이 상승하면 그런 경상수지가 **개선**된다고 한다. 즉, 경상 수지 값이 **흑자에 가까워지는 것이다.**

이 문장을 이해하려면 우선 환율이 상승했을 때 어떤 일이 일어나는지를 이해하고 있어야 한다. 이건 반드시 알아둬야 할 지식인데, **환율이 상승하면 수출하는 사람들은 이득을 보고, 수입하는 사람들은 손해를 입는다.** 왜 그럴까? 먼저 왜 수출하는 사람들이 이득을 보는 건지 설명해 보겠다. *수출액이 상승한다는 건, 수출을 했을 때 버는 돈이 많아진다는 뜻이다.

환율이 상승했다는 건, 달러가 비싸졌다는 뜻이다. 예를 들어서, 원래는 내가 미국에 TV를 1대 팔면 100달러를 받았다. 그리고 그 100달러를 우리나라 돈으로 바꾸면 10만원이었다. 그런데 환율이 올라서 달러가 비싸지면, 내가 100달러를 우리나라 돈으로 바꿨을 때 15만원이 되는 것이다. 즉, **나는 똑같은 TV를 팔았는데, 환율이 오르고 나서는 15만원을 받게 된다.** 환율이 오르기 전이랑 비교했을 때 '5만원' 더 이득을 보는 것이다. 따라서 수출액도 상승한다.

반면에, 수입하는 사람들은 환율이 상승하면 손해를 입는다. 예를 들어서 내가 수입을 하는 사람인데, 환율이 오르기 전에는 1000원을 1달러로 바꾸고, 오렌지 1개를 수입해 오고 있었다고 하자. 그런데 갑자기 환율이 올라서 1달러를 사려면 이제 1500원이 필요하다고 한다. 그러면 나는 어쩔 수 없이 오렌지를 1500원에 사야 한다. **똑같은 오렌지를**

사는데 500원이 더 필요해진 것이다. 따라서, 수입하는 사람들은 환율이 상승하면 수입하는데 더 많은 돈이 필요해지니까 손해를 입는다.

환율 변동이 수출, 수입에 어떤 영향을 미치는지까지 이해했다면, 이제 '왜 환율이 상승했을 때 경상 수지가 개선되는 건지'를 이해해보자. 글 맨 마지막에 출제자가 써놓은 경상수지의 개념을 보면, 경상수지는 수출액에서 수입액을 뺀 결과라고 한다. 그러면, 수출액이 수입액보다 클 때는 경상수지 값이 +가 된다. 따라서 '흑자'라고 할 수 있고, 수출액이 수입액보다 작은 경우에는 경상수지 값이 -가 나오니까 '적자'라고 표현할 수 있다. 환율 상승으로 경상수지가 개선된다는 말은, 경상수지가 흑자에 가까워진다는 거니까 수출액은 증가하고, 수입액은 감소한다는 말과 같다. 그러면 여기서 의문이, 환율이 상승했을 때 왜 수출액은 증가하고, 수입액은 감소하는 걸까? 이 의문에 대한 답을 바로 아래 문장에서 설명해주고 있다.

> 이를테면 국내 기업은 수출에서 벌어들인 외화를 국내로 들여와 원화로 바꾸기 때문에, 환율이 상승한 경우에는 외국에서 우리 상품의 외화 표시 가격을 다소 낮추어도 수출량이 늘어나면 수출액이 증가한다.

⇒ 독해해 내기 정말 쉽지 않은 문장이다. 이런 문장은 2,3번 읽더라도 꼭 이해하고 넘어가야 한다. 우선 '국내 기업은 수출에서 벌어들인 외화를 국내로 들여와 원화로 바꾸기 때문에'라는 문장을 납득해 보자. 내가 미국에 가서 TV를 판다고 했을 때, 미국 사람들은 돈을 '달러'로 줄 것이다. 그리고 나는 그렇게 번 돈을 한국으로 가지고 와서, 다시 우리나라 돈으로 바꾼다.

그다음, '환율이 상승한 경우에는 외국에서 우리 상품의 외화 표시 가격을 다소 낮추어도 수출량이 늘어나면 수출액이 증가한다'라는 문장을 보자. 우선 '우리 상품의 외화 표시 가격을 낮춘다'는 게 무슨 말일까? 내가 미국에 있는 어떤 매장에 '국정원 TV'라는 걸 수출한다고 하자. 내가 수출하는 TV가 그 매장에서 100달러에 팔리고 있었다. 그리고 TV 한 대가 팔릴 때마다 나는 100달러를 벌었고, 그 100달러를 다시 한국에 들고 와서 10만원으로 바꿨었다. 그런데, 환율이 상승했다. 즉, 달러 가치가 상승한 것이다. 그래서 이제는 100달러를 한국에 들고 와서 바꾸면 10만원이 아니라 15만원을 준다.

이 경우에는 외국에서 팔리고 있는 '국정원 TV' 가격을 90달러로 내리더라도 내가 받는 돈은 13만원 정도가 된다. 달러가 비싸졌기 때문이다. 그래서 외국 매장에 진열되어 있는 '국정원 TV' 가격을 조금 내려도 나는 손해를 보지 않는다. 오히려 이렇게 가격을 내리면, 외국 사람들은 '국정원 TV' 가격이 싸졌기 때문에 더 많이 사게 된다. 사람들이 '국정원 TV'가 100달러일 때는 10개를 샀는데, 90달러로 낮추니까 10개보다 더 많이 산다. 즉, '외화 표시 가격을 다소 낮추어도 수출량'이 늘어나는 것이다. 나는 가격을 조금 낮췄지만, 결국 그만큼 사람들이 더 많이 사기 때문에 이득을 보게 된다. 이렇게 되면 내가 외국에서 벌어들이는 총 '수출액'은 더 늘어난다.

이 과정을 모두 머릿속에서 떠올렸어야 했기 때문에, 저 문장을 한 번 읽고 바로 이해하기란 쉽지 않았다. 하지만, '환율 변화에 따른 수출 수입의 관계'는 시험에 정말 자주 나오는 소재이기 때문에, 지금 내가 설명하는 것들을 반드시 이해하고 외워서 배경지식으로 가지고 있어야 한다.

> 동시에 수입 상품의 원화 표시 가격은 상승하여 수입품을 덜 소비하므로, 수입액은 감소한다.

⇒ 이것도 이해하기가 다소 어려울 수 있다. 차근차근 생각해 보자. 환율이 오르면 수입업자들은 1000원에 수입하던 오렌지를 1500원에 수입해야 한다고 했었다. 그러면 수입업자들은 수입 금액이 늘어난 것을 메꾸기 위해서 오렌지 가격을 올린다. 예를 들어서, 원래는 오렌지를 1000원에 수입해서 2000원에 팔고 있었다. 그런데 오렌지를 수입하는 데 필요한 가격이 1500원으로 올랐다. 그럼 수입해서 오렌지를 파는 사람들은 이 손해를 메꾸기 위해서 2500원으로 오렌지 가격을 조정하는 것이다. 이를 위 문장에서는 '수입 상품의 원화 표시 가격은 상승'한다라고 표현한 것이다.

그러면 소비자들은 어떻게 행동할까? 원래 2000원이던 오렌지가 2500원이 됐으니, 5개 사 먹을 거 3개만 사 먹고 4개 사 먹을 거 2개만 사 먹을 것이다. 이렇게 되면 수입해서 오렌지를 파는 사람들의 소득은 더 줄어들게 된다. 즉, 수입액이 감소하는 것이다.

> 그런데 이와 같이 환율 상승이 항상 경상 수지를 개선할 것 같지만 반드시 그런 것은 아니다.

⇒ 어? 왜 그런 걸까? 이 문장을 읽기 전까지는 환율이 상승하면 당연히 경상 수지도 개선되는 줄 알았는데, 환율이 상승해도 경상 수지가 개선되지 않는 경우가 있나 보다. 어떤 경우일까? 궁금증을 가지고 읽어 내려가자.

> 환율이 올라도 단기적으로는 경상 수지가 오히려 악화되었다가 점차 개선되는 현상이 있는데, 이를 그래프로 표현하면 J자 형태가 되므로 'J커브 현상'이라 한다.

⇒ 납득하자. 환율이 오른다고 해도 '단기적으로는' 경상 수지가 오히려 악화되었다가 점차 개선된다고 한다. 그리고 그걸 그래프로 표현한 것이 'J'자 형태라고 한다. 단기적으로 한 번 아래로 내려갔다가, 장기적으로 다시 올라가는 것이다. 여기서 '왜 단기적으로 경상 수지가 악화되는 걸까?' 하는 의문을 품었어야 한다.

추가 Tip

경제 지문을 풀 때는 '단기'와 '장기'를 구분하는 것이 매우 중요하다. 경제 현상은 '사람'에게 적용되는 것이기 때문에, 기간에 따라서 효과가 달라지는 경우가 많다. 단기적으로는 효과적이었던 경제 정책이, 장기적으로는 효과가 없어지는 경우가 많은 것이다. 과학 현상이랑 다르게, 즉각적인 반응이 오지도 않고, 무조건 예상했던 반응이 오는 것도 아니다. 그래서 모든 나라들이 경제 정책을 'A로 하기도 했다가, B로 하기도 했다'를 반복하는 것이다. 따라서, 경제 지문을 읽을 때 '단기', '장기'라는 말이 나오면 정말 신경 써서 읽어주자.

> J커브 현상에서 경상 수지가 악화되는 원인 중 하나로, 환율이 오른 비율만큼 수입 상품의 가격이 오르지 않는 것을 꼽을 수 있다.

⇒ 이 문장에서 왜 단기적으로 경상 수지가 악화되는 건지 설명해주고 있다. 경상 수지가 단기적으로 악화되는 원인에는 여러 가지가 있지만, 그중 한 가지는 '환율이 오른 만큼 수입 상품의 가격이 오르지 않기 때문'이라고 한다. 왜 그런 걸까?

우선 환율이 올랐을 때 수입액이 감소했던 이유는, 수입 업자들이 손해를 보지 않기 위해서 소비자에게 더 비싼 가격으로 팔기 때문이었다. 이렇게 되면 소비자들은 수입 상품을 덜 사게 되고, 결과적으로 '수입액'도 줄어든다. 하지만, 수입 업자들이 환율이 오른만큼 수입 상품의 가격을 올리지 않으면, 사람들은 계속 수입 상품을 살 것이고, 수입액은 줄어들지 않을 것이다. 단기적으로 수입액이 줄어들지 않는 것은, 경상수지가 빠르게 개선되기 힘든 이유 중 하나다.

하지만 **장기적으로는** 수입 업자들이 계속 자신들이 손해를 보면서 싼 가격에 수입 상품을 팔 수 없을 것이다. 그래서 장기적으로 수입 상품의 가격을 올리게 될 것이고, 이에 따라 비싸진 수입 상품에 대한 소비자들의 수요도 줄어서, 결국 수입액이 감소하게 되는 것이다. 그래서 J자 커브 그래프처럼, 경상 수지가 장기적으로는 상승하게 되는 것이다.

> 이는 환율 상승 후 상당 기간 동안 외국 기업이 매출 감소를 우려해 상품의 원화 표시 가격을 바로 올리지 않기 때문이다.

⇒ 이 문장에서는 우리나라 사람들에게 수입 상품을 판매하는 외국 기업들이, 왜 수입 상품의 가격을 바로 올리지 않는 건지 말해주고 있다. 이유는 '매출 감소' 때문이었다. 환율이 올랐다고 해서 수입 상품의 가격을 바로 높여버리면 사람들은 가격이 비싸졌다는 걸 인식하고 수입 상품을 구매하지 않을 것이다. 그러면 수입 업자들의 매출도 떨어진다. 그래서 수입해서 물건을 파는 기업들은 사람들이 눈치채지 못하게 최대한 천천히 가격을 올리는 것이다. 외우지 말고 납득하자.

> 또한 소비자들의 수입 상품 소비가 가격 변화에 따라 줄어들기까지는 상당 기간이 소요된다.

⇒ 그럴 것이다. 가격이 1000원 올랐다고 해서, 사람들이 바로 '이제 안 삼'이라고 하는 게 아니다. 사람들은 자신이 사던 상품을 대체할 더 싼 상품을 찾든, 아니면 사용량을 줄이든 해서 천천히 소비를 줄여나갈 것이다.

> 그뿐만 아니라 국내 기업이 수출 상품의 외화 표시 가격을 낮추더라도 외국 소비자가 이를 인식하고 소비를 늘리기까지는 다소 시간이 걸린다.

⇒ '단기적으로' 경상 수지가 악화되는 또 다른 이유 중 하나에 대해서 말해주고 있다. 이번에는 수출액과 관련된 것인데, 외국에 물건을 수출해서 판매하는 국내 기업이 100만원에 팔던 '국정원 TV'를 90만원에 판다고 하자. 가격을 낮췄다고 해서 바로 다음날부터 사람들이 '어? TV 가격 싸졌네?'하고 매장으로 달려올까? 아니다.

  사람들이 TV 가격이 싸졌다는 걸 인식하고, 구매를 하기까지는 시간이 걸린다. 그래서 '단기적으로'는 수출액이 그렇게 크게 증가하지 않는 것이다. 하지만 장기적으로는 사람들이 TV 가격이 싸졌다는 걸 인식하고 구매를 늘리기 때문에, 수출액도 늘어나게 되고, 이에 따라 경상 수지도 개선된다.

> 그러나 J커브의 형태가 보여 주듯이, 당초에 올랐던 환율이 지속되는 상황에서 어느 정도 시간이 지나 상품의 가격 및 물량의 조정이 제대로 이루어진다면 경상 수지가 개선된다.

⇒ 납득한다. 환율 상승을 반영해서 상품 가격이 올라가고, 수출되는 물량이 늘어나면 경상 수지가 개선될 것이다.

🎓 자주 하는 질문

어느 정도 독해력이 올라온 학생들은 여기까지 읽고 이런 생각을 할 수도 있다.

"위 내용에 따르면 환율이 올라도 수입액이 줄어들지 않고, 수출액이 늘어나지 않을 수 있다는 건데, 그러면 J 커브가 아니라 아래와 같은 그래프가 나와야 하는 거 아닌가요? 왜냐하면, 수입액과 수출액이 모두 변하지 않고 유지된다면 경상수지 그래프 또한 '악화'가 아니라 '유지' 되어야 하는 게 아닌가 싶어서요."

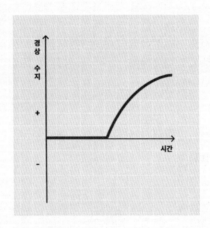

이런 의문이 들었다는 건, 글을 잘 읽고 있다는 것이다. 단순히 눈앞에 있는 문장만 이해하는 걸 넘어서 글 전체 내용을 생각하면서 글을 읽고 있다는 것이기 때문이다. 답을 해주자면, 너는 6번째 문장에 있는 'J커브 현상에서 경상 수지가 악화되는 원인 중 하나로'라는 말을 놓친 것이다. 위에서 말한 수입액이 생각만큼 줄어들지 않고, 수출액이 생각만큼 늘어나지 않는다는 것은 J커브 현상이 일어나는 여러 원인 중 하나이다. 이 말은, **이 글에서 설명하지 않은 원인들 중 다른 원인들도 'J커브 현상에'** 영향을 미친다는 것이다.

네 말대로, 이 글에 제시된 예시만 고려한다면, 경상수지가 '악화'된다는 것이 이해가 안될 수 있다. 하지만, **이 글에서 설명하지 않은, 다른 원인들이 있다는 것을 고려한다면** '경상 수지가 악화될 수도 있겠다'라고 납득할 수 있을 것이다.

한편, J커브 현상과는 별도로 환율 상승 후에 얼마의 기간이 지나더라도 경상 수지의 개선을 이루지 못하는 경우도 있다.

⇒ 어떤 경우일까? 의문을 품으면서 읽어가자.

첫째, 상품의 가격 조정이 일어나도 국내외의 상품 수요가 가격에 어떻게 반응하는가 하는 수요 구조에 따라 경상 수지는 개선되지 못하기도 한다.

⇒ 이 문장도 이해하려면 속도를 늦췄어야 한다. 이 문장이 무슨 뜻일까? 환율이 높아져서 수입 상품의 가격이 높아졌는데, 사람들이 아랑곳하지 않고 계속 수입 상품을 산다면 경상 수지는 개선되지 못할 것이다. 예를 들어서 환율 상승으로, 국내에서 판매하는 나이키 티셔츠의 가격이 2만원 정도 올랐다. 그런데, 때마침 유명 연예인이 찍은 나이키 광고가 대박이 나서 오히려 가격을 올리기 전보다 나이키 티셔츠가 더 많이 팔리는 것이다. 이 경우에는 경상 수지가 개선되지 못할 것이다.

또 다른 예시로는 수입 상품을 대체할 상품이 없어서, 가격을 올려도 수요가 똑같은 경우가 있을 수 있다. 예를 들어서 대한민국에 유통되는 '나사'가 전부 다 독일산이라고 하자. 이 나사가 가장 튼튼하고 좋아서 얘를 대체할 제품이 없다. 이 경우에는 이 독일산 '나사'의 가격이 오른다고 해도 소비자들의 수요가 크게 변하지 않을 것이다. 즉, 국내외의 상품 수요가 가격에 어떻게 반응하는가 하는 수요 구조에 따라서, 경상 수지가 개선되지 못하기도 하는 것이다.

수출량이 증가하고 수입량이 감소하더라도, ㉠ 경상 수지가 그다지 개선되지 않거나 오히려 악화될 수도 있다는 것이다.

⇒ 윗문장에 대한 부연설명이다. 수출량이 증가하고 수입량이 감소하더라도 경상 수지가 오히려 악화된다고 하는데, 왜 수출량이 증가하고 수입량이 감소해도 경상 수지가 오히려 악화되는 건지 부연설명이 삭제되어 있다. 이런 경우에는 스스로 부연설명을 만들어서 납득하고 가야 한다.

상식적으로는 수출량이 증가하면 수출액이 증가하고, 수입량이 감소하면 수입액도 줄어들어서 경상 수지가 개선되어야 한다. 그런데 수출량이 증가하고, 수입량이 감소해도 경상 수지가 개선되지 않는 경우는 어떤 경우일까? 잠깐 생각해 보면 여러 예시가 떠오른다. 예를 들어서 샤넬 가방 수입량이 감소했는데, 오히려 그게 '희귀한 물건'이 되어서 가격이 엄청 높아진 것이다. 그러면 수입량은 감소했지만, 수입액은 증가할 수도 있다. 즉, 이렇게 '국내외 상품 수요가 가격에 어떻게 반응하는가 하는 수요 구조'에 따라서 경상 수지가 그다지 개선되지 않거나 오히려 악화될 수도 있다는 것이다.

> 둘째, 장기적인 차원에서 수출 기업이 환율 상승에만 의존하여 품질 개선이나 원가 절감 등의 노력을 계속하지 않는다면 경쟁력을 잃어 경상 수지를 악화시킬 수도 있다.

⇒ 납득한다. 수출하는 기업이 환율 상승에만 의존해서 가격을 내리는 것 외에 다른 노력을 하지 않는다면, 퀄리티가 더 좋은 상품에 밀릴 것이다. 그리고 원가를 절감하려는 노력을 해서 '더' 싼 값에 '더' 질 좋은 제품을 판매하려 하지 않는다면, 마찬가지로 시간이 지남에 따라 판매량이 감소할 것이다. 즉, 시장에서 경쟁력을 잃어서 수출액이 감소하는 것이다. 이 경우에는 환율이 상승하더라도 경상 수지가 악화될 수 있다.

> 우리나라의 경우 환율은 외환 시장에서 결정되나, 정책 당국이 필요에 따라 간접적으로 외환 시장에 개입하는 환율 정책을 구사한다.

⇒ 말 그대로, 우리나라의 경우에는 '환율'이라는 것을 우리가 조정하지 않는다. 각국의 통화가 거래되는 '외환 시장'이라는 곳에서 '환율'이 자연스레 결정된다. 하지만, 정부에서 환율 조정이 필요한 경우에는 간접적으로 환율을 낮추거나 높이는 정책을 시행한다는 것이다.

> 경상 수지가 적자 상태라면 일반적으로 고환율 정책이 선호된다.

⇒ 당연하다. 환율이 오를수록 경상수지는 흑자 상태로 개선되기 때문이다.

> 그러나 이상에서 언급한 환율과 경상 수지 간의 복잡한 관계 때문에 환율 정책은 신중하게 검토되어야 한다.

⇒ 맞는 말이다. 위에서 글을 읽으면서 납득했듯이, 환율을 높인다고 해서 무조건 경상 수지가 상승하는 게 아니었다. 그렇기 때문에 정부에서 환율 정책을 펼칠 때는 신중하게 검토를 해야 할 것이다.

• 문제 해설 •

1. 윗글을 바탕으로 <보기>의 J커브 그래프를 해석한 내용으로 옳은 것만을 있는 대로 고른 것은?

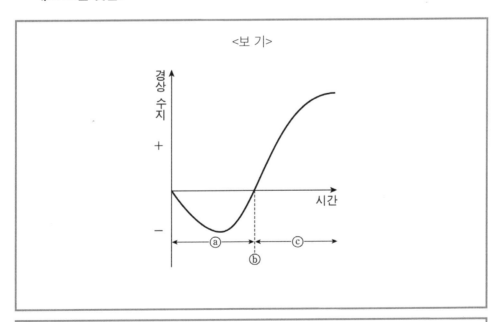

<보 기>

ㄱ. 수입 상품 가격의 상승 비율이 환율 상승 비율에 가까울수록 ⓐ의 골이 얕아진다.

⇒ 글을 제대로 이해한 학생이라면 '수입 상품의 가격 상승 비율이 환율 상승 비율에 가까워 진다'는 말이 '수입액이 줄어든다'는 말로 읽혔을 것이다. 수입 상품 가격이 환율 상승만큼 높아지면 소비자들은 구매를 줄이기 때문에 수입액이 줄어들었다. 그런데, 단기 간에는 수입 상품 가격이 환율 상품만큼 높아지지 않았기 때문에 ⓐ와 같은 골이 생겼던 것이다.

만약 수입 상품 가격의 상승 비율이 환율 상승 비율에 가까워진다면, 그만큼 수입액도 단기간에 줄어들어서 경상수지가 개선될 것이므로 ⓐ의 골이 얕아질 거라고 추측할 수 있다. 맞는 말이다.

> ㄴ. 수출 기업의 품질 및 원가 경쟁력이 강화될수록 ⓐ 구간이 넓어진다.

⇒ ⓐ 구간은 경상수지가 악화되는 구간이다. ⓐ 구간이 넓어진다는 것은, 경상 수지 악화가 오랫동안 지속된다는 것이다. 수출 기업의 품질 및 원가 경쟁력이 강화되면 수출액이 증가하여 경상수지가 빠르게 개선되기 때문에 ⓐ 구간은 오히려 좁아질 것이다. 틀린 말이다.

> ㄷ. ⓑ를 기점으로 하여 환율이 상승하게 된다.

⇒ 아예 J커브 곡선을 이해하지 못한 말이다. 환율 상승이 일어난 이후부터를 나타낸 것이 J커브 곡선이다. 그래프 시작부터 환율 상승은 일어난 것이다.

> ㄹ. ⓒ는 환율 상승을 통해 경상 수지 개선 효과가 나타나는 구간이다.

⇒ 맞는 말이다. ⓒ는 환율 상승을 통해서 경상 수지 개선 효과가 나타나기 시작하는 구간이다. 이 문장을 판단할 때, 아마 많은 학생들이 'ⓐ에서 그래프가 상승하기 시작하는 시점부터 경상 수지 개선 효과가 나타난 거 아닌가?'라고 생각했을 것이다. 하지만 그래프의 세로축을 잘 봐야 한다. 그래프가 상승하더라도 ⓒ 구간에 오기 전까지는 경상수지가 '-'에 해당하기 때문에 경상수지 개선 효과가 나타나진 않는 구간인 것이다.

① ㄱ, ㄷ　　② ㄱ, ㄹ　　③ ㄴ, ㄷ　　④ ㄱ, ㄴ, ㄹ　　⑤ ㄴ, ㄷ, ㄹ

✅ 답 : ②

2. ㉠의 이유로 가장 적절한 것은?

㉠ 경상 수지가 그다지 개선되지 않거나 오히려 악화될 수도 있다는 것이다.

⇒ 이런 문제는 선택지로 가기 전에, 미리 답을 생각하고 가야 한다. 그리고 내가 생각한 말을 써놓은 선택지를 골라내야 한다. 그렇지 하지 않으면 오답 선택지에 설득돼서 틀리는 경우가 생기기 때문이다.

㉠의 이유는, '국내외 상품 수요 구조' 때문이었다. 환율이 오른다고 해서 무조건 경상수지가 개선되는 것은 아니었다. 그 이유는 '국내외 상품들의 수요 구조에 따라, 수출액과 수입액이 예상대로 바뀌지 않을 수 있었기 때문'이었다. 따라서 선택지에서는 ㉠의 이유가 '국내외 상품들의 수요 구조' 때문이라고 말하는 선택지를 골라내면 된다.

① 환율이 상승하면 국내외 상품의 수요 구조에 따라 수출 상품의 가격 조정이 선행될 수 있다.

⇒ '국내외 상품의 수요 구조'라는 말이 들어가 있긴 하지만, '수출 상품의 가격 조정이 선행'되는 것은 ㉠의 이유와 아무런 상관이 없다. ㉠의 이유는 수출 상품의 가격 조정이 선행되고 말고의 문제가 아니다. '환율이 상승해도 국내외 상품 수요가 가격에 영향을 받지 않을 수 있기 때문'이라는 것이 ㉠의 이유다.

② 환율이 상승하더라도 국내외 기업은 환율이 얼마나 안정적인지 관찰한 후 가격을 조정한다.

⇒ 국내외 기업이 환율이 얼마나 안정적인지 관찰하고 가격을 조정하기 때문에, 경상수지가 개선되지 않거나 오히려 악화된다? 말도 안 되는 소리다.

③ 환율이 상승하더라도 경우에 따라서는 국내외 상품 수요가 가격에 민감하지 않을 수 있다.

⇒ 맞는 말이다. 환율이 상승해도 경우에 따라서, 국내외 상품 수요가 가격에 민감하지 않을 수 있다. 그리고 그 경우에 ㉠과 같은 일이 일어나는 것이다.

④ 가격의 조정이 신속하게 이루어질수록 국내외 상품 수요는 가격에 민감하게 반응한다.

⇒ 환율이 오른 만큼 수입 상품의 가격 조정도 신속하게 이뤄지면 수입 상품의 수요는 가격에 민감하게 반응할 수 있다. 구매가 줄어드는 것이다. 하지만, 글에서는 반드시 그런 것만은 아니라고 말했다. '국내외 상품 수요 구조'에 따라서, 민감하게 반응하지 않을 수도 있는 것이다. 따라서 답이 되려면 ③번과 같이 말해야 한다.

⑤ 국내외 상품 수요가 가격에 얼마나 민감한지는 경상 수지의 개선 여부와는 무관하다.

⇒ 이건 아예 지문 내용과도 어긋나는 내용이다.

✔ 답 : ③

2011학년도 고3 수능, 채권

채권은 사업에 필요한 자금을 조달하기 위해 발행하는 유가 증권으로, 국채나 회사채 등 발행 주체에 따라 그 종류가 다양하다. 채권의 액면 금액, 액면 이자율, 만기일 등의 지급 조건은 채권 발행 시 정해지며, 채권 소유자는 매입 후에 정기적으로 이자액을 받고, 만기일에는 마지막 이자액과 액면 금액을 지급받는다. 이때 이자액은 액면 이자율을 액면 금액에 곱한 것으로 대개 연 단위로 지급된다. 채권은 만기일 전에 거래되기도 하는데, 이때 채권 가격은 현재 가치, 만기, 지급 불능 위험 등 여러 요인에 따라 결정된다.

채권 투자자는 정기적으로 받게 될 이자액과 액면 금액을 각각 현재 시점에서 평가한 값들의 합계인 채권의 현재 가치에서 채권의 매입 가격을 뺀 순수익의 크기를 따진다. 채권 보유로 미래에 받을 수 있는 금액을 현재 가치로 환산하여 평가할 때는 금리를 반영한다. 가령 금리가 연 10 %이고, 내년에 지급받게 될 금액이 110원이라면, 110원의 현재 가치는 100원이다. 즉 금리는 현재 가치에 반대 방향으로 영향을 준다. 따라서 금리가 상승하면 채권의 현재 가치가 하락하게 되고 이에 따라 채권의 가격도 하락하게 되는 결과로 이어진다. 이처럼 수시로 변동되는 시중 금리는 현재 가치의 평가 구조상 채권 가격의 변동에 영향을 주는 요인이 된다.

채권의 매입 시점부터 만기일까지의 기간인 만기도 채권의 가격에 영향을 준다. 일반적으로 다른 지급 조건이 동일하다면 만기가 긴 채권일수록 가격은 금리 변화에 더 민감하므로 가격 변동의 위험이 크다. 채권은 발행된 이후에는 만기가 점점 짧아지므로 ㉠ 만기일이 다가올수록 채권 가격은 금리 변화에 덜 민감해진다. 따라서 투자자들은 만기가 긴 채권일수록 높은 순수익을 기대하므로 액면 이자율이 더 높은 채권을 선호한다.

또 액면 금액과 이자액을 약정된 일자에 지급할 수 없는 지급 불능 위험도 채권 가격에 영향을 준다. 예를 들어 채권을 발행한 기업의 경영 환경이 악화될 경우, 그 기업은 지급 능력이 떨어질 수 있다. 이런 채권에 투자하는 사람들은 위험을 감수해야하므로 이에 대한 보상을 요구하게 되고, 이에 따라 채권 가격은 상대적으로 낮게 형성된다.

한편 채권은 서로 대체가 가능한 금융 자산의 하나이기 때문에, 다른 자산 시장의 상황에 따라 가격에 영향을 받기도 한다. 가령 주식 시장이 호황이어서 ㉡ 주식 투자를 통한 수익이 커지면 상대적으로 채권에 대한 수요가 줄어 채권 가격이 하락할 수도 있다.

1. 윗글로 미루어 알 수 있는 것은?

① 채권이 발행될 때 정해지는 액면 금액은 채권의 현재 가치에서 이자액을 뺀 것이다.

② 채권의 순수익은 정기적으로 지급될 이자액을 합산하여 현재 가치로 환산한 값이다.

③ 다른 지급 조건이 같다면 채권의 액면 이자율이 높을수록 채권 가격은 하락한다.

④ 지급 불능 위험이 커진 채권을 매입하려는 투자자는 높은 순수익을 기대한다.

⑤ 일반적으로 지급 불능 위험이 낮으면 상대적으로 액면 이자율이 높다.

2. 〈보기〉의 A는 어떤 채권의 가격과 금리 간의 관계를 나타낸 그래프이다. 윗글의 ㉠과 ㉡에 따른 A의 변화 결과를 바르게 예측한 것은?

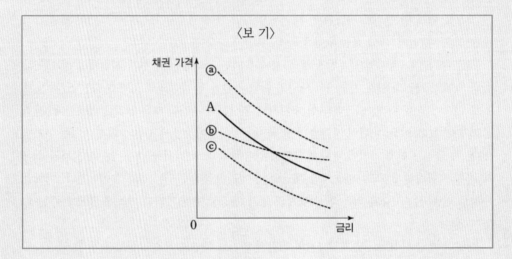

	㉠	㉡
①	ⓐ	ⓒ
②	ⓑ	ⓐ
③	ⓑ	ⓒ
④	ⓒ	ⓐ
⑤	ⓒ	ⓑ

'채권' 지문해설

채권은 사업에 필요한 자금을 조달하기 위해 발행하는 유가 증권으로, 국
채나 회사채 등 발행 주체에 따라 그 종류가 다양하다.

필수 배경지식

'채권'의 의미

'채권'이라는 것도 경제 지문에 정말 자주 나오는 개념이다. 이 지문을 통해서 반드
시 배경지식으로 쌓아두도록 하자. 우선, '채권은 사업에 필요한 자금을 조달하기 위
해 발행하는 유가 증권'이라는 말부터 이해해보자. 여기서 '유가 증권'이라는 것이 뭘
까? 말 그대로, '있을 유', '값 가', '증거 증', '문서 권' 자를 써서 '가치가 있음을 증명하
는 문서'라는 뜻이다. 채권에 '1억'이라고 쓰여 있다면, 그 채권은 1억의 가치를 가지고
있는 문서인 것이다.

일반적으로 사업을 할 때는 돈이 많이 필요하다. 가게를 하나 만들려고 해도 인테리
어비, 월세, 운영비 등 많은 돈이 들어가기 때문이다. 그래서 사업을 하는 사람들은 사
업에 필요한 자금을 조달하기 위해서 '채권'이라는 유가 증권을 발행한다. 채권은 보
통 아래와 같이 생겼다.

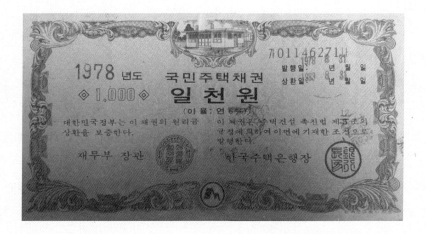

돈이 필요한 사람은 채권을 만든 뒤에, 사람들에게 파는 것이다. 만약 채권에 1억이라고 적혀있다면 그 채권은 1억을 받고 팔 수 있다. 그런데, 사람들이 바보도 아니고 이 채권을 공짜로 사주지는 않을 것이다. 1억으로 채권을 사줄 바에 차라리 1억을 은행에 맡겨서 적금을 들거나, 다른 곳에 투자하는 것이 더 낫기 때문이다. 그럼에도 불구하고 사람들이 채권을 사주는 것은 자신한테도 이득이 되는 게 있으니까 채권을 사주는 것이다.

그럼 채권을 사는 사람에게는 어떤 이득이 있을까? 바로 '이자'다. 네가 1억짜리 채권을 사면, 채권을 판매한 사람은 너에게 채권을 사준 대가로 매년 이자를 입금해주는 것이다. 얼마씩 이자를 줄지는 '이자율'로 채권에 적혀있다. 위 사진에서도 보면, '일천원'이라는 단어 밑에 '이율 6%'라고 이자율이 적혀져 있다.

예를 들어서 내가 1억짜리 채권을 샀고, 그 채권의 이자율이 10%라고 치자. 그러면 나는 그 채권을 가만히 가지고 있기만 해도 1년에 1천만원씩 받게 되는 것이다. '그럼 사업하는 사람 입장에서 손해 아니야?'라고 생각할 수 있다. 그러나 사업하는 사람들은 그렇게 매년 이자를 주더라도 당장 1억이 필요하기 때문에 채권을 발행하는 것이다. 당장 1억이 없으면 회사가 망할 수도 있기 때문이다. 그리고 다시 회사가 돈을 많이 벌고, 괜찮아졌을 때 그 1억을 갚는 것이다. 그래서 채권에는 '만기일'이라는 것이 적혀있다. 예를 들어 '만기가 2년'이라는 것은 2년 뒤에 채권에 적혀있는 금액을 다시 돌려준다는 것이다. 그럼 채권을 산 사람은 2년 동안 이자를 받을 수 있는 것이다. 채권을 사는 사람 입장에서 채권이 은행보다 높은 이자를 준다면, 그 돈을 은행에 넣어놓기보다는 채권에 투자하는 게 더 좋다.

하지만 은행보다 높은 이자를 주는 채권은 이유가 있다. 바로, **채권을 발행한 회사가 망할 수도 있기 때문이다.** 은행도 물론 망할 수 있지만, 회사보다는 망할 가능성이 적다. 내가 만약 A회사에서 발행한 1억짜리 채권을 샀는데, A회사가 망한다. 그러면 나는 1억을 그대로 잃는 것이다. 그래서 이러한 위험이 있기 때문에, A회사는 높은 이자를 주면서 자기네 회사 채권을 사달라고 한다.

⇒ 여기까지 이해가 됐다면 다음 부분을 읽어보자. '국채나 회사채 등 발행 주체에 따라 그 종류가 다양하다'라고 말하는데, 충분히 이해할 수 있다. 채권을 만들 수 있는 주체가 다양한가 보다. 채권을 만들어서 발행하는 주체는 개인일 수도 있고, 회사일 수도 있고, 국가일 수도 있다. 국채와 회사채는 각각 국가가 발행하는 채권, 회사가 발행하는 채권을

말한다. 함축적 의미 생각하면 이해가 쉬울 것이다.

> 채권의 액면 금액, 액면 이자율, 만기일 등의 지급 조건은 채권 발행 시 정해지며, 채권 소유자는 매입 후에 정기적으로 이자액을 받고, 만기일에는 마지막 이자액과 액면 금액을 지급받는다.

⇒ 채권의 '액면 금액'이라는 것은 '실제 채권 종이에 적혀있는 금액'을 말한다. 채권에 1억이라고 적혀있으면 그 채권의 액면 금액은 1억이 되는 것이다. 상식이니 외워두자. 그럼 액면 이자율은 무엇일까? 말 그대로, 채권에 적혀있는 이자율을 뜻한다. 아까 사진에 적혀 있었던 '일천원', '이율 6%'가 각각 액면 금액, 액면 이자율이다. 그럼 채권에 적혀있는 액면 금액과 액면 이자율, 만기일 등의 지급 조건은 왜 **'채권 발행 시'** 정해지는 걸까? 부연설명이 없다. 스스로 생각하고 납득해야 한다.

부연설명을 붙이기 위해서 만약 지급 조건이 '채권 발행 이후' 정해진다면 어떨지 생각해보자. 채권 이자율이 어떨 때는 4%였다가, 어떨 때는 2%였다가 어떨 때는 6%라면? 사람들은 자신이 보유하고 있는 채권 가치가 계속 바뀌니까 불안할 것이다. 또 2년 뒤에 원금을 주기로 해놓고, 만기일을 바꿔서 3년 뒤에 준다고 하면? 아무도 이 채권을 살 사람이 없을 것이다. 그래서 지급 조건은 채권 발행 시에 정해놓고, 더 이상 바꾸지 않는 것이다.

'채권 소유자는 매입 후에 정기적으로 이자액을 받고, 만기일에는 마지막 이자액과 액면 금액을 지급받는다'는 말은 쉽게 이해할 수 있다. 채권을 사는 이유가 '이자' 때문이었다. 채권 소유자는 액면 이자율에 따라 정기적으로 '이자액'을 받고, 만기일에는 마지막 이자액과 액면 금액을 지급받을 것이다.

> 이때 이자액은 액면 이자율을 액면 금액에 곱한 것으로 대개 연 단위로 지급된다.

⇒ 납득한다. 액면 이자율이 10%고, 액면 금액이 1억이라면 이자액은 1000만원이 된다. 그리고 보통 이자액은 '1년' 단위로 지급된다고 한다.

> 채권은 만기일 전에 거래되기도 하는데, 이때 채권 가격은 현재 가치, 만기, 지급 불능 위험 등 여러 요인에 따라 결정된다.

⇒ 채권이 만기가 끝나기 전에 거래되는 경우에 대해서 설명을 하려나보다. 채권을 가지고 있는 사람은 왜 만기가 끝나기 전에 채권을 파는 걸까? 당장 돈이 급할 수도 있고, 이 채권을 발행한 회사가 파산할 수도 있다는 불안감 때문일 수도 있다. 이러한 이유 때문에 만기일 전에도 채권을 서로 사고파는 것이다.

이때 판매하는 채권의 가치가 현재 가치, 만기, 지급 불능 위험 등의 요인에 따라 결정된다고 하는데, 우선 왜 이 3가지 요인을 따지는 걸까? 우선 현재 가치를 따지는 이유는, 현재 이 채권이 얼마인지 알아야 손해를 안 보고 거래를 할 수 있을 것이기 때문이다. 만기를 따지는 이유는 그래야 남은 기간 동안 이자를 얼마나 받을 수 있을지 계산할 수 있기 때문이다. 마지막으로 지급 불능 위험을 따지는 이유는 지급 불능 위험이 크면 클수록 채권 가격은 낮아져야 하기 때문이다. 채권 발행자의 지급 불능 위험이 높으면, 채권을 샀다가 바로 종이 조각이 될 수도 있기 때문에 가격이 낮아질 것이다.

그럼 채권 가격이 현재 가치, 만기, 지급 불능 위험에 따라 구체적으로 '어떻게' 결정되는 걸까? 궁금증을 가지고 읽어나가자.

> 채권 투자자는 정기적으로 받게 될 이자액과 액면 금액을 각각 현재 시점에서 평가한 값들의 합계인 채권의 현재 가치에서 채권의 매입 가격을 뺀 순수익의 크기를 따진다.

⇒ 납득한다. 채권을 팔기 위해서, 내가 현재 가지고 있는 채권의 가격을 알아야 할 것이다. 내가 채권을 가지고 있으면 받게 될 이자액과 마지막 날 받을 액면 금액을 '현재 시점에서 평가'한다고 한다. 왜 현재 시점에서 평가하는 걸까? **물가가 올라가기 때문이다.** 여기서 물가가 올라간다는 것은 돈의 가치가 떨어진다는 말과 같다.

이건 정말 상식이라 반드시 이해하고 있어야 한다. 만약 네가 100만원이 있다고 하자. 그 100만원이 10년 뒤에도 똑같은 100만원일까? 아니다. 실제 가치는 90만원, 80만원일 것이다. 왜냐하면 시간이 지날수록 물가가 계속 오르고, 이에 따라 돈의 가치는 계속 낮아지기 때문이다. 예전에 부모님 시대 때는 짜장면 한 그릇에 1000원이었다. 하지만 지금은 최소 6000원은 줘야 짜장면을 먹을 수 있다. 왜냐하면 짜장면의 가치는 변하지 않았지만, **돈의 가치가 떨어졌기 때문이다.** 그래서 돈을 더 줘야 짜장면을 먹을 수 있는 것이다.

그럼 왜 물가가 오르고, 돈의 가치가 떨어지는 걸까? 정말 간단히 말하면, **나라에서 계속 돈을 만들어 내기 때문이다.** 나라가 돈을 계속 만들어 내서, 나라에 돈이 뿌려지면 당연히 돈의 가치는 떨어질 것이다. 그럼 돈을 안 만들면 되는 거 아니냐 하겠지만, 나라는 국민 복지도 해줘야 하고, 건설도 해야 하고, 투자도 해야 한다. 돈 들어갈 곳이 많은 것이다. 그때마다 나라는 경제에 피해를 안 줄 정도로 돈을 조금씩 찍어낸다.

아무튼 이러한 이유 때문에, 채권 투자자는 정기적으로 받게 될 이자액과 액면 금액을 각각 **현재 시점**에서 평가한 값의 합계인 '채권의 현재 가치'를 구한다. 그리고 그 채권의 현재 가치에서 내가 이 채권을 살 때 줬던 돈을 뺀다. 그러면 그 결과로 남는 돈이 **내가 이 채권을 팔았을 때 얻을 수 있는 '순수익'**인 것이다.

예를 들어서, 내가 1억을 주고 이자율 10%의 10년 만기 채권을 샀다고 하자. 이 채권은 지금 이미 5년이 지났고, 만기까지는 5년이 더 남았다. 이 채권을 가지고 있던 누군가가 이미 지난 5년간 매년 1000만원씩의 이자를 받았고, 나는 앞으로 남은 5년 동안 매년 1000만원씩의 이자를 더 받을 수 있다. 그리고 마지막 만기일에는 마지막 이자액 1000만원과 함께 원금 1억을 지급받게 된다. 즉, 앞으로 받게 될 금액은 이자 5000만원과 원금 1억을 합친 1억 5000만원이다. 그런데 이 5년 뒤에 받게 될 1억 5000만원은 '현재의 1억 5000만원'보다 가치가 낮을 것이다. 이 1억 5000만원을 현재 가치로 변환해보니까 1억 2000만원 정도가 된다. 어떻게 현재 가치로 변환하는지는 조금 뒤에 '금리'라는 개념을 가지고 설명해줄 것이다. 아무튼 그러면 지금 내가 산 이 채권의 '현재 가치'는 1억 2000만원이 되고, 여기서 매입 가격 1억을 뺀 2000만원이 '내가 이 채권을 팔았을 때 얻는 순수익'인 것이다.

> 채권 보유로 미래에 받을 수 있는 금액을 현재 가치로 환산하여 평가할 때는 금리를 반영한다.

⇒ 글을 제대로 읽는 학생이라면, 바로 윗문장까지 읽고, '그래서 현재 가치는 그럼 어떻게 구한다는 거야?'라는 질문이 떠올랐을 것이다. 출제자도 그걸 알기 때문에 바로 이 문장에서 설명을 해주고 있다.

채권 보유로 미래에 받을 수 있는 금액을 현재 가치로 환산하려고 할 때는 '금리'라는 것을 사용한다고 한다. '금리'는 '이자율'과 똑같은 말이라고 생각하면 된다. 채권이나 대출 같은 '금융 상품에서 사용되는 이자율'을 말할 때 주로 쓰는 단어이기 때문에 '금리'라고 부른다. 금융 분야에서는 '이자율'과 '금리'가 각각 특정한 의미로 사용되지만, 수능 문제를 푸는 수준에서는 같은 단어라고 생각해도 문제없다.

그러면 여기서 또 의문이, 왜 미래 금액의 현재 가치를 계산할 때 '금리'를 사용하냐는 것이다. 부연설명이 삭제되어 있다. 금리를 사용하는 가장 큰 이유는, 미래 자산의 현재 가치를 계산할 때, **'금리'를 사용하는 것이 가장 쉽게 현재 가치를 계산하는 방법이기 때문이다.** 내가 만약 100만원을 가지고 있다고 하자. 이걸 은행에 넣어놓은 상태이고, 은행 금리가 10%라 하자. 그러면 나는 1년 뒤 110만원을 받게 된다. 계산이 가능해지는 것이다. 하지만 주식이나 부동산 상승 비율을 기준으로 잡는다면 내가 1년 뒤에 얼마를 받게 될지 감을 잡을 수가 없다. 그렇기 때문에, 그나마 미래 자산 가치를 정확히 예측할 수 있게 해주는 기준으로 '금리'를 사용하는 것이다. 또 금리가 금융 분야에서 가장 널리 사용되는 지표 중 하나이기에 주로 '금리'로 계산을 한다.

> 가령 금리가 연 10%이고, 내년에 지급받게 될 금액이 110원이라면, 110원의 현재 가치는 100원이다.

⇒ 예시를 들어서 부연설명을 해주고 있다. 납득하자. 현재 금리가 10%이고, 내가 가지고 있는 채권의 이자로 내년에 110원을 받게 된다면, 그 110원의 현재 가치는 역으로 계산했을 때 100원이라는 것이다.

> 즉 금리는 현재 가치에 반대 방향으로 영향을 준다.

⇒ 납득한다. 금리가 10%였을 때는 미래 '110'원이 현재 100원이었는데, 금리가 20%

일 때는 미래의 '120원'이 현재의 100원이 된다. 즉, **금리가 높을수록 미래 돈의 현재 가치는 낮아지는 것이다.**

> 따라서 금리가 상승하면 채권의 현재 가치가 하락하게 되고 이에 따라 채권의 가격도 하락하게 되는 결과로 이어진다.

⇒ 바로 윗문장을 이해했으면 쉽게 납득할 수 있다.

> 이처럼 수시로 변동되는 시중 금리는 현재 가치의 평가 구조상 채권 가격의 변동에 영향을 주는 요인이 된다.

⇒ 맞는 말이다. 금리가 높아지면 채권의 현재 가격이 낮아지고, 금리가 낮아지면 채권의 현재 가격이 높아질 것이다.

> 채권의 매입 시점부터 만기일까지의 기간인 만기도 채권의 가격에 영향을 준다.

⇒ 생각해보자. 만기가 어떻게 채권 가격에 영향을 주는 걸까? 만기가 길수록 채권 가격이 비쌀까? 만기가 짧을수록 채권 가격이 비쌀까? 아마 **만기가 길수록 채권 가격이 비쌀 것**이다. 왜냐하면, 만기가 긴 채권일수록 '이자를 받는 기간이 더 늘어나기 때문'이다. 채권을 매입했을 때 내가 얻을 수 있는 순수익이 늘어나는 것이다.

 연 이자가 100만원이라고 할 때, 만기가 1년인 채권은 100만원 이득을 보고 끝이지만, 만기가 5년인 채권은 500만원을 이득 볼 수 있다.

> 일반적으로 다른 지급 조건이 동일하다면 만기가 긴 채권일수록 가격은 금리 변화에 더 민감하므로 가격 변동의 위험이 크다.

⇒ 앞 문장까지 읽고, 만기가 길수록 무조건 좋다고 생각했는데 아니었다. 만기가 긴 채권이 가진 단점도 있었다. 그건, 만기가 긴 채권일수록 채권 가격이 금리 변화에 더 민감

하기 때문에 가격이 변동될 위험이 크다는 것이다. 예를 들어서 만기가 1년인 채권이라면 1년 동안 금리가 크게 변할 일은 없기 때문에, 채권 가격도 변하지 않을 가능성이 높다. 채권 가격이 금리 변화에 '둔한' 것이다. 하지만 만기가 20년인 채권이라고 해보자. 20년이라는 긴 시간 동안 금리는 엄청나게 바뀔 것이다. 금리가 바뀌면 이에 따라 채권 가격도 변동될 위험이 크다. 채권 가격이 금리 변화에 대해 '민감한' 것이다.

> 채권은 발행된 이후에는 만기가 점점 짧아지므로 ㉠ 만기일이 다가올수록 채권 가격은 금리 변화에 덜 민감해진다.

⇒ 너무 당연한 말이다. 납득해준다.

> 따라서 투자자들은 만기가 긴 채권일수록 높은 순수익을 기대하므로 액면 이자율이 더 높은 채권을 선호한다.

⇒ 투자자들은 만기가 긴 채권일수록 당연히 높은 순수익을 기대할 것이다. 아까도 설명했지만, 이자가 100만원이라고 할 때, 만기가 1년 남았다면 100만원을 1번만 받을 수 있다. 순수익이 100만원인 것이다. 하지만, 만기가 5년 남았다면 100만원을 5번 받으므로 순수익이 500만원이 된다. 물론 그 안에 금리가 높아지면, 현재 가치로 계산했을 때 순수익이 300~400만원으로 줄어들겠지만, 어쨌거나 만기가 1년인 채권보다는 순수익이 높다. 따라서 만기가 긴 채권을 사는 사람은 만기가 짧은 채권을 사는 사람보다 더 높은 순수익을 기대하는 것이다.

그런데 여기서 드는 의문이, '더 높은 순수익을 기대'하는 거랑 '액면 이자율이 더 높은 채권을 선호'하는 거랑 무슨 상관이냐는 것이다. 무슨 말이냐면, 이미 만기가 긴 채권을 구매하는 사람들은 높은 순수익을 얻게 되는데, 왜 또 액면 이자율이 높은 채권을 선호하냐는 것이다.

그리고 또 하나의 의문은 '액면 이자율이 높은 채권은 만기가 짧은 채권을 사는 사람이든 만기가 긴 채권을 사는 사람이든 다 선호하는 거 아닌가?'라는 것이다. 그런데 왜 출제자는 만기가 긴 채권을 사는 사람일수록 액면 이자율이 더 높은 채권을 선호한다고 말한 걸까? 이걸 완벽하게 이해하기가 정말 어려웠다. 차근차근 이해해보자. 이런 걸 이해해 낼 때 사고력이 발전하는 것이다.

답을 말해주자면, '만기가 긴 채권의 단점' 때문이다. 아까 말했지만, 만기가 긴 채권은 금리 변동에 영향을 많이 받는다는 단점을 가지고 있다. 내가 20년짜리 채권을 샀는데, 10년쯤 가지고 있었을 때 금리가 폭등해서 내가 가지고 있는 채권의 현재 가치가 급락할 수도 있다. 그래서 만기가 긴 채권을 사는 사람들은 '액면 이자율'이 높은 채권을 선호하는 것이다. 왜냐하면 액면 이자율이 높은 경우에는, 이후에 채권 가격이 급락하더라도 **'그동안 받은 이자'가 있기 때문에 위험을 덜 수 있는 것이다.**

이에 반해, 상대적으로 만기가 짧은 채권을 사는 사람들은 만기일 전까지 금리가 변동해서 채권 가격이 급락할 위험이 적다. 그렇기 때문에 만기가 긴 채권을 사는 사람들보다는 '액면 이자율'이 높지 않아도 구매를 하는 것이다. 물론 만기가 짧은 채권을 사는 사람들도 액면 이자율이 높은 걸 선호할 것이다. 이자를 1년만 받더라도 액면 이자율이 높으면, 이자를 그만큼 더 많이 받는 것이기 때문이다.

> 또 액면 금액과 이자액을 약정된 일자에 지급할 수 없는 지급 불능 위험도 채권 가격에 영향을 준다.

⇒ 그럴 것이다. 만약 회사가 부도날 위기에 처했다면 액면 금액과 이자액을 정해진 일자에 지급할 수 없을 수도 있다. '지급 불능 위험'이 높아지는 것이다. 이 경우에 채권 가격은 낮아질 것이다. 내 돈을 못 돌려받을 수도 있는 채권을 사려는 사람은 거의 없을 것이기 때문이다.

> 예를 들어 채권을 발행한 기업의 경영 환경이 악화될 경우, 그 기업은 지급 능력이 떨어질 수 있다.

⇒ 앞 문장을 부연설명해주는 문장이다. 읽고 납득한다.

> 이런 채권에 투자하는 사람들은 위험을 감수해야 하므로 이에 대한 보상을 요구하게 되고, 이에 따라 채권 가격은 상대적으로 낮게 형성된다.

⇒ 위험을 감수하는 대가로 채권 가격을 낮춘다고 한다. 이건 당연한 것이, 위험한 채권인 만큼 채권 가격을 낮추지 않으면 아무도 사지 않을 것이다.

> 한편 채권은 서로 대체가 가능한 금융 자산의 하나이기 때문에, 다른 자산 시장의 상황에 따라 가격에 영향을 받기도 한다.

⇒ 서로 대체가 가능한 금융 자산의 하나라는 게 무슨 말일까? 추상적인 문장은 의문을 품고, 구체화시키면서 읽어야 한다. 쉽게 말해서 채권은 주식이나 부동산 같은 금융 자산의 일종이라는 것이다. 그리고 채권에 투자하다가 주식에 투자할 수도 있고, 주식에 투자하다가 부동산에 투자할 수도 있기 때문에, '서로 대체 가능한' 금융 자산인 것이다.

> 가령 주식 시장이 호황이어서 ⓛ 주식 투자를 통한 수익이 커지면 상대적으로 채권에 대한 수요가 줄어 채권 가격이 하락할 수도 있다.

⇒ 출제자가 친절하게 부연설명을 해주고 있다. 주식과 채권은 서로 대체 가능한 금융 상품이기 때문에, 주식 투자 수익률이 높아지면 사람들이 채권 살 돈으로 주식을 사는 것이다. 그러면 당연히 채권의 수요가 줄어드니까 채권 가격도 떨어질 것이다. '금리 변동'이나 '지급 불능 위험'이 없었는데도 주식 시장 같은 다른 자산 시장의 상황에 따라 채권 가격이 영향을 받는 것이다.

-------------------------- ◆ **문제 해설** ◆ --------------------------

1. 윗글로 미루어 알 수 있는 것은?

※ 이 문제는 2011학년도 수능에서 전체 오답률 3위를 차지했을 정도로, 난도가 높은 문제다. 만약 네가 아래 해설이 이해가 안 된다면 다음날 지문을 다시 읽고 풀어보기 바란다. 문제가 안 풀리는 건, 99% 확률로 지문 이해를 못 했기 때문이다. 다음날 봤는데도 이해가 안 된다면 그다음 날 다시 보기 바란다. 나는 이 문제를 제대로 이해하는 데 5일이 걸렸었다. 오래 걸려도 상관없으니까, 포기하지 말고 반복해서 도전하기 바란다. 난도가 높은 문제인 만큼 제대로 이해해낸다면, 분명 얻어가는 것이 많을 것이다.

> ① 채권이 발행될 때 정해지는 액면 금액은 채권의 현재 가치에서 이자
> 액을 뺀 것이다.

⇒ 이 선택지를 맞다고 판단한 학생들은 '채권의 현재 가치 − 이자액 = 액면 금액'이라고 생각해서 맞다고 판단했을 것이다. 하지만 이건 말이 안 된다. 왜냐하면 '채권의 현재 가치'는 '금리'에 따라, '지급 불능 위험'에 따라, '다른 자산 시장의 상황'에 따라 **계속해서 바뀌는 값**이지만, '액면 금액에 액면 이자율을 곱한 이자액'과 '액면 금액'은 **고정된 값**이기 때문이다. '변화하는 값'에서 '고정된 값'을 빼면 '변화하는 값'이 나와야 한다. 하지만 액면 금액은 '고정된 값'이다. 따라서 말이 안 되는 계산이다. '채권의 현재 가치'가 계속해서 변하기 때문에, '고정된' 값인 액면 금액이 나올 수가 없는 것이다.

> ② 채권의 순수익은 정기적으로 지급될 이자액을 합산하여 현재 가치로
> 환산한 값이다.

⇒ 이 선택지가 조금 헷갈렸을 수 있다. 우선 채권의 순수익을 구하는 방법을 떠올려보자. 지문에 따르면 채권의 순수익은, 채권을 소유했을 때 정기적으로 받게 될 이자액과 액면 금액을 각각 현재 시점에서 평가한 값의 합계인 '채권의 현재 가치'에서 채권의 매입 가격을 뺀 값이었다. 여기서 2번 선지의 의미랑 지문에서 한 말은 완전히 다른 뜻이다.

예를 들어보겠다. A라는 채권이 있는데, 이 채권의 순수익을 구하려고 한다. 이 채권을 소유했을 때 정기적으로 받게 될 이자액의 총합은 100만원이고, 액면 금액은 1000만원이다. 이 두 금액을 현재 시점에서 평가한 값은 각각 90만원, 900만원이라 하자. 그럼 '채권의 현재 가치'는, 이 두 값을 더해서 990만원이 된다. 그리고 나는 A라는 채권을 500만원에 샀다. **지급 불능 위험이 큰 채권이었기 때문에 액면 금액의 절반 가격으로 채권을 산 것이다.** 이렇게 됐을 때 채권의 순수익은 990만원 − 500만원을 해서 490만원이 된다.

그런데, A 채권의 순수익을 2번 선택지에서 한 말대로 계산해보면, A 채권의 순수익이 달라진다. A 채권을 샀을 때 정기적으로 받게 될 이자액을 합산한 값은 100만원이었다. 그리고 이 이자액을 현재 가치로 환산했을 때 값은 90만원이다. 그런데, 이 90만원이 채권의 순수익이라고? 말이 안 된다. 방금 계산했듯이, 지문에 나온 '채권의 순수익 구하는

방법'대로 계산을 하면 A 채권의 순수익은 490만원이다. 그런데 2번 선지에서 말하는 대로 계산하면 순수익이 90만원이 된다. 따라서, 지문에서 말한 채권의 순수익 구하는 방법과 2번 선지에서 말한 채권의 순수익 구하는 방법은 서로 의미가 다른 것이다. 즉, 2번은 틀린 선택지다.

> ③ 다른 지급 조건이 같다면 채권의 액면 이자율이 높을수록 채권 가격
>   은 하락한다.

⇒ 말이 안 된다. 채권의 액면 이자율이 높다는 것은, 내가 해당 채권을 샀을 때 내가 얻을 수 있는 순수익이 크다는 것이다. 그럼 당연히 구매하려는 사람이 많아지니 채권 가격은 상승할 것이다.

> ④ 지급 불능 위험이 커진 채권을 매입하려는 투자자는 높은 순수익을
>   기대한다.

⇒ 맞는 말이다. 채권의 지급 불능 위험이 큰데도 해당 채권을 사려는 사람들은 왜 그러는 걸까? 손해를 보려고 지급 불능 위험이 큰 채권을 구매하는 건 아닐 것이다. 지급 불능 위험이 큰 채권을 구매하는 사람들도 당연히 높은 순수익을 기대하고 채권을 구매할 것이다.

3번째 문단 마지막 줄을 보면, '(지급 불능 위험이 높은) 채권에 투자하는 사람들은 위험을 감수해야 하므로 이에 대한 보상을 요구하게 되고, 이에 따라 채권 가격은 상대적으로 낮게 형성된다.'라고 말했었다. 망할 거 같은 회사의 채권은 매우 싼 값에 팔릴 것이다. 1억짜리 채권이 1000만원, 500만원에도 팔리는 것이다. 그러면 이렇게 가격이 싸진 채권을 사는 사람들은, 무슨 생각으로 이런 채권을 사는 걸까? 아마 자신이 사는 채권을 발행한 회사가 망하지 않을 거고, 만기일에 1억을 받을 수 있을 거라는 생각으로 투자를 할 것이다. 실제로 회사가 망하지 않고, 만기일에 1억을 받는다면, 500만원을 주고 산 사람은 9500만원의 수익을 보는 것이다. 즉, 지급 불능 위험이 높아서 싼값에 팔리는 채권을 매입하려는 투자자는 지급 불능 위험이 낮은 일반 채권을 구매하는 사람들보다 높은 수익률을 기대하고 채권을 매입하는 것이다.

⑤ 일반적으로 지급 불능 위험이 낮으면 상대적으로 액면 이자율이 높다.

⇒ 반대다. 일반반적으로 지급 불능 위험이 낮으면 상대적으로 액면 이자율은 낮다. 이건 '지급 불능 위험'의 함축적 의미를 생각해보면 쉽다. 지급 불능 위험이라는 건, 회사가 만기일에 채권 구매자에게 정해진 금액을 지급하지 못할 위험을 말한다. 이때 지급 불능 위험이 낮다는 것은, 말 그대로 만기일에 지급되는 '액면 금액'과 채권 보유 기간 동안 받는 '이자액'이 지급되지 않을 가능성이 낮다는 것이다. 이런 채권은 구매했을 때 손해볼 가능성이 적기 때문에, 상대적으로 액면 이자율이 조금 낮더라도 사람들이 구매할 것이다.

하지만 지급 불능 위험이 높은 채권은 어떨까? 이런 채권은 만기일에 액면 금액을 돌려받지 못할 수도 있다. 회사가 갑자기 파산해버리면 돈을 못 받는 것이다. 그럼 이런 회사의 채권을 사는 사람들은 무엇을 기대하고 채권을 사는 걸까? 이 채권을 사는 사람들은 '회사가 망하지 않을 가능성'에 베팅하는 것이다.

● 답 : ④

2. <보기>의 A는 어떤 채권의 가격과 금리 간의 관계를 나타낸 그래프이다. 윗글의 ㉠과 ㉡에 따른 A의 변화 결과를 바르게 예측한 것은?

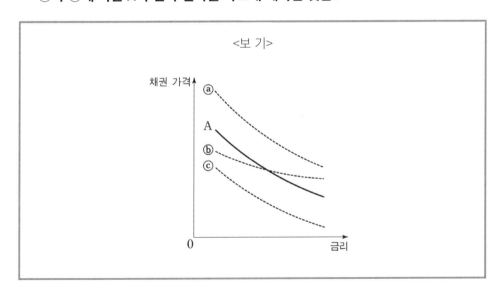

⇒ 그래프가 나왔을 때는 가장 중요한 것이 있다. 가장 먼저 '가로축'과 '세로축'을 확인하는 것이다. '가로축'은 무엇을 의미하는 것이고, '세로축'은 무엇을 의미하는 것인지 먼저 확인해야 한다. 그리고 그 다음, 가로축의 변화에 따라 세로축이 어떻게 변화하는지 관찰하면 된다. 이 2가지 작업을 먼저 끝내고 선택지로 들어가야 판단이 빨라지고 실수가 줄어든다. 이 2가지는 반드시 머릿속에 박아 놓자.

우선 A 그래프가 의미하는 바에 대해서 이해해보자. 해당 그래프를 한 문장으로 정리하면, '금리가 높아짐에 따라서 채권 가격은 내려간다'는 것을 나타내고 있는 그래프다. 금리가 높아지면 채권 가격은 왜 내려갈까? 2가지 이유가 있었다. 우선 첫 번째로, 지문 내용에 따르면 금리는 채권의 현재 가치에 반대 방향으로 영향을 준다고 했었다. 즉, 금리가 높아질수록 채권의 현재 가치는 낮아지는 것이다. 이유는 지문 해설 때 설명했다. 이해 안 되면 다시 읽고 오자. 두 번째로는, 금리가 높아졌을 때 투자자들은 채권 대신 적금이나, 예금 등 다른 자산에 투자할 수 있기 때문이었다. 투자할 곳이 많다면 당연히 채권에 대한 수요는 줄어들고, 이에 따라 채권 가격도 떨어질 것이다.

> ㉠ : 만기일이 다가올수록 채권 가격은 금리 변화에 덜 민감해진다

⇒ ㉠ 상황일 때 A의 변화가 어떻게 일어날지 생각을 해보자. 그래프에서 가로축이 금리이고, 세로축이 채권 가격이니, 금리와 채권 가격이 어떻게 변화할지를 생각해보면 된다. 만기일이 다가올수록 채권 가격은 금리에 덜 민감해진다는 것은, 말 그대로 금리가 1%든 10%든 채권 가격은 거의 변동이 없다는 것이다. 그러면 그래프 모양이 평평해져야 한다. ⓐ, ⓑ, ⓒ 중에 가장 평평한 그래프는 ⓑ이다. 따라서, ㉠ 상황일 때 A 그래프는 ⓑ 모양으로 바뀔 것이다.

> ㉡ : 주식 투자를 통한 수익이 커지면 상대적으로 채권에 대한 수요가 줄어 채권 가격이 하락

⇒ 다음으로, ㉡ 상황일 때 A의 변화에 대해 생각해보자. 사람들이 주식 투자를 하면 돈을 많이 벌 수 있다는 사실을 알고, 채권에 투자할 돈으로 주식에 투자한다. 그래서 채권 가격이 줄었다. 금리 변동과 상관없이, 다른 자산 시장의 상황에 따라 채권 가격이 전체

적으로 낮아지는 상황이다. 그러면 아래 〈보기〉 그래프에서 '금리 변동에 따른 채권 가격의 변화율은 그대로인 채로' 채권 가격만 전체적으로 낮아져야 할 것이다. A 그래프의 모양 변화 없이, A 그래프가 전체적으로 아래쪽으로 이동해야 한다는 것이다. 〈보기〉에서 채권 가격이 전체적으로 낮아지는 그래프는 ⓒ이다.

	㉠	㉡
①	ⓐ	ⓒ
②	ⓑ	ⓐ
③	ⓑ	ⓒ
④	ⓒ	ⓐ
⑤	ⓒ	ⓑ

● 답 : ③

2014학년도 고3 6월 A형, 법률효과

일반적으로 법률에서는 일정한 법률 효과와 함께 그것을 일으키는 요건을 규율한다. 이를 테면, 민법 제750조에서는 불법 행위에 따른 손해 배상 책임을 규정하는데, 그 배상 책임의 성립 요건을 다음과 같이 정한다. '고의나 과실'로 말미암은 '위법 행위'가 있어야 하고, '손해가 발생'하여야 하며, 바로 그 위법 행위 때문에 손해가 생겼다는, 이른바 '인과 관계'가 있어야한다. 이 요건들이 모두 충족되어야, 법률 효과로서 가해자는 피해자에게 손해를 배상할 책임이 생기는 것이다.

소송에서는 이런 요건들을 입증해야 한다. 소송에서 입증은 주장하는 사실을 법관이 의심 없이 확신하도록 만드는 일이다. 어떤 사실의 존재 여부에 대해 법관이 확신을 갖지 못하면, 다시 말해 입증되지 않으면 원고와 피고 가운데 누군가는 패소의 불이익을 당하게 된다. 이런 불이익을 받게 될 당사자는 입증의 부담을 안을 수밖에 없고, 이를 입증 책임이라 부른다.

대체로 어떤 사실이 존재함을 증명하는 것이 존재하지 않음을 증명하는 것보다 쉽다. 이 둘 가운데 어느 한 쪽에 부담을 지워야 한다면, 쉬운 쪽에 지우는 것이 공평할 것이다. 이런 형평성을 고려하여 특정한 사실의 발생을 주장하는 이에게 그 사실의 존재에 대한 입증 책임을 지도록 하였다. 그리하여 상대방에게 불법 행위의 책임이 있다고 주장하는 피해자는 소송에서 원고가 되어, 앞의 민법 조문에서 규정하는 요건들이 이루어졌다고 입증해야 한다.

그런데 이들 요건 가운데 인과 관계는 그 입증의 어려움 때문에 공해 사건 등에서 문제가 된다. 공해에 관하여는 현재의 과학 수준으로도 해명되지 않는 일이 많다. 그런데도 피해자에게 공해와 손해 발생 사이의 인과 관계를 하나하나의 연결 고리까지 자연 과학적으로 증명하도록 요구한다면, 사실상 사법적 구제를 거부하는 일이 될 수 있다. 더구나 관련 기업은 월등한 지식과 기술을 가지고 훨씬 더 쉽게 원인 조사를 할 수 있는 상황이기에, 피해자인 상대방에게만 엄격한 부담을 지우는 데 대한 형평성 문제도 제기된다.

공해 소송에서도 인과 관계에 대한 입증 책임은 여전히 피해자인 원고에 있다. 판례도 이 원칙을 바꾸지는 않는다. 다만 입증되었다고 보는 정도를 낮추어 인과 관계 입증의 어려움을 덜어 주려 한다. 곧 공해 소송에서는 예외적으로 인과 관계의 입증에 관하여 의심 없는 확신의 단계까지 요구하지 않고, 다소 낮은 정도의 규명으로도 입증되었다고 인정하는 판례가 등장하는 것이다. 이렇게 해서 인과 관계가 인정되면 가해자인 피고는 인과 관계의 성립을 방해하는 증거를 제출하여 책임을 면해야 한다.

1. **윗글을 이해한 내용으로 가장 적절한 것은?**

   ① 소송에서 양 당사자에게 부담을 공평하게 하려는 고려가 입증 책임을 분배하는 원리에 작용한다.

   ② 원칙적으로 어떤 사실이 일어났을지도 모른다는 개연성이 인정되면 입증이 성공하였다고 본다.

   ③ 민법 제750조에서 규정하는 요건들이 충족되었다는 사실을 입증할 책임은 소송에서 피고에게 있다.

   ④ 위법 행위를 저지르면 고의와 과실이 없다는 사실을 입증하더라도 불법 행위에 따른 손해 배상 책임이 성립한다.

   ⑤ 문제되는 사실이 실제로 일어났는지 밝혀지지 않으면 그 사실의 존재에 대한 입증 책임이 없는 쪽이 소송에서 불이익을 받는다.

2. **윗글을 바탕으로 〈보기〉에서 대법원의 입장을 추론한 것으로 적절하지 <u>않은</u> 것은?**

   <보 기>

   다음은 어느 공해 소송에 대한 대법원의 판결에 관한 내용이다.

   공장의 폐수 방류 때문에 양식 중이던 김이 폐사하였다고 주장하는 어민들은, 해당 회사를 상대로 불법 행위에 따른 손해 배상을 청구하는 소를 제기하였다. 폐수의 방류 때문에 김이 폐사하였다고 하기 위해서는 다음의 세 가지가 모두 자연 과학적으로 뚜렷이 밝혀져야 할 것이다. 1) 방류된 폐수가 해류를 타고 양식장에 도달하였다. 2) 그 폐수 안에 김의 생육에 악영향을 미치는 오염 물질이 들어 있었다. 3) 오염 물질의 농도가 안전 범위를 넘었다. 이에 대해 대법원은 폐수가 해류를 따라 양식장에 이르렀다는 것만 증명하면 인과 관계를 입증하는 데 충분하다고 인정하였다.

① 피해자인 어민들이 원고로서 겪게 되는 입증의 어려움을 완화시켜 주려 한 것이다.

② 인과 관계를 입증할 수 있는 자연 과학적 연결 고리가 존재한다는 점을 인정한 것이다.

③ 공장 폐수가 김 양식장으로 흘러들었다는 사실을 어민들 쪽에서 입증하라고 한 것이다.

④ 위법 행위와 손해 사이에 인과 관계가 존재한다는 데 대한 입증 책임이 회사 쪽에 있다고 인정한 것이다.

⑤ 공장 폐수 속에 김의 폐사에 영향을 주는 물질이 들어 있지 않다는 사실은 회사 쪽에서 입증하라고 한 것이다.

'법률효과' 지문해설

일반적으로 법률에서는 일정한 법률 효과와 함께 그것을 일으키는 요건을 규율한다.

⇒ 법 지문에는 한자어가 많이 나온다. 지금 이 문장만 하더라도 '법률 효과', '요건', '규율'과 같은 한자어가 많이 나왔다. 법 지문의 한자어가 많은 이유는 여러 가지이지만, 역사적인 이유는 한국의 법체계가 중국의 법체계에 기원하기 때문이다. 중국은 한자를 쓰는 국가다. 그래서 중국에서 사용되던 한자가 한국 법조문에도 녹아들어 있다.

📢 법 지문에서는 이렇게 한자어가 많이 나오다 보니, 어려운 단어들은 잘 정리해서 외워두는 것이 중요하다. 뜻이 조금이라도 애매하게 느껴지는 단어들, 남이 물어봤을 때 정확하게 뜻을 대답할 수 없는 단어들은 반드시 뜻을 검색해서 외워두자.

우선 '법률 효과'가 무슨 말일까? 함축적 의미를 생각해보자. 말 그대로, '**법률**적으로 효력이 있는, 법과 관련된 **효과**' 정도로 생각해볼 수 있다. 예를 들어서, 누군가 살인을 저질렀고 법원이 그 사람에 대해서 사형을 선고했다면, 이때의 법률 효과는 '사형'인 것이다. 그리고 '요건'이라는 말은 말 그대로 '필**요**한 조**건**'이라는 뜻이고, '규율'은 '법 규', '법칙 율' 자를 써서, '법으로 정해놓은 규칙'이라는 뜻이다.

이제 문장 전체를 이해해보자. '법률에서는 법률 효과와 함께, 법률 효과를 일으키는 요건을 규율한다'고 말한다. 쉽게 말해서, '살인을 하면 사형이다'라는 법을 '규율'로 정해놓았다고 했을 때, '요건'에 해당하는 건 '살인'이고, '법률 효과'에 해당하는 것은 '사형'인 것이다.

법률에서 일정한 법률 효과와 함께 '법률 효과를 일으키는 요건'을 규율하는 건 너무 당연한 말이다. **왜냐하면, 법률 효과만 쓰여있을 땐 사람들이 법을 지킬 수 없기 때문이다.** 예를 들어서 '00을 하면 사형이다'라는 문장만 법률로 쓰여있다고 했을 때는, 사람들이 00에 들어갈 행동이 무엇인지 모르기 때문에 자신도 모르게 한 행동으로 사형 선고를 받을 수도 있다. 그래서 법률은 보통 00이 무엇인지, '요건'을 써줘서 사람들이 00에 해당하는 행동을 하면 그에 따른 법률 효과가 발생한다는 것을 알려주는 것이다.

> 이를테면, 민법 제750조에서는 불법 행위에 따른 손해 배상 책임을 규정하는데, 그 배상 책임의 성립 요건을 다음과 같이 정한다.

⇒ 앞 문장에 대한 부연설명을 해주고 있다. 앞 문장을 구체적으로 이해하지 못했다면, 이 문장을 읽고서 앞 문장을 제대로 이해했어야 한다. 여기서, 네가 글 읽을 때 반드시 지켜야 할 것이 있다. 네가 만약 앞 문장을 이해하지 못하고, 앞 문장의 의미를 풀어 써준 뒤 문장을 보고 앞 문장의 의미를 60% 정도 이해했다고 하자. 이 경우에, 너는 다시 한번 **네가 이해하지 못한 앞 문장으로 돌아가서** 문장을 이해하고 넘어가야 한다. 왜냐하면 선택지에 앞 문장에 나온 단어나, 문장을 활용한 선지가 나올 수 있기 때문이다. 예를 들어서, 지금 네가 읽고 있는 문장을 가지고 선택지를 만드는 것이 아니라, 바로 앞 문장의 '요건'이라는 단어와 '법률 효과'라는 단어를 사용해서 선택지를 만들 수 있다는 것이다. 그런데 이때, 네가 앞 문장의 의미를 제대로 이해하지 않고 넘어갔다면, 분명 선택지를 판단하기가 쉽지 않을 것이다.

그럼 이제 이 문장을 이해해보자. 이때 '민법 제750조'와 같은 단어에 밑줄 치고 외울 필요는 전혀 없다. '750조'든 '7만 5천 조'든 신경 쓸 필요 없다. 출제자는 네 암기력에 관심이 없기 때문이다. 그래서 네가 '민법 제750조'인 걸 기억했는지는 전혀 묻지 않는다.

'이를테면, 민법 제750조에서는 **불법 행위에 따른 손해 배상 책임**을 규정하는데, 그 배상 책임의 성립 요건을 다음과 같이 정한다'라는 문장에서, **'불법 행위에 따른 손해 배상 책임'**은 앞 문장에 따르면 '법률 효과'라고 할 수 있다. 이때 이 법률 효과를 발생시키는 '요건'은 '불법 행위'이다. 그리고 '그 배상 책임의 성립 요건을 다음과 같이 정한다'라는 말을 통해서, 아래 문장을 통해 **구체적으로 어떤 '불법 행위'를 해야 '배상 책임'이라는 법률 효과가 발생하는지** 말해주려 한다는 걸 알 수 있다.

> '고의나 과실'로 말미암은 '위법 행위'가 있어야 하고, '손해가 발생'하여야 하며, 바로 그 위법 행위 때문에 손해가 생겼다는, 이른바 '인과 관계'가 있어야한다.

⇒ '손해 배상 책임'이라는 법률 효과가 발생하기 위해서 필요한 '불법 행위'의 구체적인 조건에 대해서 말을 해주고 있다. 어떤 행위를 '불법 행위'라고 부르기 위해서는, '고의'나 '과실' **때문에** 발생한 '법에 위반되는 행위'가 있어야 하고, 그로 인해서 어떤 사람이 피해를 보는 '손해'가 발생해야 한다. 그리고 그 '손해'가 위법 행위 때문에 생겼다는 '인과 관계'가 있어야 한다고 말한다.

이걸 읽고 외우는 게 아니라, 최대한 납득하려고 노력해야 한다. 나는 친구가 내 돈을 빌려가 놓고 갚지 않는 행위를 떠올려서 이해하고 넘어갔다. 글을 읽을 때 한 가지 팁을 주자면, 글에서 말하고 있는 상황이나 개념에 대한 구체적인 예시를 떠올려보는 것이다. 그러면 글이 쉽게 납득되고 이해되는 경우가 종종 있다. 나는 불법 행위의 예시로, 친구가 내 돈을 빌려가 놓고, 내가 갚으라고 해도 계속 갚지 않는 장면을 떠올렸다. 이는 고의적으로 돈을 계속 안 갚는 것이니 '위법 행위'에 해당하고, 나는 돈을 빼앗겼으니까 '손해'가 발생한다. 또 친구가 돈을 안 갚는 행위 때문에 내가 금전적인 손해를 본 것이니까 '인과 관계' 또한 성립한다. 남의 돈을 빌리고 안 갚는 건, 이렇게 불법 행위라고 부를 수 있는 조건들을 모두 갖추고 있기 때문에 '불법 행위'에 해당하는 것이다.

> 이 요건들이 모두 충족되어야, 법률 효과로서 가해자는 피해자에게 손해를 배상할 책임이 생기는 것이다.

⇒ 납득한다. 다시 한 번 말하지만, '손해 배상 책임'이라는 법률 효과가 발생하는 요건은 외우는 게 아니라 이해하는 것이다.

> 소송에서는 이런 요건들을 입증해야 한다.

⇒ 흔히 우리가 알고 있는 '소송'을 말하는 거 같다. '소송'에 대해서 자세히는 모르지만, 소송에서 상대방에게 '손해 배상 책임'을 물으려고 한다면 '불법 행위 요건들을 입증'해야 한다는 말은 납득할 수 있다.

> 소송에서 입증은 주장하는 사실을 법관이 의심 없이 확신하도록 만드는 일이다.

⇒ 납득한다. '입증'이라는 단어의 정의를 말해주고 있다. 우리가 보통 알고 있는 '입증'의 의미와 크게 다르지 않다. 우리가 흔히 "네 잘못이 아니라는 걸 입증해 봐"라고 말할 때, 이 말의 의미는 "나에게 네 잘못이 아닌 걸 나에게 설득해 봐", "내가 의심하지 않고 확신하도록 만들어 봐"와 같은 말이다.

> 어떤 사실의 존재 여부에 대해 법관이 확신을 갖지 못하면, 다시 말해 입증되지 않으면 원고와 피고 가운데 누군가는 패소의 불이익을 당하게 된다.

⇒ '원고'와 '피고'는 법 지문에서 정말 자주 나오는 단어이니 반드시 외워두자. 쉽게 외우는 방법을 말해주겠다. '원고'는 '고소하기를 **원하는** 사람'이라서 '원고'인 것이고 '피고'는 '고소를 **당한** 사람'이라서 '피고'라고 부르는 거라고 외우면 쉽다. 실제로 '원고'에서 '원'은 '근원 원'자를 쓴다. 즉, '고소의 원인이 되는 사람'이라는 뜻에서 '원고'라고 부르는 것이다. 그런데, '원고'의 의미를 '고소의 원인이 되는 사람'이라고 외우면, 나중에는 '살인자가 사건의 원인이 되는 사람이니까 살인자가 원고네'라고 이해해버리는 대참사가 벌어질 수도 있다. 그래서 그냥 '원고'는 '고소를 원하는 사람'이라고 외우는 것이

더 낫다.

  문장은 쉽게 이해할 수 있다. 즉, 살인 사건이 일어났는데 살인 사건이 일어났다는 것이 입증되지 않으면 살인자를 고소한 원고는 '패소'라는 불이익을 당하게 될 것이다. 반대로, 살인자라는 누명을 쓴 사람이 있다고 했을 때, 자신이 살인을 저지르지 않았다는 걸 입증하지 못한다면 '패소'를 당해서 살인자라는 누명을 쓰게 될 수도 있다.

> 이런 불이익을 받게 될 당사자는 입증의 부담을 안을 수밖에 없고, 이를 입증 책임이라 부른다.

⇒ 당연히 원고든 피고든 불이익을 받게 될 당사자는 불이익을 받지 않기 위해서, 자신이 주장하는 바를 입증해야 하는 부담을 안을 것이다. 살인자를 고소한 사람은 '저 사람이 사람을 죽였다'는 걸 입증해야 한다는 부담이 생길 것이고, 살인 누명을 쓴 사람은 '자신이 사람을 죽인 게 아니'라는 걸 입증해야 한다는 부담이 생길 것이다. 그리고 '입증해야 하는 책임'이니, '입증 책임'이라 부르는 것도 충분히 납득할 수 있다.

> 대체로 어떤 사실이 존재함을 증명하는 것이 존재하지 않음을 증명하는 것보다 쉽다.

⇒ 왜 그런 걸까? 이 문장이 이 글에서 이해하기 가장 어려운 문장 중 하나였다. 바로 뒤 문장을 읽어봐도 부연설명이 없기 때문에, 내가 이해하지 못했다면 밑줄 긋고 넘어가야 했던 문장이다. 한 번 차근차근 이해해보자. 이렇게 어렵고 추상적인 문장을 이해할 때는 팁이 있다. 스스로 구체적인 '예시'를 들어보는 것이다. 예를 들어 살인 사건이 일어났다고 하자. 사람들은 A라는 사람이 B를 죽였다고 추측하고 있다. 이때 A가 살인을 저질렀다는 사실을 증명하려 할 때는 A가 B를 죽였다고 할 수 있을 만한 명백한 증거들 중 단 한 개의 증거만 제시해도, A는 살인 사건의 범인이 된다.

  하지만 A가 살인 사건을 저지르지 않았다는 사실을 증명하려 할 때는 '모든 가능성'에 대해서 자신이 B를 죽이지 않았다는 걸 증명해야 한다. '물에 약 타서 죽인 거 아니야?', '몰래 계단에서 민 거 아니야?', '죽으라고 협박한 거 아니야?'라는 모든 의문에 대해서 자신이 그러지 않았다는 것을 증명해야 한다.

쉽게 말해서, 'A가 B를 죽였다'는 사실이 존재함을 증명하려면 A가 B를 죽였다고 할수 있을 만한 명백한 증거 '한 개'만 증명하면 된다. 하지만 'A가 B를 죽였다'라는 사실이 존재하지 않음을 증명하려면 A가 B를 죽일 수 있는 **'모든'** 가능성에 대해서, A는 자신이 B를 죽이지 않았음을 증명해야 한다. 이처럼 '어떤 사실이 존재하지 않음'을 증명하려 할때는 '어떤 사실이 존재함'을 증명하려 할 때보다 증명해야 할 것이 훨씬 많아지므로, 증명이 더 힘든 것이다.

> 이 둘 가운데 어느 한 쪽에 부담을 지워야 한다면, 쉬운 쪽에 지우는 것이 공평할 것이다.

⇒ 납득한다. 예를 들어서 살인 사건이 벌어졌다고 했을 때, 용의자에게 네가 살인을 하지 않았다는 증거를 대라고 하는 것이 아니라, 용의자를 잡아 온 경찰에게 이 사람이 살인자라는 걸 증명하도록 하는 것이다.

만약 경찰이 잡아 온 사람이 살인자라는 '누명'을 쓴 상태이고, 사람을 죽이지 않았다는 걸 '자신이' 증명해야 하는 상황이라면, 자신의 무죄를 입증하기 매우 힘들 것이다. 아까 말했듯이 '어떤 사실이 존재하지 않음'을 증명하는 것은 '어떤 사실이 존재함'을 증명하는 것보다 더 어렵기 때문이다. 살인자로 지목된 사람에게 자신이 살인자가 아님을 증명하라고 한다면, 억울하게 누명을 쓰고 감옥에 갈 수도 있다. 이런 상황을 막기 위해서, 법원에서는 입증하는 것이 더 쉬운 경찰 측에 입증 책임을 부과하는 것이다.

> 이런 형평성을 고려하여 특정한 사실의 발생을 주장하는 이에게 그 사실의 존재에 대한 입증 책임을 지도록 하였다.

⇒ 납득한다.

> 그리하여 상대방에게 불법 행위의 책임이 있다고 주장하는 피해자는 소송에서 원고가 되어, 앞의 민법 조문에서 규정하는 요건들이 이루어졌다고 입증해야 한다.

⇒ 아까 '원고'는 고소를 원하는 사람이라고 했었다. 상대방에게 불법 행위의 책임이 있다고 주장하는 사람은 상대방을 고소하길 원하는 사람이니, 소송에서 '원고'가 되는 것이다.

앞 문장에 따르면, 상대방에게 불법 행위 책임이 있다고 주장하는 원고, 즉 피해자는 자신이 피해를 입었다는 것을 스스로 입증해야 한다. 일반적으로 원고가 자신이 피해입었음을 증명하는 것이, 피고가 원고에게 피해주지 않았음을 증명하는 것보다 더 쉽기 때문이다.

그리고 입증 시에는 '앞의 민법 조문에서 규정하는 요건'들이 이루어졌다고 입증해야 한다고 말한다. 이때 너는 '민법 조문에서 규정하는 요건'들이 기억나지 않았다면, 다시 위로 올라가서 '민법 조문에서 규정하는 요건'이 뭐였는지 확인했어야 한다. 위로 올라가보니, '민법 조문에서 규정하는 요건'에는 '고의나 과실로 말미암은 위법 행위', '손해 발생', '인과 관계' 등이 있다. 읽고 다시 돌아와서 납득한다. 네가 글을 읽을 때 앞부분이 기억나지 않는다면, 명확한 이해를 위해서 반드시 읽었던 부분으로 돌아가야 한다.

> 그런데 이들 요건 가운데 인과 관계는 그 입증의 어려움 때문에 공해 사건 등에서 문제가 된다.

⇒ 위 내용에 따르면 '인과 관계'를 입증한다는 건, 위법 행위 '때문에' 손해가 생겼다는 걸 입증한다는 뜻이었다. 그런데 '공해 사건'의 경우에는 어떤 행위 때문에 손해가 생겼다는 '인과 관계'를 입증하는 것이 어렵나 보다. 이때 '공해'라는 것은 말 그대로, '널리 해를 끼치는 것'을 말한다. 공해에는 오염된 폐수나, 메탄가스, 소음공해 등이 있다.

> 공해에 관하여는 현재의 과학 수준으로도 해명되지 않는 일이 많다.

⇒ 납득한다. 바로 앞 문장에서도 입증에 어려움이 있다고 말했고, 스스로 생각해봐도 그럴 수 있을 거 같다. 환경오염 같은 공해에는 정말 다양한 원인이 있을 것이다. 쓰레기를 함부로 버리는 것, 중국에서 넘어오는 황사, 공장 폐수 등등. 충분히 납득할 수 있다.

> 그런데도 피해자에게 공해와 손해 발생 사이의 인과 관계를 하나하나의 연결 고리까지 자연 과학적으로 증명하도록 요구한다면, 사실상 사법적 구제를 거부하는 일이 될 수 있다.

⇒ 납득한다. 지금까지 내용에 따르면 일반적으로 '입증 책임'은 '피해를 입었다'라고 주장하는 '원고' 측에 부과되었다. '피해를 입었다'는 걸 증명하는 것이 더 쉽기 때문이다. 그런데, 공해 사건의 경우에는 아니다. 공해 사건은 원고가 위법 행위와 손해 사이의 인과관계를 증명하는 것이 매우 어렵다. 바로 앞 문장에서도 말했듯, 과학 수준으로도 해명되지 않는 일이 많기 때문이다.

  그런데도 일반적인 '입증 책임 원칙'을 적용해서, 원고에게 피해 사실을 입증하도록 하라고 한다면 원고는 거의 대부분 패소할 것이다. 따라서, 원고에게 피해 사실을 입증하도록 하는 것은 피해를 입은 사람들을 사법으로 구제하는, 즉 '사법적 구제'를 거부하는 일이 될 수 있는 것이다.

> 더구나 관련 기업은 월등한 지식과 기술을 가지고 훨씬 더 쉽게 원인 조사를 할 수 있는 상황이기에, 피해자인 상대방에게만 엄격한 부담을 지우는 데 대한 형평성 문제도 제기된다.

⇒ 납득한다. 예를 들어서 공장에서 오염된 폐수를 방수한 기업이 있다고 하자. 그래서 동네 어부들이 피해를 입었다. 이때 법원에서 동네 어부들에게 왜 폐수로 인해서 손해를 입었는지, 폐수가 과학적으로 어떤 영향을 미쳤길래 손해를 입게 되었는지 증명하라고 하는 건 부당하다.

  왜냐하면, 왜 폐수가 물을 오염시키고 어부들에게 피해를 줬는지는 폐수를 만들어 내는 공장이 더 잘 알 것이기 때문이다. 또 어부들에 비해 훨씬 전문적인 지식을 가지고 있고, 원인을 조사할 수 있는 기술도 충분하다. 즉, 기업은 어부들에 비해서 훨씬 더 월등한 지식과 기술을 가지고 더 쉽게 원인 조사를 할 수 있는 것이다. 따라서 피해자인 어부에게만 엄격한 부담을 지우는 건 형평성에 어긋난다.

> 공해 소송에서도 인과 관계에 대한 입증 책임은 여전히 피해자인 원고에
> 있다. 판례도 이 원칙을 바꾸지는 않는다.

⇒ 오, 나는 위 문장을 읽으면서 '입증 책임을 기업에게도 지우는 건가?'라고 생각했는데 아니었다. 여전히 입증 책임은 피해자인 원고에게 있다고 한다. 그럼 여기서 드는 의문이, '아니, 그러면 피해자들만 많은 부담을 지게 되는 상황을 어떻게 막는다는 거지?'라는 것이다. 네가 글을 제대로 읽고 있다면 여기까지 읽고 나와 같은 의문이 들었어야 했다.

> 다만 입증되었다고 보는 정도를 낮추어 인과 관계 입증의 어려움을 덜어
> 주려 한다.

⇒ 아, 여기까지 읽으니까 이해가 된다. 막 세세하게 '과학적인 근거'를 들어서 인과 관계를 입증하지 않아도, 어느 정도의 개연성만 있으면 '인과 관계'를 입증했다고 보는 것이다. 이렇게 하면 피해자 측에서 공해로 인한 손해를 입증하는 데 어려움이 조금 덜어질 것이다.

> 곧 공해 소송에서는 예외적으로 인과 관계의 입증에 관하여 의심 없는 확
> 신의 단계까지 요구하지 않고, 다소 낮은 정도의 규명으로도 입증되었다
> 고 인정하는 판례가 등장하는 것이다.

⇒ 부연설명을 통해서 좀 더 쉽게 이해할 수 있도록 해주고 있다. 읽고 납득한다.

> 이렇게 해서 인과 관계가 인정되면 가해자인 피고는 인과 관계의 성립을
> 방해하는 증거를 제출하여 책임을 면해야 한다.

⇒ 당연하다. 가해자인 피고 입장에서 '손해 배상 책임'을 지지 않으려면, 자신의 행위 때문에 손해가 발생한 것이 아니라는 증거를 제시해서 '인과 관계 성립'을 방해해야 할 것이다.

---------------------------- • 문제 해설 • ----------------------------

1. 윗글을 이해한 내용으로 가장 적절한 것은?

> ① 소송에서 양 당사자에게 부담을 공평하게 하려는 고려가 입증 책임을
>   분배하는 원리에 작용한다.

⇒ 당연한 말이다. 지금까지 왜 '입증 책임'에 대한 얘기를 했는지 생각해봐라. 원래 원고에게 '입증 책임'이 있었다. 어떤 사건이 발생했다는 것을 증명하는 게 더 쉽기 때문이다. 이는 원고에게 입증 책임을 부과함으로써 입증의 부담을 공평하게 만든 것이었다.

여기서 너는 왜 원고에게 입증 책임이 부과되는 것이, 입증 부담을 '공평'하게 만드는 건지 의문을 품을 수도 있다. 위 말만 보면 '원고만' 입증 부담을 지는 것처럼 보이기 때문이다. 하지만 아니다. 예를 들어서 살인 사건이 일어났을 때를 생각하자. 그러면 입증 책임은 원고에게 있다. 그럼 원고는 피고인이 살인자라는 것을 증명하기 위해서 'A라는 증거가 있다'고 입증할 것이다. 이때 피고인은 그렇게 **원고가 주장한 것에 대해서만** 반박하면 되는 것이다. 피고인은 '원고가 주장한 것이 틀렸다라는 것을 입증'하기만 하면 된다. 모든 경우에 대해서 입증할 필요가 없어지는 것이다. 이 경우에 입증 책임에 대한 부담이 원고와 피고 모두에게 공평히 부과되는 것이다.

이처럼 살인 사건의 경우에는 원고에게 입증 책임을 지우면 되지만, 공해 사건의 경우에는 원고가 피해 사실을 입증하는 것이 너무 어려웠다. 이 경우에는 입증 책임에 대한 부담이 원고에게 너무 과하게 부과된다. 그래서 법원은, 공해 사건의 경우에는 엄청 세세하게 과학적으로 입증하지 않아도 '그럴 수 있다'라는 정도의 개연성만 입증하면 입증한 것으로 보았던 것이다. 이러한 행동은 모두, 소송에서 양 당사자에게 부담을 공평하게 하려는 고려가 입증 책임을 분배하는 원리에 작용한 것이다.

이 문제를 틀렸다는 것은, 글 전체에서 지금 '입증 책임'을 어떻게 부과해야 하는지 설명하고 있는데, 도대체 '왜' 이런 설명을 하는 것인지 이해하지 못한 것이다. 이 문제처럼 난도 높은 문제까지 맞혀내기 위해서는 단순히 한 문장 한 문장 이해만 하는 것이 아니라, 글 전체의 맥락을 이해해야 한다.

> ② 원칙적으로 어떤 사실이 일어났을지도 모른다는 개연성이 인정되면 입증이 성공하였다고 본다.

⇒ 틀렸다. '원칙적으로는' '개연성'만으로 인정되지 않는다. 민법에서 규정하고 있는 요건들을 모두 '과학적으로 정확하게 입증'해야 입증에 성공한 것으로 본다. 개연성만으로 인정되는 경우는, 공해 소송에서 원고가 '인과 관계'를 입증할 때였다. 네가 만약 2번을 골랐다면, 공해 소송에서 '인과 관계'의 개연성만으로 입증되었다고 보는 것이 '원칙적인' 상황이 아니라, '예외적인' 상황이라는 것을 인지하지 못했을 것이다.

> ③ 민법 제750조에서 규정하는 요건들이 충족되었다는 사실을 입증할 책임은 소송에서 피고에게 있다.

⇒ 입증 책임은 '원고'에게 있었다. 글을 이해하면서 읽었다면 쉽게 판단할 수 있었다.

> ④ 위법 행위를 저지르면 고의와 과실이 없다는 사실을 입증하더라도 불법 행위에 따른 손해 배상 책임이 성립한다.

⇒ 아니다. 고의와 과실이 '없다'는 사실을 입증하면, 불법 행위에 따른 손해 배상 책임이 성립하지 않는다.

> ⑤ 문제되는 사실이 실제로 일어났는지 밝혀지지 않으면 그 사실의 존재에 대한 입증 책임이 없는 쪽이 소송에서 불이익을 받는다.

⇒ 말이 안 된다. 문제되는 사실이 실제로 일어났는지 밝혀지지 않으면, 문제되는 사실의 존재에 대한 입증 책임이 없는 쪽 즉, 피고는 '이익'을 보게 될 것이다. 문제되는 사실이 실제로 일어났는지 밝히지 못했기 때문에, 문제되는 사실의 존재에 대한 입증 책임이 있는 쪽이 불이익을 받는 것이다. 이는 간단히 말해서 원고에게 입증 책임이 있는데, 입증을 못한 상황이다. 이 경우 '패소'라는 불이익을 받는 쪽은 피고가 아니라 원고다.

❷ 답 : ①

2. 윗글을 바탕으로 <보기>에서 대법원의 입장을 추론한 것으로 적절하지 않은 것은?

> <보 기>
>
> 다음은 어느 공해 소송에 대한 대법원의 판결에 관한 내용이다.
>
> 공장의 폐수 방류 때문에 양식 중이던 김이 폐사하였다고 주장하는 어민들은, 해당 회사를 상대로 불법 행위에 따른 손해 배상을 청구하는 소를 제기하였다. 폐수의 방류 때문에 김이 폐사하였다고 하기 위해서는 다음의 세 가지가 모두 자연 과학적으로 뚜렷이 밝혀져야 할 것이다. 1) 방류된 폐수가 해류를 타고 양식장에 도달하였다. 2) 그 폐수 안에 김의 생육에 악영향을 미치는 오염 물질이 들어 있었다. 3) 오염 물질의 농도가 안전 범위를 넘었다. 이에 대해 대법원은 폐수가 해류를 따라 양식장에 이르렀다는 것만 증명하면 인과 관계를 입증하는 데 충분하다고 인정하였다.

⇒ 우선 이 공해 소송에서 누가 원고고 누가 피고인지부터 따져보면, 어민들이 '원고'고, 공장이 '피고'다. 그리고 아까 글에서 공해 소송의 경우에는 원고가 '인과 관계'를 입증하기 어렵기 때문에, 원고의 인과 관계 입증 책임을 조금 덜어준다고 하였다. 그래서 〈보기〉에서도 원래 원고가 입증해야 하는 3가지 사항 중, '방류된 폐수가 해류를 타고 양식장에 도달하였다'는 1번 항목만 입증하면 인과 관계를 입증한 것으로 인정하는 것이다.

> ① 피해자인 어민들이 원고로서 겪게 되는 입증의 어려움을 완화시켜 주려 한 것이다.

⇒ 맞는 말이다. 어민이 '원고'라는 걸 파악하고, '왜 1번 항목만 입증하면 인정해주는 건지' 이해했냐고 묻는 선지다.

> ② 인과 관계를 입증할 수 있는 자연 과학적 연결 고리가 존재한다는 점을 인정한 것이다.

⇒ 말이 조금 어렵게 느껴질 수 있는데, 당황할 필요 없다. 추상어만 구체적으로 바꿔서 생각하면 된다. '인과 관계를 입증할 수 있는 자연 과학적 연결 고리가 존재한다'는 것은,

말 그대로 '인과 관계를 과학적으로 입증할 수 있다'는 뜻이다.

〈보기〉를 보면 대법원은 어민들에게 폐수가 해류를 따라 양식장에 이르렀다는 1번 항목만 증명하면 인과 관계를 입증한 것으로 해주겠다고 말했다. 즉, 대법원이 봤을 때 1번 항목 정도는, 어민들이 과학적으로 인과 관계를 설명할 수 있다고 판단한 것이다. 대법원이 봤을 때 2, 3번 항목을 어민들에게 과학적으로 입증하라고 하는 건 너무 과도하다고 판단했나 보다. 그렇기 때문에 어민들이 1번 항목만 과학적으로 증명해내면 인과 관계를 입증한 것으로 인정해주겠다고 한 것이다.

> ③ 공장 폐수가 김 양식장으로 흘러들었다는 사실을 어민들 쪽에서 입증
>   하라고 한 것이다.

⇒ 맞는 말이다. 〈보기〉에 따르면, 항목 1)에 대해서는 원고 측인 어민들에게 입증하라고 하였다.

> ④ 위법 행위와 손해 사이에 인과 관계가 존재한다는 데 대한 입증 책임
>   이 회사 쪽에 있다고 인정한 것이다.

⇒ 위법 행위와 손해 사이에 인과 관계가 존재한다는 데 대한 입증 책임은 **여전히 원고에게 있다.** 하지만 그 입증 책임을 조금 덜어준 것이다. 네가 만약 '공해 소송에서도 인과 관계에 대한 입증 책임은 여전히 피해자인 원고에 있다.'라는 문장을 보고 '왜 그런 거지?'라고 의문을 품고 갔다면 매우 쉽게 맞혔을 것이다.

이 선택지를 보면 알 수 있듯이, 출제자는 네가 의문을 품었어야 하는 부분에 대해서 의문을 품었는지 묻고 싶어 한다. 만약 저 문장에서 '왜 그런 거지?'라고 의문을 품지 않았던 학생이라면, 왜 4번 선지가 틀렸는지 바로 알아채지 못했을 것이다.

> ⑤ 공장 폐수 속에 김의 폐사에 영향을 주는 물질이 들어 있지않다는 사
>   실은 회사 쪽에서 입증하라고 한 것이다.

⇒ 맞는 말이다. '공장 폐수 속에 김의 폐사에 영향을 주는 물질이 들어 있지 않다는 사실'은 회사 측에서 입증해야 한다. 왜냐하면, 그렇게 해야 '공장 폐수가 김 양식장으로 흘러들어서 어민들이 피해를 입었다는 주장'에 반박할 수 있기 때문이다. 만약 어민들이 1) 항목을 입증하고, 이에 대해서 공장이 '공장 폐수 속에 김의 폐사에 영향을 주는 물질이 들어 있지 않다'는 것을 증명하지 못한다면, 공장은 '손해 배상 책임'을 물게 될 것이다.

✔ 답 : ④

2019학년도 고3 6월, 사법(私法)의 계약과 그 효력

[A]
사무실의 방충망이 낡아서 파손되었다면 세입자와 사무실을 빌려준 건물주 중 누가 고쳐야 할까? 이 경우, 민법전의 법조문에 의하면 임대인인 건물주가 수선할 의무를 진다. 그러나 사무실을 빌릴 때, 간단한 파손은 세입자가 스스로 해결한다는 내용을 계약서에 포함하는 경우도 있다. 이처럼 법률의 규정과 계약의 내용이 어긋날 때 어떤 것이 우선 적용되어야 하는가, 법적 불이익은 없는가 등의 문제가 발생한다.

사법(私法)은 개인과 개인 사이의 재산, 가족 관계 등에 적용되는 법으로서 이 법의 영역에서는 '계약 자유의 원칙'이 적용된다. 계약의 구체적인 내용 결정 등은 당사자들 스스로 정할 수 있다는 것이다. 따라서 당사자들이 사법에 속하는 법률의 규정과 어긋난 내용으로 계약을 체결한 경우에 계약 내용이 우선 적용된다. 이처럼 법률상으로 규정되어 있더라도 당사자가 자유롭게 계약 내용을 정할 수 있는 법률 규정을 '임의 법규'라고 한다. 사법은 원칙적으로 임의 법규이므로, 사법으로 규정한 내용에 대해 당사자들이 계약으로 달리 정하지 않았다면 원칙적으로 법률의 규정이 적용된다. 위에서 본 임대인의 수선 의무 조항이 이에 해당한다.

그러나 법률로 정해진 내용과 어긋나게 계약을 하면 당사자들에게 벌금이나 과태료 같은 법적 불이익이 있거나 계약의 효력이 부정되는 예외적인 경우도 있다. 우선, 체결된 계약 내용이 법률에 정해진 내용과 어긋날 때 법적 불이익이 있지만 계약의 효력 자체는 그대로 두는 경우가 있다. 이에 해당하는 법조문을 '단속 법규'라고 한다. 공인 중개사가 자신이 소유한 부동산을 고객에게 직접 파는 것을 금지하는 규정은 단속 법규에 해당한다. 따라서 ㉠ 이 규정을 위반하여 공인 중개사와 고객이 체결한 매매 계약의 경우 공인 중개사에게 벌금은 부과되지만 계약 자체는 유효이다. 이 경우 계약 내용에 따른 행동인 급부(給付)를 할 의무가 인정되어, 공인 중개사는 매물의 소유권을 넘겨주고 고객은 대금을 지급해야 하는 것이다.

한편 체결된 계약 내용이 법률에 정해진 내용과 어긋날 때 법적 불이익이 있을 뿐 아니라 체결된 계약의 효력 자체도 인정되지 않아 급부 의무가 부정되는 경우가 있다. 이에 해당하는 법조문을 '강행 법규'라고 한다. 이 경우 계약 당사자들은 상대에게 급부를 하라고 요구할 수는 없다. 이미 급부를 이행하여 재산적 이익을 넘겨주었다면 이 이익은 '부당 이득'에 해당하기 때문에 반환을 요구할 수 있다. 즉 '부당 이득 반환 청구권'이 인정된다. 의사와 의사 아닌 사람의 의료 기관 동업을 금지하는 법률 규정은 강행 법규이다. 따라서 ⓛ <u>의사와 의사 아닌 사람이 체결한 동업 계약은 계약의 효력이 부정된다.</u> 다만 계약에 따라 이미 동업 자금을 건넸다면 이 돈을 반환하라고 요구하는 것은 가능하다.

그러나 강행 법규에 의해 계약의 효력이 부정되었을 때 부당 이득 반환 청구권이 인정되지 않는 경우도 있다. 급부의 내용이 위조지폐 제작처럼 비도덕적이거나 반사회적인 행동이라면, 계약의 효력이 인정되지 않을 뿐 아니라 이미 넘겨준 이익을 돌려받을 권리도 부정되는 것이 원칙이다.

국가가 개인 간의 계약에 개입하는 것은 국가 안보, 사회 질서, 공공복리 등의 정당한 입법 목적을 달성하기 위해서이다. 이 경우 계약의 자유를 제한하려면 필요한 만큼만 최소로 제한해야 한다는 '비례 원칙'이 적용된다. 이로 인해 국가가 계약 당사자들에게 미치는 영향이 다양하게 나타나는 것이다.

1. **윗글에 대한 이해로 적절하지 <u>않은</u> 것은?**

① 임의 법규에 해당하는 법률 조항과 이에 어긋난 계약 내용 가운데 계약 내용이 우선 적용된다.

② 임의 법규가 단속 법규에 비해 계약 자유의 원칙에 더 부합한다.

③ 단속 법규로 국가가 개인 간의 계약에 개입할 때에는 비례 원칙이 적용되지 않는다.

④ 단속 법규로 입법 목적을 달성할 수 있는 계약에 대해 강행 법규로 국가가 개입하는 것은 정당화될 수 없다.

⑤ 강행 법규를 위반한 계약일 때 급부의 내용에 따라 부당 이득 반환 청구권의 인정 여부가 달라진다.

2. 윗글을 참고할 때, [A]에 제시된 물음에 대한 답으로 맞는 것을 〈보기〉에서 고른 것은?

〈보 기〉

ㄱ. 계약서에 방충망 수선에 관한 내용이 없으면 건물주가 수선 의무를 지고, 수선 의무를 계약에 포함하지 않은 것에 대한 법적 불이익은 누구에게도 없다.

ㄴ. 계약서에 방충망 수선에 관한 내용이 없으면 세입자가 수선 의무를 지고, 건물주는 수선 의무를 계약에 포함하지 않은 것에 대해 법적 불이익을 받는다.

ㄷ. 계약서에 세입자가 방충망을 수선한다는 내용이 있으면 세입자가 수선 의무를 지고, 법률 내용과 다르게 계약한 것에 대한 법적 불이익은 누구에게도 없다.

ㄹ. 계약서에 세입자가 방충망을 수선한다는 내용이 있으면 세입자가 수선 의무를 지고, 건물주는 법률 내용과 다르게 계약한 것에 대해 법적 불이익을 받는다.

① ㄱ, ㄴ   ② ㄱ, ㄷ   ③ ㄱ, ㄹ   ④ ㄴ, ㄷ   ⑤ ㄴ, ㄹ

3. ㉠과 ㉡의 공통점으로 가장 적절한 것은?

① 법적 불이익을 받는 계약 당사자가 있다.
② 계약 당사자들의 급부 의무가 인정되지 않는다.
③ 계약에 따라 넘어간 재산적 이익을 반환해야 한다.
④ 법률 규정을 위반하였으므로 계약의 효력이 부정된다.
⑤ 계약 당사자가 계약의 구체적인 내용을 결정할 수 없다.

4. 윗글을 참고할 때, 〈보기〉에 대한 반응으로 적절한 것은?

〈보 기〉

농지를 빌리려는 A와 농지 주인인 B는 농지를 용도에 맞지 않게 사용하는 것에 합의하여 농지 임대차 계약을 체결하였다. 그리고 A는 B에게 농지 사용료를 지불하고 1년간 농지를 사용하였다. 농지법을 위반한 이 사안에 대해 대법원이 내린 판결은 다음과 같이 요약된다.

첫째, 법률을 위반하여 농지를 빌려 준 사람에게는 벌금이 부과된다. 둘째, 이 사건의 농지 임대차 계약은 농지법을 위반한 것이므로 무효이다. 셋째, 농지를 빌려 준 사람은 받은 사용료를 반환해야 한다. 넷째, 농지를 빌린 사람은 농지를 빌려 써서 얻은 이익을 농지를 빌려 준 사람에게 반환해야 한다.

① A와 B가 농지 임대차 계약을 체결할 때에는 사법(私法)의 적용을 받지 않겠군.
② B에게 벌금을 부과하는 것은 A와 B가 맺은 농지 임대차 계약이 효력이 있음을 인정하지 않았기 때문이겠군.
③ B에게 벌금을 부과하는 것만으로는 이 계약의 내용을 규제하는 법률의 입법 목적을 실현하기에 부족하다는 점을 고려하여 계약을 무효로 판결한 것이겠군.
④ A가 농지를 빌려 써서 얻은 이익을 B에게 반환하라고 판결한 것은 급부의 내용이 비도덕적이거나 반사회적인 행동에 해당한다고 판단했기 때문이겠군.
⑤ B가 A에게서 받은 사용료를 반환하라고 판결한 것은 사용료가 부당 이득에 해당하지 않는다고 판단했기 때문이겠군.

> 사무실의 방충망이 낡아서 파손되었다면 세입자와 사무실을 빌려 준 건물주 중 누가 고쳐야 할까?

⇒ 출제자가 질문을 한다. 질문이 나오면 항상 그 질문에 답하려고 하면서 읽자. 그럼 신기하게도 지문 이해가 더 잘 된다. 출제자 의도대로 읽게 되기 때문이다. 글을 쓰는 사람은 질문을 하면 글을 읽는 사람이 의문을 품으면서 읽을 거라 생각한다. 정말 누가 고쳐야 할지 고민하면서 읽어내려 가자.

> 이 경우, 민법전의 법조문에 의하면 임대인인 건물주가 수선할 의무를 진다.

⇒ 여기서 '민법'이라는 것은 법 지문에서 자주 나오는 단어이기 때문에 알아두는 것이 좋다. '민법'은 '백성 민' 자를 써서 '개인과 개인 사이'에 적용되는 법을 말한다. 예를 들어서 누군가 돈을 빌리고 안 갚았다면, 이는 개인과 개인 사이에서 발생한 문제이므로 '민법'에 쓰여 있는 법조문을 통해서 해결하는 것이다. 민법과 함께 자주 나오는 법으로는 '형법'이 있다. '형법'은 민법과 달리, '국가와 개인 사이'에 적용되는 법이라 생각하면 된다. 누군가 살인이나 절도 같은 중대한 범죄 행위를 저질렀을 때는 '개인과 개인 사이의 일'이라고 보지 않고, 국가가 개입하여 처리한다. 개인끼리 해결할 수 있는 사사로운 일이 아니라고 보는 것이다.

이 지문에 나온 '사무실 방충망 수리'와 같은 문제는 '개인과 개인 사이의 일'이기 때문에 '민법전의 법조문'에 따라 누가 방충망을 수선할 건지 정한다. 민법전의 법조문에 의하면 임대인인 건물주가 수선할 의무를 진다고 한다. 왜 건물주가 수선할 의무를 지는 걸까? 부연설명이 없다. 스스로 설명을 생각해보고 넘어가야 한다.

나는 이유를 간단하게 생각했다. '세입자가 고의나 실수로 방충망을 파손한 것이 아니고, **그저 낡아서 파손된 것이기 때문에** 건물주가 수리를 해줘야 하는 거 아닐까?' 생각하고 넘어갔다. 이 설명이 맞는지는 모른다. 네가 다르게 이유를 생각했어도 괜찮다. 핵심은 어떤 생각이든 해서 부연설명을 붙이고 넘어갔어야 한다는 것이다.

📢 '임대인'이라는 단어도 법 지문에서 정말 자주 나오는 단어다. '임대인'의 반대말은 '임차인'인데, 이 둘은 헷갈리기 쉬워서 꼭 뜻을 제대로 알고 있어야 한다. '임대인'은 말 그대로, 임대해주는 사람, 빌려주는 사람이라서 임대인이다. 반면 '임차인'은 '빌릴 차' 자를 써서, 빌린 사람이라는 뜻이다.

> 그러나 사무실을 빌릴 때, 간단한 파손은 세입자가 스스로 해결한다는 내용을 계약서에 포함하는 경우도 있다.

⇒ 납득한다. 세입자가 건물을 사용하다가 조금 녹슬거나 망가진 것 정도는 스스로 고치도록 계약하는 것이다. 그 정도는 계약서에 포함할 수 있을 거 같다.

> 이처럼 법률의 규정과 계약의 내용이 어긋날 때 어떤 것이 우선 적용되어야 하는가, 법적 불이익은 없는가 등의 문제가 발생한다.

⇒ '법률의 규정과 계약의 내용이 어긋날 때'라는 부분을 읽으면서 어느 때인지 바로 이해가 됐어야 한다. 아까 민법전 법조문에 따르면, 건물주가 방충망을 수선해야 한다. 그런데, 건물주와 세입자가 '간단한 파손은 세입자가 스스로 해결한다'라는 계약을 하면, 민법전의 내용과 어긋난 계약을 한 게 된다. 이때 민법전을 따라야 할까? 아니면 개인 사이에 맺은 계약을 따라야 할까? 즉, '민법과 개인 간의 계약 중 어떤 것이 우선 적용되는 걸까?' 하는 의문이 생기는 것이다. 그리고 '민법을 어기고 개인과 개인 사이에 맺은 계약을 따르면 불이익이 생기는 일은 없을까?' 하는 의문도 든다. 납득한다.

> 사법(私法)은 개인과 개인 사이의 재산, 가족 관계 등에 적용되는 법으로서 이 법의 영역에서는 '계약 자유의 원칙'이 적용된다.

⇒ '사법'의 정의를 말해주고 있다. 함축적 의미를 생각해보면 말 그대로 사적인 일과 관련된 법이니 '사법'이지 않을까 생각해 볼 수 있다. 실제로 '사법'은 영어로 'private law'이다. '개인과 개인 사이의 재산, 가족 관계 등에 적용되는 법'이라는 것이 곧, 사적인 일에 적용되는 법이라는 뜻이므로 '사법'의 함축적 의미 정도는 유추할 수 있었어야

했다. 참고로 사법은 앞서 설명했던 민법을 포함하는 개념이다. 사법 안에는 민법과 상법이 있다.

이런 법의 영역에서는 '계약 자유의 원칙'이 적용된다고 한다. 말 그대로, '계약을 자유롭게 할 수 있는 원칙'일 것이다. 그런데 왜 사법의 영역에서는 '계약 자유의 원칙'이 적용되는 것일까? 이것도 스스로 부연설명을 생각하고 넘어갔어야 한다. 나는 그냥 간단하게, '사적인 일이니까 자유롭게 계약 맺을 수 있게 한 거 아닐까?' 정도로 생각하고 넘어갔다.

> 계약의 구체적인 내용 결정 등은 당사자들 스스로 정할 수 있다는 것이다.

⇒ 아까 위 예시에서 건물주와 세입자가 '간단한 파손은 세입자가 수리한다'라는 식으로, 구체적인 내용 결정을 했던 것을 떠올려준다. **지문에서 예시를 주면 글을 읽으면서 지문에 나온 예시를 계속 활용해주는 것이 좋다.** 내가 새로 떠올리려고 하면 마땅한 예시가 안 떠오르는 경우도 있고, 새로 떠올릴 시간에 출제자가 준 예시로 이해하고 넘어가는 것이 훨씬 빠르기 때문이다.

> 따라서 당사자들이 사법에 속하는 법률의 규정과 어긋난 내용으로 계약을 체결한 경우에 계약 내용이 우선 적용된다.

⇒ 아까 방충망 계약의 경우에, 만약 건물주와 세입자가 '간단한 파손은 세입자가 수리한다'라는 계약을 했다면, 민법에는 건물주가 수리해야 한다고 되어있지만, 서로 맺은 계약 내용이 우선 적용되는 것이다.

> 이처럼 법률상으로 규정되어 있더라도 당사자가 자유롭게 계약 내용을 정할 수 있는 법률 규정을 '임의 법규'라고 한다.

⇒ 함축적 의미 생각해서 납득하고 넘어간다. 당사자끼리 '임의적으로' 계약 내용을 정할 수 있는 법률 규정이기 때문에, '임의 법규'라고 부르는 거 납득한다.

> 사법은 원칙적으로 임의 법규이므로, 사법으로 규정한 내용에 대해 당사자들이 계약으로 달리 정하지 않았다면 원칙적으로 법률의 규정이 적용된다.

⇒ 사법은 원칙적으로 '임의 법규'라고 한다. 왜 사법은 원칙적으로 임의 법규인 걸까? 부연설명이 삭제되어 있기에 의문 품었어야 했다. 나는 '사적인 것과 관련된 법이니, 당사자끼리 임의로 계약 내용을 정할 수 있게 했나 보다' 생각하고 납득했다.

  그리고 당연히 사법으로 규정한 내용에 대해서 당사자들이 따로 다른 계약을 정하지 않았다면, 사법에 적혀있는 대로 적용될 것이다.

> 위에서 본 임대인의 수선 의무 조항이 이에 해당한다.

⇒ 위 예시에서 임대인은 '건물주'였다. '임대인 수선 의무 조항'이라는 건, 민법전 법조문에 따랐을 때 '개인이 별다른 계약을 하지 않았다면 건물주가 의무적으로 방충망을 수선해줘야 한다'는 조항을 말한다. 여기서 '임대인 수선 의무 조항'은 '사법'에 해당한다.

> 그러나 법률로 정해진 내용과 어긋나게 계약을 하면 당사자들에게 벌금이나 과태료 같은 법적 불이익이 있거나 계약의 효력이 부정되는 예외적인 경우도 있다.

⇒ 왜 법적 불이익이 있거나 계약의 효력이 부정되는 걸까? 그리고 그런 경우는 구체적으로 어떤 경우일까? 궁금증을 가지고 읽어내려 가자.

> 우선, 체결된 계약 내용이 법률에 정해진 내용과 어긋날 때 법적 불이익이 있지만 계약의 효력 자체는 그대로 두는 경우가 있다.

⇒ 구체적으로 어떤 경우를 말하는 걸까?

이에 해당하는 법조문을 '단속 법규'라고 한다. 공인 중개사가 자신이 소유한 부동산을 고객에게 직접 파는 것을 금지하는 규정은 단속 법규에 해당한다.

⇒ 해당 문장에서 예시를 들어주고 있다. 우선 '단속 법규'의 함축적 의미를 생각해보면, 개인 간에 맺은 계약이 사법과 어긋날 때 **'법적 불이익'**을 주는 것이니, **개인을 '단속' 하는 법규**라고 해서 '단속 법규'라고 하나보다. 그리고 단속 법규의 예시로 '공인 중개사가 자신이 소유한 부동산을 고객에게 직접 파는 경우'를 말하고 있다. 아래 문장에서 단속 법규와 관련된 설명이 나오면 해당 예시를 떠올려서 이해하고 넘어가자.

따라서 ㉠ 이 규정을 위반하여 공인 중개사와 고객이 체결한 매매 계약의 경우 공인 중개사에게 벌금은 부과되지만 계약 자체는 유효이다.

⇒ 왜 벌금은 부과되지만 계약 자체는 유효한 걸까? 부연설명이 없다. 나는 간단하게, '계약의 효력까지 없애버릴 만큼 큰 범죄는 아니라고 판단해서 그런가 보다' 하고 넘어갔다.

이 경우 계약 내용에 따른 행동인 급부(給付)를 할 의무가 인정되어, 공인 중개사는 매물의 소유권을 넘겨주고 고객은 대금을 지급해야 하는 것이다.

⇒ '급부'라는 단어를 몰랐어도 뒷부분을 보고 이해할 수 있었다. '급부를 할 의무'라는 것은, 계약에 따라 공인 중개사는 매물의 소유권을 넘겨주고, 고객은 대금을 지급해야 하는 의무를 말하는 건가 보다. '급부'라는 단어는 법 지문에 자주 나온다. 그러니 꼭 뜻을 외워두도록 하자. '급부'는 '줄 급', '줄 부' 자를 쓴다. 계약을 했을 때 자신이 줘야 할 것이 있다면 주고, 해야할 일이 있다면 해야 할 일을 하는 것을 '급부를 이행'한다고 말한다.

한편 체결된 계약 내용이 법률에 정해진 내용과 어긋날 때 법적 불이익이 있을 뿐 아니라 체결된 계약의 효력 자체도 인정되지 않아 급부 의무가 부정되는 경우가 있다.

⇒ 어떤 경우일까? 이번 경우는 계약의 효력만큼 무효화해 버릴 만큼 큰 범죄라고 생각되는 경우인가 보다.

> 이에 해당하는 법조문을 '강행 법규'라고 한다.

⇒ '강행 법규'의 함축적 의미를 생각해보자. 나는 '개인끼리 정한 계약이 있어도, **민법 내용대로 행동할 것을 강제하는 법규라고 해서 강행 법규**라고 하나 보다'라고 생각했다.

> 이 경우 계약 당사자들은 상대에게 급부를 하라고 요구할 수는 없다.

⇒ 납득한다. 계약의 효력이 없으니까 당연히 급부 요구도 할 수 없을 것이다.

> 이미 급부를 이행하여 재산적 이익을 넘겨주었다면 이 이익은 '부당 이득'에 해당하기 때문에 반환을 요구할 수 있다. 즉 '부당 이득 반환 청구권'이 인정된다.

⇒ 납득한다. 강행 법규에 따르면 계약의 효력은 무효화 된다. 계약이 없던 일로 바뀌었기 때문에, 계약 내용에 따라 진행한 급부의 이행도 있어서는 안 된다. 따라서 만약 강행 법규로 계약을 제지하기 전에, 재산적 이익을 넘겨주는 등의 '급부의 이행'이 이뤄졌다면, 그 이행을 되돌릴 수 있는 것이다.

> 의사와 의사 아닌 사람의 의료 기관 동업을 금지하는 법률 규정은 강행 법규이다. 따라서 ⓒ 의사와 의사 아닌 사람이 체결한 동업 계약은 계약의 효력이 부정된다.

⇒ 의사와 의사가 아닌 사람의 의료 기관 동업을 금지하는 법률 규정은 왜 강행 법규일까? 이것도 부연설명이 없다. 스스로 생각해보자. 만약 의사와 의사가 아닌 사람이 병원 같은 의료 기관에서 동업을 하면, 의사 면허가 없는 사람이 환자를 치료할 수도 있다. 이건 아까 공인중개사가 자신이 소유한 부동산을 고객에게 직접 매매하는 경우보다 훨씬 위험한 경우다. 그래서 나는 '이런 위험한 행위를 막기 위해서 의사와 의사가 아닌 사람

의 의료 기관 동업을 금지하는 법률 규정은 강행 법규로 정했나보다'라고 생각했다. 그리고 또 강행 법규로 규제하고 있으니, 당연히 계약의 효력이 부정될 것이다.

> 다만 계약에 따라 이미 동업 자금을 건넸다면 이 돈을 반환하라고 요구하는 것은 가능하다.

➡ 의사와 의사가 아닌 사람의 동업 계약은 강행 법규를 위반한 것으로, 해지된다. 계약이 해지됨에 따라, 동업 자금은 '부당 이득'에 해당하는 것이 되고, 동업 자금을 건넨 사람에게는 '부당 이득 반환 청구권'이 인정될 것이다. 따라서 동업 자금을 건넨 사람이, 동업자에게 자신이 준 돈을 다시 돈을 반환하라고 요구하는 것은 충분히 가능하다.

> 그러나 강행 법규에 의해 계약의 효력이 부정되었을 때 부당이득 반환 청구권이 인정되지 않는 경우도 있다.

➡ 어? 왜 그런 걸까? 계약이 무효화 되었으니까 당연히 돈도 다시 돌려 받아야 한다고 생각했는데, 예외적으로 돈을 받지 못하는 경우가 있나보다.

> 급부의 내용이 위조지폐 제작처럼 비도덕적이거나 반사회적인 행동이라면, 계약의 효력이 인정되지 않을 뿐 아니라 이미 넘겨준 이익을 돌려받을 권리도 부정되는 것이 원칙이다.

➡ 나는 여기서 의문이 생겼다. 계약의 효력이 인정되지 않는 건 납득이 되는데, 왜 이미 넘겨준 이익을 돌려받을 권리도 부정되는 걸까? 시험장에서는 '위조지폐 제작은 앞서 나온 공인중개사, 의사 예시에 비해 너무 비도덕적인 행동, 반사회적인 행동'이라서 그런가 보다 하고 넘어갔어도 된다. 이 문장에서 중요한 것은 '왜 그런 걸까'라는 의문을 품고 스스로 부연설명을 붙였어야 했다는 것이다.

추가 Tip

만약 '왜 이미 넘겨준 이익을 돌려받는 권리도 부정되는 건지' 명확하게 이해가 안 됐다면, 밑줄을 그어놓고 넘어가면 된다. 지문에서 그 이유를 설명을 해주지 않고 있기 때문에, 정확한 이유는 알 수 없다. 고등학생이 '부당 이득 반환 청구권'에 대해 전문적인 지식을 가지고 있는 건 말이 안 되기 때문에, 이런 부분들은 스스로 납득할 수 있는 정도의 부연설명을 붙이고 넘어가는 수밖에 없다. 출제자도 너무 과한 부연설명은 요구하지 않지만, 전문적인 지식을 고등학생이 이해할 수 있는 수준의 5문단짜리 짧은 글로 정리하려다 보니, 어쩔 수 없이 설명이 부족한 부분이 있을 수밖에 없을 것이다.

['이미 넘겨준 이익'에 대해 돌려받을 수 없는 이유]

예를 들어서 A가 B에게 "위조지폐 만들어줘. 그럼 1억 줄게"라는 요구를 했다고 하자. 그러면 A는 B에게 1억이라는 부당이득을 주고, 위조지폐를 받는다. 그러다가 이 계약이 경찰에게 발각되었다. 그런데 법에서 A에게 '이미 넘겨준 이익을 돌려받을 권리'를 보장해준다면 어떨까? 이는 '위조지폐 제작은 안 된다고 하면서' 동시에 '위조지폐 제작 계약에 따른 금전은 돌려받을 수 있다'는 모순된 태도를 보이는 것과 같다. 쉽게 말해서, 누군가가 하지 말라는 어떤 행동을 했는데, 법이 그 사람을 처벌하지 않고 오히려 보호해주는 것이다. 이는 사람들에게 그 행위를 해도 되는지, 하면 안 되는지 혼란을 준다. 따라서 사법부는 법체계의 '일관성'을 위해 비도덕적이거나 반사회적인 행동에 대해서는 그 권리를 보호하지 않는다.

그럼 여기서 한 가지 의문이 더 든다. '아니 그러면 B는 A한테 받은 1억을 자기가 그냥 먹는 거 아니야?' 하는 의문이다. 하지만 실제로 B가 얻은 수익은 '범죄수익'으로 간주되어 국가에 몰수된다..

> 국가가 개인 간의 계약에 개입하는 것은 국가 안보, 사회 질서, 공공복리 등의 정당한 입법 목적을 달성하기 위해서이다.

⇒ 납득한다. 여기서 '입법 목적을 달성'한다는 말의 의미를 조금 구체적으로 설명하자면, 우리는 법을 만들 때 '국가 안보, 사회 질서, 공공복리에 도움을 준다는 목적'을 가지고 법을 만든다. 개인 간의 부당한 계약이 있을 경우, 국가는 부당한 계약에 개입해서, 계약을 무효화하는 등의 행위로 법이 세워진 목적을 달성할 수 있도록 만든다는 뜻이다.

> 이 경우 계약의 자유를 제한하려면 필요한 만큼만 최소로 제한해야 한다
> 는 '비례 원칙'이 적용된다.

⇒ 이 문장은 쉽게 납득할 수 있다. 당연히 계약의 자유를 제한할 때는 '필요한 만큼'만 최소로 제한해야 할 것이다. 그리고 **제한이 필요한 정도에 비례해서** 계약의 자유를 제한해야 한다는 것이니까, 이를 '비례 원칙'이라고 부를 것이다.

> 이로 인해 국가가 계약 당사자들에게 미치는 영향이 다양하게 나타나는
> 것이다.

⇒ '아, '비례 원칙'에 의해서 임의 법규, 단속 법규, 강행 법규와 같은 구분이 생긴다는 거구나.'라고 이해해주자. 각 계약 당사자들 별로, **제한이 필요한 정도에 비례해서 계약의 자유를 제한할 테니까,** 당연히 국가가 계약 당사자들에게 미치는 영향은 다양하게 나타날 것이다. 위 예시들에서도, 공인중개사 사례, 의사 사례, 위조지폐 사례에 따라 제한이 필요한 정도가 다르고, 제한이 필요한 정도에 따라 계약의 자유를 제한했다. 따라서 '임의 법규, 단속 법규, 강행 법규'와 같은 구분이 생기는 것이다.

----------------- • **문제 해설** • -----------------

1. 윗글에 대한 이해로 적절하지 <u>않은</u> 것은?

> ① 임의 법규에 해당하는 법률 조항과 이에 어긋난 계약 내용 가운데 계
> 약 내용이 우선 적용된다.

⇒ '임의 법규'의 함축적 의미를 생각했다면 쉽게 판단했을 것이다. 임의 법규는 지문 내용에 따르면 당사자끼리 임의적으로 계약을 체결할 수 있는 경우, 체결한 계약 내용이 우선 적용됐었다.

> ② 임의 법규가 단속 법규에 비해 계약 자유의 원칙에 더 부합한다.

⇒ '임의 법규'는 '단속 법규'에 비해, 당사자 간 계약의 자유를 더 보장해준다고 할 수 있다. '임의 법규'는 '단속 법규'와 달리, 법률에 정해진 내용과 어긋나게 계약을 했다고 하더라도 법적 불이익을 주지 않기 때문이다.

> ③ 단속 법규로 국가가 개인 간의 계약에 개입할 때에는 비례 원칙이 적용되지 않는다.

⇒ 말이 안 된다. 윗글 내용에 따르면 '비례 원칙'은 국가가 개인 간의 계약에 개입하는 '모든' 상황에서 지켜져야 하는 원칙이다. 그래서 윗글에서도 '비례 원칙'을 적용해서 임의 법규, 단속 법규, 강행 법규와 같은 구분을 뒀던 것이다. 그렇기 때문에 단속 법규로 국가가 개인 간의 계약에 개입할 때는 비례 원칙이 적용되지 않는다는 말은 틀렸다. 단속 법규로 국가가 개인 간의 계약에 개입할 때도 비례 원칙은 적용된다.

> ④ 단속 법규로 입법 목적을 달성할 수 있는 계약에 대해 강행 법규로 국가가 개입하는 것은 정당화될 수 없다.

⇒ 국가는 항상 '비례 원칙'을 지켜서 개인 간의 계약에 개입해야 한다. 단속 법규로 입법 목적을 달성할 수 있는 계약에 대해 강행 법규로 국가가 개입하는 것은 '비례 원칙'을 어기는 것으로, 정당화될 수 없다. 쉽게 말해서, 회초리 10대로 충분히 말썽 피우는 아이를 변화시킬 수 있는데 100대, 1000대를 때리는 것은 불필요하다는 뜻이다. 벌은 '아이를 변화시킨다'라는 목적을 달성할 정도로만 줘야 하는 것과 마찬가지로, 국가가 개인 간 계약에 개입할 때도 입법 목적을 달성할 정도로만 개입해야 하는 것이다.

> ⑤ 강행 법규를 위반한 계약일 때 급부의 내용에 따라 부당 이득 반환 청구권의 인정 여부가 달라진다.

⇒ 맞는 말이다. 급부의 내용이 '의사와 의사가 아닌 사람의 동업' 정도의 수준이라면 '부당이득 반환 청구권'이 인정됐었다. 하지만 급부의 내용이 '위조지폐 제작비로 1억 입

금'과 같은, 너무 비도덕적이거나 반사회적인 행동이라면 '부당 이득 반환 청구권'이 인정되지 않았다.

● 답 : ③

2. 윗글을 참고할 때, [A]에 제시된 물음에 대한 답으로 맞는 것을 <보기>에서 고른 것은?

<보 기>

ㄱ. 계약서에 방충망 수선에 관한 내용이 없으면 건물주가 수선 의무를 지고, 수선 의무를 계약에 포함하지 않은 것에 대한 법적 불이익은 누구에게도 없다.

ㄴ. 계약서에 방충망 수선에 관한 내용이 없으면 세입자가 수선 의무를 지고, 건물주는 수선 의무를 계약에 포함하지 않은 것에 대해 법적 불이익을 받는다.

ㄷ. 계약서에 세입자가 방충망을 수선한다는 내용이 있으면 세입자가 수선 의무를 지고, 법률 내용과 다르게 계약한 것에 대한 법적 불이익은 누구에게도 없다.

ㄹ. 계약서에 세입자가 방충망을 수선한다는 내용이 있으면 세입자가 수선 의무를 지고, 건물주는 법률 내용과 다르게 계약한 것에 대해 법적 불이익을 받는다.

ㄱ. 계약서에 방충망 수선에 관한 내용이 없으면 건물주가 수선 의무를 지고, 수선 의무를 계약에 포함하지 않은 것에 대한 법적 불이익은 누구에게도 없다.

⇒ 맞는 말이다. 윗글에 따르면 [A]의 상황은 '임의 법규'와 관련된 상황이다. 임의 법규는 당사자들이 사법에 속하는 법률의 규정과 어긋난 내용으로 계약을 체결한 경우에, 계약 내용이 우선 적용된다고 했다. 하지만 당사자들이 따로 계약을 체결하지 않았다면 원칙적으로 법률의 규정이 적용된다.

따라서, 건물주와 세입자가 계약서에 방충망 수선에 관한 내용을 따로 체결하지 않았다면, 법률의 규정대로 건물주가 수선 의무를 질 것이다. 그리고 당연히, 수선 의무를 계약에 포함하지 않은 것에 대한 법적 불이익은 없다. 수선 의무를 계약에 포함할지 말지는 당사자들 자유이기 때문이다.

> ㄴ. 계약서에 방충망 수선에 관한 내용이 없으면 세입자가 수선 의무를 지고, 건물주는 수선 의무를 계약에 포함하지 않은 것에 대해 법적 불이익을 받는다.

⇒ 틀렸다. 윗글에 따르면 계약서에 방충망 수선에 관한 내용이 없으면, 세입자가 아니라 건물주가 수선 의무를 진다. 그리고 건물주는 당연히 수선 의무를 계약에 포함하지 않은 것에 대한 법적 불이익 같은 건 받지 않는다. 왜냐하면 ㄱ에서 말한 것과 마찬가지로, 수선 의무를 계약에 포함할지 말지는 당사자들의 자유이기 때문이다. 그렇기 때문에 수선 의무를 계약에 포함하지 않았다고 해서 법적 불이익 같은 건 없다.

> ㄷ. 계약서에 세입자가 방충망을 수선한다는 내용이 있으면 세입자가 수선 의무를 지고, 법률 내용과 다르게 계약한 것에 대한 법적 불이익은 누구에게도 없다.

⇒ 맞는 말이다. 세입자가 방충망을 수선한다는 내용을 계약서에 적어 놓았다면, 계약서 내용이 우선 적용되어 세입자가 수선 의무를 지게 된다. 그리고 법률 내용과 다르게 계약한 것에 대한 법적 불이익은 누구에게도 없다.

> ㄹ. 계약서에 세입자가 방충망을 수선한다는 내용이 있으면 세입자가 수선 의무를 지고, 건물주는 법률 내용과 다르게 계약한 것에 대해 법적 불이익을 받는다.

⇒ 틀렸다. 세입자가 방충망을 수선한다는 내용이 있으면 세입자가 수선 의무를 지는 건 맞지만, 건물주가 법률 내용과 다르게 계약했다고 해서 법적 불이익을 받지는 않는다. 당사자 간의 계약의 자유를 존중하기 때문이다.

① ㄱ, ㄴ   ② ㄱ, ㄷ   ③ ㄱ, ㄹ   ④ ㄴ, ㄷ   ⑤ ㄴ, ㄹ

✔ 답 : ②

3. ㉠과 ㉡의 공통점으로 가장 적절한 것은?

> ㉠ : 이 규정을 위반하여 공인 중개사와 고객이 체결한 매매 계약
> ㉡ : 의사와 의사 아닌 사람이 체결한 동업 계약

➡ ㉠은 단속 법규로 제재하는 계약에 해당하고, ㉡은 강행 법규로 제재하는 계약에 해당했다. ㉠은 계약의 효력은 유지되지만, 법적 불이익이 있었고, ㉡은 계약의 효력이 유지되지 않고, 법적 불이익도 있었다. 여기서 공통점은 이 둘 모두, '법적 불이익'을 받는다는 것이다.

> ① 법적 불이익을 받는 계약 당사자가 있다.

➡ 맞는 말이다. ㉠과 ㉡ 모두 법적 불이익을 받는 계약 당사자가 있었다.

> ② 계약 당사자들의 급부 의무가 인정되지 않는다.

➡ ㉠은 계약의 효력이 유지되기 때문에 급부 의무가 인정됐었다. 하지만 ㉡은 계약의 효력 자체도 인정되지 않아서 급부의 의무가 부정되는 경우이다. 급부 의무를 인정하지 않기 때문에 이미 급부를 이행했다면, 해당 이득은 '부당 이득'에 해당하고, 급부를 이행한 사람은 다시 돈을 반환 받을 수 있는 것이다.

> ③ 계약에 따라 넘어간 재산적 이익을 반환해야 한다.

➡ ㉠은 반환할 필요가 없다. 계약의 효력이 유지되기 때문이다. ㉡은 상대가 부당 이득 반환 청구권을 써서 '반환을 요구하면' 반환해줘야 한다.

> ④ 법률 규정을 위반하였으므로 계약의 효력이 부정된다.

➡ ㉠과 ㉡ 모두 법률 규정을 위반한 것은 맞지만, ㉠은 계약의 효력이 유지되는 반면,

ⓛ은 계약의 효력이 부정된다.

⑤ 계약 당사자가 계약의 구체적인 내용을 결정할 수 없다.

⇒ ㉠과 ⓛ 모두, 계약 당사자들이 계약의 구체적인 내용을 결정할 수는 있다. 그리고 윗글에서도 사법의 영역에서는 '계약 자유의 원칙'이 적용된다고 말했다. 다만 그렇게 맺은 계약이 법적으로 제재가 필요하다고 판단될 경우에는 '단속 법규'나 '강행 법규'로 제재를 하는 것이다.

◑ 답 : ①

4. 윗글을 참고할 때, <보기>에 대한 반응으로 적절한 것은?

<보 기>

농지를 빌리려는 A와 농지 주인인 B는 농지를 용도에 맞지 않게 사용하는 것에 합의하여 농지 임대차 계약을 체결하였다. 그리고 A는 B에게 농지 사용료를 지불하고 1년간 농지를 사용하였다. 농지법을 위반한 이 사안에 대해 대법원이 내린 판결은 다음과 같이 요약된다.

첫째, 법률을 위반하여 농지를 빌려 준 사람에게는 벌금이 부과된다. 둘째, 이 사건의 농지 임대차 계약은 농지법을 위반한 것이므로 무효이다. 셋째, 농지를 빌려 준 사람은 받은 사용료를 반환해야 한다. 넷째, 농지를 빌린 사람은 농지를 빌려 써서 얻은 이익을 농지를 빌려 준 사람에게 반환해야 한다.

⇒ 〈보기〉의 A와 B가 맺은 '농지 임대차 계약'은, 윗글의 '의사와 의사가 아닌 사람이 체결한 동업 계약'과 같다. 대법원은 **강행 법규**를 적용하여 '농지 임대차 계약'을 법적 불이익이 있고, 계약의 효력도 무효화 되는 계약이라고 판단했다. 하지만 급부의 내용이 비도덕적이거나 반사회적인 행동은 아니라고 봤다. 그렇기 때문에, B가 받은 농지 사용료를 A에게 다시 반환하라고 해서 계약을 무효화했고, A가 B의 농지를 빌려서 얻은 이득도 다시 B에게 주라고 한 것이다. 만약 대법원이, '농지 임대차 계약'을 윗글에 나온 '위조지폐 제작 계약'과 같은 비도덕적인 것으로 보았다면, 사용료와 이익을 서로에게 반환하라는 판결은 내리지 않았을 것이다. '부당 이득 반환 청구권'이 인정되지 않기 때문이다.

> ① A와 B가 농지 임대차 계약을 체결할 때에는 사법(私法)의 적용을 받지 않겠군.

➡ '사법'의 정의가 뭐였나? 함축적 의미를 생각해보면, '사적인 일과 관련된 법'이라고 기억했었다. 즉, **개인과 개인 사이의 일을 다룬 법**이 사법이었다. 따라서 개인과 개인 사이의 재산에 관한 계약인 '농지 임대차 계약'은 사법의 적용을 받을 것이다.

> ② B에게 벌금을 부과하는 것은 A와 B가 맺은 농지 임대차 계약이 효력이 있음을 인정하지 않았기 때문이겠군.

➡ 이 선택지를 고른 학생들이 꽤 있었다. 이 선지를 고른 학생들은 '벌금을 부과하는 것'과 '계약의 효력을 인정'하는 것이 서로 별개의 일이라는 것을 이해하지 못한 것이다. ②번 선지가 맞는 말이 되려면, 농지 임대차 계약의 효력을 인정하면서 벌금은 따로 부과하는 것은 불가능해야 한다. 하지만, '단속 법규'에 따르면 계약의 효력은 인정하되, 벌금은 따로 부과하는 것이 가능했다. 즉, '벌금을 부과하는 것'과 '계약의 효력을 인정하는 것'은 별개의 일이고, 벌금은 부과하면서 계약의 효력은 인정할 수도 있다는 것이다.

> ③ B에게 벌금을 부과하는 것만으로는 이 계약의 내용을 규제하는 법률의 입법 목적을 실현하기에 부족하다는 점을 고려하여 계약을 무효로 판결한 것이겠군.

➡ 맞는 말이다. 대법원의 판결은 '강행 법규'를 적용한 것이다. '강행 법규'는 벌금 부과와 함께 계약의 효력도 무효화 했었다. 대법원은 B에게 벌금을 부과하는 것만으로는 이 계약의 내용을 규제하는 법률의 입법 목적을 실현하기에 부족하다는 점을 고려해서 **계약까지 무효화한 것**이다.

> ④ A가 농지를 빌려 써서 얻은 이익을 B에게 반환하라고 판결한 것은 급부의 내용이 비도덕적이거나 반사회적인 행동에 해당한다고 판단했기 때문이겠군.

⇒ 틀린 말이다. 〈보기〉 상황을 제대로 분석했다면 쉽게 판단할 수 있었다. A가 농지를 빌려 써서 얻은 이익을 B에게 반환하라고 판결한 것은, **오히려 A가 이행한 급부의 내용이 비도덕적이거나 반사회적인 행동이 아니라고 판단한 것**이다. 그렇기 때문에 '부당 이득 반환 청구권'을 인정해서, A가 얻은 이익을 B에게 반환하라고 판결한 것이다.

> ⑤ B가 A에게서 받은 사용료를 반환하라고 판결한 것은 사용료가 부당 이득에 해당하지 않는다고 판단했기 때문이겠군.

⇒ 틀렸다. 사용료는 '부당 이득'이 맞다. 말 그대로 정당하지 않은, **부당한 이득이기 때문에 돌려주라고 한 것**이다. 대법원은 A의 '부당 이득 반환 청구권'을 인정해서, 다시 A에게 사용료를 반환하라고 판결한 것이다.

● 답 : ③

2012학년도 고3 6월, 근수축력

어떤 학생이 가볍게 걷다가 빠르게 뛴다고 하자. 여기에는 어떤 운동생리학적 원리가 작용하고 있을까? 운동을 수행할 때 근육에서 발현되는 힘, 즉 근수축력은 운동 강도에 비례하여 증가한다. 따라서 운동을 하는 학생이 뛰는 속도를 높이게 되면, 다리 근육의 근수축력은 그에 따라 증가한다.

다리 근육을 포함한 골격근*은 수많은 근섬유*들로 이루어져 있다. 이러한 근섬유들은 운동 신경의 자극에 의해 수축되는데, 이때 하나의 운동 신경과 이에 의해 지배되는 근섬유들을 '운동 단위'라고 부른다. 운동 신경의 지배를 받는 근섬유는 크게 지근섬유와 속근섬유로 구분된다. 지근섬유는 근육 내 산소 저장과 운반에 관여하는 미오글로빈의 함량이 높아 붉은색을 띠고 있어 적근섬유라고 부르며, 상대적으로 미오글로빈의 함량이 적어 흰색을 띠는 속근섬유는 백근섬유라고 한다. 운동 단위를 기준으로 할 때, 지근섬유는 하나의 운동 신경에 10~180개 정도가 연결되고, 속근섬유는 300~800개 정도가 연결된다. 하나의 운동 신경에 연결되는 근섬유가 많을수록 근육의 수축력은 증가한다. 이러한 이유에서 속근섬유로 구성된 운동 단위가 훨씬 강한 수축력을 발생시킨다.

[가]
한편 근섬유들은 종류에 따라 수축력, 수축 속도, 피로에 대한 저항력이 다르게 나타난다. 지근섬유는 상대적으로 낮은 수축력과 느린 수축 속도, 높은 피로 저항력을 지니고 있다. 속근섬유는 세부적인 생리적 특성에 따라 다시 a형과 b형으로 나뉜다. b형 속근섬유는 지근섬유에 비해 빨리 피로해지는 속성을 가지고 있으나 신속하고 폭발적인 수축력을 발생시킨다. 반면에 a형 속근섬유는 지근섬유와 b형 속근섬유의 중간 속성을 가지고 있어 지근섬유보다 수축 속도가 빠르며, 동시에 b형 속근섬유보다 높은 피로 저항력을 가진다. 따라서 근육의 지근섬유 비율이 높은 사람은 지구력이 강해 마라톤과 같은 장거리 운동에 적합하다. 반면에 속근섬유 비율이 높은 사람은 100 m 달리기와 같은 단거리 운동에 적합하다.

운동 강도가 점진적으로 증가할 때 근육의 수축력도 이에 비례하여 높아진다. 여기에 적용되는 원리 중의 하나가 ㉠ 크기의 원리이다. 이 원리에 따르면 운동 강도가 점차 높아지는 운동을 할 때 운동 단위는 크기에 따라 순차적으로 동원된다. 저강도 운동을 할 때는 가장 작은 크기의 운동 단위를 가지는 지근섬유가 동원된다. 이후 운동 강도가 증가되면 더 큰 운동 단위를 가지는 속근섬유의 운동 단위가 추가적으로 동원된다. 따라서 저강도의 '걷기'에서는 대부분의 다리 근력에 지근섬유가 동원되고, 중강도의 '달리기'에서는 지근섬유에 a형 속근 섬유가 추가적으로 동원된다. 또한 고강도의 '전력 질주'에서는 지근섬유와 a형 속근섬유에 b형 속근섬유가 추가적으로 활성화된다.

* 골격근 : 중추 신경의 지배에 따라 골격을 움직이는 근육

* 근섬유 : 근육 조직을 구성하는 수축성을 가진 섬유상 세포

1. **윗글의 내용과 일치하지 <u>않는</u> 것은?**

   ① 운동 단위는 운동 신경과 근섬유로 구성된다.

   ② 속근섬유는 미오글로빈의 함량이 적어 흰색을 띤다.

   ③ 다리 근육을 포함하는 골격근은 운동 신경의 자극에 의해 수축된다.

   ④ 하나의 운동 신경에 결합하는 근섬유 수가 많으면 근수축력이 높아진다.

   ⑤ 하나의 운동 신경이 지배하는 근섬유 수는 지근섬유가 속근 섬유보다 많다.

2. **㉠을 표현한 그래프로 가장 적절한 것은?**

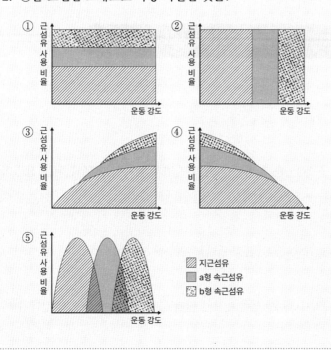

3. [가]를 바탕으로 〈보기〉에 대해 이해한 내용으로 적절한 것은?

〈보 기〉

운동선수 A, B, C의 장딴지 근육은 속근섬유 비율이 각각 20%, 50%, 80%이다.
* 단, 세 선수의 장딴지 근육의 운동 단위 수는 같으며, a형, b형 속근섬유의 비율 및 다른 생리학적 특성은 고려하지 않음.

① A는 B보다 장딴지 근육의 피로 저항력이 낮다.
② B는 C보다 장딴지 근육의 수축 속도가 느리다.
③ C는 A보다 근육의 수축력이 낮다.
④ 100 m 달리기에 가장 적합한 사람은 B이다.
⑤ 마라톤에 가장 적합한 사람은 C이다.

'근수축력' 지문해설

어떤 학생이 가볍게 걷다가 빠르게 뛴다고 하자.

⇒ 이미지화하자. 이 문장을 읽는 순간 어떤 학생이 가볍게 걷다가 빠르게 뛰는 장면이 떠올랐어야 한다.

여기에는 어떤 운동생리학적 원리가 작용하고 있을까?

⇒ 여기서 '생리'라는 것은 말 그대로 '생물학적인 원리'를 말한다. 즉 가볍게 걷다가 빠

르게 뛰는 것과 같은 운동을 할 때. 어떤 생물학적인 원리가 작용하고 있을지 의문을 던지는 것이다.

> 운동을 수행할 때 근육에서 발현되는 힘, 즉 근수축력은 운동 강도에 비례하여 증가한다.

⇒ 운동을 할 때 근육에서 발현되는 힘을 근수축력이라고 한다. 근'수축'력이니까, 근육이 수축되는 이미지를 떠올린다. 나는 운동을 할 때 '근육이 수축되면서 단단해지는 이미지'를 떠올리면서 근수축력의 의미를 납득하고 갔다.

그리고 이런 근수축력은 운동 강도에 비례하여 증가한다고 한다. 이게 무슨 말일까? 즉, **운동이 힘들면 힘들수록 근육이 많이 수축된다는 것**이다. 항상 말하지만, 글을 읽을 때는 이런 식으로 문장을 한 번 더 쉽게 '구체화'해서 이해하고 넘어가야 한다. 이렇게 읽어야 결과적으로 글 전체를 이해해내는 속도가 빨라진다. 다시 돌아가서, 운동이 힘들면 힘들수록 힘이 많이 필요할테니, 근육이 더 많이 수축되는 것도 당연하다. 납득하고 넘어간다.

> 따라서 운동을 하는 학생이 뛰는 속도를 높이게 되면, 다리 근육의 근수축력은 그에 따라 증가한다.

⇒ 학생이 뛰는 속도를 높인다는 것은, 그만큼 더 많은 힘이 필요하다는 뜻이다. 이에 따라 당연히 다리 근육의 근수축력도 증가할 것이다.

> 다리 근육을 포함한 골격근*은 수많은 근섬유*들로 이루어져있다.

⇒ 자, 어려운 단어가 나왔다. 당황하지 말자. 출제자는 너에게 전문적인 지식을 요구하지 않는다. '전부 다 이해할 수 있다'는 생각으로 차근차근 읽어나가자.

골격근은 출제자가 뜻을 써줬다. '골격을 움직이는 근육'이라고 해서 '골격근'인 것이다. 그리고 그런 골격근은 수많은 근섬유로 이뤄져 있다고 한다. 근섬유는 근육 조직을 구성하는 '섬유상 세포'라고 하는데, **아래와 같은 이미지를 떠올렸어야 한다.** 몰랐다면 배경지식으로 알아두자. 중학교 과학 교과서에서 한 번쯤은 본 적 있었을 것이다. <u>**수능은 교과 범위 내에 있는 지식을 네가 가지고 있다는 전제하에 글을 쓰기 때문에, 이런 개념 들은 검색하거나 책을 찾아봐서 알아둬야 한다.**</u>

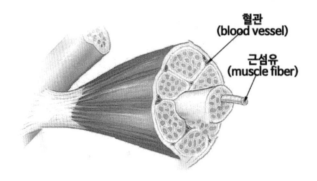

> 이러한 근섬유들은 운동 신경의 자극에 의해 수축되는데, 이때 하나의 운 동 신경과 이에 의해 지배되는 근섬유들을 '운동 단위'라고 부른다.

⇒ 운동 '신경'이니까 근육에 자극을 보내나 보다. 그리고 그런 운동 신경에서 보내는 자극에 의해서 근섬유가 수축한다고 한다. 이미지화해준다. 그리고 하나의 운동 신경과 그 운동 신경에 의해서 지배되는 근섬유들을 '운동 단위'라고 부른다고 한다. 운동을 할 때 움직이는 하나의 단위들이니, '운동 단위'라고 부르는 것을 납득할 수 있다. 또 '하나 의' 운동 신경이 '여러' 근섬유를 지배한다는 것도 알 수 있다.

> 운동 신경의 지배를 받는 근섬유는 크게 지근섬유와 속근섬유로 구분된 다.

⇒ 자, 지근섬유와 속근섬유에 동그라미 치고 외우려고 하지 말자. 머릿속으로, 지근섬 유와 속근섬유를 이미지화하고 넘어가면 된다.

> 지근섬유는 근육 내 산소 저장과 운반에 관여하는 미오글로빈의 함량이 높아 붉은색을 띠고 있어 적근섬유라고 부르며, 상대적으로 미오글로빈 의 함량이 적어 흰색을 띠는 속근섬유는 백근섬유라고 한다.

➡ 지근섬유에 있는 '미오글로빈'은 지근섬유가 붉은색을 띄게 만드는 친구인가 보다. '미오글로빈'이든 '마오글로빈'이든 상관없다. 안 물어본다. 이미지화하면서 이해하는 것에만 집중하자. 과학 지문에서는 정보가 많기 때문에, 머릿속으로 이미지를 그려주면서 이해하면 훨씬 수월하다고 했었다.

아무튼 지근섬유에는 '미오글로빈'이라는 녀석이 있는데, 얘 때문에 지근섬유는 붉은색을 띄게 되고, 그래서 '적근섬유'라고도 부른다고 한다. 이미지화하면서 납득해주자. 반대로, 속근섬유는 미오글로빈 함량이 적어서 '흰색'이라고 한다. 그래서 '백근섬유'라고 부른다고 한다.

여기서 왜 지근섬유에는 미오글로빈이 많고, 왜 속근섬유에는 미오글로빈이 적은지 모른다. 그냥 글에서 그렇다고 하니까 받아들이는 수밖에 없다. 부연 설명이 붙여지면 더 좋고, 안 붙여진다면 그냥 머릿속에 집어넣는 수밖에 없다. 지금까지 읽으면서 딱히 외운 내용이 없기 때문에 이 정도는 머릿속에 집어넣을 수 있을 것이다. 나도 이 문장은 마땅한 부연 설명이 생각나지 않아서, 그냥 '아 그런가 보다'하고 계속 읽어 내려갔다.

> 운동 단위를 기준으로 할 때, 지근섬유는 하나의 운동 신경에 10~180개
> 정도가 연결되고, 속근섬유는 300~800개 정도가 연결된다.

➡ 이미지화한다. 지근섬유에 비해 속근섬유가 훨씬 많다. 빽빽하게 모여있는 속근섬유의 이미지를 떠올려준다. 그리고 이 문장을 읽으면서 '그래서 개수가 다른 것이 어떤 의미를 갖는 거지?'라는 생각을 했어야 한다.

> 하나의 운동 신경에 연결되는 근섬유가 많을수록 근육의 수축력은 증가
> 한다.

➡ 바로 뒤 문장에서 설명을 해준다. 하나의 운동 신경에 연결되는 근섬유 개수가 많을수록 근육의 수축력이 증가한다고 한다. 따라서 속근섬유로 구성된 근육이 지근섬유로 구성된 근육에 비해 수축력이 훨씬 강할 것이다.

이러한 이유에서 속근섬유로 구성된 운동 단위가 훨씬 강한 수축력을 발생시킨다.

⇒ 당연하다. 이미 읽으면서 생각했던 것이다.

한편 근섬유들은 종류에 따라 수축력, 수축 속도, 피로에 대한 저항력이 다르게 나타난다.

⇒ 당황하지 말자. 하나씩 천천히 보면 된다. 근섬유들은 종류에 따라서 수축이 되는 정도, 수축이 되는 속도, 피로를 잘 견디는 힘이 다르다고 한다. 어떻게 다른 걸까? 의문을 품고 읽어 내려가자.

지근섬유는 상대적으로 낮은 수축력과 느린 수축 속도, 높은 피로 저항력을 지니고 있다.

⇒ 지근섬유는 수축되는 힘도 약하고, 수축되는 속도도 늦다고 한다. 하지만 높은 피로 저항력을 지니고 있다. 즉, 쉽게 지치지 않는다는 것이다. 이미지화해준다.

속근섬유는 세부적인 생리적 특성에 따라 다시 a형과 b형으로 나뉜다.

⇒ 당황하지 않는다. 외울 생각을 하지 말고, a형과 b형의 특징을 각각 이해해버리면 끝이다.

b형 속근섬유는 지근섬유에 비해 빨리 피로해지는 속성을 가지고 있으나 신속하고 폭발적인 수축력을 발생시킨다.

⇒ 아까 지근섬유는 피로 저항력이 높았다. b형 속근섬유는 그러한 지근섬유와 달리 피로 저항력이 낮아서 더 빨리 피로해지는 것이다. 하지만, 지근섬유보다는 수축력이 좋고, 수축 속도도 빠르다. 이미지화 한다.

반면에 a형 속근섬유는 지근섬유와 b형 속근섬유의 중간 속성을 가지고
있어 지근섬유보다 수축 속도가 빠르며, 동시에 b형 속근섬유보다 높은
피로저항력을 가진다.

⇒ 지근섬유와 b형 속근섬유의 '중간 속성'을 가지고 있다고 하니, 당연히 지근섬유보
다는 수축 속도가 빠르고 b형 속근섬유보다는 높은 피로저항력을 가질 수 있을 것이다.

너도 읽으면서 느꼈겠지만, 'a형 속근섬유', 'b형 속근섬유' 같은 단어들은 함축적 의미
를 동원할 수 없다. 이런 경우에는 어쩔 수 없이 머릿속에 집어넣어야 한다. 하지만 이때
의미를 머릿속에 집어넣는 게 그리 어렵지는 않을 것이다. 왜냐하면 여기까지 읽으면서
'암기'한 내용은 거의 없기 때문이다. 이런 경우에는, 머릿속에 내용을 받아들일 수 있는
공간이 있다. 하지만, 앞 문장부터 계속 기억하려고 애쓰면서 글을 읽어왔던 학생들은 해
당 정보가 머릿속에 들어갈 공간이 없었을 것이다. 그래서 정보량이 많은 것처럼 느껴지
고, 어렵게 느껴지는 것이다.

따라서 근육의 지근섬유 비율이 높은 사람은 지구력이 강해 마라톤과 같
은 장거리 운동에 적합하다.

⇒ 납득한다. 지근섬유 비율이 높은 것과 지구력이 강한 것이 무슨 상관일까? 아까 지근
섬유의 특징 중 하나가 '피로 저항력'이 높다는 거였다.

마라톤은 오랜 시간 뛰는 장거리 운동이다보니, 피로가 쉽게 쌓일 것이다. 이때 지근섬
유 비율이 높은 사람은 상대적으로 피로가 덜 쌓일 테니, 장거리 운동에 적합하다는 뜻이
다. 글을 읽으면서 이런 생각 정도는 빠르게 되어야 한다.

반면에 속근섬유 비율이 높은 사람은 100m 달리기와 같은 단거리 운동
에 적합하다.

⇒ 당연하다. 속근섬유의 장점은 강한 수축력과 빠른 수축 속도였다. 따라서 순간적으
로 폭발적인 힘을 내서 빠르게 뛰어야 하는 100m 달리기에 적합할 것이다. 또 속근섬유

는 피로 저항력이 낮다 보니, 마라톤 같은 장거리 운동보다는 한 번 빠르게 뛰고 끝나는 100m 달리기에 더 적합할 것이다.

> 운동 강도가 점진적으로 증가할 때 근육의 수축력도 이에 비례하여 높아진다.

⇒ 여기서부터는 이제 다른 주제를 얘기하려나 보다. '운동 강도'와 '근수축력' 간의 관계에 대해서 말을 하고 있다.

운동 강도가 점점 증가할 때, 근수축력도 이에 비례해서 점점 높아진다고 한다. 아까 근수축력이 높아진다는 것은, 더 많은 힘을 낼 수 있는 것으로 이해했었다. 운동 강도가 점점 증가한다는 것은 점점 더 많은 힘이 필요하다는 것이니까, 근수축력이 운동 강도에 비례하여 높아진다는 건 충분히 납득할 수 있다.

> 여기에 적용되는 원리 중의 하나가 ㉠ 크기의 원리이다.

⇒ '크기의 원리'가 뭘까? 궁금해하면서 읽어나가자.

> 이 원리에 따르면 운동 강도가 점차 높아지는 운동을 할 때 운동 단위는 크기에 따라 순차적으로 동원된다.

⇒ 아 운동 강도가 점차 높아짐에 따라서, **크기가 작은 운동 단위부터 크기가 큰 운동 단위까지 차례대로 동원되나 보다.**

> 저강도 운동을 할 때는 가장 작은 크기의 운동 단위를 가지는 지근섬유가 동원된다.

⇒ '저강도' 운동이니, 큰 크기의 운동 단위를 쓸 필요는 없을 것이다. 즉, 큰 힘을 쓸 필요가 없다. 그러니, 가장 작은 크기의 운동 단위를 가지는 지근섬유가 먼저 동원된다. 비

유하자면, 파리를 잡는데 파리채면 충분하기 때문에, 군이 대포를 쓰지 않는 것과 같다.

> 이후 운동 강도가 증가되면 더 큰 운동 단위를 가지는 속근섬유의 운동
> 단위가 추가적으로 동원된다.

⇒ 당연히 이후 운동 강도가 증가하면, 더 많은 힘이 필요해지기 때문에, 300~800개의 수많은 속근섬유를 가지고 있는 큰 운동 단위가 추가적으로 동원되는 것이다.

> 따라서 저강도의 '걷기'에서는 대부분의 다리 근력에 지근섬유가 동원되
> 고, 중강도의 '달리기'에서는 지근섬유에 a형 속근섬유가 추가적으로 동
> 원된다.

⇒ 납득한다. 아까 'a형 속근섬유'는 'b형 속근섬유'에 비해서는 수축력과 수축 속도가 낮지만, 지근섬유보다는 높은 녀석이었다. 즉, 지근섬유보다는 힘이 세지만, b형 속근섬유보다는 약한 것이다. 그래서 중강도의 '달리기' 수준에서는, 가장 센 'b형 속근섬유'까지는 나서지 않고 'a형 속근섬유'만 동원되어서, 지근섬유와 a형 속근섬유가 사용되는 것이다.

> 또한 고강도의 '전력 질주'에서는 지근섬유와 a형 속근섬유에 b형 속근섬
> 유가 추가적으로 활성화된다.

⇒ 납득한다. 고강도 상황에서는 가장 센 b형 속근섬유까지도 동원되어서, '지근섬유', 'a형 속근섬유', 'b형 속근섬유' 모두가 활성화되어야 할 것이다.

문제 해설

1. 윗글의 내용과 일치하지 <u>않는</u> 것은?

① 운동 단위는 운동 신경과 근섬유로 구성된다.

⇒ 맞는 말이다. 기억 안 나면 '운동 단위'의 정의에 대해 설명하고 있는 곳으로 뛰어 올라가라. 이해하고 넘어갔다면 빠르게 찾았을 것이다. 운동 단위는 운동 신경과 근섬유로 구성되어 있었기 때문에 '운동 단위가 크다'는 것은 운동 신경에 연결된 근섬유가 많다는 것이었다. 그래서 **하나의 운동 신경에 10~180개밖에 안 붙어있는 지근섬유의 운동 단위는 작은 거였고, 하나의 운동 신경에 300~800개가 붙어있는 속근섬유의 운동 단위는 큰 거였다.**

② 속근섬유는 미오글로빈의 함량이 적어 흰색을 띤다.

⇒ 맞는 말이다. 글을 읽을 때 해당 내용을 이미지화했다면 지문으로 돌아가지 않고도 쉽게 판단했을 것이다.

③ 다리 근육을 포함하는 골격근은 운동 신경의 자극에 의해 수축된다.

⇒ 골격근이 기억 안 난다면 지문 가서 다시 확인하고 와야 한다. 빨리 푸는 것보다 정확하게 푸는 게 우선이다. 윗글에 따르면 골격근은 수많은 '근섬유'들로 이루어졌다고 했었다. 그리고 근섬유들은 운동 신경의 자극에 의해 수축된다고 했다. 그럼 당연히 근섬유들로 이루어진 골격근도 운동 신경의 자극에 의해 수축된다고 할 수 있을 것이다.

④ 하나의 운동 신경에 결합하는 근섬유 수가 많으면 근수축력이 높아진다.

⇒ 맞는 말이다. 하나의 운동 신경에 결합하는 근섬유 수가 많다는 것은 운동 단위가 크다는 말과 같다. 윗글에서도 보았지만, 운동 단위가 클수록 근수축력이 높아서 큰 힘을

낼 수 있었다. 그래서 하나의 운동 신경에 300~800개의 속근섬유가 결합하는 운동 단위
는, 하나의 운동 신경에 10~180개의 지근섬유가 결합하는 운동 단위에 비해 더 큰 힘을
낼 수 있었던 것이다.

> ⑤ 하나의 운동 신경이 지배하는 근섬유 수는 지근섬유가 속근섬유보다
> 많다.

⇒ 틀렸다. 하나의 운동 신경이 지배하는 근섬유 수는 속근섬유가 지근섬유보다 많다.
속근섬유는 300~800개였고, 지근섬유는 10~180개였다. 그래서 속근섬유 운동 단위가
훨씬 더 큰 수축력을 가지고 있었고, 힘도 더 강했던 것이다.

✔ 답 : ⑤

2. ㉠을 표현한 그래프로 가장 적절한 것은?

> ㉠ : 크기의 원리

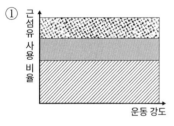
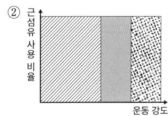
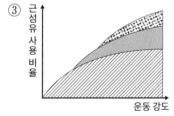
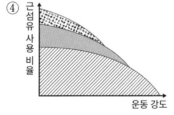
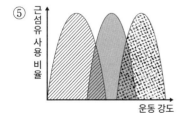

➡ 운동 강도가 세질수록 더 많은 힘이 필요해진다. 그래서 우리의 몸은 저강도 운동을 할 때는 **운동 단위의 크기가 가장 작은** '지근섬유'만 동원되고, 운동 강도가 높아짐에 따라서, **운동 단위의 크기가 큰** 'a형 속근섬유', 'b형 속근섬유'가 추가적으로 동원된다. 이를 '크기의 원리'라고 했었다. 이러한 '크기의 원리'를 가장 적절히 표현한 그래프는 3번이라고 할 수 있다. 3번 그래프를 보면 운동 강도가 낮을 때는 '지근섬유'만 사용하다가, 운동 강도가 점점 늘어나면서 'a형 속근섬유'와 'b형 속근섬유' 사용 비율이 생겨나고 커지고 있기 때문이다.

✔ 답 : ③

3. [가]를 바탕으로 <보기>에 대해 이해한 내용으로 적절한 것은?

<보 기>
운동선수 A, B, C의 장딴지 근육은 속근섬유 비율이 각각 20%, 50%, 80%이다.
* 단, 세 선수의 장딴지 근육의 운동 단위 수는 같으며, a형, b형 속근섬유의 비율 및 다른 생리학적 특성은 고려하지 않음.

① A는 B보다 장딴지 근육의 피로 저항력이 낮다.

➡ A는 B보다 속근섬유 비율이 더 낮다. 이 말은 A는 B보다 지근섬유 비율이 높다는 것이다. 지문에서 근섬유가 지근섬유와 속근섬유로 구성된다고 했기 때문에, 근육에서 속근섬유 비율이 낮으면 그만큼 지근섬유 비율이 높을 거라는 걸 추측할 수 있다. 그리고 A가 B보다 지근섬유 비율이 높다는 것은, A는 B보다 장딴지 근육의 피로 저항력이 높다는 뜻이므로 ①번은 틀렸다.

② B는 C보다 장딴지 근육의 수축 속도가 느리다.

➡ 맞는 말이다. 장딴지 근육의 수축 속도는 속근섬유 비율이 높을수록 빠르다. B가 C

보다 속근섬유 비율이 낮기 때문에, 당연히 장딴지 근육의 수축 속도도 더 느릴 것이다.

③ C는 A보다 근육의 수축력이 낮다.

⟹ 근육의 수축력은 속근섬유 비율과 관련있다. 속근섬유 비율이 높을수록 근육의 수축력도 높다. 따라서, 속근섬유 비율이 가장 높은 C는 A보다 근육의 수축력이 높을 것이다.

④ 100m 달리기에 가장 적합한 사람은 B이다.

⟹ 100m 달리기에 가장 적합한 사람은 속근섬유 비율이 가장 높은 사람이다. 따라서, 100m 달리기에는 C가 가장 적합하다.

⑤ 마라톤에 가장 적합한 사람은 C이다.

⟹ 마라톤에 가장 적합한 사람은 지근섬유 비율이 가장 높은 사람이다. 따라서, 지근섬유 비율이 가장 높은 A가 마라톤에 가장 적합하다.

✔ 답 : ②

2015학년도 고3 6월 B형, 별의 밝기

　별의 밝기는 별의 거리, 크기, 온도 등을 연구하는 데 중요한 정보를 제공한다. 별의 밝기는 등급으로 나타내며, 지구에서 관측되는 별의 밝기를 '겉보기 등급'이라고 한다. 고대의 천문학자 히파르코스는 맨눈으로 보이는 별의 밝기에 따라 가장 밝은 1등급부터 가장 어두운 6등급까지 6개의 등급으로 구분하였다. 이후 1856년에 포그슨은 1등급의 별이 6등급의 별보다 약 100배 밝고, 한 등급 간에는 밝기가 약 2.5배 차이가 나는 것을 알아내었다. 이러한 등급 체계는 망원경이나 관측 기술의 발달로 인해 개편되었다. 맨눈으로만 관측 가능했던 1~6등급 범위를 벗어나 그 값이 확장되었는데 6등급보다 더 어두운 별은 6보다 더 큰 수로, 1등급보다 더 밝은 별은 1보다 더작은 수로 나타내었다.

　별의 겉보기 밝기는 지구에 도달하는 별빛의 양에 의해 결정된다. 과학자들은 단위 시간 동안 단위 면적에 입사하는 빛 에너지의 총량을 '복사 플럭스'라고 정의하였는데 이 값이 클수록 별이 더 밝게 관측된다. 그러나 별의 복사 플럭스 값은 빛이 도달되는 거리의 제곱에 반비례하기 때문에 별과의 거리가 멀수록 그 별은 더 어둡게 보인다. 이처럼 겉보기 밝기는 거리에 따라 다르게 관측되기 때문에 별의 실제 밝기는 절대 등급으로 나타낸다. 예를 들어, '리겔'의 경우 겉보기 등급은 0.1 정도이지만, 절대 등급은 -6.8 정도에 해당한다.

　절대 등급은 별이 지구로부터 10파섹*(약 32.6광년)의 거리에 있다고 가정했을 때 그 별의 겉보기 등급으로 정의한다. 별의 실제 밝기는 별이 매초 방출하는 에너지의 총량인 광도가 클수록 밝아지게 된다. 광도는 별의 반지름의 제곱과 별의 표면 온도의 네제곱에 비례한다. 즉, 별의 실제 밝기는 별의 표면적이 클수록, 표면 온도가 높을수록 밝다.

　과학자들은 별의 겉보기 등급에서 절대 등급을 뺀 값인 거리 지수를 이용하여 별까지의 거리를 판단하며, 이 값이 큰 별일수록 지구에서 별까지의 거리가 멀다. 어떤 별의 거리 지수가 0이면 지구와 그 별 사이의 거리가 10파섹임을 나타내고, 0보다 크면 10파섹보다 멀다는 것을 의미한다. 예를 들어 '북극성'의 겉보기 등급은 2.0 정도이고, 절대 등급은 -3.6 정도이므로 거리 지수는 5.6이다. 이 값이 0보다 크기 때문에 북극성은 10파섹보다 멀리 있으며, 실제로 지구에서 133파섹 떨어져 있다. 이처럼 별의 밝기와 관련된 정보를 통해 멀리 떨어져 있는 별에 대해 탐구할 수 있다.

* 파섹 : 거리의 단위로서 1파섹은 3.086×10^{13}km, 즉 약 3.26광년에 해당한다.

1. 윗글을 통해 알 수 있는 내용으로 적절하지 <u>않은</u> 것은?

① 별빛이 도달되는 거리가 3배가 되면 복사 플럭스 값은 $\frac{1}{9}$배가 되겠군.

② 망원경으로 관측한 별 중에 히파르코스의 등급 범위를 벗어난 것이 있겠군.

③ 겉보기 등급과 절대 등급이 같은 별은 지구에서 약 32.6광년 떨어져 있겠군.

④ 어떤 별과 지구 사이의 거리가 10파섹 미만이라면 그 별의 거리 지수는 0보다 작겠군.

⑤ 겉보기 등급이 -1인 별과 겉보기 등급이 1인 별의 밝기는 약 2.5배 차이가 나겠군.

2. 윗글을 바탕으로 〈보기〉를 이해한 내용으로 적절한 것은?

〈보기〉

다음은 가상의 별 A, B에 대한 정보이다. 별 B의 반지름과 표면 온도는 각각 별 A의 반지름과 표면 온도를 1로 설정하여 계산한 값이다.

	겉보기 등급	절대 등급	거리 지수	반지름	표면온도
A	2	-1	3	1	1
B	1	-6	7	0.1	10

① 별 A는 별 B보다 광도 값이 더 크다.

② 별 A는 '리겔'보다 실제 밝기가 더 밝은 별이다.

③ 별 B는 별 A보다 별의 실제 밝기가 약 100배 밝다.

④ 별 B는 지구에서 133파섹보다 더 가까운 거리에 있다.

⑤ 별 B는 지구에서 볼 때 '북극성'보다 더 어둡게 보인다.

> 별의 밝기는 별의 거리, 크기, 온도 등을 연구하는 데 중요한 정보를 제공
> 한다.

⇒ 별의 밝기를 통해서 별의 거리, 크기, 온도를 어떻게 연구한다는 걸까? 궁금증을 가지고 읽어내려 가자.

> 별의 밝기는 등급으로 나타내며, 지구에서 관측되는 별의 밝기를 '겉보기
> 등급'이라고 한다.

⇒ 함축적 의미를 생각한다. 말 그대로, **겉으로 보이는 밝기**니까 '겉보기 등급'인 것이다.

> 고대의 천문학자 히파르코스는 맨눈으로 보이는 별의 밝기에 따라 가장
> 밝은 1등급부터 가장 어두운 6등급까지 6개의 등급으로 구분하였다.

⇒ 납득한다. 다시 한번 말하지만, '히파르코스' 같은 학자 이름 외울 필요 없다.

　여기서 한 가지 드는 생각은, '왜 1등급이 밝은 거고, 어두운 게 6등급인 걸까?'라는 것이다. 부연설명이 없다. 나는 우리가 흔히 '1등급'이 '좋은 거'라고 생각하니까, '좋은 것 = 밝은 것'이라고 생각하고 그냥 넘겼다. 물론 이게 학문적으로 정확한 생각은 아니다. 실제로는 가장 밝은 별을 1등급으로 지정한 이유가 따로 있을 수도 있다. 하지만 내가 '8 원칙'에서도 설명했듯이 부연 설명은 무엇이든 상관없다고 했었다. 우선은 이 문장을 빨리 받아들이고 넘어가는 것이 중요하기 때문이다. 그렇기 때문에, 지문 내에서 부연 설명을 추론할 수 없는 부분이라면, 그냥 내가 해당 문장을 납득할 수 있을 정도로만 부연 설명을 붙이고 넘어가면 된다.

> 이후 1856년에 포그슨은 1등급의 별이 6등급의 별보다 약 100배 밝고,
> 한 등급 간에는 밝기가 약 2.5배 차이가 나는 것을 알아내었다.

⇒ 이 문장이 의미하는 바가 뭘까? **시간이 지나면서 더 '정확'해졌다는 것**이다. 원래 '고대' 히파르코스가 별의 밝기를 1등급부터 가장 어두운 6등급까지 구분했었다. 그런데 **시간이 지나면서** 과학이 더 발달했고, 이에 따라 '근대' 철학자인 포그슨이 '별의 등급 간 밝기 차이'까지 알아낸 것이다.

시간이 지나면서 개념이 더 정교해지는 것은, 평가원 지문에서 정말 많이 나왔던 글의 흐름이다. 2023학년도 수능 과학 지문에서도, 19세기 초 연구 결과가 20세기의 클라이버라는 사람 때문에 수정되는 과정이 지문으로 나왔었다. **시간이 지나면서** 과학 기술이 발전했고, 이에 따라 더 정교해지고, 정확해진 것이다.

그렇기 때문에, 시간이 지나면서 이론이 정교해지거나 수정되는 흐름의 글을 읽을 때는, '시간이 지나면서 **지금 뭐가 바뀌고 있는 건지**' 생각하면서 글을 읽어주길 바란다. 그러면 전체적인 글의 내용이 훨씬 잘 이해된다.

그리고 이 문장에서, 왜 한 등급 간 밝기 차이가 '약 2.5배'인지는 모른다. 부연 설명이 없기 때문이다. 그래서 그냥 받아들이고 가야 한다. 이런 정보들은 '이해'하는 정보가 아니라 그냥 정말 단순한 '정보 덩어리'이기 때문에 이해하거나 외우려고 머리를 쓸 필요가 없다. 평가원은 내가 이해했는지만 묻기 때문에, 이렇게 단순 정보들은 기억이 안 난다면 나중에 돌아와서 보고 풀면 된다. 네가 만약 문제로 돌아갔을 때 기억이 안 날 거 같다면 밑줄 긋고 가도 된다. 성적대가 낮은 학생일수록 이런 잡다한 정보들에 신경을 쓰고, 하나하나 옆에 써가면서 외우려고 애쓰는 것이다.

그리고 1등급의 별이 6등급 별보다 100배 밝다고 했는데, 한 등급 간 밝기가 2.5배 차이 난다고 했으니, $(2.5)^5$이 약 100이라는 것을 유추할 수 있다. 이걸 계산하고 있으면 안 된다. 한 등급 간 밝기 차이가 2.5배라는 걸 가지고, '아 그래서 다섯제곱이면 약 100배 겠네' 생각하고 넘어가야 하는 것이다.

이러한 등급 체계는 망원경이나 관측 기술의 발달로 인해 개편되었다.

⇒ 어떻게 개편되었을까? 아마 관측 기술이 '발달'했다고 하니까, 더 정확해지고 정교해졌을 것이다.

맨눈으로만 관측 가능했던 1~6등급 범위를 벗어나 그 값이 확장되었는데 6등급보다 더 어두운 별은 6보다 더 큰 수로, 1등급보다 더 밝은 별은 1보다 더 작은 수로 나타내었다.

⇒ 망원경과 발달 된 관측 기술로 별을 관측했을 때는 당연히 맨눈으로만 관측했을 때와 달랐을 것이다. 맨눈으로만 봤을 때는 별의 밝기가 1~6등급인 줄 알았는데, 망원경으로 보니, 1~6등급 체계로는 설명을 할 수 없는 별이 발견된 것이다.

그래서 히파르코스가 고안했던 방법은 1~6등급 범위를 벗어나서 더 '정교'해졌다. 6등급보다 더 어두운 별은 6보다 더 큰 수로, 1등급보다 더 밝은 별은 1보다 더 작은 수로 나타냈던 것이다. 납득한다.

별의 겉보기 밝기는 지구에 도달하는 별빛의 양에 의해 결정된다.

⇒ 당연하다. 한번 네 스스로 생각해봐라. **지구에 도달하는 별빛의 양이 많다**는 게 무슨 뜻일까? **지구에서 별이 밝게 보인다**는 뜻이다. 그러니까 지구에서 보는 겉보기 밝기는 당연히, 지구에 도달하는 별빛의 양에 의해 결정된다고 할 수 있을 것이다.

과학자들은 단위 시간 동안 단위 면적에 입사하는 빛 에너지의 총량을 '복사 플럭스'라고 정의하였는데 이 값이 클수록 별이 더 밝게 관측된다.

⇒ '복사 플럭스'가 뭔지 설명해주고 있다. 단위 시간 동안 단위 면적에 입사하는 빛 에너지의 총량이라는 말은 무슨 말일까? 예를 들자면, 1시간 동안 1평 정도 되는 공간에 입사하는 빛 에너지의 총량을 '복사 플럭스'라고 부른다는 것이다. 그러면 여기서 복사 플럭스 값이 커진다는 것은 어떤 의미일까? 1시간 동안 1평 정도 되는 공간에 도달하는 빛

에너지의 양이 많아진다는 뜻이다. 이 말은 곧, **별이 내뿜는 빛 에너지가 많다**는 것이다. 당연히 빛을 많이 내뿜는 별일수록 더 밝게 관측될 것이다.

> 그러나 별의 복사 플럭스 값은 빛이 도달되는 거리의 제곱에 반비례하기 때문에 별과의 거리가 멀수록 그 별은 더 어둡게 보인다.

⇒ '반비례', '비례' 이런 말들에 어려워할 필요 없다. 구체적으로 쉽게 풀어서 이해하고 넘어가면 된다. 복사 플럭스값이 빛이 도달되는 거리의 제곱에 '반비례'한다는 말은 쉽게 말해서, **빛이 도달되는 거리가 길어지면 길어질수록 복사 플럭스값이 작아진다**는 뜻이다.

빛이 도달되는 거리가 길다는 게 무슨 말일까? 별이 그만큼 '멀리' 있다는 뜻이다. 당연히 별이 멀리 있으면 지구에 도달하는 빛의 양도 적어질 테고, 그만큼 복사 플럭스값도 줄어들 것이다. 복사 플럭스값이 줄어드니까 별이 더 어둡게 보이는 것도 당연하다.

추가 Tip

'거리의 제곱'이든 '거리의 세제곱'이든 외울 필요 없다. 이것은 이유를 알 수 없는 그냥 단순한 정보이기 때문에, 밑줄 그어놓고 넘어가면 된다. 그리고 문제에서 '제곱'인지 '세제곱'인지 물어본다면 밑줄 그어놓은 부분으로 다시 돌아와서 확인한 뒤에 풀어주면 된다. 너도 문제를 풀어보면 알겠지만, 글을 읽을 때 이런 정보를 외우기 위해 굳이 머리를 쓰지 않아도 된다.

> 이처럼 겉보기 밝기는 거리에 따라 다르게 관측되기 때문에 별의 실제 밝기는 절대 등급으로 나타낸다.

⇒ 이 문장을 이해하려면 속도를 늦췄어야 했다. 별의 겉보기 밝기가 거리에 따라 다르게 관측된다는 말이 무슨 말일까? 말 그대로, 지구에서 관측하는 별의 밝기는 별이 지구로부터 멀리 있냐, 가까이 있냐에 따라 다르게 관측된다는 말이다. 그러면 실제로 굉장히 밝은 별인데도, 지구로부터 매우 멀리 떨어져 있어서 어둡게 보일 수도 있다.

그래서 별의 '실제 밝기'는 지구에서 보이는 겉보기 등급이 아니라, '절대 등급'으로 나타내는 것이다. 함축적 의미를 생각해보면 아마 거리에 따라 바뀌는 밝기가 아니라, 바뀌지 않는 별의 '절대적인 밝기'를 나타내는 것이라서 '절대 등급'이라고 부르는 게 아닐까 추측해볼 수 있다.

> 예를 들어, '리겔'의 경우 겉보기 등급은 0.1 정도이지만, 절대 등급은 -6.8 정도에 해당한다.

⇒ 앞 문장을 이해하지 못 했을까봐 출제자가 예시를 들어서 부연 설명해주고 있다. 글의 난이도가 높아지면 이런 부연 설명이 삭제될 것이다.

예시로 나온 '리겔'의 겉보기 등급이 0.1이지만, 절대 등급은 −6.8이라는 게 무슨 뜻일까? 반드시 그 의미를 구체적으로 이해하고 넘어갔어야 했다. '리겔'의 절대 등급이 겉보기 등급보다 작다는 것은 쉽게 말해서, 우리가 **지구에서 관측했을 때 보이는 밝기보다 훨씬 밝은 별**이라는 뜻이다.

> 절대 등급은 별이 지구로부터 10파섹*(약 32.6광년)의 거리에 있다고 가정했을 때 그 별의 겉보기 등급으로 정의한다.

⇒ 납득한다. 절대 등급도 겉보기 등급 중에 하나다. 차이점은, **별이 10파섹의 거리에 있다고 가정했을 때**의 별의 겉보기 등급이라는 점이다. 여기서 왜 10파섹이라고 정했는지는 모르겠다. 부연 설명이 없다. 밑줄 긋고 넘어가거나 그냥 받아들인다.

> 별의 실제 밝기는 별이 매초 방출하는 에너지의 총량인 광도가 클수록 밝아지게 된다.

⇒ 별이 1초마다 방출하는 에너지의 총량을 '광도'라고 부른다고 한다. 말 그대로 '빛의 정도'이니까 납득할 수 있다. 광도가 크면 그만큼 방출하는 에너지도 많아진다는 거니까 더 밝게 보일 것이다. 나는 '태양'을 떠올리면서 납득하고 넘어갔다.

> 광도는 별의 반지름의 제곱과 별의 표면 온도의 네제곱에 비례한다.

⇒ 이게 무슨 말일까? 앞서 '비례', '반비례' 같은 단어가 나오면 쉽게 바꿔서 이해하고 넘어가라고 했었다. 광도가 별의 반지름 제곱에 비례한다는 것은, 반지름을 제곱한 값이 커질수록 광도도 커진다는 것이다. 이걸 더 단순하게 생각해보면, 별이 커질수록, 별이 더 밝아진다는 것이다. 반지름을 제곱한 값이 커진다는 건 반지름이 커진다는 것이고, 반지름이 커진다는 것은 곧 별이 더 커진다는 말과 같기 때문이다. 그리고 표면 온도가 뜨거우면 뜨거울수록 별의 밝기도 밝아진다고 한다. 나는 '태양'의 이미지를 떠올리면서 납득하고 넘어갔다.

그리고 아까도 말했지만, '제곱'인지, '네제곱'인지 외울 필요 없다. 이걸 활용해서 글 내용이 전개되고 있는 거라면, 왜 '제곱'인지 '네제곱'인지 이해하고 외워야겠지만, 이 글에서는 그냥 단순한 정보에 불과하다. 사실 '다섯 제곱'으로 바꿔도 아무 상관 없다는 것이다.

나중에 계산하는 문제가 혹시나 나온다면 돌아와서 확인하고 풀면 된다. 밑줄을 그어놓고 넘어가도 되긴 하는데, 네가 만약 글을 제대로 이해하면서 읽었다면 굳이 밑줄 그어놓지 않아도 다시 돌아올 때 어디에 있었는지 기억이 날 것이다.

> 즉, 별의 실제 밝기는 별의 표면적이 클수록, 표면 온도가 높을수록 밝다.

⇒ 앞 문장에 대한 부연 설명이다. 출제자가 글의 난도를 높이려고 했다면 이 문장은 삭제했을 것이다. 지금 수능에 나오는 대부분의 어려운 지문들은 이런 부연 설명을 해주지 않고 난도를 높인다.

> 과학자들은 별의 겉보기 등급에서 절대 등급을 뺀 값인 거리 지수를 이용하여 별까지의 거리를 판단하며, 이 값이 큰 별일수록 지구에서 별까지의 거리가 멀다.

⇒ 별의 겉보기 등급에서 절대 등급을 뺀 값으로 어떻게 별까지의 거리를 판단하는 걸

까? 그리고 그 값이 크면 클수록 지구에서 별까지의 거리가 멀다고 한다. 즉 겉보기 등급이 절대 등급보다 크면 클수록, 그 별은 '지구에서 멀리 있는 별'이라는 것이다.

우선 '겉보기 등급이 크다'는 게 무슨 말일까? 겉보기 등급이 크다는 건, 지구에서 관찰했을 때 그 별이 '어둡게 보인다'는 것이다. '절대 등급이 크다'는 것은, 해당 별이 '10파섹의 거리에 있다고 했을 때' 그 별의 밝기가 어둡게 보인다는 것이다. 따라서, 겉보기 등급이 절대 등급보다 크다는 것은, 지구에서 그냥 관측했을 때는 어두워 보이는데 10파섹의 거리에 있다고 가정하고 보면 밝다는 것이다. 즉, **실제로는 관측되는 것보다 밝은 별이라는 뜻이다.**

실제로 보이는 것보다 밝은 별이라면, 당연히 그 별은 지금 내가 관측하는 곳으로부터 멀리 떨어져 있을 것이다. 그 별이 내가 지금 관측하는 곳으로부터 멀리 있기 때문에, 밝은 별임에도 불구하고 어둡게 보이는 것이기 때문이다. 1등급으로 올라가려면 이러한 생각이 글 읽으면서 자연스럽게 되는 수준까지 독해력을 끌어올려야 한다. 계속 반복하면 이 정도는 누구나 되는 수준이니, 지금 안 된다고 해서 기죽을 필요는 없다.

> 어떤 별의 거리 지수가 0이면 지구와 그 별 사이의 거리가 10파섹임을 나타내고, 0보다 크면 10파섹보다 멀다는 것을 의미한다.

⇒ 납득한다. 이건 당연하다. 별의 거리 지수가 0이라는 것은, 별의 겉보기 등급과 절대 등급이 같다는 뜻이다. 여기서 별의 겉보기 등급과 절대 등급이 같다는 것은 다르게 말해서, 내가 지금 관찰하는 별이 '딱 10파섹의 거리에 있다'는 뜻이다.

절대 등급은 내가 관측하는 별이 10파섹의 거리에 있다고 가정했을 때의 겉보기 등급인데, 절대 등급이 내가 지금 관측하고 있는 겉보기 등급과 같다면, 지금 내가 관측하는 별은 10파섹 떨어진 곳에 있을 것이다.

만약 겉보기 등급이 절대 등급보다 커서 별의 거리 지수가 0보다 크게 나온다면, 당연히 별은 내가 지금 관측하고 있는 곳으로부터 10파섹보다 더 먼 곳에 있다. 아까 바로 앞 문장에서 이해했듯이, 겉보기 등급이 절대 등급보다 크다는 건, **그만큼 별이 더 멀리 떨어져 있다는 뜻이기 때문이다.**

예를 들어 '북극성'의 겉보기 등급은 2.0 정도이고, 절대 등급은 –3.6 정도
이므로 거리 지수는 5.6이다.

⇒ 납득한다. 2.0에서 –3.6을 뺀 값이니 5.6이다. 그리고 '북극성'은 **보이는 것보다 실
제로 더 밝은 별이라는 것을 알 수 있다.**

이 값이 0보다 크기 때문에 북극성은 10파섹보다 멀리 있으며, 실제로 지
구에서 133파섹 떨어져 있다.

⇒ 납득한다. 당연히 북극성의 거리 지수가 0보다 큰 값을 가지기 때문에, 10파섹보다
멀리 떨어져 있을 것이다.

이처럼 별의 밝기와 관련된 정보를 통해 멀리 떨어져 있는 별에 대해 탐
구할 수 있다.

⇒ 지금까지 별의 밝기를 통해서, 별이 얼마나 멀리 떨어져 있는지 알아내는 방법을 말
하고 있었다.

1. 윗글을 통해 알 수 있는 내용으로 적절하지 <u>않은</u> 것은?

> ① 별빛이 도달되는 거리가 3배가 되면 복사 플럭스 값은 $\frac{1}{9}$배가 되겠군.

⇒ 윗글에서 별빛이 도달되는 거리가 늘어남에 따라, 복사 플럭스 값은 줄어든다고 했었다. 구체적으로 어떻게 줄어든다고 했었는지 기억이 안 나서 확인하고 왔다. 확인해보니, 복사 플럭스 값은 '거리의 제곱에 반비례'한다고 한다. 따라서 별빛이 도달되는 거리가 3배가 되면, 복사 플럭스 값은 $\frac{1}{9}$배가 될 것이다.

> ② 망원경으로 관측한 별 중에 히파르코스의 등급 범위를 벗어난 것이 있겠군.

⇒ 맞는 말이다. 시간이 지나면서 과학 기술이 발전함에 따라, 히파르코스의 등급 범위를 벗어난 별이 발견됐을 것이다. 그래서 관측된 별 중에 1등급 별보다 더 밝은 별은 1보다 작은 수로 표현하고, 6등급 별보다 더 어두운 별은 6보다 큰 수로 표현했던 것이다.

> ③ 겉보기 등급과 절대 등급이 같은 별은 지구에서 약 32.6광년 떨어져 있겠군.

⇒ 32.6광년? 무슨 말인지 모르겠다. 다시 지문으로 올라가 보니, 10파섹이 32.6광년이었다. 겉보기 등급과 절대 등급이 같은 별은 지구에서 10파섹만큼 떨어져 있는 별이었고, 10파섹은 32.6광년과 같은 말이니, 맞는 말이다.

> ④ 어떤 별과 지구 사이의 거리가 10파섹 미만이라면 그 별의 거리 지수는 0보다 작겠군.

⇒ 맞는 말이다. 어떤 별과 지구 사이의 거리가 10파섹 미만이라는 것은, 그 별의 겉보

기 등급이 절대 등급보다 '작다'는 말이었다. 별의 거리 지수는 겉보기 등급에서 절대 등급을 빼는 것이었으니, 이 경우에는 당연히 0보다 작은 값이 나올 것이다.

> ⑤ 겉보기 등급이 -1인 별과 겉보기 등급이 1인 별의 밝기는 약 2.5배 차이가 나겠군.

⇒ 틀렸다. 윗글에 따르면 '한 등급' 간 밝기 차이가 2.5배라고 했다. -1과 1은 2등급 차이다. 사이에 0이 있기 때문이다. 따라서 겉보기 등급이 −1인 별은 겉보기 등급이 1인 별의 밝기보다 $(2.5)^2$배 밝을 것이다.

◉ 답 : ⑤

2. 윗글을 바탕으로 <보기>를 이해한 내용으로 적절한 것은?

<보기>
다음은 가상의 별 A, B에 대한 정보이다. 별 B의 반지름과 표면 온도는 각각 별 A의 반지름과 표면 온도를 1로 설정하여 계산한 값이다.

	겉보기 등급	절대 등급	거리 지수	반지름	표면온도
A	2	-1	3	1	1
B	1	-6	7	0.1	10

> ① 별 A는 별 B보다 광도 값이 더 크다.

⇒ 해당 선택지는 2가지로 판단할 수 있다. 우선 첫 번째로 '절대 등급'을 가지고 판단하는 것이다. 윗글을 참고했을 때 광도는 '절대 등급'에 따라서 달라진다. 즉 절대 등급이 작을수록 광도가 크고, 절대 등급이 클수록 광도가 낮은 것이다. 따라서 A의 절대 등급보다 B의 절대 등급이 더 작으므로, 별 A는 별 B보다 광도 값이 더 작다.

①번 선택지를 판단하는 두 번째 방법은, '반지름'과 '표면 온도'를 통해서 별 A와 별 B의 광도를 판단하는 것이다. 분명 이 2가지 요소를 가지고, 이 선지를 판단하려고 했던 학생들이 있었을 것이다. 윗글에 따르면 반지름이 클수록, 표면 온도가 높을수록 광도는 높았다. A가 반지름이 10배 더 크긴 하지만, 표면 온도는 B가 10배 더 크다. 반지름과 표면 온도 둘 다 A가 크거나, 둘 다 B가 컸다면 판단하기 쉬웠을 텐데, **반지름은 A가 크고 표면 온도는 B가 큰 탓에 판단하기가 쉽지 않다.** 이런 경우에는 다른 선택지를 보고 판단하거나, 절대 등급을 가지고 판단한 뒤에 넘어갔어야 했다.

암튼 쉽게 설명해보겠다. 윗글에 따르면 광도는 반지름의 '제곱'에, 표면 온도의 '네제곱'에 비례했었다. A는 B보다 반지름이 10배 크다. 이를 '제곱'하면 광도는 100배 크다고 할 수 있다. 하지만 B는 A보다 표면 온도가 10배 더 크다. 이를 '네제곱'하면 광도는 B가 10,000배 더 크다고 할 수 있다. 100배 대 10,000배의 싸움이니 당연히 10,000배가 이긴다. A보다 B의 광도가 더 큰 것이다. 물론 정확하게 비례식을 세워서 풀 수도 있겠지만, 출제자는 그걸 원하지 않는다. 이건 수학 시험이 아니라 국어 시험이기 때문이다. 네가 뭔가 복잡하게 계산하고 있다면 출제자가 원하는 대로 풀고 있지 않을 확률이 높다.

> ② 별 A는 '리겔'보다 실제 밝기가 더 밝은 별이다.

⇒ '실제 밝기'를 비교하려면 '절대 등급'을 보면 된다. 윗글로 올라가서 확인해보니, '리겔'의 절대 등급은 −6.8이었다. 반면 A의 절대 등급은 −1이다. 따라서, 별 A보다 절대 등급이 더 작은 **리겔이 실제 밝기가 더 밝다.**

> ③ 별 B는 별 A보다 별의 실제 밝기가 약 100배 밝다.

⇒ 별의 실제 밝기는 '절대 등급'과 관련 있는 거였다. 〈보기〉를 보면 A의 절대 등급은 −1이고 B의 절대 등급은 −6이다. 이 둘은 서로 다섯 등급 차이가 난다. 한 등급 당 밝기가 2.5배 차이가 난다고 했으니, 별 B의 실제 밝기는 별 A의 실제 밝기보다 총 $(2.5)^5$배 더 밝을 것이다. 그런데 $(2.5)^5$가 얼마인지 계산하는 건 말도 안 된다. 앞서도 말했지만, 출제자는 네가 그렇게 복잡하게 계산하도록 만들지 않는다.

윗글을 보면 1등급과 6등급의 밝기 차이가 약 100배라고 했었다. 그런데, 숫자가 비슷하다. 〈보기〉에서 별 A와 별 B의 밝기 값으로 각각 -1과 -6을 줬다. **-1과 -6도 1등급과 6등급 차이와 마찬가지로 5등급 차이가 난다.** 따라서 계산하지 않아도, 별 B의 실제 밝기가 별 A의 실제 밝기보다 약 100배 더 밝다는 걸 알 수 있다.

> ④ 별 B는 지구에서 133파섹보다 더 가까운 거리에 있다.

⇒ '133파섹', 어디선가 본 적 있는 숫자다. 윗글에서 북극성이 지구에서 133파섹만큼 떨어져있다고 했었다. 이때 북극성의 거리 지수는 5.6이었다. 그런데, 별 B의 거리 지수는 겉보기 등급 1에서 절대 등급 -6을 빼서 7이되므로 별 B는 북극성보다 더 멀리 있다고 할 수 있다. 따라서 **133파섹보다 더 먼 거리에 있는 것이다.**

> ⑤ 별 B는 지구에서 볼 때 '북극성'보다 더 어둡게 보인다

⇒ '지구에서 볼 때'라는 말을 통해서 '겉보기 등급'을 말하는 거라는 걸 알았다. 〈보기〉를 확인했을 때, 별 B의 겉보기 등급은 1이다. 북극성의 겉보기 등급을 확인하기 위해 윗글로 돌아가서 확인해보니, 북극성의 겉보기 등급은 2등급이다. 따라서, 별 B를 지구에서 본다면 '북극성'보다 더 **밝게** 보일 것이다.

● 답 : ③

2009학년도 고3 수능, 화소

컴퓨터에서 동영상을 본 사람은 한 번쯤 '어떻게 작은 파일 안에 수십만 장이 넘는 화면들이 들어갈 수 있을까?' 하는 의문을 가진 적이 있을 것이다. 동영상 압축은 막대한 크기의 동영상 데이터에서 필요한 정보만 남김으로써 화질의 차이는 거의 없이 데이터의 양을 수백 분의 일까지 줄이는 기술이다. 동영상 압축에서는 일반적으로 화면 간 중복, 화소 간 중복, 통계적 중복 등을 이용한다.

동영상은 연속적인 화면의 모음인데, 화면 간 중복은 물체가 출현, 소멸, 이동하는 영역을 제외하고는 현재 화면과 이전 화면이 비슷한 것을 말한다. 스튜디오를 배경으로 아나운서가 뉴스를 보도하는 동영상을 생각해 보자. 현재 화면을 이전 화면과 비교하면 아나운서가 움직인 부분만 다르고 나머지는 동일하다. 따라서 현재 화면을 모두 저장하지 않고 변화된 영역에 해당하는 정보만 저장하면 데이터의 양을 크게 줄일 수 있다.

[A]
하나의 화면은 수많은 점들로 구성되는데, 이를 화소라 한다. 각각의 화소는 밝기와 색상을 나타내는 화소 값을 가진다. 화소 간 중복은 한 화면 안에서 서로 가까이 있는 화소들끼리 화소 값의 차이가 별로 없거나 변화가 규칙적인 것을 말한다. 동영상 압축에서는 원래 화소 값들을 여러 개의 성분들로 형태를 변환한 다음, 화질에 거의 영향을 미치지 않는 성분들을 제거하고 나머지 성분들만을 저장한다. 이때 압축 전후의 화소들의 개수에는 변화가 없으나 변환된 성분들을 저장하는 개수가 줄어들기 때문에 화질의 차이가 별로 없이 데이터의 양을 크게 줄일 수 있다. 그런데 화면이 단순할수록 또 규칙적일수록 화소 간 중복이 많아서, 제거 가능한 성분들이 많아진다. 다만 이들 성분을 너무 많이 제거하면 화면이 흐려지거나 얼룩이 지는 등 동영상의 화질이 나빠진다. 이러한 과정은, 우유에서 ㉠ 수분을 없애 전지분유를 만들면 부피는 크게 줄어들지만 원래 우유의 맛이 거의 보존되는 것과 비슷하다.

압축된 동영상에 저장해야 하는 여러 가지의 데이터는 위의 과정을 거쳐 이미 많은 부분이 제거된 상태이다. 통계적 중복은 이들 데이터에서 몇몇 특정한 값이 나오는 빈도가 통계적으로 매우 높은 것을 말한다. 이때 자주 나오는 값일수록 더 짧은 코드로 변환하여 저장하면, 데이터 값을 그대로 저장할 때보다 저장하는 양을 크게 줄일 수 있다.

1. 윗글을 읽은 학생들의 반응으로 가장 적절한 것은?

① 화면이 복잡한 경우에는 화면 간 중복을 제거할 수 없겠어.
② 화면이 흐려지는 이유는 화소의 개수를 줄이지 않았기 때문이겠어.
③ 화질이 달라지면 안 되는 경우에는 화소 간 중복만 제거할 수 있겠어.
④ 맨 첫 화면에서는 이전 화면이 없어 화소 간 중복을 제거할 수 없겠어.
⑤ 변환된 성분을 제거하는 정도에 따라 압축된 동영상 파일의 크기가 달라지겠어.

2. ㉠에 대응하는 것을 [A]의 동영상 압축 과정에서 찾을 때, 가장 적절한 것은?

① 하나의 화면
② 동영상의 화질
③ 원래 화소 값들
④ 압축 전후의 화소들의 개수
⑤ 화질에 거의 영향을 미치지 않는 성분들

3. 윗글을 바탕으로 〈보기〉의 (가)와 (나)를 비교한 것으로 적절한 것은?

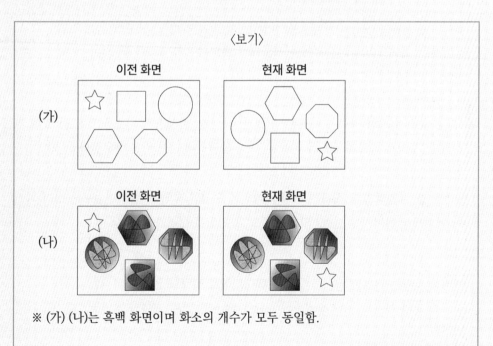

〈보기〉

※ (가) (나)는 흑백 화면이며 화소의 개수가 모두 동일함.

	현재 화면과 이전 화면 사이의 화면 간 중복 정도	현재 화면 내의 화소 간 중복 정도
①	(가)가 더 높다	(가)가 더 높다
②	(가)가 더 높다	(나)가 더 높다
③	(나)가 더 높다	(가)가 더 높다
④	(나)가 더 높다	(나)가 더 높다
⑤	(가)와 (나)가 같다	(가)와 (나)가 같다

‘화소’ 지문해설

컴퓨터에서 동영상을 본 사람은 한 번쯤 ‘어떻게 작은 파일 안에 수십만 장이 넘는 화면들이 들어갈 수 있을까?’ 하는 의문을 가진 적이 있을 것이다.

⇒ 평생 살면서 그런 의문은 가져본 적 없다. 하지만, 출제자가 의문을 가진 적 있을 거라고 하면, 우리는 빠르게 태도를 바꿔서 ‘그래 궁금하네’라고 반응해야 한다.

‘동영상’을 떠올려보자. 하나의 동영상 파일은 수십만 장이 넘는 화면들로 구성이 되어 있다. 어떻게 만들어지는 걸까? 의문을 품고 계속 읽어 내려가자.

동영상 압축은 막대한 크기의 동영상 데이터에서 필요한 정보만 남김으로써 화질의 차이는 거의 없이 데이터의 양을 수백 분의 일까지 줄이는 기술이다.

⇒ 납득한다. 필요한 정보만 남기고 불필요한 정보는 없애면 당연히 데이터 양을 줄일 수 있을 것이다. 바로 앞 문장과 연결지어서 생각해보면, **수십만 장이 넘는 화면에서 필요한 화면만 남김으로써 동영상 데이터 양을 줄이는 방법이 바로 '동영상 압축'인가보다.**

추가 Tip

항상 글을 읽을 때는 앞 문장과 뒷 문장을 연결해서 이해하고 넘어가는 습관을 가져야 한다. 이는 글쓴이와 대화하면서 읽어야겠다는 생각을 가지고 한 문장 한 문장 의문을 품고, 질문하다보면 자연스럽게 되는 부분이다.

동영상 압축에서는 일반적으로 화면 간 중복, 화소 간 중복, 통계적 중복 등을 이용한다.

⇒ 동영상 압축을 하는 3가지 방법에 대해서 말할 거라는 걸 추측할 수 있다. 각 방법에 대해서 5초 정도 함축적 의미를 생각해보고 넘어가자.

동영상은 연속적인 화면의 모음인데, 화면 간 중복은 물체가 출현, 소멸, 이동하는 영역을 제외하고는 현재 화면과 이전 화면이 비슷한 것을 말한다.

⇒ 맨 처음 문장에 따르면, 동영상은 수십만 장의 화면들이 모여서 만들어진다. '화면 간 중복'은 함축적 의미를 생각해 봤을 때, 말 그대로 화면이 중복된다는 것이다. 물체가 출현, 소멸, 이동하는 영역을 제외한 배경은 당연히 현재 화면과 이전 화면이 비슷할 것이다. 즉, 똑같은 화면이 중복되어 나타난다는 말이 아닐까 싶다.

> 스튜디오를 배경으로 아나운서가 뉴스를 보도하는 동영상을 생각해 보자.

⇒ 이미지화해준다.

> 현재 화면을 이전 화면과 비교하면 아나운서가 움직인 부분만 다르고 나머지는 동일하다.

⇒ 이미지화했을 때 이해가 된다. 현재 화면과 이전 화면을 비교했을 때, 아나운서가 움직인 곳을 제외한 스튜디오 배경은 아무런 변화가 없다.

> 따라서 현재 화면을 모두 저장하지 않고 변화된 영역에 해당하는 정보만 저장하면 데이터의 양을 크게 줄일 수 있다.

⇒ 납득한다. 아, 이제 '화면 간 중복'의 의미가 이해된다. 아나운서 예시처럼 변화 없이

반복되는 배경 화면 같은 것은, '화면 간 중복'이 일어나는 거니까 굳이 또다시 저장하지 않는 것이다. 아나운서가 움직인 영역같이 변화되는 영역에 해당하는 정보만 저장해서 전체 데이터 양을 크게 줄이는 것이다.

> 하나의 화면은 수많은 점들로 구성되는데, 이를 화소라한다.

➡ '화소'는 기술 지문에서 정말 많이 나오는 소재이기 때문에 반드시 뜻을 외워두는 것이 좋다. '화소'는 '그림 화', '본디 소' 자를 써서 **화면을 구성하고 있는 바탕 요소**들을 뜻한다. 이 문장에서 말하는 대로 화면은 수많은 점으로 구성된다. 그리고 화면을 구성하는 그 수많은 점을 '화면을 구성하는 것들'이라는 뜻에서 '화소'라고 부른다.

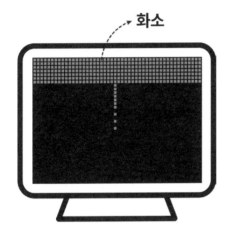

> 각각의 화소는 밝기와 색상을 나타내는 화소 값을 가진다.

➡ 이해한다. 우리가 보는 컴퓨터 화면이 만들어지려면, 컴퓨터 화면을 구성하는 화소별로 각각 밝기와 색상을 나타내는 화소 값이 있어야 할 것이다.

> 화소 간 중복은 한 화면 안에서 서로 가까이 있는 화소들끼리 화소 값의 차이가 별로 없거나 변화가 규칙적인 것을 말한다.

➡ 납득한다. 나는 여기까지 읽고, '그럼 화면 간 중복과 마찬가지로, 중복되는 화소값은 굳이 저장하지 않는 식으로 데이터 양을 줄이나 보구나'하고 생각했다. 이런 생각을

해주면서 읽어야 글 전체가 빠르게 읽힌다.

> 동영상 압축에서는 원래 화소 값들을 여러 개의 성분들로 형태를 변환한
> 다음, 화질에 거의 영향을 미치지 않는 성분들을 제거하고 나머지 성분들
> 만을 저장한다.

⇒ 여러 개의 성분들로 형태를 '어떻게' 변환한다는 걸까? 부연 설명이 없다. 그냥 스스로 이미지화하고 넘겨야 했다. 아무튼 화소 값들을 '여러 개의 성분'으로 바꾼다고 한다. 그리고 이 성분들 중 화질에 거의 영향을 미치지 않는 성분은 제거하고, 나머지 성분만 저장한다고 한다. 납득한다. 화질에 영향을 미치지 않는 성분은 굳이 저장할 필요가 없을 것이다.

추가 Tip

여기서 한 가지 추론했어야 하는 것은 영상의 '화질이 유지'되면, 정보량이 삭제된 영상이라고 하더라도 우리는 '같은 영상'으로 파악한다는 것이다. 출제자는 이걸 전제로 말하고 있다. 그래서 '화면 간 중복'과 '화소 간 중복' 둘 다 '화질을 동일하게 한 채로' 정보량을 줄이는 방법에 대해서 말하고 있는 것이다.

> 이때 압축 전후의 화소들의 개수에는 변화가 없으나 변환된 성분들을 저
> 장하는 개수가 줄어들기 때문에 화질의 차이가 별로 없이 데이터의 양을
> 크게 줄일 수 있다.

⇒ 이 문장을 제대로 이해해야 한다. '화소 간 중복'에서 중복되는 '화소'를 제거한다고 생각하는 학생들이 있는데, 이건 잘못된 생각이다. 이렇게 생각했다면 바로 앞 문장을 제대로 이해하지 못한 것이다.

  앞 문장을 읽어보면, 중복되는 '화소'를 제거하는 것이 아니라, 화소를 여러 개의 성분으로 변환시키고, 그 변환된 '성분들 중 일부'를 제거하는 거였다. 그러니, 화소의 개수는 압축 전후로 당연히 똑같은 것이다. 문장에서 말하는 대로, **변환된 성분들을 저장하는 개수가 줄어들기 때문에** 화질에는 거의 변화가 없는 채로 데이터 양만 크게 줄일 수 있는 것이다.

> 그런데 화면이 단순할수록 또 규칙적일수록 화소 간 중복이 많아서, 제거 가능한 성분들이 많아진다.

⇒ 아 그렇구나, 화면이 단순하면 '화소 간 중복'이 많다고 한다. 즉 서로 가까이 있는 화소들 간의 화소 값의 차이가 거의 없거나 변화가 규칙적일 것이라는 것이다. 이건 쉽게 납득이 된다.

그런데, 화소 간 중복이 많은 거랑 제거 가능한 성분이 많아지는 건 무슨 관계지? 이 의문이 안 들었다면 글을 제대로 읽은 게 아니다. 화소 간 중복이 많다는 건, 가까이 있는 화소 값의 차이가 거의 없거나 화소 값의 변화가 규칙적인 경우가 많다는 것이다. 반면 제거 가능한 성분이 많다는 건, 어떤 화소를 여러 개의 성분으로 변환했을 때, 제거해도 화질 저하가 발생하지 않는 성분들이 많다는 뜻이다.

여기서 의문은, 어떻게 가까이 있는 화소 값이 서로 비슷하다고 해서, 즉 비슷한 화소 값을 가진 화소가 많아진다고 해서, 어떤 하나의 화소를 성분으로 변환했을 때 제거 가능한 성분이 많아질 수 있냐는 것이다. 옆에 있는 화소가 서로 영향을 미치는 건가? 암튼 글에 나와 있는 내용만으로는 이해하기가 어렵다. 글을 제대로 읽는 학생이라면 분명 여기서 의문을 품었을 것이다. 일단 글에는 부연 설명이 없기 때문에 문제를 풀 때는 '그냥 그런가 보구나'하고 받아들여야 했다. 하지만 글을 읽으면서 '화소 값이 비슷한 화소가 많아지는 거랑 화소 속 제거 가능한 성분이 많아지는 거랑 서로 무슨 관계지?'라는 의문은 품었어야 했다는 것이다.

> 다만 이들 성분을 너무 많이 제거하면 화면이 흐려지거나 얼룩이 지는 등 동영상의 화질이 나빠진다.

⇒ 납득할 수 있다. 각 화소마다 일정한 화질을 구현하는 데 필수적으로 있어야 하는 '최소' 성분들은 남겨둬야 할 것이다. 그런데 일정한 화질을 구현하기 위해서 필수적으로 있어야 하는 최소 성분들까지 너무 많이 제거를 해버리면, 당연히 화면이 흐려지거나 얼룩이 지는 등의 형태로 문제가 발생할 수 있을 것이다.

이러한 과정은, 우유에서 ㉠수분을 없애 전지분유를 만들면 부피는 크게 줄어들지만 원래 우유의 맛이 거의 보존되는 것과 비슷하다.

⇒ 납득한다. 화소에서 '제거 가능한 성분'들을 없애도 화소 개수는 그대로 유지되고, 화질도 동일하다. 이때 우유의 '수분'은 화소를 여러 성분으로 변환했을 때 '제거해도 화질에 변화가 없는 성분들'을 말하는 것이고, '전지분유'는 '화소', '우유의 맛이 보존'된다는 건 화질이 보존된다는 것과 같다.

압축된 동영상에 저장해야 하는 여러 가지의 데이터는 위의 과정을 거쳐 이미 많은 부분이 제거된 상태이다.

⇒ 납득한다. 당연히, '압축된' 동영상에 저장해야 하는 데이터니까 불필요한 부분이 많이 제거된 상태일 것이다.

통계적 중복은 이들 데이터에서 몇몇 특정한 값이 나오는 빈도가 통계적으로 매우 높은 것을 말한다.

⇒ 동영상 압축의 세 번째 방법으로 '통계적 중복'에 대해서 말하고 있다. 납득한다.

이때 자주 나오는 값일수록 더 짧은 코드로 변환하여 저장하면, 데이터 값을 그대로 저장할 때보다 저장하는 양을 크게 줄일 수 있다.

⇒ 납득한다. 자주 나오는 값을 짧은 코드로 변환하여 저장하면, 전체적인 코드의 길이가 줄어들 것이다. 100개 중 99개의 코드가 반복되고 있다면, 99개씩이나 반복되고 있는 코드의 길이를 짧게 만들었을 때, 전체 코드의 길이가 확 줄어드는 걸 상상하면 된다. 전체 코드 길이가 줄어드니까, 당연히 데이터 값을 그대로 저장할 때보다 저장하는 데이터 양을 크게 줄일 수 있을 것이다.

문제 해설

1. 윗글을 읽은 학생들의 반응으로 가장 적절한 것은?

① 화면이 복잡한 경우에는 화면 간 중복을 제거할 수 없겠어.

⇒ '화면 간 중복'은 이전 화면과 이후 화면의 관계와 관련된 것이다. 그렇기 때문에 '화면이 복잡한' 것은 한 화면 안에서 그 화면 안에 있는 정보를 따지는 '화소 간 중복'을 고려해야 하는 것이다.

그러면 여기서 할 수 있는 질문은, '화면이 복잡한 경우에는 화소 간 중복을 제거할 수 없겠어'라고 고치면 맞는 말이냐는 것이다. 답을 하자면, 아니다. 화면이 복잡하다고 해서 '화소 간 중복'을 제거할 수 '없는' 건 아니다. 화면이 복잡한 경우에는 화소 값의 차이가 별로 없거나 규칙적인 화소가 많이 없기 때문에 화소 간 중복을 '조금만' 제거할 수 있을 것이다.

② 화면이 흐려지는 이유는 화소의 개수를 줄이지 않았기 때문이겠어.

⇒ 틀렸다. 윗글에 따르면, 화면이 흐려지는 이유는 화소를 구성하고 있는 성분을 너무 많이 제거했기 때문이다.

③ 화질이 달라지면 안 되는 경우에는 화소 간 중복만 제거할 수 있겠어.

⇒ 틀렸다. '화소 간 중복'뿐만 아니라 '화면 간 중복'이나 '통계적 중복' 모두, 화질은 거의 그대로 둔 채로 데이터 양을 줄일 수 있다. 그런데 여기서 '화소 간 중복'은 화소의 성분을 너무 많이 제거하는 경우에 화질이 나빠질 수 있다. 따라서 화질이 달라지면 안 되는 경우에는 화소 간 중복보다도 오히려 화면 간 중복이나 통계적 중복을 사용하는 것이 더 나을 것이다.

> ④ 맨 첫 화면에서는 이전 화면이 없어 화소 간 중복을 제거할 수 없겠어.

➡ 틀렸다. '화소 간 중복'은 한 화면에서 일어나는 일이다. 이전 화면 여부는 상관없다. 이전 화면을 사용해서 데이터 양을 줄이는 것은 '화소 간 중복'이 아니라 '화면 간 중복'이다.

> ⑤ 변환된 성분을 제거하는 정도에 따라 압축된 동영상 파일의 크기가 달라지겠어.

➡ 당연하다. 화소 간 중복에서, 변환된 성분을 얼마나 제거하느냐에 따라 압축된 동영상 파일의 크기도 달라질 것이다.

✔ 답 : ⑤

2. ㉠에 대응하는 것을 [A]의 동영상 압축 과정에서 찾을 때, 가장 적절한 것은?

> ① 하나의 화면   ② 동영상의 화질
>
> ③ 원래 화소 값들   ④ 압축 전후의 화소들의 개수
>
> ⑤ 화질에 거의 영향을 미치지 않는 성분들

※ 이 문제는 글을 이해하면서 읽었던 학생이라면 너무 쉽게 맞힐 문제다. '수분'은 화소를 여러 성분으로 변환한 것들 중에 '화질에 거의 영향을 미치지 않는 성분'들을 비유한 것이었다. 따라서 답은 ⑤번이다.

✔ 답 : ⑤

3. 윗글을 바탕으로 <보기>의 (가)와 (나)를 비교한 것으로 적절한 것은?

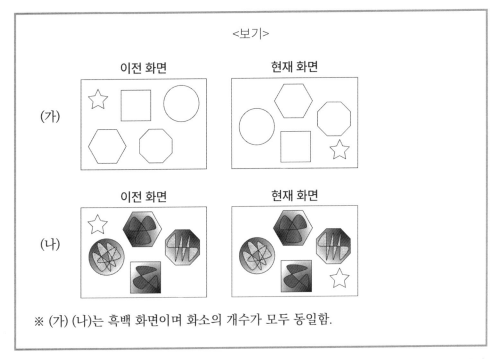

<보기>

※ (가) (나)는 흑백 화면이며 화소의 개수가 모두 동일함.

⇒ 우선 '현재 화면과 이전 화면 사이의 화면 간 중복 정도'에 대해서 알아보자. '화면 간 중복'은 이전 화면과 현재 화면이 얼마나 달라졌느냐가 중요했다. 이전 화면과 현재 화면이 비슷하면 비슷할수록 중복 정도가 컸고, 제거할 수 있는 데이터 양도 많았다. 이전 화면과 현재 화면이 비슷하다는 것은, 말 그대로 별로 달라진 부분이 없다는 것이다.

(가)를 보면 이전 화면과 현재 화면을 비교했을 때 도형들의 위치가 뒤죽박죽으로 섞였다. 자세히 보면 모든 도형의 위치가 바뀐 것을 알 수 있다. 반면 (나)는 이전 화면과 현재 화면을 비교했을 때, '별' 모양의 도형만 왼쪽 위에서 오른쪽 아래로 이동한 것을 빼면, 화면 속 다른 도형의 위치나 색상 등 나머지 정보가 모두 동일하다. 따라서 '화면 간 중복 정도'는 (나)가 (가)보다 크다고 할 수 있다.

이후 '현재 화면 내 화소 간 중복 정도'를 보자. 윗글에 따르면, 현재 화면 내 '화소 간 중복 정도'는 화면이 단순하거나 규칙적일수록 화소 간 중복이 많아서, 제거 가능한 성분이 많아진다고 했다. 화면이 '규칙적'인 건 (가)의 현재 화면과 (나)의 현재 화면을 봤을 때 둘 중 뭐가 더 '규칙적'인 건 지 조금 애매하다. 둘 다 딱히 규칙이랄게 보이진 않는다. 하지만 하나 확실한 게 있다. (가)의 현재 화면이 (나)의 현재 화면보다 훨씬 '단순한' 화면이라는 것이다.

  (가)의 현재 화면은 대부분 흰색이므로 인접한 화소가 중복되는 것이 많다. 하지만 (나)의 현재 화면의 경우에는 '밝기'와 '색상'의 차이가 큰 화소들이 인접해 있기 때문에 중복되는 화소가 적다. 따라서 현재 화면 내의 화소 간 중복 정도는 (가)가 (나)보다 더 높다고 할 수 있다. 정답은 ③번이다.

	현재 화면과 이전 화면 사이의 화면 간 중복 정도	현재 화면 내의 화소 간 중복 정도
①	(가)가 더 높다	(가)가 더 높다
②	(가)가 더 높다	(나)가 더 높다
③	(나)가 더 높다	(가)가 더 높다
④	(나)가 더 높다	(나)가 더 높다
⑤	(가)와 (나)가 같다	(가)와 (나)가 같다

● 답 : ③

2014학년도 고3 수능 A형, CD 드라이브

CD 드라이브는 디스크 표면에 조사된 레이저 광선이 반사되거나 산란되는 효과를 이용해 정보를 판독한다. CD의 기록면 중 광선이 흩어짐 없이 반사되는 부분을 랜드, 광선의 일부가 산란되어 빛이 적게 반사되는 부분을 피트라고 한다. CD에는 나선 모양으로 돌아 나가는 단 하나의 트랙이 있는데 트랙을 따라 일렬로 랜드와 피트가 번갈아 배치되어 있다. 피트를 제외한 부분, 즉 이웃하는 트랙과 트랙 사이도 랜드에 해당한다.

CD 드라이브는 디스크 모터, 광 픽업 장치, 광학계 구동 모터로 구성된다. 디스크 모터는 CD를 회전시킨다. CD 아래에 있는 광 픽업 장치는 레이저 광선을 발생시켜 CD 기록면에 조사하고, CD에서 반사된 광선은 광 픽업 장치 안의 광 검출기가 받아들인다. 광선의 경로 상에 있는 포커싱 렌즈는 광선을 트랙의 한 지점에 모으고, 광 검출기는 반사된 광선의 양을 측정하여 랜드와 피트의 정보를 읽어 낸다.

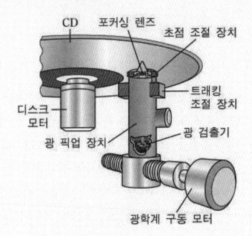

이때 CD의 회전 속도에 맞춰 트랙에 광선이 조사될 수 있도록 광학계 구동 모터가 광 픽업 장치를 CD의 중심부에서 바깥쪽으로 서서히 직선으로 이동시킨다.

CD의 고속 회전 등으로 진동이 생기면 광선의 위치가 트랙을 벗어나거나 초점이 맞지 않아 데이터를 잘못 읽을 수 있다. 이를 막으려면 트래킹 조절 장치와 초점 조절 장치를 제어해 실시간으로 편차를 보정해야 한다. 편차 보정에는 광 검출기가 사용된다. 광 검출기는 가운데를 기준으로 전후좌우의 네 영역으로 분할되어 있는데, 트랙의 방향과 같은 방향으로 전후 영역이, 직각 방향으로 좌우 영역이 배치되어 있다. 이때 각 영역에 조사되는 빛의 양이 많아지면 그 영역의 출력값도 커지며 네 영역의 출력값의 합을 통해 피트와 랜드를 구별한다.

레이저 광선이 트랙의 중앙에 초점이 맞은 상태로 정확히 조사되면 광 검출기 네 영역의 출력값은 모두 동일하다. 그런데 광선이 피트에 해당하는 지점에 조사될 때 트랙의 중앙을 벗어나 좌측으로 치우치면, 피트 왼편에 있는 랜드에서 반사되는 빛이 많아져 광 검출기의 좌 영역의 출력값이 우 영역보다 커진다. 이 경우 두 출력값의 차이에 대응하는 만큼 트래킹 조절 장치를 작동하여 광 픽업 장치를 오른쪽으로 움직여서 편차를 보정한다. 우측으로 치우쳐 조사된 경우에도 비슷한 과정을 거쳐 편차를 보정한다.

한편 광 검출기에 조사되는 광선의 모양은 초점의 상태에 따라 전후나 좌우 방향으로 길어진다. CD 기록면과 포커싱 렌즈 간의 거리가 가까워져 광선의 초점이 맞지 않으면, 조사된 모양이 전후 영역으로 길어지고 출력값도 상대적으로 커진다. 반면 둘 사이의 거리가 멀어지면, 좌우 영역으로 길어지고 출력값도 상대적으로 커진다. 이때 광 검출기의 전후 영역 출력값의 합과 좌우 영역 출력값의 합을 구한 후, 그 둘의 차이에 해당하는 만큼 초점 조절 장치를 이용해 포커싱 렌즈의 위치를 CD 기록면과 가깝게 또는 멀게 이동시켜 초점이 맞도록 한다.

1. 윗글에 나타난 여러 장치에 대한 설명으로 적절하지 <u>않은</u> 것은?

① 초점 조절 장치는 포커싱 렌즈의 위치를 이동시킨다.

② 포커싱 렌즈는 레이저 광선을 트랙의 한 지점에 모아 준다.

③ 광 검출기의 출력값은 트래킹 조절 장치를 제어하는 데 사용된다.

④ 광학계 구동 모터는 광 픽업 장치가 CD를 따라 회전할 수 있도록 해 준다.

⑤ 광 픽업 장치에는 레이저 광선을 발생시키는 부분과 반사된 레이저 광선을 검출하는 부분이 있다.

2. 윗글을 이해한 내용으로 적절하지 <u>않은</u> 것은?

① CD에 기록된 정보는 중심에서부터 바깥쪽으로 읽어야 하겠군.

② 레이저 광선은 CD 기록면을 향해 아래에서 위쪽으로 조사 되겠군.

③ 광 검출기에서 네 영역의 출력값의 합은 피트를 읽을 때보다 랜드를 읽을 때 더 크게 나타나겠군.

④ 렌즈의 초점이 맞지 않으면 광 검출기의 전 영역과 후 영역의 출력값의 차이를 이용하여 보정하겠군.

⑤ CD의 고속 회전에 의한 진동으로 인해 광 검출기에 조사된 레이저 광선의 모양이 길쭉해질 수 있겠군.

3. 윗글을 바탕으로 〈보기〉에 대해 설명한 내용으로 적절한 것은?

〈보기〉

다음은 cd 기록면의 피트 위치에 레이저 광선이 조사되었을 때 〈상태1〉과 〈상태2〉에서 얻은 광 검출기의 출력값이다.

영역	전	후	좌	우
상태 1의 출력값	2	2	3	1
상태 2의 출력값	5	5	3	3

① 광 검출기에 조사되는 레이저 광선의 총량은 〈상태1〉보다 〈상태2〉가 작다.

② 〈상태1〉에서는 초점 조절 장치가 구동되어야 하지만, 〈상태2〉에서는 구동될 필요가 없다.

③ 〈상태1〉에서는 트래킹 조절 장치가 구동될 필요가 없지만, 〈상태2〉에서는 구동되어야 한다.

④ 〈상태1〉에서는 레이저 광선이 트랙의 오른쪽에 치우쳐 조사되고, 〈상태2〉에서는 가운데 조사된다.

⑤ 〈상태1〉에서는 포커싱 렌즈와 CD 기록면의 사이의 거리를 조절할 필요가 없지만, 〈상태2〉에서는 멀게 해야 한다.

> CD 드라이브는 디스크 표면에 조사된 레이저 광선이 반사되거나 산란되
> 는 효과를 이용해 정보를 판독한다.

⇒ 이 지문은 글에 '그림'이 나와있다. 이렇게 출제자가 '그림'과 함께 지문을 주는 경우, 반드시 '그림'을 활용해서 글을 이해해가야 한다. 출제자가 그림을 주는 이유는, 학생 입장에서 이 지문을 '그림' 없이 이해하기가 힘들다고 생각했기 때문에 주는 것이다.

CD 드라이브가 뭔가 해서 그림을 보니, 아래 그려져 있는 그림을 말하는 거 같다. 우선 최대한 상상해주면서 글을 읽어보자. CD 드라이브는 디스크 표면에 쬐어진 레이저 광선이 반사되거나 산란되는 효과를 이용해서 정보를 읽어낸다고 한다. 구체적으로 어떻게 정보를 읽어낸다는 걸까? 의문을 가지고 읽어 내려가자.

*조사되다 : 광선이나 방사선 따위가 쬐어지다.
*산란되다 : 물체와 충돌하여 각 방향으로 흩어지다.

> CD의 기록면 중 광선이 흩어짐 없이 반사되는 부분을 랜드, 광선의 일부
> 가 산란되어 빛이 적게 반사되는 부분을 피트라고 한다.

⇒ '랜드', '피트'라는 단어를 들었을 때, 단어의 함축적 의미가 바로 쉽게 떠오르진 않는다. 나는 이 부분을 읽으면서, '랜드'는 뭔가 단어 자체가 깔끔하고 평평한 부분을 말하는 거 같은 느낌이 들어서, '광선이 흩어지지 않고 온전히 반사되는 부분이구나'라고 납득했다. 그리고 '피트'는 발음 자체를 봤을 때 'ㅍ'이라는 파열음이 들어가 있어서 뭔가 터지는, 산란되는 느낌이 들었다. 그래서 '피트는 빛의 일부가 산란되어 적게 반사된다는 부분이구나' 하고 납득할 수 있었다.

추가 Tip

이 지문까지 오면서 계속 말했지만, '단순 정보'는 부연 설명을 어떤 식으로 붙이든 간에 머릿속에 각인시키는 것이 목적이다. 그렇기 때문에 어떻게든 나만의 부연 설명을 만들어서 이해하고 넘어가기만 하면 된다. 만약에 부연 설명이 안 만들어진다면 밑줄 그어놓

고 넘어가거나, 나중에 지문에서 물어봤을 때 돌아와서 보고 풀면 된다. 부연 설명이 안 만들어진다고 너무 걱정하지 말자. 이것도 하다 보면 자연스럽게 된다.

> CD에는 나선 모양으로 돌아 나가는 단 하나의 트랙이 있는데 트랙을 따라 일렬로 랜드와 피트가 번갈아 배치되어 있다.

⇒ 이미지화해준다. CD에 있는 '나선 모양으로 돌아 나가는 단 하나의 트랙'을 상상해준다. 그리고 그 트랙을 따라서 일렬로 랜드와 피트가 번갈아 배치되어 있다고 한다. 아래와 같은 이미지를 떠올렸어야 한다.

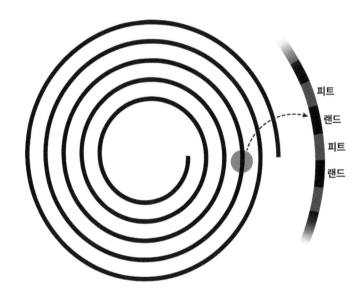

> 피트를 제외한 부분, 즉 이웃하는 트랙과 트랙 사이도 랜드에 해당한다.

⇒ 이미지화해서 납득한다. 아래 이미지에 표시해놓은 것처럼 트랙과 트랙 사이의 공간도 랜드에 해당한다는 것이다.

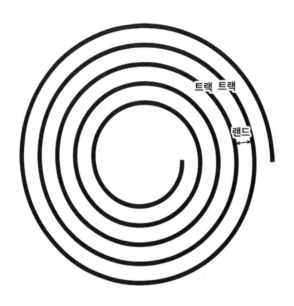

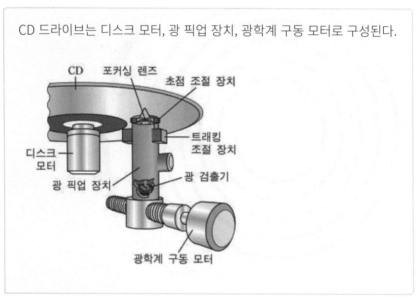

CD 드라이브는 디스크 모터, 광 픽업 장치, 광학계 구동 모터로 구성된다.

⇒ 그림을 보고 납득한다. 그리고 네가 앞으로 글을 계속 읽으면서 매번 느끼겠지만, 이렇게 구성 요소를 하나씩 나열한 문장 뒤에는 각각의 구성요소에 대한 설명이 나오는 경우가 많다. 앞으로 스스로 기출 문제를 많이 풀어보면서 이런 흐름을 계속 느끼기 바란다. 이런 흐름을 알고 있으면 글을 읽을 때 '글이 내가 생각한대로 전개되고 있구나'라는 느낌이 들어서 긴장하지 않고 읽어나갈 수 있다.

디스크 모터는 CD를 회전시킨다.

⇒ 그림을 보니, CD 아래에 달려 있는 것이 '디스크 모터'이다. 말 그대로 CD를 회전시키는 모터인가 보다.

> CD 아래에 있는 광 픽업 장치는 레이저 광선을 발생시켜 CD 기록면에 조사하고, CD에서 반사된 광선은 광 픽업 장치 안의 광 검출기가 받아들인다.

⇒ '광 픽업' 장치니까, 레이저 광선을 조사해서 CD에 반사되어 나오는 빛을 캐치하는 장치가 아닐까 생각했다. 광 픽업 장치가 레이저를 쏴서 CD 기록면에 조사하면 CD에서 빛이 반사되어 나온다. 그러면 그 빛은 다시 광 픽업 장치를 통해 광 검출기까지 도달하게 된다. 출제자가 그려준 그림을 보면서 납득한다.

> 광선의 경로 상에 있는 포커싱 렌즈는 광선을 트랙의 한 지점에 모으고, 광 검출기는 반사된 광선의 양을 측정하여 랜드와 피트의 정보를 읽어 낸다.

⇒ '포커싱' 렌즈니까 당연히 광선을 트랙의 한 지점에 모을 것이다. 광 '검출기'니까 반사된 광선의 양을 측정해서 랜드와 피트의 정보를 검출해낼 것이다. 이때 좀 더 생각해준다면, 반사되는 광선의 양이 많으면 '랜드'일 거고, 반사되는 광선의 양이 적으면 '피트'일 것이다. 위에서 읽었듯이, 랜드는 광선이 **흩어짐 없이 반사**되는 부분이었고, 피트는 **광선의 일부가 산란되어 빛이 적게 반사**되는 부분이었기 때문이다.

> 이때 CD의 회전 속도에 맞춰 트랙에 광선이 조사될 수 있도록 광학계 구동 모터가 광 픽업 장치를 CD의 중심부에서 바깥쪽으로 서서히 직선으로 이동시킨다.

⇒ 그림을 보니, 광학계 구동 모터는 광 픽업 장치를 움직일 수 있는 녀석인 거 같다. 광학계 구동 모터가 광 픽업 장치를 CD 중심에서 바깥쪽으로 서서히 이동시키는 것을 머릿속으로 그린다. 이때 '직선으로' 이동한다는 것도 빼놓지 말고 이미지화해주자. 곡선으로 이동하거나 회전하면서 이동할 수 있었는데 굳이 '직선으로' 이동한다고 한다. 이런 수식어들은 충분히 선택지에서 물어볼 수 있기 때문에 꼼꼼하게 보고 이미지화를 해주자. 광학계 구동 모터가 CD와 같이 '회전'하면서 이동하는 것이 아니라, CD만 회전하고 광학계 구동 모터는 바깥쪽으로 서서히 직선으로 이동한다. 이걸 이미지화해보면, 광 픽

업 장치에서 나오는 광선이 CD의 모든 트랙에 조사된다는 것을 이해할 수 있을 것이다.

> CD의 고속 회전 등으로 진동이 생기면 광선의 위치가 트랙을 벗어나거나 초점이 맞지 않아 데이터를 잘못 읽을 수 있다.

⇒ 이미지화하고 납득해준다. CD가 너무 빨리 회전해서 진동이 생기면, 당연히 광선의 위치가 광선을 조사해야 할 트랙에서 벗어나거나, 초점이 맞지 않아서 데이터를 잘못 읽을 수 있을 것이다.

> 이를 막으려면 트래킹 조절 장치와 초점 조절 장치를 제어해 실시간으로 편차를 보정해야 한다.

⇒ '트래킹 조절' 장치의 함축적 의미를 떠올려보자. CD의 고속회전 때문에 진동이 생겨서 광선의 위치가 트랙을 벗어나거나 초점이 맞지 않는 상황에서는 '트래킹 조절 장치'와 '초점 조절 장치'를 사용한다고 한다. '초점 조절 장치'는 말 그대로 초점을 조절하는 장치일 테니, 초점이 맞지 않는 건 이 장치로 제어할 것임을 알 수 있다. 그럼 '트래킹 조절 장치'는 CD의 고속회전 때문에 생기는 '진동'을 조절하는 장치일 거다. 그래서 나는 '아~ 트래킹(=진동)을 조절하는 장치구나'라고 생각한 뒤에 넘어갔다. 사실 '트래킹'의 뜻은 '무언가를 쫓아간다'는 뜻이다. 트래킹 조절 장치는 흔들림을 따라가서 제어한다는 뜻에서 '트래킹 조절 장치'인 것이다. '트래킹'의 뜻을 몰랐어도 전혀 상관 없다. 물론 알고 있었다면 더 편했겠지만, 몰랐어도 적절히 말을 만들어서 이해하고 넘어갈 수 있었다. 그리고 실전에서는 그렇게 할 수 있어야 한다. 앞서 계속 말했지만, 부연설명을 어떻게 붙이든 내가 기억할 수 있도록 적절한 부연설명을 붙이고 넘어갈 수만 있다면 충분하다.

> 편차 보정에는 광 검출기가 사용된다.

⇒ 광 검출기가 어떻게 편차를 보정한다는 걸까? 궁금증을 가지고 읽어 내려가자.

> 광 검출기는 가운데를 기준으로 전후좌우의 네 영역으로 분할되어 있는

데, 트랙의 방향과 같은 방향으로 전후 영역이, 직각 방향으로 좌우 영역
이 배치되어 있다.

⇒ 이미지를 그리자. 광 검출기가 구체적으로 어떻게 생겼는지는 모른다. 이 문장만 가
지고 최대한 비슷하게 이미지를 그려보는 것이다. 나는 아래와 같은 이미지를 떠올렸다.

이때 각 영역에 조사되는 빛의 양이 많아지면 그 영역의 출력값도 커지며
네 영역의 출력값의 합을 통해 피트와 랜드를 구별한다.

⇒ 전후좌우에 조사되는 빛의 양이 많아지면 당연히 해당 영역의 출력값도 커질 것이
다. 그런데 이 네 영역의 출력값의 합을 통해 피트와 랜드를 구분한다고 하는데, 구체적
으로 어떻게 하는 걸까? 추론을 해보자면 '네 영역의 출력값의 합을 통해 랜드와 피트를
구분한다고 하니, 네 영역의 출력값의 합이 높으면 랜드, 출력값이 낮으면 피트이지 않을
까?' 정도로 추론할 수 있다. 우선 여기까지 정도 생각을 해보고 다음 문장을 읽어보자.

레이저 광선이 트랙의 중앙에 초점이 맞은 상태로 정확히 조사되면 광 검
출기 네 영역의 출력값은 모두 동일하다.

⇒ 납득한다. 트랙의 정중앙에 초점이 맞은 상태로 조사되면 네 영역에 빛이 골고루 퍼
져서 출력값이 동일해지나보다.

그런데 광선이 피트에 해당하는 지점에 조사될 때 트랙의 중앙을 벗어나
좌측으로 치우치면, 피트 왼편에 있는 랜드에서 반사되는 빛이 많아져 광
검출기의 좌 영역의 출력값이 우 영역보다 커진다.

⇒ 나는 이 문장을 읽으면서 '피트 왼편에 있는 랜드'라는 말이 눈에 걸렸다. '피트 앞, 뒤에 랜드가 있는 거 아니였나? 분명 트랙을 따라서 랜드와 피트가 번갈아 배치되어 있다고 한 거 같은데'라는 생각이 들었다. 그런데 다시 생각해보니, 트랙과 트랙 사이의 공간도 '랜드'였다. 즉, 피트 왼편에 있는 트랙과 트랙 사이의 공간이 '랜드'였던 것이다.

  광선이 피트에 해당하는 지점에 조사될 때 트랙의 중앙을 벗어나 좌측으로 치우치면, 당연히 피트 왼편의 랜드에서 반사되는 빛이 많아질 것이다. 왜냐하면 광선이 좌측으로 치우쳐지면 피트 왼쪽에 있는 랜드에 빛이 조사되고, 랜드는 빛을 많이 반사시키기 때문에 왼쪽에서 상대적으로 많은 양의 빛이 광 검출기로 들어오게 되는 것이다. 이렇게 왼편에서 반사되는 빛이 많아지면, 자연스레 광 검출기의 좌 영역의 출력값이 우 영역보다 커질 것이다.

> 이 경우 두 출력값의 차이에 대응하는 만큼 트래킹 조절 장치를 작동하여 광 픽업 장치를 오른쪽으로 움직여서 편차를 보정한다.

⇒ 앞 문장은 문제 상황이었다. 광선이 트랙의 정중앙에 잘 조사되게 해야 하는데, 좌측으로 치우친 경우였다. 그럼 이 문제 상황을 해결해야 할 것이다. 이를 해결하는 방법이 바로, '좌, 우 두 출력값의 차이에 대응하는 만큼 트래킹 조절 장치를 작동하여 광 픽업 장치를 오른쪽으로 움직이는 것'이다. 좌측으로 치우쳐져 있으니까 당연히 우측으로 움직여서 편차를 보정해야 할 것이다.

> 우측으로 치우쳐 조사된 경우에도 비슷한 과정을 거쳐 편차를 보정한다.

⇒ 납득한다. 이 경우에는 왼쪽으로 치우쳐 조사된 경우와 반대되는 경우인데, 이것도 그냥 흘려 읽고 넘어가는 게 아니라, 구체적으로 오른쪽으로 치우쳐졌을 때는 어떤 식으로 편차를 보정한다는 건지 구체적으로 떠올려주고 넘어가야 한다. 네가 앞으로 기출 문제를 풀면서 느끼겠지만, 문제는 이렇게 구체적으로 설명하지 않았던 '우측으로 치우치는 경우'를 활용해서 나오는 경우가 많기 때문이다. 이런 경우 '우측으로 치우칠 때의 상황'을 이미 머릿속으로 한 번 그려봤던 학생은 문제 풀이가 훨씬 빨라진다.

> 한편 광 검출기에 조사되는 광선의 모양은 초점의 상태에 따라 전후나 좌
> 우 방향으로 길어진다.

⇒ 이게 무슨 말일까? 초점의 상태가 어떨 때 광선의 모양이 전후나 좌우 방향으로 길어
진다는 거지? 구체적으로 의문을 품고 읽어 가자.

※ 반사된 빛이 광 검출기에 도달하는 것도 빛이 '조사된다'라고 표현할 수 있다. 둘 다 빛이 쬐어진다는 점에서 같
은 의미다.

> CD 기록면과 포커싱 렌즈 간의 거리가 가까워져 광선의 초점이 맞지 않
> 으면, 조사된 모양이 전후 영역으로 길어지고 출력값도 상대적으로 커진
> 다.

⇒ 여기서 의문이 든다. 왜 조사된 빛의 모양이 '전후' 영역으로 길어지는 걸까? '좌우'
영역으로도 길어질 수 있는 거 아닌가? 그런데 왜 빛이 '전후' 영역으로 길어지는지에 대
한 부연 설명이 없다. 나는 마땅한 부연 설명이 생각나지 않아서, 조사되는 빛의 모양이
전후 영역으로 길어지는 걸 그냥 이미지화로 머릿속에 각인시키고 넘어갔다. 만약 네가
부연 설명을 만들지 않았고 이미지화도 하지 않았다면 그냥 외우거나 밑줄 그어놓고 넘
어갔어야 한다.

　그리고 이 문장에 따르면 빛이 조사되는 모양이 전후 영역으로 길어지고, 출력값도 상
대적으로 커진다고 한다. 빛이 조사되는 모양이 전후 영역으로 길어진다는 것은, 전후 영
역에 빛이 많이 조사된다는 뜻이니, 출력값도 커지는 것이다.

> 반면 둘 사이의 거리가 멀어지면, 좌우 영역으로 길어지고 출력값도 상대
> 적으로 커진다.

⇒ 왜 CD 기록면과 포커싱 렌즈 사이의 거리가 멀어졌을 때, 빛이 조사된 모양이 '좌우'
영역으로 길어지는 건지는 모른다. 나는 단순히 '앞 문장과 반대 관계구나'라고 생각했
다. 또 빛이 조사되는 영역이 좌우 영역으로 길어지니, 좌우 영역의 출력값은 상대적으로
커질 것이다. 납득한다.

이때 광 검출기의 전후 영역 출력값의 합과 좌우 영역 출력값의 합을 구한 후, 그 둘의 차이에 해당하는 만큼 초점 조절 장치를 이용해 포커싱 렌즈의 위치를 CD 기록면과 가깝게 또는 멀게 이동시켜 초점이 맞도록 한다.

⇒ '정상'인 상황은, 레이저 광선이 트랙의 중앙에 초점이 맞은 상태로 정확히 조사되어서 광 검출기 네 영역의 출력값이 모두 동일한 상태다. 이 상태를 만들기 위해서, 이 문장에서 말한 방법을 쓴다는 걸 알고 있어야 한다.

'정상'일 때는 광 검출기의 전후 영역의 출력값의 합과 좌우 영역의 출력값의 합이 어떻게 돼야할까? 정상일 때는 전후좌우 네 영역의 출력값이 모두 동일하니까, 당연히 전후 영역의 출력값의 합과 좌우 영역의 출력값의 합은 **같아야 할 것**이다. 다르게 말해서, 정상일 때는 '전후 영역의 출력값의 합'과 '좌우 영역의 출력값의 합'의 차이가 0인 것이다. 그래서 초점 조절 장치를 이용해서, 이 값을 0으로 유지하려고 하는 것이다.

그러기 위해서는 '전후 영역의 출력값의 합'과 '좌우 영역의 출력값의 합'의 차이를 구하고, 이 차이에 해당하는 만큼 초점 조절 장치를 조절해야 한다. 포커싱 렌즈의 위치를 CD 기록면과 가깝게 하거나 멀게 한 뒤에, '전후 영역의 출력값의 합'과 '좌우 영역의 출력값의 합'의 차이가 0이 되도록 만들어야 할 것이다. 오차를 가지고 구체적으로 '어떻게' 초점 조절 장치를 조절해서 차이를 0으로 만드는지는 모르겠지만, 우선 지금 내가 말하는 내용까지는 납득했어야 한다.

------------------------------ ◆ 문제 해설 ◆ ------------------------------

1. 윗글에 나타난 여러 장치에 대한 설명으로 적절하지 <u>않은</u> 것은?

① 초점 조절 장치는 포커싱 렌즈의 위치를 이동시킨다.

⇒ 맞는 말이다. 윗글에서 초점 조절 장치를 이용해서 포커싱 렌즈의 위치를 이동시킨다고 했었다. 그리고 '초점' 조절 장치니까 당연히 '포커싱' 렌즈의 위치를 이동시켜서 초점을 잡을 것이다.

② 포커싱 렌즈는 레이저 광선을 트랙의 한 지점에 모아 준다.

⇒ 맞는 말이다. '포커싱' 렌즈이기 때문에 레이저 광선을 트랙의 '한 지점'에 모았었다.

③ 광 검출기의 출력값은 트래킹 조절 장치를 제어하는 데 사용된다.

⇒ 맞는 말이다. 광 검출기의 출력값은 '트래킹 조절 장치'와 '초점 조절 장치'를 제어하는데 사용됐었다.

④ 광학계 구동 모터는 광 픽업 장치가 CD를 따라 회전할 수 있도록 해 준다.

⇒ 틀렸다. 광 픽업 장치는 CD를 따라 회전하지 않는다. CD만 회전하고, 광 픽업 장치는 광학계 구동모터에 의해 바깥쪽으로 '직선으로' 이동한다. 이미지화했다면 쉽게 판단했을 것이다.

⑤ 광 픽업 장치에는 레이저 광선을 발생시키는 부분과 반사된 레이저 광선을 검출하는 부분이 있다.

⇒ 맞는 말이다. 말 그대로 '광 픽업' 장치니까, 광선을 발사하고, 반사된 레이저 광선도 '픽업해서' 검출하는 것이다. 광 픽업 장치 안에는 '광 검출기'가 있어서, 반사된 레이저 광선을 검출할 수 있었다.

● 답 : ④

2. 윗글을 이해한 내용으로 적절하지 <u>않은</u> 것은?

> ① CD에 기록된 정보는 중심에서부터 바깥쪽으로 읽어야 하겠군.

➡ 맞는 말이다. 윗글에서 광학계 구동 모터는 광 픽업 장치를 '중심부에서 바깥쪽으로' 이동시킨다고 했었다. 따라서 CD에 기록된 정보는 중심에서부터 바깥쪽으로 읽어야 할 것이다.

> ② 레이저 광선은 CD 기록면을 향해 아래에서 위쪽으로 조사 되겠군.

➡ 맞는 말이다. 광 픽업 장치가 CD 기록면 아래에서 위로 광선을 조사할 것이다. 이미 지화했다면 쉽게 판단할 수 있었다.

> ③ 광 검출기에서 네 영역의 출력값의 합은 피트를 읽을 때보다 랜드를 읽을 때 더 크게 나타나겠군.

➡ 맞는 말이다. 랜드는 피트와 달리, 산란되는 빛 없이 조사된 빛 전부가 다시 반사됐었기 때문이다. 여기서 빛이 많이 반사된다는 것은 그만큼 출력값이 커진다는 것이다. 따라서 당연히 광 검출기 네 영역의 출력값의 합은 피트보다 랜드를 읽을 때 더 크게 나타날 것이다.

*정상적으로 광 픽업 장치의 광선이 CD 드라이브에 조사되었다고 했을 때 광 검출기 네 영역의 출력값은 피트에 조사되는 경우든, 랜드에 조사되는 경우든 모두 동일하다. 예를 들어서 피트에 조사되는 경우 전후좌우 네 영역의 출력값은 모두 1로 동일하고, 랜드에 조사되는 경우에는 피트보다 반사되는 빛의 양이 크니까 출력값이 모두 3으로 동일한 것이다. (1과 3은 대충 예시로 든 숫자이다)

> ④ 렌즈의 초점이 맞지 않으면 광 검출기의 전 영역과 후 영역의 출력값의 차이를 이용하여 보정하겠군.

➡ 틀렸다. 광 검출기의 전 영역과 후 영역의 출력값의 차이가 아니라, **전후 영역 출력값의 합과 좌우 영역 출력값의 합의 차이**를 이용하여 보정하는 것이다.

⑤ CD의 고속 회전에 의한 진동으로 인해 광 검출기에 조사된 레이저 광
선의 모양이 길쭉해질 수 있겠군.

⇒ 맞는 말이다. CD의 고속 회전에 의해서 초점이 맞지 않으면, 광 검출기에 조사된 레
이저 광선의 모양이 전후 또는 좌우로 길쭉해질 수 있다.

● 답 : ④

3. 윗글을 바탕으로 <보기>에 대해 설명한 내용으로 적절한 것은?

<보기>

다음은 cd 기록면의 피트 위치에 레이저 광선이 조사되었을 때 <상태1>과 <상태
2>에서 얻은 광 검출기의 출력값이다.

영역	전	후	좌	우
상태 1의 출력값	2	2	3	1
상태 2의 출력값	5	5	3	3

⇒ 〈보기〉를 먼저 해석해보자. 〈상태1〉과 〈상태2〉는 무슨 차이인 걸까? 〈상태1〉은 전
후 영역 출력값의 합과 좌우 영역 출력값의 합이 같다. 즉, **'초점 조절 장치'는 움직일 필
요가 없는 것이다.** 하지만, 좌측으로 조금 치우쳐져 있어서 우측보다 좌측의 출력값이 더
큰 상태다. 이 경우에는 **'트래킹 조절 장치'를 이용해서 좌측과 우측의 출력값을 모두 2
로 맞춰야 할 것**이다. (*여기서 좌측과 우측의 출력값을 반드시 '2'로 맞춰야 하는 이유가
있다. 만약 3으로 맞춰버리면 전후 영역 출력값의 합과 좌우 영역 출력값의 합이 달라져
서 초점 조절 장치를 또 조절해야 하기 때문이다.)

다음으로, 〈상태2〉는 전후 영역과 좌우 영역의 출력값이 모두 동일하므로 **'트래킹 조
절 장치'는 움직일 필요가 없다.** 하지만 전후 영역 출력값의 합과 좌우 영역 출력값의 합
이 동일하지 않다. 그렇기 때문에 **'초점 조절 장치'를 움직여서 전후 영역 출력값의 합과
좌우 영역 출력값의 합을 동일하게 만들어야 할 것**이다. 이때 '초점 조절 장치'는 포커싱
렌즈의 거리가 CD 드라이브로부터 '멀어지도록' 만들어야 한다. 그렇게 하면 좌우 출력

값의 합이 커지고 전후 출력값의 합이 작아진다. 〈상태2〉는 좌우 출력값의 합이 더 작고, 전후 출력값의 합이 더 큰 상황이기 때문에, 거리를 멀어지도록 조절해서 **좌우 출력값의 합은 커지게 만들고 전후 출력값의 합은 작아지게 만들어서 두 값이 같아지도록 만들어야 한다.**

 이 문제는 '초점 조절 장치'와 '트래킹 조절 장치'의 **'차이점'**을 이해했냐고 묻는 문제다. 출제자는 각각의 장치가 하는 역할을 네가 이해했는지 물어보고 싶었던 것이다.

> ① 광 검출기에 조사되는 레이저 광선의 총량은 〈상태1〉보다 〈상태2〉가 작다.

⇒ 틀렸다. 광 검출기에 조사되는 레이저 광선의 총량은 전후좌우 출력값을 모두 더하면 된다. 〈상태1〉의 전후좌우 출력값을 모두 더하면 8이고, 〈상태2〉의 전후좌우 출력값을 모두 더하면 16이 된다. 따라서 레이저 광선의 총량은 〈상태2〉가 〈상태1〉보다 2배 더 크다.

> ② 〈상태1〉에서는 초점 조절 장치가 구동되어야 하지만, 〈상태2〉에서는 구동될 필요가 없다.

⇒ 완전 반대다. 〈상태1〉에서는 초점 조절 장치가 구동될 필요가 없지만 〈상태2〉에서는 구동될 필요가 있는 것이다.

> ③ 〈상태1〉에서는 트래킹 조절 장치가 구동될 필요가 없지만, 〈상태2〉에서는 구동되어야 한다.

⇒ 완전 반대다. 〈상태1〉에서 트래킹 조절 장치가 구동되어야 하고, 〈상태2〉에서는 트래킹 조절 장치가 구동될 필요가 없는 것이다.

> ④ 〈상태1〉에서는 레이저 광선이 트랙의 오른쪽에 치우쳐 조사되고, 〈상태2〉에서는 가운데 조사된다.

틀렸다. 〈상태1〉에서는 좌측 출력값이 크기 때문에, 레이저 광선이 트랙의 좌측에 치우쳐 조사된 것임을 알 수 있다. 〈상태2〉에서는 트래킹 조절 장치를 움직일 필요가 없었다. 이 말은 레이저 광선이 좌측 또는 우측으로 치우쳐져 있지 않다는 뜻이다. 다만 초점이 맞지 않는 상태이기 때문에, 초점 조절 장치를 통해 포커싱 렌즈와 CD 드라이브 사이의 '거리'를 조절해서 전후 영역 출력값의 합과 좌우 영역 출력값의 합을 동일하게 만들어야 하는 것이다.

> ⑤ 〈상태1〉에서는 포커싱 렌즈와 CD 기록면의 사이의 거리를 조절할 필
>   요가 없지만, 〈상태2〉에서는 멀게 해야 한다.

⟹ 맞는 말이다. 〈상태1〉은 포커싱 렌즈와 CD 기록면 사이의 거리를 조절할 때 쓰는 '초점 조절 장치'를 건드릴 필요 없이, '트래킹 조절 장치'만 조절하면 되는 상황이었다. 반면 〈상태2〉에서는 초점 조절 장치를 이용해서 CD 드라이브랑 포커싱 렌즈 사이의 거리를 멀게 만들어야 했다.

❷ 답 : ⑤

에필로그

혹시나 이 책이 도움되지 않은 사람이 있다면

이 책을 쓰면서 했던 다짐이 있다. '국어 5등급 시절, 고1 때 나에게 쓴다는 생각으로 글을 쓰자.' 이 책은 내가 독서 때문에 미칠 거 같았던 과거의 나에게 말한다는 생각으로 한 자 한 자 써 내려간 책이다. 그래서 정말 '쉬운 말'로 쓰려고 노력했고, 기본기부터 차근차근 가르친다는 생각으로 아주 '구체적'으로 글을 썼다. 시간을 두고 다시금 글을 읽으면서, 조금이라도 이해가 어려운 부분은 전부 지우고 다시 썼다.

그렇지만 네 입장에서 이 책을 어떻게 받아들였을지는 잘 모르겠다. 나는 최선을 다해서 내가 알고 있는 것을 알려주려 했지만, 받아들이는 사람이 어떨지는 잘 모르겠다. 하지만 나 스스로는 내가 300페이지 넘게 쓴 글에 분명 엄청난 깨달음이 있다고 생각한다. 난 인강이나 학교 수업에서도 얻지 못했던 깨달음을 눌러 담으려고 정말 애썼고, 그 정도의 깨달음이 담겨 있는 책을 완성했다고 자신한다. 그래서 부탁한다. **네가 만약 이 책을 여기까지 읽고도 공부 방법에 감이 제대로 안 잡히고, 국어 공부할 때 확신이 들지 않는다면, 이 책을 '한 번만' 다시 읽어보기를 바란다.** 일주일에서 한 달 정도 시간을 두고, 이 책을 첫 장부터 다시 한번 읽어 봐라. 왜냐하면 모든 책은 '다시' 읽었을 때 아예 다른 책이 되기 때문이다.

나는 중학교 3학년 때 우연히 데일 카네기의 〈인간관계론〉이라는 책을 읽었는데, 그때는 그 책이 너무 뻔한 소리를 하고 있다고 생각했었다. 그래서 1년 정도 그 책을 책장에 박아 놓았는데, 고등학교에 올라와서 우연히 그 책을 다시 읽게 됐다. 그때 난 그 책 안에 내가 겪고 있는 인간관계 문제를 해결할 방법이 전부 들어있었다는 걸 깨달았다. 정말 놀라운 경험이었다. 분명 똑같은 책인데 그 책에 대한 나의 평가가 완전히 달라졌기 때문이다. 그런데 사실 이건 당연하다. 예를 들어 네가 정육면체를 정면에서 보면 정사각형으로 보이지만, 각도를 조금 비틀어서 보면 마름모 또는 평행사변형과 같이 보이기도 한다.

네가 시간을 두고 책을 '다시' 읽는 것은, 정육면체를 다른 각도에서 본다는 것이다. 그리고 '다른 시선'은 '다른 깨달음'을 주기 마련이다. 네가 지금 이 책을 읽고 깨달음이 없다면 '정육면체'를 정면으로만 보는 것이다. 나는 반드시 네가 이 책에 담겨 있는 깨달음을 전부 가져갔으면 한다. 그래서 나는 정말 강력하게, 네가 이 책을 일주일 뒤, 한 달 뒤에 다시 한번 더 반복해서 보길 바란다. 장담하는데, 다른 인강을 보거나 과외를 받는 것보다 훨씬 더 도움이 될 것이다.

이 책을 덮고 난 뒤, 학습법

네가 고등학교 1, 2학년이라면 기출 문제집 한 권을 사서 이 책에서 배운 내용을 적용해보려고 하면 된다. 하루에 몇 시간을 하든, 몇 지문을 보든 이 책에서 배운 태도들을 꼭 지키면서 읽는다면 반드시 독해력은 오를 것이다. 기출 문제집은 '해설'이 자세한 걸 사는 게 좋다. 만약 모든 해설을 비교했는데도 결정하기 힘든 상황이라면, 가장 많이 팔리는 문제집 중 한 권을 사는 걸 추천한다. 그렇게 기출 문제를 풀다가, 독서 지문을 읽는 게 재미없어지거나 실력이 느는 거 같지 않다고 느껴진다면 이 책을 다시금 펼쳐보고 네가 어떤 부분을 놓치면서 글을 읽고 있는지 점검해 보기 바란다. 보통 대부분의 학생은 내가 앞서 말한 8원칙 중 한 가지 이상을 빼먹은 채로 글을 읽기 때문에 성적이 오르지 않는 경우가 많다. 그리고 네가 스스로 독해력이 어느 정도 올라왔다고 생각하거나, 더 어려운 문제를 풀어보고 싶다면 기존 '국정원 독서편'을 구매해서 풀어보는 걸 추천한다. 결국 1등급까지 가려면 '최고난도' 문제에서도 '8원칙'을 제대로 사용할 수 있어야 하는데, 그것은 '국정원 독서편'이 큰 도움을 줄 것이다.

그리고 네가 만약 고등학교 3학년이라면 고등학교 3학년 기출 문제를 최소 15개년은 풀어보기를 바란다. 이때 3일이 지나도 이해되지 않는 너무 어려운 문제나 독서 지문은 건너뛰어도 된다. 상대적으로 쉬운 지문들부터 읽다 보면, 서서히 독해력이 오르면서 어려운 지문들까지 자연스레 이해된다. 네가 15개년 기출 문제를 전부 다 풀었다면, 이제 어려워서 넘겼던 지문들로 다시 돌아가라. 그리고 그 지문들을 최대 10번까지 다시 읽어봐라. 그리고 그 시점에서 '국정원 독서편'을 보기 바란다. 그러고 나면 네 점수가 급격하게 오르는 경험을 할 수 있을 것이다. 왜냐하면 '국정원 독서편'은 아무리 공부해도 성적이 오르지 않는 3~4등급 학생들을 1등급으로 만들어주는 책이기 때문이다. 따라서 네가 성적이 오르지 않는다는 느낌이 들 때 '국정원 독서편'을 읽는다면 분명 큰 도움이 될 것이다.

　너는 이 책을 읽으면서 '문장을 이해한다'라는 것의 의미도 깨달았을 거고, '글을 읽는 재미'도 한 번쯤은 느껴봤을 것이다. 그 경험을 절대 잊지 않기를 바란다. 원래 글이라는 건 '이해'하는 것이고, '이해'하면 당연히 '재미'가 생긴다. 그리고 그 '재미'를 느끼는 순간, 너는 활자 너머에 있는 세상을 보게 된다. 단순히 글자가 아니라, 그 글자 속에 있는 이미지와 의미를 읽어내게 되는 것이다. 그렇게 네가 '글자 너머의 세상'을 볼 수 있도록 돕는 것, 그게 내가 이 책을 통해 하고 싶은 것이다.

앞으로 네가 만나게 될 세계를 축하하며, 이만 마치겠다.

국어 1등급을 정말 원한다면 : 노베이스 독서편

1판 1쇄   2024년 9월 23일
1판 2쇄   2024년 12월 30일
1판 3쇄   2025년 1월 13일
1판 4쇄   2025년 2월 3일

지은이   김범준
발행인   송서림
책임편집   송서림, 차민정, 고영아
디자인   민미홍
삽화   노소영
교정교열   신현아, 황지희, 고예원, 최가연, 김유림, 김채은, 윤민서, 전아란

발행처   메리포핀스북스
주소   경기도 김포시 김포한강2로 262, 504호
등록   2018년 5월 9일
홈페이지   http://www.marypoppinsbooks.com

도서 검토단

강다윤	강태원	곽은영	김가은	김민결	김민정	김서영	김아현	김재민	김주영
김지민	김지우	김찬준	김찬형	김태현	김태희	김하자	김형준	류수연	민하영
박재은	박지운	박채림	송인후	신시온	신우철	안지훈	양동규	유연서	유정우
이다희	이범수	이성원	이승준	이용현	이주원	이주은	이주환	이찬혁	임유수
전준현	정동영	정상환	정인혜	정재은	정혜린	조성진	조용민	조정희	주전요
진성민	최영준	최현서	최희주	표윤아	하준서	홍가람	홍채원	황동현	황지홍

국어 1등급을 정말 원한다면

국정원

노베이스 독서편